普 通 高 等 教 育 精 品 教 材
普通高等教育"十一五"国家级规划教材
全国交通土建高职高专规划教材

公路工程建设招标与投标

（第二版）

文德云 主 编
许 云 熊文林 副主编
石勇民[长安大学]
李美江[中交集团第一公路工程局] 主 审

人民交通出版社

内 容 提 要

本书系普通高等教育“十一五”国家级规划教材、全国交通土建高职高专规划教材。

本书以“工学结合、项目导向、任务驱动”为编写教材的新思路，按培养“第一线需要的高级技能人才”的要求，紧密联系实际编制的。读者学习后即能比较全面熟悉了解公路施工招标、投标，施工监理招标、投标的规范化要求和应包括的内容，以及具体进行招标文件、投标文件编制的方法、步骤与要求和具体操作应用要点，从而能较快地掌握从事招投标的实际工作。

本书可供相关高职院校的路桥专业、监理专业、造价专业等相关专业师生学习使用，也可供中专学校相关专业师生及公路行业有关人员学习使用。

图书在版编目(CIP)数据

公路工程建设招标与投标/文德云主编.—2版.—北京：人民交通出版社，2009.9

ISBN 978-7-114-07888-0

Ⅰ.公… Ⅱ.文… Ⅲ.①道路工程-工程施工-招标-高等学校：技术学校-教材②道路工程-工程施工-投标-高等学校：技术学校-教材 Ⅳ.U415.13

中国版本图书馆CIP数据核字(2009)第144729号

书　　名：普 通 高 等 教 育 精 品 教 材
普通高等教育“十一五”国家级规划教材
全 国 交 通 土 建 高 职 高 专 规 划 教 材
公路工程建设招标与投标（第二版）

著 作 者：文德云

责任编辑：卢仲贤　黎小东

出版发行：人民交通出版社

地　　址：（100011）北京市朝阳区安定门外外馆斜街3号

网　　址：http://www.ccpress.com.cn

销售电话：（010）59757973

总 经 销：人民交通出版社发行部

经　　销：各地新华书店

印　　刷：北京市密东印刷有限公司

开　　本：787×1092　1/16

印　　张：21.25

字　　数：524千

版　　次：2002年6月　第1版
2009年9月　第2版

印　　次：2014年7月　第2版　第6次印刷　总第17次印刷

书　　号：ISBN 978-7-114-07888-0

印　　数：50501-53500册

定　　价：39.00元

（有印刷、装订质量问题的图书由本社负责调换）

全国交通土建高职高专规划教材编审委员会

总　　序

针对高职高专教材建设与发展问题，教育部在《关于加强高职高专教材建设的若干意见》中明确指出：先用2~3年时间，解决好高职高专教材的有无问题，再用2~3年时间，推出一批特色鲜明的高质量的高职高专教育教材，形成**一纲多本、优化配套**的高职高专教育教材体系。

2001年7月，由人民交通出版社发起组织，15所交通高职院校的路桥系主任和骨干教师相聚昆明，研讨交通土建高职高专教材的建设规划，提出了28种高职高专教材的编写与出版计划。后在交通部科教司路桥工程学科委员会的具体指导下，在人民交通出版社精心安排、精心组织下，于2002年7月前完成了28种路桥专业高职高专教材出版工作。

这套教材的出版发行，首先解决了交通高职教育教材的有无问题，有力支持了路桥专业高职教育的顺利发展，也受到了全国各高职院校的普遍欢迎。

随着高职教育教学改革的深入发展、高职教学经验的丰富与积累，以及本行业有关技术标准、规范的更新，本套教材在使用了2~3轮的基础上，对教材适时进行修订是十分必要的，时机也是成熟的。

2004年8月，人民交通出版社在新疆乌鲁木齐召开了有19所交通高职院校领导、系主任、骨干教师共41人参加的教材修订研讨会。会议商定了本套教材修订的基本原则、方法和具体要求。会议决定本套教材更名为"交通土建高职高专统编教材"，并成立了以吉林交通职业技术学院张洪滨为主任委员的"交通土建高职高专统编教材编审委员会"，全面负责本套教材的修订与后续补充教材的建设工作。

2005年6月，编委会在长春召开了同属交通土建大类、与路桥专业链接紧密的"工程监理专业、工程造价专业、高等级公路维护与管理专业"主干课程教材研讨会，正式规划和启动了这三个专业教材的编写出版工作。

2005年12月，教育部高等教育司发布了"关于申报普通高等教育'十一五'国家级规划教材"选题的通知(教高司函[2005]195号)，人民交通出版社积极推荐本套教材参加了"十一五"国家级规划教材选题的评选。

2006年6月，经教育部组织专家评选、网上公示，本套教材中有十五种入选为"十一五"国家级规划教材，2008年1月，又有六种教材在"十一五"国家级规划教材补报中列选，共计21种，标志着广大参与本套教材编写的教师的辛勤劳动得到了社会的认可、本套教材的编写质量得到了社会的认同。

2006年7月，交通土建高职高专统编教材编审委员会及时在银川召开会议，有24所各省区交通高职院校或开办有交通土建类专业的高等学校系部主任、专业带头人、骨干教师以及人民交通出版社领导共39位代表出席了本次会议。会议就全面落实教育部"十一五"国家级规划教材的编写工作进行了研讨。与会代表一致认为必须以入选的十五种国家级规划教材为基本标准，进一步全面提升本套教材的编写质量，编审委员会将严格按照国家级规划教材的要求审稿把关，并决定本套教材更名为**"全国交通土建高职高专规划教材"**，原编委会相应更名为**"全国交通土建高职高专规划教材编审委员会"**。以期在全国绝大多数交通高职院校和开办有交通土建类专业的高等院校的参与、统筹、规划下，本套教材中有更多的进入"十一五"国家级规划教材行列。

2007年5月,编委会在湖南长沙召开工作会议,就“十一五”国家级规划教材主参编人员的确定和教材的编写原则作出了具体安排,全面启动“十一五”国家级规划教材的编写与出版工作。

2008年4月,编委会在广东珠海召开工作会议,研讨了**“工学结合”**高职高专教材编写思路,决定在“十一五”国家级规划教材编写过程中,注重高职教学改革新方向,注重工程实践经验的引入,倡导**“工学结合”**。

本套高职高专规划教材具有以下特色:

——顺应交通高职院校人才培养模式和教学内容体系改革的要求,按照专业培养目标,进一步加强教材内容的针对性和实用性,适应学制转变,合理精简和完善内容,调整教材体系,贴近模块式教学的要求;

——实施开放式的教材编审模式,聘请高等院校知名教授和生产一线专家直接介入教材的编审工作,更加有利于对教材基本理论的严格把关,有利于反映科研生产一线的最新技术,也使得技能培训与实际密切结合;

——全面反映2003年以来的公路工程行业已颁布实施的新标准、规范;

——服务于师生、服务于教学,重点突出,逐章均配有思考题或习题,并给出本教材的参考教学大纲;

——注重学生基本素质、基本能力的培养,教材从内容上、形式上力求更加贴近实际;

——为加强学生的实际动手能力,针对《工程测量》、《道路建筑材料》等课程,本套教材特别配套有实训类辅导教材;

——为方便教学,本套教材配套有《道路工程制图多媒体教材》、《公路工程试验实训多媒体教材》、《路基路面施工与养护技术多媒体教材》、《桥涵设计多媒体教材》、《桥涵施工技术多媒体教材》、《现代道路测量仪器与技术多媒体教材》等。

本套教材的出版与修订再版,始终得到了交通部科教司路桥工程学科委员会和全国交通职教路桥专业委员会的指导与支持,凝聚了交通行业专家、教师群体的智慧和辛勤劳动。愿我们共同向精品教材的目标持续努力。

向所有关心、支持本套教材编写出版的各级领导、专家、教师、同学和朋友们致以敬意和谢意。

全国交通土建高职高专规划教材编审委员会

人民交通出版社

2008年5月

第二版前言

本教材第一版于2002年6月出版。经过全国各交通职业院校近6年时间的教学实践检验，本书得到了相关院校师生的肯定与好评。

2006年6月，本教材被教育部评为“普通高等教育‘十一五’国家级规划教材”。在全国交通土建高职高专规划教材编审委员会的统一协调下，根据“十一五”国家级规划教材的编写要求，在充分吸取各使用院校和工程单位意见的基础上对本书进行了重新编写。

2011年11月，本书被教育部评选为“普通高等教育精品教材”。

编者在编写中坚持贯彻以国家示范性高职院校办学的新理念“**工学结合，项目导向，任务驱动**”为编写教材的新思路，突出体现培养“第一线需要的高级技能人才”的要求。在编写的内容上，编者亦高度重视相关的法规内容、生产实践中招投标工作的具体操作要求及关键内容与运作要点，重点增加了相应的应用示例，并以国家和公路行业最新标准、规范、规程及相关法规为依据，结合生产实际来阐述公路工程招标投标工作的实施。同时在每章后还编写了“理解应用实训思考题”，以帮助学生更好地掌握并应用相关知识。作为系统实训，专列了实训作业“招标投标文件编制”。为便于组织教学，编者提供了参考教学大纲，以供教师在教学组织实施中参考。

本教材主编为湖南交通职业技术学院文德云，副主编为青海交通职业技术学院许云和湖北交通职业技术学院熊文林。具体执笔情况如下：第一章总论、第二章施工监理招标、第四章施工招标、实训作业招标投标文件编制以及教学参考大纲由湖南交通职业技术学院文德云编写；第三章施工监理投标由青海交通职业技术学院许云编写；第五章施工投标由湖北交通职业技术学院熊文林编写。全书由文德云统稿修改定稿。

全国交通土建高职高专规划教材编审委员会特邀长安大学石勇民教授和中交集团第一公路工程局海外工程公司李美江译审担任本教材主审人。二位主审人认真审阅了本教材，并提出了很多宝贵的修改意见，在此向他们表示衷心的感谢。

我们是首次编写国家级规划教材，不但缺乏经验，同时在思想认识和业务水平上也有限，加上时间紧迫，因此，书中难免出现缺陷、不足甚至错误，敬请同行专家和读者批评指正。

编　者

2012年2月

第二版前言

[illegible]

第一版前言

公路工程建设迅速发展,任务艰巨。规范工程招、投标工作显得十分重要。本书是根据交通职业技术学院的教学计划、大纲而编写的,同时也考虑了满足广大公路工作者自学的需要。本书介绍的内容不着重于理论,而是突出生产工作实际需要,希望达到通过学习后,即能比较全面熟悉了解公路工程施工招标、投标、施工监理招标、投标的规范化要求和应包括的内容以及具体进行招标文件、投标文件编制的方法、步骤与要求,从而能较快地掌握从事招投标的实际工作的目的。为此,在书中除作了相关的文字说明外,还列举了相当一部分有参考价值的或必须采用的图表,以供学习参考和应用。同时对国际招标的内容亦作了简要介绍。

在编写过程中,得到了广西桂通公路工程监理咨询有限责任公司和湖南省公路桥梁建设总公司及其他有关单位的大力支持,在此,一并深表谢意。

由于编者的水平有限,加上时间紧迫,不妥或错误之处在所难免,敬请同行和读者多多批评和提出意见。

文德云

2002 年 3 月于长沙

目　　录

第一章 总 论

本章要点：在公路建设市场活动中公路建设各方必须遵守的市场运行规则和他们之间的相互关系；公路建设各方的资质（资格）和资信管理的有关法规规定；中外合资、合作及外商独资监理单位的资质管理法规规定；公路工程招标的项目类型；招标投标工作的实施细则与规范规定的考量标准；公路工程建设项目基本建设程序及其程序中的关键要点；招标投标工作中各方应高度关注的工程目标的项目内容以及各自应履行的职责；列出了应用实训复习思考题，供读者在学习中加深对相关概念的基本理解。

第一节 概 述

一、市场的运行规则

市场的运行规则是国家有关机构（立法机构、政府、行业协会等）为了保证市场的正常运行而制定的法律、法规、制度所规定的行为准则，要求进入市场各方必须共同遵守。规则包括：

市场准入规定 市场主体各方进入市场必须具有相应的基本条件（资格、资质、相应的实力、经验和信誉等）。

市场竞争规则 保证各市场主体能够在平等的、诚实信用的原则基础上进行竞争。

市场交易规则 例如，公开交易（公开招标，公布评标条件）、公开交易（自愿、等价、互惠）和公正（对竞标人不分地区，不分归属，一视同仁，不偏、不倚）。

按照以上原则，建立起统 开放、竞争有序的市场秩序，排除地区保护和部门分割的现象。实践证明，只有切实遵照市场运行规则，在统一规定的条件下，进行公开、公平竞争，才能促进公路建设更快更好地发展。招标投标制度充分体现并能保证上述市场规则得以贯彻实施。

二、公路建设各方及其相互间的关系

公路建设各方主要指在公路建设过程（指公路及其沿线构造物、交通工程及沿线设施的可行性研究、勘察、设计、施工和验收全过程）中有直接交易关系的各方。在一般情况下主要有：

项目法人 负责公益性公路建设项目筹划、资金筹措、建设实施全过程的事业法人，或承担经营性公路建设项日奖金筹措、建设实施、运营管理、债务偿还和资产管理全过程的企业法人，亦称建设单位或者业主（雇主或称发包方），在合同中是发包方（亦称采购方）或委托方。

咨询及招标代理机构 受建议单位委托承担项目可行性研究、招标（设计、监理、施工）代

理工作，以及项目管理服务，提供项目可行性研究报告、招标文件、合同文件，办理立项手续、组织招标和进行项目管理，直至工程验收并进行工程后评估等服务。其资格认定应符合原国家建设部令第154号《工程建设项目招标代理机构资格认定办法》(2007)的规定。

勘察、设计单位 承担建设项目的工程勘察、设计工作，提供所需勘察报告或工程设计文件，并在项目实施过程中参与解决设计变更以及与设计有关的问题。

施工承包人（含工程主体和交通设施承包人以及机电供货、安装人） 承担工程施工任务，负责按照合同工期和质量要求完成工程，提供使用，并在保修期内负责缺陷修复，保证使用质量。

施工监理单位 在业主授权下负责对施工合同的实施进行现场监督管理，履行施工合同中业主的部分职权，为控制施工质量、工期和工程费用尽职尽责。受发包人委托提供监理服务并具有监理资质的法人或其合法继承人或其合法受让人则称为监理人；由监理人派出并代表监理人履行监理合同的现场监理组织则称为监理机构。

上述咨询机构、勘察设计单位、施工承包人和施工监理单位是从事各自专业业务的单位，称为公路建设的从业单位，是合同的承包方或受托方。项目法人和从业单位是建设市场交易的有关方，都是市场的主体（交易的对象——建设产品或服务则为市场客体），他们在项目实施过程中都建立某种双边合同或协议，因此都承担直接法律责任。

涉及的有关方：为工程提供贷款的金融机构、受其委托的监督单位、建设单位聘用的顾问（法律、财务）、为建设单位或承包人承担有关工程、财产或人员保险的保险公司、工程分包单位（或业主指定的分包单位）、工程材料、部件的供货商以及为工程提供专项检测的检测机构，也都成为项目建设的有关方。然而，他们都是二级市场的交易方，一般只能承担连带法律责任，直接责任还是落在采购方（或委托方），因而不能成为公路建设市场的主体。

在招标投标工作中，必须明确政府、业主、承包人、监理四者之间关系，以确保招标投标工作的有序而顺利地进行。四者之间关系如图1-1所示。

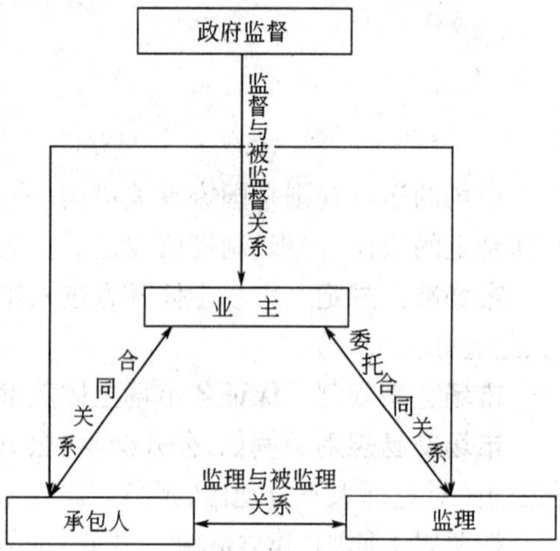

图1-1 工程建设中四方关系

在工程承包合同实施过程中，业主、承包人、监理工程师及分包人、贷款方之间的关系如图1-2所示。

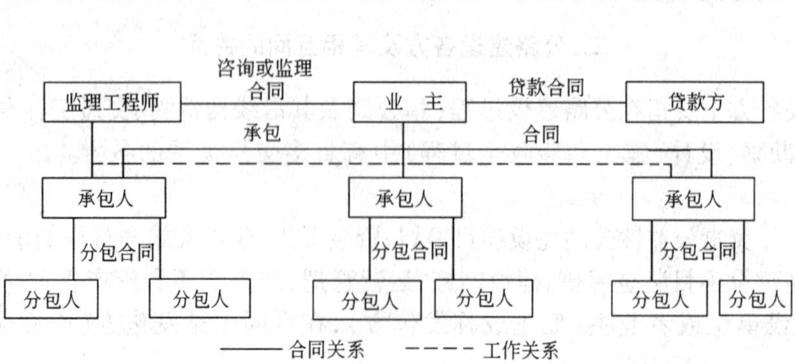

图1-2 工程建设项目实施阶段各方关系图

三、公路建设各方的资质和资信管理

(一)项目法人的资格审查

1. 资格标准

交通部发布的《公路建设项目法人资格标准》(2002年1月1日起试行)规定,公路建设项目法人分甲、乙两级。

甲级公路建设项目法人能承担各级公路(含各类桥梁和隧道)工程的项目管理,负责项目筹划、资金筹措和建设实施。对经营性公路,项目法人还应负责项目的运营管理、债务偿还和资产管理。乙级公路建设项目法人能承担二级及以下的公路(含大桥和长隧道)工程的项目管理,负责资金筹措和建设实施。对经营性公路,项目法人还应负责项目的运营管理、债务偿还和资产管理。两级资格标准不同之处在于对主要人员资格和数量的要求。

甲级资格标准

(1)具有项目法人成立的批准文件,法定代表人的任职文件。

(2)具有拟建工程项目的工程可行性研究报告的批复文件。

(3)对经营性公路,项目法人具有工商行政管理部门颁发的《企业法人营业执照》;对公益性公路,项目法人应具有事业单位登记管理机关颁发的《事业单位法人证书》。

(4)公路建设项目资金来源已经落实。

(5)负责项目管理的机构和人员必须具备以下条件:

①机构内设有计划、工程、财务等主要职能管理部门,部门分工明确,管理制度完善。

②项目负责人具有高级职称,熟悉国家有关工程建设的法律法规,政治素质好,业务水平高,具有丰富的工程管理经验,担任过一项以上一级以上公路或特大桥工程项目或两项以上二级以上公路工程项目的负责人。

③技术负责人具有公路工程专业的高级职称,担任过一项以上一级以上公路或特大桥工程项目或两项以上二级以上公路工程项目技术负责人;财务负责人具有中级以上会计职称。对营运性公路,项目法人还应具有中级以上职称的工程经济负责人。

④具有公路工程专业中级以上职称的工程技术人员10人以上,初级以上会计职称的财务管理人员3人以上。对经营性公路,项目法人还应具有初级以上职称的工程经济管理人员两人以上。

乙级资格标准

除了对人员的配备要求,即甲级资格标准第5条②至④款所规定的标准有所降低以外,其余均与甲级标准一样。以下列出乙级标准的第5条②至④款内容:

②项目负责人具有中级以上职称,熟悉国家有关工程建设的法律法规,政治素质好,业务水平高,具有较丰富的工程管理经验,担任过一项以上公路工程项目的负责人。

③技术负责人具有公路工程专业的中级以上职称,担任过一项以上公路工程项目的技术负责人;财务负责人具有中级以上会计职称。对营运性公路,项目法人还应具有中级以上职称的工程经济负责人。

④具有公路工程专业中级以上职称的工程技术人员5人以上,初级以上会计职称的财务管理人员2人以上。对经营性公路,项目法人还应具有初级以上职称的工程经济管理人员1人以上。

2. 资格审查管理规定

交通部于2001年12月发出通知,该通知明确:交通部主管全国公路建设项目法人资格审查管理工作,并对省级交通主管部门的公路建设项目法人资格审查管理工作进行监督检查。省级交通主管部门主管本行政区域内公路建设项目法人资格审查管理工作。

项目法人的资格审查由交通部和省级交通主管部门按分级管理的原则进行审查。国道主干线项目和国家、部重点建设项目的项目法人的资格审查,由交通部负责;其他公路建设项目的项目法人的资格审查,由省级交通主管部门负责。

交通主管部门应按照《公路建设法人资格标准(试行)》的要求,严格对项目法人进行资格审查。报送交通部审查的,省级交通主管部门要先进行初审,由主管领导签字盖章。交通主管部门应在收到项目法人的申报材料后30个工作日内予以批复。项目法人的资格审查结果在批准的公路项目建设期内有效。项目法人的组织机构和人员发生重大调整的,应由调整后的项目法人向原审批机关重新申请资格审查。在招投标工作中必须对投标人资格进行审查,严格把关。参与招标投标各方应严格遵守下述各项规定。

(二)公路施工企业资质管理

1. 施工企业资质管理规定

建设部颁布了《建筑业企业资质管理规定》(第87号令,自2001年7月1日起施行),该规定明确:

(1)国务院建设行政主管部门(建设部)和省、自治区、直辖市人民政府建设行政主管部门(建设厅、局)分别负责全国和地方建筑业企业资质的归口管理工作。国务院铁道、交通、水利、信息产业、民航等部(总局)和省、自治区、直辖市交通、水利、通信等厅(局)则配合实施相关资质类别建筑企业资质的管理工作。

(2)建筑业企业资质分为施工总承包、专业承包和劳务分包三个系列。

①获得施工总承包资质的企业,可以对工程实行总承包或者对主体工程实行施工承包。承担总承包的企业可以对所承接的工程全部自行施工,也可以将非主体工程或劳务作业分包给具有相应专业承包资质或劳务分包资质的其他企业。

②获得专业承包资质的企业,可以承接施工总承包企业分包的专业工程或者建设单位按照规定发包的专业工程。专业承包企业可以对所承接的工程全部自行施工,也可以将劳务作业分包给具有相应劳务分包资质的劳务分包企业。

③获得劳务分包资质的企业,可以承接施工总承包企业或者专业承包企业分包的劳务作业。

(3)施工总承包资质、专业承包资质、劳务分包资质序列按照工程性质和技术特点分别划分为若干资质类别。各资质类别按照规定的条件划分为若干等级。

此外,建设部发布的《建筑业企业资质管理规定实施意见》(建办建[2001]24号)第7条明确规定:"施工总承包企业投标或承包其他企业依法分包或者建设单位依法单独发包的专业工程,须具备相应的专业承包类别资质。"也就是具有公路工程总承包资质的企业如承担其他企业依法分包或项目法人依法单独发包的路基、路面、桥梁工程,需同时具有路基、路面、桥梁专业承包资质。上述施工企业资质管理办法和资质标准出台以前获得的资质也需按照有关规定重新就位。

2. 施工企业资质标准

公路工程施工总承包企业资质等级标准,桥梁、隧道、路面、路基和交通工程各专业承包企业资质标准,请参阅《建筑业企业资质等级标准》,因篇幅所限在此未摘列介绍。在招标投标工作中必须执行上述各项标准及其相关规定要求。

（三）施工监理单位资质管理

公路工程监理单位资质是代表监理单位从事监理业务的人员数量、技术职称、专业组成、注册资金、测试仪器的配备、管理水平、监理业绩等方面的综合能力，经政府管理部门认定，颁发相应的资质证书。

1. 监理单位资质分级及其标准

公路工程专业监理资质分为甲级、乙级、丙级三个等级和特殊独立大桥专项、特殊独立隧道专项、公路机电工程专项。

甲级监理资质条件

（1）人员、业绩和人员结构条件

企业负责人和技术负责人中至少有2人具有公路或者相关专业高级技术职称，10年以上从事公路、桥梁、隧道工程工作经历，5年以上监理或者建设管理工作经历，经认定已取得监理工程师资格（并拥有主管单位发给的资格证书）。

企业拥有中级职称以上各类专业技术人员不少于50人。其中，持监理工程师资格证书的人数不少于30人，工程系列高级专业技术人员数不少于10人，高、中级经济师或者高、中级会计师不少于3人。上述各类人员中，与企业签订3年以上劳动合同的人数不低于70%。

持监理工程师证书人员中，不少于15人具有2项一类工程（参见后文中表1-1，表1-2）监理业绩，不少于5人具有高级驻地监理工程师经历；上述人员与企业签订的劳动合同不小于3年。不具备本条前述条件，但具备以下条件者视为符合本条条件：监理企业具备不少于5项二类以上工程业绩（以《项目监理评定书》为准，下同）。

企业各类专业技术人员，主要是路基路面、桥隧结构、试验检测、工程地质、工程经济、合同管理等专业人员结构要合理。

（2）企业拥有材料、路基路面等工程试验检测设备和测量放样等仪器，具备建立工地试验室条件。

（3）企业注册资金不少于400万元。

（4）企业具有完善的规章制度和组织体系。

（5）企业作为工程质量事件当事人，已经有关主管部门认定无责任，或者虽受到有关主管部门的行政处罚但处罚期实施已满1年。

乙级监理资质条件

（1）人员、业绩和人员结构条件

企业负责人和技术负责人中至少有2人具有公路或者相关专业中级技术职称，8年以上从事公路、桥梁、隧道工程工作经历，3年以上监理或者建设管理工作经历，已取得监理工程师资格。

企业拥有中级职称以上各类专业技术人员不少于30人。其中，持监理工程师资格证书的人数不少于18人，工程系列高级专业技术人员数不少于5人，经济师、会计师不少于2人。上述各类人员中，与企业签订3年以上劳动合同的人数不低于70%。

持监理工程师证书的人员中，不少于9人具有2项二类及以上工程（参见后文中表1-1，表1 2）监理业绩，不少于3人具有高级驻地监理工程师经历；上述人员与企业签订的劳动合同不少于3年。不具备本条前述条件，但具备以下条件者视为符合本条条件：监理企业具备不少于5项三类以上工程业绩。

各类专业技术人员，主要是路基路面、桥隧结构、试验检测、工程地质、工程经济、合同管理等专业人员结构要合理。

(2)企业拥有材料、路基路面等工程试验检测设备和测量放样等仪器,具有建立工地试验室的条件。

(3)企业注册资金不少于200万元。

(4)企业具有完善的规章制度和组织体系。

(5)企业作为工程质量事件当事人,已经有关主管部门认定无责任,或者虽受到有关主管部门的行政处罚但处罚期实施已满1年。

丙级监理资质条件

(1)人员、业绩和人员结构条件

企业负责人和技术负责人中至少有2人具有公路或者相关专业中级技术职称,5年以上从事公路、桥梁、隧道工程工作经历,2年以上监理或者建设管理工作经历,经认定已取得监理工程师资格(并拥有主管单位发给的资格证书)。

企业拥有中级职称以上各类专业技术人员不少于20人。其中,持监理工程师资格证书的人数不少于8人,工程系列高级技术职称人数不少于3人,经济师、会计师不少于1人。上述各类人员中,与企业签订3年以上劳动合同的人数不低于70%。

持监理工程师证书的人员中,不少于3人具有2项三类及以上工程(参见后文中表1-1,表1-2)监理业绩,上述人员与企业签订的劳动合同不少于3年。

各类专业技术人员,主要是路基路面、桥隧结构、试验检测、工程地质、工程经济、合同管理等专业人员结构要合理。

(2)企业拥有必要的试验检测设备和测量放样仪器。

(3)企业注册资金不少于50万元。

(4)企业拥有完善的规章制度和组织体系。

(5)企业作为工程质量事件当事人,已经有关主管部门认定无责任,或者虽受到有关主管部门的行政处罚但处罚期实施已满1年。

特殊独立大桥专项监理资质条件

(1)已取得公路工程甲级监理资质。

(2)持监理工程师证书人员中,有不少于20人具有特大桥监理业绩,上述人员与企业签订的劳动合同不少于3年。不具备本条前述条件,但具备以下条件者视为符合本条条件:监理企业具有4项以上特大桥监理业绩。

特殊独立隧道专项监理资质条件

(1)已取得公路工程甲级监理资质。

(2)持监理工程师证书人员中,有不少于20人具有特长隧道监理经历,有不少于10人是隧道专业监理工程师,上述人员与企业签订的劳动合同不少于3年。不具备本条前述条件,但具备以下条件者视为符合本条条件:监理企业具有2项以上特长隧道监理业绩。

公路机电工程专项监理资质条件

(1)人员、业绩和人员结构条件

企业负责人和技术负责人中至少2人以上具有机电专业高级技术职称,8年以上从事相关专业工作经历,5年以上监理或者建设管理工作经历,经认定已取得公路机电专业监理工程师资格(并拥有主管单位发给的资格证书)。

企业拥有中级职称以上各类专业技术人员不少于30人。其中,持公路机电专业监理工程师资格证书人数不少于15人，高级专业技术人员数不少于10人，经济师、会计师不少于2人。上述各类人员中，与企业签订3年以上劳动合同的人数不低于70%。

持监理工程师证书人员中，不少于8人具有公路机电工程监理业绩，以上人员与企业签订的劳动合同不少于3年。

（2）企业拥有公路机电工程所需的常用试验检测设备。

（3）企业注册资金不少于200万元。

（4）企业具有完善的规章制度和组织体系。

（5）企业作为工程质量事件当事人，已经有关主管部门认定无责任，或者虽受到有关主管部门的行政处罚但处罚期实施已满1年。

2. 各级监理单位业务范围

1）公路工程监理企业应当按照其获得的资质等级和业务范围开展监理业务。

（1）获得公路工程专业甲级监理资质，可在全国范围内从事一、二、三类公路工程、桥梁工程、隧道工程项目的监理业务。

（2）获得公路工程专业乙级监理资质，可在全国范围内从事二、三类公路工程、桥梁工程、隧道工程项目的监理业务。

（3）获得公路工程专业丙级监理资质，可在企业所在地的省级行政区域内从事三类公路工程、桥梁工程、隧道工程项目的监理业务。

（4）获得公路工程专业特殊独立大桥专项监理资质，可在全国范围内从事特殊独立大桥项目的监理业务。

（5）获得公路工程专业特殊独立隧道专项监理资质，可在全国范围内从事特殊独立隧道项目的监理业务。

（6）获得公路工程专业公路机电工程专项监理资质，可在全国范围内从事各等级公路、桥梁、隧道工程通信、监控、收费等机电工程项目的监理业务。

2）公路工程分类见表1-1和表1-2。

公路工程分类（I） 表1-1

	一　类	二　类	三　类
1. 公路工程	高速公路	高速公路路基工程及一级公路	一级公路路基工程及二级以下各级公路
2. 桥梁工程	特大桥	大桥、中桥	小桥、涵洞
3. 隧道工程	特长隧道、长隧道	中隧道	短隧道

公路工程分类（II） 表1-2

1. 特殊独立大桥	主跨250m以上钢筋混凝土拱桥、单跨250m以上预应力混凝土连续结构、400m以上斜拉桥、800m以上悬索桥等结构复杂的独立特大桥项目
2. 特殊独立隧道	大于3 000m的独立特长隧道项目
3. 公路机电工程	通信、监控、收费等机电工程

注：①本标准使用术语含义与《公路工程技术标准》（JTG B01—2003）规定一致。

② 、二、三类分级标准中含配套的交通安全设施、环保工程和沿线附属设施；不含各专项内容。

3. 监理单位资质管理

1）公路工程监理单位资质管理的依据

依据《中华人民共和国公路法》和《建设工程质量管理条例》等法律的有关规定，承担公路建设项目的……工程监理单位,必须持有国家规定的资质证书。我国公路监理单位资质管理应按照交通部第5号令《公路水运工程监理单位资质管理规定》(以下简称《规定》)执行。

2)监理单位的管理

交通部负责全国公路、水运工程监理企业资质管理工作,其所属的质量监督机构受交通部委托具体负责全国公路、水运工程监理企业资质的监督管理工作。

省、自治区、直辖市人民政府交通主管部门负责本行政区域内公路、水运工程监理企业资质管理工作,其所属的质量监督机构受省、自治区、直辖市人民政府交通主管部门委托具体负责本行政区域内公路、水运工程监理企业资质的监督管理工作。

3)申请与许可

申请公路、水运工程监理资质,应当具备规定的相应资质条件。

交通部负责公路、水运工程专业甲级、乙级监理资质和公路工程专业特殊独立大桥专项、特殊独立隧道专项、公路机电工程专项、水运机电工程专项监理资质的行政许可工作。

省、自治区、直辖市人民政府交通主管部门负责公路、水运工程专业丙级监理资质的行政许可工作。

(1)申请人申请公路、水运工程监理资质应当向许可机关提交下列申请材料:

①《公路水运工程监理企业资质申请表》;

②《企业法人营业执照》(复印件)或者工商行政管理部门核发的企业名称预登记证明;

③验资报告;

④企业章程和制度;

⑤监理人员的监理工程师资格证书和中级职称以上人员职称证书(复印件);

⑥主要成员从事公路、水运工程监理或者其他工作经历的业绩证明书;

⑦主要试验检测仪器设备和装备证明书。

申请人应当如实向许可机关提交上述相关材料,并对其提交材料的真实性负责。

(2)属于交通部受理的申请,申请人在向交通部递交申请材料的同时,应当向企业注册地的省、自治区、直辖市人民政府交通主管部门递交申请材料副本。

有关省、自治区、直辖市人民政府交通主管部门自收到申请人的申请材料副本之日起10日内提出审查意见报交通部。

交通部自收到申请人完整齐备的申请材料之日起20日内作出行政许可决定。准予许可的,颁发相应的《监理资质证书》;不予许可的,应当书面通知申请人并说明理由。

(3)属于省、自治区、直辖市人民政府交通主管部门受理的申请,申请人应当向企业注册地的省、自治区、直辖市人民政府交通主管部门递交本规定第十条规定的申请材料。省、自治区、直辖市人民政府交通主管部门自收到完整齐备的申请材料之日起20日内作出行政许可决定。准予许可的,颁发相应的《监理资质证书》;不予许可的,应当书面通知申请人并说明理由。

(4)许可机关在作出行政许可决定的过程中,可以聘请专家对申请材料进行评审,并且将评审结果向社会公示。

专家评审的时间不计算在行政许可期限内,但应当将专家评审需要的时间告知申请人。专家评审的时间最长不得超过60日。

许可机关聘请的评审专家应当从交通部建立的公路、水运工程监理专家库中选定。

选择专家应当符合回避的要求;参与评审的专家应当履行公正评审、保守企业商业秘密的义务。

许可机关在许可过程中需要核查申请人有关条件的,可以对申请人的有关情况进行实地核查,申请人应当配合。

许可机关作出的准予许可决定,应当向社会公开,公众有权查阅。

(5)《监理资质证书》有效期限为4年。

(6)监理企业在领取新的资质证书时,应将原资质证书交回原发证机关。破产或者倒闭的监理企业,应将资质证书交回原发证机关予以注销。

4)监督检查

(1)监理企业应当依法、依合同对公路、水运工程建设项目实施监理。

(2)监理企业和各有关机构必须如实填写《项目监理评定书》。《项目监理评定书》的格式由交通部规定。

(3)监理企业资质实行定期检验制度,每两年检查一次。

定期检验的内容是检查监理企业现状与资质等级条件的符合程度以及监理企业在检验期内的业绩情况。

(4)申请定期检验的企业应当在其资质证书使用期满两年前30日内向检验机构提出定期检验申请,并提交以下材料:

①《公路水运工程监理企业资质检验表》;

②本检验期内的《项目监理评定书》。

(5)监理企业的定期检验工作由作出许可决定的许可机关委托其所属的质量监督机构负责。

负责检验的质量监督机构应当自收到完整齐备的申请材料20日内作出定期检验结论。

(6)对定期检验合格的监理企业,由质量监督机构在其《监理资质证书》上签署意见并盖章。

对定期检验不合格的监理企业,质量监督机构应当责令其在6个月内进行整改。整改期满仍不能达到规定条件的,由质量监督机构提请资质证书原颁发机关对其予以降低资质等级或者撤销资质许可。

(7)监理企业未按规定的期限申请资质定期检验的,其资质证书可视为自动失效。

(8)监理企业遗失《监理资质证书》,应当在公开媒体和质量监督机构指定的网站上声明作废,并到资质证书原颁发机关办理补证手续。

(9)监理企业的名称、地址、法定代表人、企业负责人和技术负责人等发生变更,应当在变更后2个月内到资质证书原颁发机关办理证书变更手续。有关行政机关应当依据资质等级条件予以审查办理。

(10)各级交通主管部门及其质量监督机构应当加强对监理企业以及监理现场工作的监督检查,有关单位应当配合。

(11)交通部和省、自治区、直辖市人民政府交通主管部门依据职权有权对利害关系人的举报进行调查核实,有关单位应当配合。

5)罚则

(1)监理企业违反《规定》,由交通部或者省、自治区、直辖市人民政府交通主管部门依据《建设工程质量管理条例》的有关规定给予相应处罚。

(2)监理企业违反国家规定,降低工程质量标准,造成重大质量安全事故,构成犯罪的,应依法追究直接责任人员的刑事责任。

(3)交通主管部门工作人员在资质许可和监督管理工作中玩忽职守、滥用职权、徇私舞弊等严重失职的,由其所在单位或其上级机关依照国家有关规定给予行政处分;构成犯罪的,依法追究其刑事责任。

(4)监理企业的《监理资质证书》由交通部统一印制,正本一份,副本二份,副本与正本具有同等法律效力。

(四)工程建设项目招标代理机构资格认定与管理

国家建设部发布了《工程建设项目招标代替机构资格认定办法》(建设部令第154号,自2007年3月1日起施行)(以下简称《办法》),其主要规定内容如下:

工程建设项目(以下简称工程),是指土木工程、建筑工程、线路管道和设备安装工程及装饰装修工程项目。

工程建设项目招标代理(以下简称工程招标代理),是指工程招标代理机构接受招标人的委托,从事工程的勘察、设计、施工、监理以及与工程建设有关的重要设备(进口机电设备除外)、材料采购招标的代理业务。

1. 管理

国务院建设主管部门负责全国工程招标代理机构资格认定的管理。

省、自治区、直辖市人民政府建设主管部门负责本行政区域内的工程招标代理机构资格认定的管理。

从事工程招标代理业务的机构,应当依法取得国务院建设主管部门或者省、自治区、直辖市人民政府建设主管部门认定的工程招标代理机构资格,并在其资格许可的范围内从事相应的工程招标代理业务。

2. 分级

工程招标代理机构资格分为甲级、乙级和暂定级。

甲级工程招标代理机构可以承担各类工程的招标代理业务。

乙级工程招标代理机构只能承担工程总投资1亿元人民币以下的工程招标代理业务。

暂定级工程招标代理机构,只能承担工程总投资6 000万元人民币以下的工程招标代理业务。

工程招标代理机构可以跨省、自治区、直辖市承担工程招标代理业务。

任何单位和个人不得限制或者排斥工程招标代理机构依法开展工程招标代理业务。

3. 认定

甲级工程招标代理机构资格由国务院建设主管部门认定。

乙级和暂定级工程招标代理机构资格由工商注册所在地的省、自治区、直辖市人民政府建设主管部门认定。

4. 申请

1)申请工程招标代理资格的机构应当具备下列条件:

(1)是依法设立的中介组织,具有独立法人资格;

(2)与行政机关和其他国家机关没有行政隶属关系或者其他利益关系;

(3)有固定的营业场所和开展工程招标代理业务所需设施及办公条件;

(4)有健全的组织机构和内部管理的规章制度;

(5)具备编制招标文件和组织评标的相应专业力量;

(6)具有可以作为评标委员会成员人选的技术、经济等方面的专家库；

(7)法律、行政法规规定的其他条件。

2)申请甲级工程招标代理资格的机构，除具备上述1)规定的条件外，还应当具备下列条件：

(1)取得乙级工程招标代理资格满3年；

(2)近3年内累计工程招标代理中标金额在16亿元人民币以上(以中标通知书为依据，下同)；

(3)具有中级以上职称的工程招标代理机构专职人员不少于20人，其中具有工程建设类注册执业资格人员不少于10人(其中注册造价工程师不少于5人)，从事工程招标代理业务3年以上的人员不少于10人；

(4)技术经济负责人为本机构专职人员，具有10年以上从事工程管理的经验，具有高级技术经济职称和工程建设类注册执业资格；

(5)注册资本金不少于200万元。

3)申请乙级工程招标代理资格的机构，除具备上述1)规定的条件外，还应当具备下列条件：

(1)取得暂定级工程招标代理资格满1年；

(2)近3年内累计工程招标代理中标金额在8亿元人民币以上；

(3)具有中级以上职称的工程招标代理机构专职人员不少于12人，其中具有工程建设类注册执业资格人员不少于6人(其中注册造价工程师不少于3人)，从事工程招标代理业务3年以上的人员不少于6人；

(4)技术经济负责人为本机构专职人员，具有8年以上从事工程管理的经历，具有高级技术经济职称和工程建设类注册执业资格；

(5)注册资本金不少于100万元。

4)新设立的工程招标代理机构具备上述1)和3)第(3)、(4)、(5)项条件的，可以申请暂定级工程招标代理资格。

5.资料

申请工程招标代理机构资格的机构，应当提供下列资料：

(1)工程招标代理机构资格申请报告；

(2)《工程招标代理机构资格申请表》及电子文档；

(3)企业法人营业执照；

(4)工程招标代理机构章程以及内部管理规章制度；

(5)专职人员身份证复印件、劳动合同、职称证书或工程建设类注册执业资格证书、社会保险缴费凭证以及人事档案代理证明；

(6)法定代表人和技术经济负责人的任职文件、个人简历等材料，技术经济负责人还应提供从事工程管理经历证明；

(7)办公场所证明，主要办公设备清单；

(8)出资证明及上一年度经审计的企业财务报告(含报表及说明，下同)；

(9)评标专家库成员名单；

(10)法律、法规要求提供的其他有关资料。

申请甲级、乙级工程招标代理机构资格的，还应当提供工程招标代理有效业绩证明(工程招标代理合同、中标通知书和招标人评价意见)。

工程招标代理机构应当对所提供资料的真实性负责。

申请甲级工程招标代理机构资格的,应当向机构工商注册所在地的省、自治区、直辖市人民政府建设主管部门提出申请。

6. 办理

省、自治区、直辖市人民政府建设主管部门应当自受理申请之日起20日内初审完毕,并将初审意见和申请材料报国务院建设主管部门。

国务院建设主管部门应当自省、自治区、直辖市人民政府建设主管部门受理申请材料之日起40日内完成审查,公示审查意见,公示时间为10日。

乙级、暂定级工程招标代理机构资格的具体实施程序,由省、自治区、直辖市人民政府建设主管部门依法确定。

省、自治区、直辖市人民政府建设主管部门应当将认定的乙级、暂定级的工程招标代理机构名单在认定后15日内,报国务院建设主管部门备案。

工程招标代理机构的资格,在认定前由建设主管部门组织专家委员会评审。

工程招标代理机构资格证书分为正本和副本,由国务院建设主管部门统一印制,正本和副本具有同等法律效力。

甲级、乙级工程招标代理机构资格证书的有效期为5年,暂定级工程招标代理机构资格证书的有效期为3年。

甲级、乙级工程招标代理机构的资格证书有效期届满,需要延续资格证书有效期的,应当在其工程招标代理机构资格证书有效期届满60日前,向原资格许可机关提出资格延续申请。

对于在资格有效期内遵守有关法律、法规、规章、技术标准,信用档案中无不良行为记录,且业绩、专职人员满足资格条件的甲级、乙级工程招标代理机构,经原资格许可机关同意,有效期延续5年。

暂定级工程招标代理机构的资格证书有效期届满,需继续从事工程招标代理业务的,应当重新申请暂定级工程招标代理机构资格。

关于资格证书变更等有关规定请参阅《办法》。

7. 行为规范

1)工程招标代理机构在工程招标代理活动中不得有下列行为:

(1)与所代理招标工程的招投标人有隶属关系、合作经营关系以及其他利益关系;

(2)从事同一工程的招标代理和投标咨询活动;

(3)超越资格许可范围承担工程招标代理业务;

(4)明知委托事项违法而进行代理;

(5)采取行贿、提供回扣或者给予其他不正当利益等手段承接工程招标代理业务;

(6)未经招标人书面同意,转让工程招标代理业务;

(7)泄露应当保密的与招标投标活动有关的情况和资料;

(8)与招标人或者投标人串通,损害国家利益、社会公共利益和他人合法权益;

(9)对有关行政监督部门依法责令改正的决定拒不执行或者以弄虚作假方式隐瞒真相;

(10)擅自修改经招标人同意并加盖了招标人公章的工程招标代理成果文件;

(11)涂改、倒卖、出租、出借或者以其他形式非法转让工程招标代理资格证书;

(12)法律、法规和规章禁止的其他行为。

申请资格升级的工程招标代理机构或者重新申请暂定级资格的工程招标代理机构，在申请之日起前一年内有前款规定行为之一的，资格许可机关不予批准。

2)国务院建设主管部门和省、自治区、直辖市建设主管部门应当通过核查工程招标代理机构从业人员、经营业绩、市场行为、代理质量状况等情况，加强对工程招标代理机构资格的管理。

工程招标代理机构取得工程招标代理资格后，不再符合相应条件的，建设主管部门根据利害关系人的请求或者依据职权，可以责令其限期改正；逾期不改的，资格许可机关可以撤回其工程招标代理资格。被撤回工程招标代理资格的，可以按照其实际达到的条件，向资格许可机关提出重新核定工程招标代理资格的申请。

3)有下列情形之一的，资格许可机关或者其上级机关，根据利害关系人的请求或者依据职权，可以撤销工程招标代理资格：

(1)资格许可机关工作人员滥用职权、玩忽职守作出准予资格许可的；

(2)超越法定职权作出准予资格许可的；

(3)违反法定程序作出准予资格许可的；

(4)对不符合许可条件的申请作出资格许可的；

(5)依法可以撤销工程招标代理资格的其他情形。

以欺骗、贿赂等不正当手段取得工程招标代理资格证书的，应当予以撤销。

4)有下列情形之一的，资格许可机关应当依法注销工程招标代理机构资格，并公告其资格证书作废，工程招标代理机构应当及时将资格证书交回资格许可机关：

(1)资格证书有效期届满未依法申请延续的；

(2)工程招标代理机构依法终止的；

(3)资格证书被撤销、撤回，或者吊销的；

(4)法律、法规规定的应当注销资格的其他情形。

8. 档案

建设主管部门应当建立工程招标代理机构信用档案，并向社会公示。

工程招标代理机构应当按照有关规定，向资格许可机关提供真实、准确、完整的企业信用档案信息。

工程招标代理机构的信用档案信息应当包括机构基本情况、业绩、工程质量和安全、合同违约等情况。《办法》第二十五条第一款规定的行为、被投诉举报处理的违法行为、行政处罚等情况应当作为不良行为记入其信用档案。

9. 处罚

工程招标代理机构隐瞒有关情况或者提供虚假材料申请工程招标代理机构资格的，资格许可机关不予受理或者不予行政许可，并给予警告，该机构1年内不得再次申请工程招标代理机构资格。

工程招标代理机构以欺骗、贿赂等不正当手段取得工程招标代理机构资格的，由资格许可机关给予警告，并处3万元罚款；该机构3年内不得再次申请工程招标代理机构资格。

工程招标代理机构不及时办理资格证书变更手续的，由原资格许可机关责令限期办理；逾期不办理的，可处以1 000元以上1万元以下的罚款。

工程招标代理机构未按照规定提供信用档案信息的，由原资格许可机关给予警告，责令限期改正；逾期未改正的，可处以1 000元以上1万元以下的罚款。

未取得工程招标代理资格或者超越资格许可范围承担工程招标代理业务的，该工程招标代理无效，由原资格许可机关处以3万元罚款。

工程招标代理机构涂改、倒卖、出租、出借或者以其他形式非法转让工程招标代理资格证书的，由原资格许可机关处以3万元罚款。

有上述7中1)款(1)、(2)、(4)、(5)、(6)、(9)、(10)、(12)项行为之一的，处以3万元罚款。

四、公路工程招标的项目类型

根据招标目的的不同，我国目前公路工程主要有以下几种项目类型的招标。

(一)勘察设计招标

(1)勘察设计单位的选定。业主应在可行性研究工作的基础上提出勘察设计的基本原则要求，主要包括：公路等级、路线走向、桥址位置、特别控制点、计划工期等，再由经审合格的参与的勘察设计单位提出自己的勘察设计方案，最后由业主从提交的各方案中选择设计方案优秀、设计费用(报价)适中的单位作为本项目的勘察设计单位。

(2)业主在勘察设计招标中，应认真评价勘察设计方案的可行性、可靠性、技术实施的难易性、工期的保证性和经济性及环保的优越性等。

(3)业主对参与投标的设计单位的业绩、技术经历、技术等级、社会信誉等应做充分了解、考察，而勘察设计费和报价只要适中即可。

(二)施工监理招标

(1)监理单位的选定。由业主制定一份招标文件，其内容包括有监理合同条款、服务范围、施工图纸等，投标单位在此招标文件基础上提出监理大纲及监理费报价并按规定送达业主，然后业主从若干个投标者中以监理方案优秀、监理实施能力可靠且监理费用适中为主要依据，选择其投标者中的一家单位来承担本项目的监理工作。

(2)监理招标的目的是优选监理单位，通过优选监理大纲并能保证可靠实施，从而达到保证工程质量、安全、环保、工期及控制造价的目的，因此，监理大纲的优劣是决定监理单位的主要因素，而监理费用的高低是次要的。

(3)业主应对拟承担本项目监理工作的单位的业绩、水平、信誉、人员组成等进行重点评价，特别是承担实际监理工作的人员的素质、经验、资质等方面要更加注意。因为监理人员的质量决定了监理工作的质量，而监理工作的质量对工程施工中的投资控制、质量控制、安全控制、环保控制、进度控制的效果有重大影响。

(三)材料设备招标

公路工程建设中的材料、设备数量庞大、种类繁多，其费用所占比例也大。材料是建筑工程体的物质基础，而设备，特别是一些关键设备是形成符合设计要求工程构造物的关键，也是保证工期与质量的关键，因此，材料设备招标主要是对一些特种材料和机械设备(依赖进口)进行招标。其招标过程的要点如下：

(1)由业主提出所需材料、设备的品种和规格及数量要求，发出招标书；

(2)供应商或制造商据招标书的相关要求，提供自己的材料设备性能，可供货日期等，并提出相应的报价；

(3)业主在各投标者中，按照价廉物美的原则且在供应时间上能满足施工进度需要的要求等，择优选择材料和设备的供应单位；

(4)在招标过程中，业主应认真调查了解，收集各方面的信息，如投标单位的经济实力、供货质量的可靠性、生产规模、社会信誉、售后服务等多方面的情况，并与其所报情况进行核对落实。

(四)施工招标

通过招标方式选择施工单位是十分重要的一环，是关系工程目标得以实现的关键一环，因为施工单位是在不突破工程投资的前提下，确保工程质量、安全、环保和工期的直接实施者和责任者。招标的要点如下：

(1)做好招标准备工作。首先要成立招标组织机构、编制招标文件、发布招标通告或资格预审通告、投标单位资格审查等。

(2)做好投标组织工作。根据投标单位资格审查的结果，对投标的合格者发送投标邀请书、发售招标文件、组织现场考察、组织标前会议并解答投标单位提出的问题等。

(3)做好评标定标工作。开标、评标定标、签订合同，并应特别注意编制标底和审定标底的工作。

(五)设计施工总招标

设计施工总招标是在上述四种招标基本形式之外的另一种形式。其招标的要点是：由业主事先提出设计施工的基本原则和要求，由设计单位和施工单位组成设计施工联合体进行投标，业主从中选择一家工程造价低、能确保工程质量并符合工期要求的单位承担本项目的设计施工。

招标人有权自行选择招标代理机构，委托招标代理机构办理招标事宜。但所选择的招标代理的委托人必须是经过国家发展改革委员会认定具有足够资质的我国境内从事招标代理活动的法人单位。

第二节 招标投标工作的实施与规范

一、实施招标投标制的重大意义

改革开放以来，虽然我国的公路建设取得了空前的高速发展，但是，今后的公路建设任务仍然十分巨大。

我国与世界发达国家相比较，仍然有很大差距。为缩短这个差距，交通部发布了《公路、水运交通发展三阶段战略目标(基础设施部分)》，计划在今后40年内实现我国公路建设现代化目标，其部分指标列于表1-3。

公路建设三阶段战略目标之部分指标　　表1-3

指标	单位	2000年	2010年	2020年	2040年
公路总里程 净增	万km	140	180 40	230 50	300以上 70以上
高速公路里程 净增	万km	1.6	3.5 1.9	5.5 2.0	8.0 2.5
高级、次高级路面里程 净增 占公路总里程(%)	万km 万km	60 42.6	100 40 55	147 47 64	

特别是西部大开发已经起步，公路建设任务更为繁重，为了控制工程质量、生产安全、环保保证工期和降低工程造价，交通部还根据《中华人民共和国公路法》、《中华人民共和国招标投标法》颁布了一系列的相关文件，以指导、规范各地公路工程的招标投标工作。

实行招标标制度的意义在于：

(1)引进竞争机制，防止地方保护主义；

(2)保护建设市场，减少建设市场的行政干预，规范业主行为；

(3)控制工程质量，安全，环保保证工期，降低工程造价。

(4)遏制工程管理中产生腐败的有效手段。

二、招标投标的基本原则和要求

招标投标法的基本原则是：公开原则、公平原则、公正原则、诚实信用原则。

公开原则　又称为透明度原则，其主要精神就是要将招标投标活动置于社会的公开监督之下，有效防止不正当交易，主要体现在：招标信息公开、招标文件公开、招投标的程序公开、开标公开。

公平原则　公平原则的基本点是反对歧视和特权，要求包括：投标人的投标机会均等、资格审查使用同一标准、提供给投标人的信息相同、都只能享受一次报价机会。

公正原则　公正原则主要体现在评标和定标的过程中，目的是要按已经在招标文件中公开了的授标条件，使最符合该条件的投标人能够中标。为此要求评标委员会应当具有中立性、权威性和法定性；应当依据已经在招标文件中公开的标准，对投标文件进行客观地评审和比较，以便选出最符合标准的单位作为招标人的承诺和合同成立的依据。

三、招标投标的基本性质和法律特征

(1)招标投标是在双方(业主与承包商，业主与监理单位等)同意基础上的一种买卖行为。

(2)招标投标是市场竞争的表现形式，是竞争机制在建设市场产生作用的体现。它是由业主设立标的，邀请若干具有相应的资质证书并购买了投标文件的投标单位公平竞争，通过秘密报价，从中选择最优中标者并与其达成交易协议的行为。

(3)招标投标方式是建筑产品的价格形成方式，是价格机制(价值规律和供求规律)在建设市场产生作用的体现，法律规定为必须进行招标的，就必须实行招标投标，否则该项目不能得到财政资金的支持，也得不到审批部门批准。

(4)招标投标的结果是招标者和中标者订立合同，是要约和承诺的合同，当事人双方的合同关系是一种法律关系，故而，招标投标是一种法律行为。

四、实施招标投标的作用

(1)利于促进社会主义市场经济体制的建立和完善。

(2)利于建设市场的统一和开放以及有序竞争，利于培养和发展建设市场。

(3)利于促进社会劳动生产力水平和生产效率的提高。

(4)严格按照招标投标的基本原则和要求开展招标投标工作，按规定的基本程序组织招标，则在投资控制、质量控制及进度控制上可取得明显的效果，防止不正当的事情发生。

五、工程建设项目必须进行招标的范围标准与规模标准

1. 范围标准

凡在中华人民共和国境内进行招标投标活动均适用《中华人民共和国招标投标法》。下列工程建设项目的勘察、设计、施工、监理以及与工程建设有关的重要设备、材料等采购必须进行招标，主要包括：

(1)大型基础设施、公用事业等关系社会公共利益、公众安全的项目；

(2)全部或部分使用国有资金投资或者国家融资的项目；

(3)使用国际组织或者外国政府贷款、援助资金的项目；

(4)法律或者国务院规定必须进行招标的其他项目。

2. 规模标准

上述法律或者国务院规定必须进行招标的其他项目，是指2000年5月1日由国家发展计划委员会发布的《工程建设项目招标范围和规模标准规定》做出的各类工程建设项目，包括项目的勘察、设计、施工、监理以及与工程建设有关的重要设备、材料等的采购，达到下列标准之一的：

(1)施工单项合同估算价在200万元人民币以上的；

(2)重要设备、材料等货物的采购，单项合同的估算价在100万元人民币以上的；

(3)勘察、设计、监理等服务的采购，单项合同估算价在50万元以上的；

(4)单项合同估算价低于(1)、(2)、(3)项规定的标准，但项目总投资在3 000万元人民币以上的。

六、招标投标的法律与法规

前面已经说明招标投标是一种法律行为，必然要受到法律的规范和约束，要服从法律的规范和要求。主要的法律法规有以下几种：

(1)《中华人民共和国合同法》、《中华人民共和国招标投标法》及其他有关的合同法规，它们是招标文件内容规范化的依据。

(2)《反不正当竞争法》及其他有关法律，它们是招标投标规范化的法律依据。

(3)《公路建设市场管理办法》，它是招标投标工作的实施进行规范化管理的依据。

(4)《公路工程施工招标投标管理办法》，它是规范公路施工招标投标工作的主要法规。

(5)《公路工程施工监理招标投标管理办法》，它是规范公路建设市场监理招标投标的主要法规。

(6)《公路工程施工招标资格预审办法》，它具体规范了施工招标资格预审的原则、评审程序和要求及评审与评审报告的规定要求与内容。

(7)《公路工程施工评标委员会评标工作细则》，它是具体组织和进行评标工作的依据。

(8)《工程建设项目招标代理机构资格认定办法》，它规范了工程建设项目招标代理机构资格认定的具体规定要求。

(9)《建筑工程安全防护、文明施工措施费用及使用管理规定》，它明确规范了为确保安全生产、文明施工管理，保障施工从业人员的作业条件和生活环境，防止施工安全事故发生关于相关费用的规定要求，是在编制概预算和进行标底编制与实施中不可或缺的法规。

第三节　公路工程项目基本建设程序

基本建设程序也称为建设程序，是指建设项目从设想、选择、评估、决策、设计、施工到竣工验收、投入使用的整个建设过程中，各项工作必须遵循的先后次序的法则。这个法则是人们在认识客观规律，科学地总结了建设工作的实践经验的基础上，结合经济管理体制制定的。它反映了项目建设固有的客观规律和经济规律，体现了现行建设管理体制的特点，按照建设项目发展的内在联系和发展过程，国家通过制定有关法规，把整个基本建设过程划分为若干个阶段，规定了每一阶段的工作内容、原则以及审批权限。这些阶段相互衔接，循序渐进，有严格的先后顺序，不能任意颠倒，也不能随意省略。

建设程序反映了建设工作客观的规律性，由国家有关主管部门制定、颁布。建设程序既是基本建设应遵循的准则，也是国家对基本建设进行监督管理的手段之一。它是国家计划管理、宏观资源配置的需要，是主管部门对项目各阶段监督管理的需要。严格遵循和坚持按建设程序办事是建设项目科学决策和顺利进行以及提高基本建设经济效果的重要保证，也是每一位建设工作者的职责。参与公路建设的各有关方，都必须遵守这个程序，按其规定要求办事。

一、公路工程基本建设程序

公路工程基本建设程序是：根据国民经济长远规划及布局所确定的公路网规划，进行预可行性研究，编制项目建议书；根据批准的项目建议书，进行工程可行性研究，编制工程可行性研究报告；根据批准的工程可行性研究报告，据其编制勘察设计招投标文件，组织招投标及编制初步设计文件，根据批准的初步设计文件，编制施工图设计文件；根据批准的初步设计文件，编制项目招标文件；根据批准的项目招标文件、资格预审结果和公路建设计划，组织项目招标投标；根据国家有关规定，进行征地拆迁等施工前准备工作，编制项目开工报告；根据批准的项目开工报告，组织项目实施；项目完工后，编制竣工图表和工程决算，办理项目验收；竣工验收合格后，组织项目后评价。

公路工程基本建设程序如图1-3所示。

二、公路基本建设程序的具体内容

（一）规划和项目建议书阶段

根据国民经济长远规划及布局编制公路网规划，进行预可行性研究，编制项目建议书。项目建议书是要求建设某一具体工程项目的建议文件，是基本建设程序中的第一个阶段，是投资决策前对拟建项目的轮廓设想。项目建议书的主要作用是对拟建项目进行初步说明，论述拟建项目建设的必要性、实施条件的可行性（包括环保评估、结构物拆迁范围报告等）和获利的可能性，供有关部门选择并确定是否进行下一步的工作。项目建议书批准后，才可进行可行性研究阶段的工作。但项目建议书并不表明项目非上不可，不是项目的最终决策。

项目建议书的内容，一般应包括：项目建议的必要性和依据；拟建项目规模、建设地点和建设方案的初步设想；资源情况、建设条件和协作关系等的初步分析；投资估算和资金筹措的设想；建设进度设想；经济效果和社会效益的初步估计。

项目建议书编制一般由项由投资方委托有相应资质的设计单位或咨询机构承担，并按国家现行规定权限向主管部门申报审批。项目建议书被批准后，即可组建项目法人筹备机构。

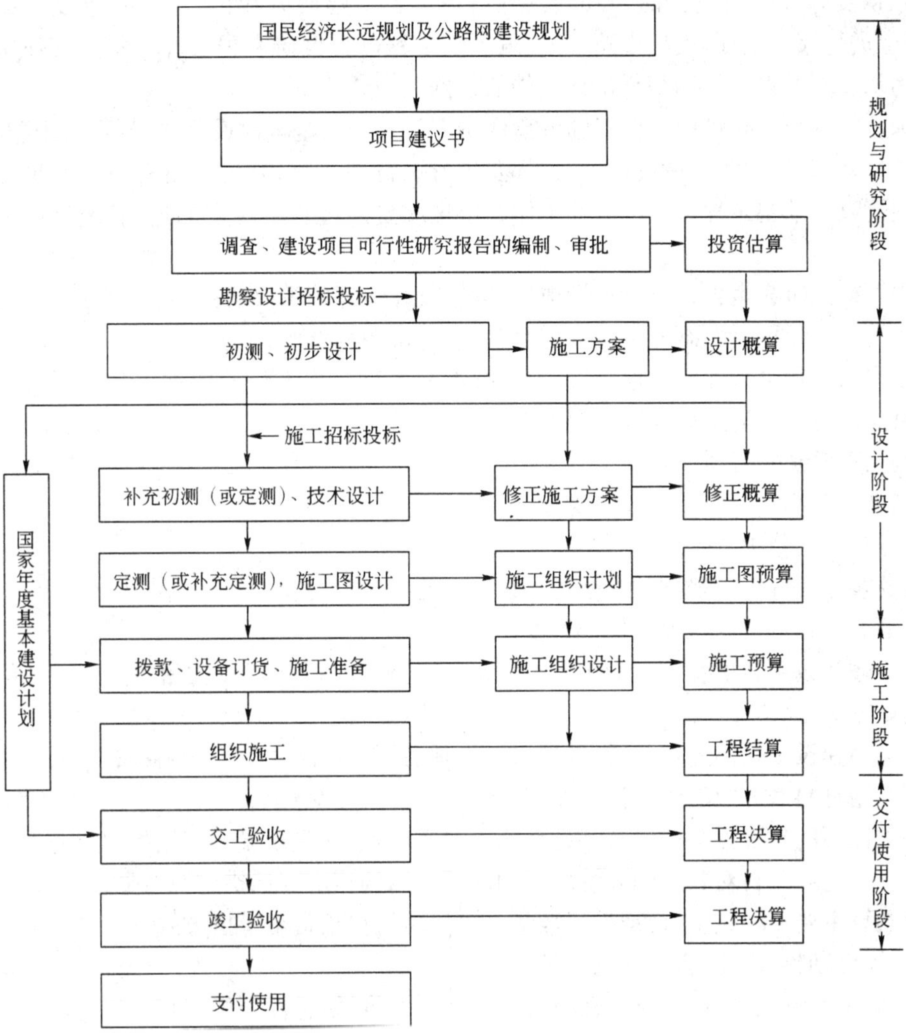

图1-3　公路工程基本建设程序

（二）可行性研究阶段

进行可行性研究的目的是减少项目决策的盲目性，使建设项目的确定具有切实的科学性和经济合理性。交通部颁布的《公路工程基本建设管理办法》中明确规定可行性研究应作为公路工程基本建设程序的首要环节。

可行性研究按其工作深度可分为：

1. 预可行性研究

它是以国民经济与社会发展规划、路网规划和公路建设五年计划为依据，通过踏勘和调查研究，提出建设项目的规模、技术标准，进行简要的经济效益分析，故预可行性研究报告重点是阐明建设项目的必要性。其作用是预可行性研究报告经审批后作为编制工程可行性研究报告的依据。

2. 工程可行性研究

它是以批准的预可行性研究报告和项目建议书（或省、自治区、直辖市及计划单列市级单位委托书）为依据，通过必要的测量（高等级公路必须做）、地质勘探（对大桥、隧道及不良地质地段等），认真调查研究，获得必要的资料后，提出若干建设方案，并对不同建设方案从经济上、技术上进行综合论证，提出推荐方案，编制出工程可行性研究报告并上报。其作用是经审批后作为初步测量以及编制初步设计文件的依据。

我国从20世纪80年代初将工程可行性研究正式纳入基本建设程序，规定大中型项目、利用外资项目、引进技术和设备进口项目，都要进行可行性研究，其他项目有条件的也要进行工程可行性研究。承担工程可行性研究工作的单位应是经过资格审定的规划、设计和工程咨询单位。

工程可行性研究报告是确定建设项目、编制设计文件的重要依据，要求其必须有相当的深度和准确性。工程可行性研究报告批准后，一般不得随意修改和变更。

经批准的工程可行性研究报告，是项目决策和进行初步设计的依据。工程可行性研究报告由项目法人筹备机构组织编制。项目工程可行性研究报告批准后，应正式成立项目法人，并按项目法人责任制实行项目管理。

公路可行性研究报告的内容主要有：

（1）建设项目依据、历史背景；

（2）建设地区综合运输网的交通运输现状和建设项目在交通运输网中的地位及作用；

（3）原有公路的技术状况及适应程度；

（4）论述建设项目所在地区的经济特征，研究建设项目与经济发展的内在联系，预测交通量、运输量的发展水平；

（5）概述建设项目的地理位置，地形、地质、地震、气候、水文等自然特征；

（6）筑路材料来源及运输条件；

（7）论证不同建设方案的路线起讫点和主要控制点、建设规模、标准，提出推荐意见；

（8）评价建设项目对其周围环境的影响和可采取的相应环保措施及意见；

（9）测算主要工程数量、征地拆迁数量，估算投资，提出资金筹措方式；

（10）提出勘察、设计、施工计划安排；

（11）确定运输成本及有关经济参数，进行经济评价、敏感性分析，包括风险分析等；

（12）对收费公路、桥梁、隧道还需进行财务风险分析，如收费数额、回收期、风险评估等，评价推荐方案，并就此提出存在的问题和有关建议。

（三）设计阶段

设计是对拟建工程的实施在技术上和经济上所进行的全面而详尽的安排，是基本建设计划的具体化，具组织施工的依据。工程可行性研究报告经批准的建设项目，应通过招标投标择优选择设计单位，按照批准的工程可行性研究报告的内容和要求进行设计，编制设计文件。

按照我国现行规定，公路基本建设项目一般进行两阶段设计，即初步设计和施工图设计。对于技术上复杂而又缺乏设计经验的项目或建设项目中的个别路段、特殊大桥、互通式立体交叉、隧道等，必要时可进行三阶段设计，即初步设计、技术设计和施工图设计。

1. 一阶段设计

适用于技术难度不大、方案明确、规模较小的小型建设项目。在某种情况下由于时间要求紧迫也可能采用一阶段设计。它是一次完成设计，故又可称为一阶段施工图设计。它是根据批准的可行性研究报告和测定资料，拟定修建原则，确定设计方案和工程数量，提出文字说明和图表资料以及施工组织计划，编制施工图预算，设计文件能满足审批的要求并适应施工的需要。

2. 两阶段设计

适用于公路工程基本项目建设的大多数情况，它由初步设计和施工图设计两阶段完成设计。

(1)初步设计

它是根据批准的可行性研究报告的要求和初测资料，拟定修建原则，选定设计方案，计算主要工程数量，提出施工方案意见，编制设计概算，提供文字说明及图表资料。

这里要特别指出在招标和投标工作中初步设计文件的重要性：经批准的初步设计和概算文件是招、投标必备的条件之一，否则便不具备招、投标工作的基础。同时初步设计文件经审查批准后，是国家控制建设项目投资及编制施工图设计文件或技术设计文件（采用三阶段设计时）的依据，并且为订购和调拨主要材料、机具、设备、安排重大科研试验项目、征用土地等的筹划提供资料。

初步设计应根据批准的工程可行性研究报告的要求和初测资料，拟定修建原则，制订设计方案，计算主要工程数量，提出施工方案的意见，编制设计概算，提供文字说明及图表资料。初步设计是设计工作的第一阶段。如果初步设计提出的总概算超过工程可行性研究报告确定的总投资估算10%以上或其他主要指标需要变更时，要重新报批工程可行性研究报告。

初步设计文件应按规定报交通主管部门审批，初步设计文件批准后，即可要求列入年度基本建设计划，并开始进行下阶段设计。

(2)施工图设计

施工图设计是根据批准的初步设计（或技术设计）和定测（或补充定测）资料，进一步对所审定的修建原则、设计方案、技术决定等加以具体和深化，最终确定工程数量，提出文字说明和适应施工需要的图表资料以及施工组织计划，编施工图预算（即设计预算）。施工图设计文件在交货用前，须经项目法人或由项目法人委托有相应工程咨询或者设计资质的单位审查，并由项目法人按照项目管理隶属关系将施工图设计文件报交通主管部门审批。

设计工作必须由具有相应资质等级的勘察设计单位来完成，所编制的设计文件必须符合《公路工程基本建设项目设计文件编制办法》的规定。

3. 三阶段设计

适用于技术复杂而又缺乏经验的建设项目或建设项目中个别特殊路段、特殊大桥、互通式立体交叉、隧道等。其三个阶段是：

(1)初步设计（见前述）

(2)技术设计

技术设计是根据批准的初步设计和补充初测（或定测）资料，对重大、复杂的技术问题通过科学试验、专题研究，加深勘探调查及分析比较，解决初步设计中未能解决的问题，落实技术方案，计算工程数量，提出修正的施工文案，编制修正设计概算。经批准后作为施工图设计的依据。

(3)施工图设计（见前述）

(四)列入年度基本建设计划

建设项目的初步设计和概算文件完成并上报批准后，则能列入国家基本建设年度计划，建设资金得以解决。建设单位的主要工作有：

(1)根据国家发改委颁发的年度基本建设计划控制数字，按照批准的可行性研究报告和设计文件，编制本单位的年度基本建设计划并上报。

(2)根据上级对本单位年度基本建设计划的批复，编制物资、劳力、财务计划、并分别上报，经主管机关审查平衡后，作为国家安排生产、物资分配、劳动调配和财政拨款（或贷款）的依据。

(3)进行招标投标工作或通过其他方式先落实施工监理单位并签订监理服务合同，再落实施工单位并签订工程承包合同。

（五）开工准备阶段

建设项目必须有经过批准的初步设计和总概算，并经计划部门综合平衡，在资金、材料和施工力量有保证后，才能列入年度基本建设计划。年度基本建设计划是确定年度基本建设任务，进行建设拨款的依据。

当建设项目初步设计文件经过审批后，满足法定条件时，即可编制项目招标文件，组织项目招标投标。项目法人通过项目施工监理招标投标择优选定项目监理单位，签订监理合同后；再组织施工招标投标，优选承包人，签订施工合同。

为了确保项目施工的顺利进行，项目在主体工程开工之前，必须进行施工准备工作，主要包括：征地、拆迁和场地平整；完成施工用水、电、通道等工程；组织设备、材料订货；必需的生产、生活临时工程的建设；办理报建手续、办理施工许可等。

准备工作基本就绪后，业主按审批权限，向主管部门提出项目开工报告，经批准后，才能正式开工。

（六）组织施工阶段

在具备开工条件，并经主管部门批准后，项目方可开工建设。项目开工时间是指建设项目设计文件中规定的任何一项永久性工程（无论生产性或非生产性）第一次正式破土开槽开始实施的日期；不需要开槽的工程，以建筑物组成的正式打桩作为正式开工；需要进行大量土、石方工程的，以开始进行土、石方工程作为正式开工。工程地质勘察、平整土地、旧有建筑物的拆除、临时建筑、施工用临时道路和水、电等施工，不算正式开工。

业主要充分发挥建设管理的主导作用，积极创造良好的施工条件和外部环境；监理单位要充分行使合同赋予他们的权力，对施工质量、安全、环保、进度、费用等实施有效的监督管理，调解各方争议，确保工程施工顺利进行；承包人要严格按施工合同规定精心地组织施工，合理使用施工资源，对施工工期、质量、成本、安全与环保等实行全面控制和监管，以达到按合同要求全面完成施工任务的目的。

（七）交工验收阶段

公路工程（合同段）进行交工验收阶段是一个十分重要的阶段，它涉及众多的合同工程内容、支付及竣工验收的通过。交工验收应具备以下条件：

(1)已完成合同约定的各项工程内容；

(2)施工单位按交通部（简称部）部颁《检评标准》及相关规定的要求对工程质量自检合格；

(3)监理工程师对工程的评定合格；

(4)质量监督机构按部颁的公路工程质量鉴定办法对工程质量进行检测（必要时可委托有相应资质的检测机构承担检测任务），并出具检测意见；

(5)已按部颁规定的内容编制完成了竣工文件；

(6)施工单位、监理单位已完成本合同段的工作总结。

在符合交工验收条件后，经监理工程师同意，由施工单位向项目法人提出申请，项目法人应及时组织对该合同段进行交工验收。项目法人负责组织工程各合同段的设计、监理、施工等单位参加交工验收。拟交付使用的工程，应邀请运营、养护管理单位参加。参与单位的主要职责是：

(1)项目法人负责组织各合同段参建单位完成交工验收工作的各项内容[包括检查合同执行情况，检查施工自检报告、施工总结报告及施工资料；检查监理单位独立抽检资料，监理工作报告及质量评定资料，检查工程实体，审查有关资料包括主要产品质量的抽(检)测报告；核查工程完工数量是否与批准的设计文件相符，是否与工程计量数量一致；对合同是否全面执行，工程质量是否合格作出结论，按交通主管部门规定的格式签署合同段交工验收证书；按交通部规定的办法对设计单位、监理单位、施工单位的工作进行初步评价等七项内容]，总结合同执行过程中的经验，对工程质量是否合格作出结论。

(2)设计单位负责检查已完工程是否与设计相符，是否满足设计要求。

(3)监理单位负责完成监理资料的汇总、整理，协助项目法人检查施工单位的合同执行情况，核对工程数量，科学公正地对工程质量进行评定。

(4)施工单位负责提交竣工资料，完成交工验收准备工作。

项目法人组织监理单位按《检评标准》的要求对各合同段的工程质量进行评定。

监理单位根据独立抽检资料对工程质量进行评定，当监理按规定完成的独立抽检资料不能满足评定要求时，可以采用经监理确认的施工自检资料。

项目法人根据对工程质量的检查及平时掌握的情况，对监理单位所做的工程质量评定进行审定。

各合同段工程质量评分采用所含各单位工程质量评分的加权平均值即：工程各合同段交工验收结束后，由项目法人对整个工程项目进行工程质量评定，工程质量评分采用各合同段、工程质量评分的加权平均值，即工程质量等级评定分分为合格和不合格，大于等于75分的为合格，少于75分的为不合格。

验收合格后，项目法人应按交通部规定的要求及时完成项目交工验收报告，并向交通主管部门备案。国家、部重点公路工程项目中100km以上的高速公路、独立特大型桥梁和特长隧道工程向省级人民政府交通主管部门备案，其他公路工程按省级人民政府交通主管部门的规定向相应的交通主管部门备案。

验收合格后，质量监督机构应向交通主管部门提交项目的自检报告。交通主管部门在15天内未对备案的项目交工验收报告提出异议，项目法人可开放交通进入试运营运期。试营运期不得超过3年。

交工验收提出的工程质量缺陷等遗留问题，由施工单位限期完成。

(八)竣工验收阶段

已完成按合同约定的各项内容，符合验收条件后，即可进行公路工程验收。

竣工验收是工程建设过程的最后一环，是全面考核基本建设成果、检验设计和工程质量的重要步骤，也是基本建设转入生产或使用的标志，是保证竣工工程顺利投入生产或交付使用的一个法定手续，对促进建设项目及时投产、发挥投资效益及总结建设经验具有重要作用。

所有公路工程在完工后投入使用前都必须通过竣工验收。工程竣工验收前，业主要组织设计、监理、施工等单位进行交工验收。交工验收合格后，业主应按交通部规定的要求及时完成项目交工验收报告,并向交通主管部门备案。交通交管部门在15天内未对备案的项目交工报告提出异议,业主可开放交通进入试运营期。通车试运营2年后,符合竣工验收条件时,业主应按照项目管理权限及时向交通主管部门申请竣工验收。对于符合验收条件的,应自收到申请文件之日起3个月内组织竣工验收。竣工验收通过的工程,由业主按国家规定向公路管理机构、接管养护单位办理资产移交手续后,正式投入通车运营。竣工验收应遵照交通部令2004年第3号《公路工程竣(交)工验收办法》的规定执行。

(九)后评价阶段

建设项目后评价是指工程项目竣工投产、生产运营一段时间(一般两年)后,再对项目的立项决策、设计施工、竣工投产、生产运营等全过程进行系统评价的一种技术经济活动。是固定资产投资管理的一项重要内容,也是固定资产投资管理的最后一个环节。通过建设项目后评价以达到肯定成绩、总结经验、研究问题、吸取教训、提出建议、改进工作、不断提高项目决策水平和投资效果等目的。

项目后评价的主要内容包括:影响评价——项目投产后对各方面的影响进行评价;经济效益评价——对项目投资、国民经济效益、财务效益、技术进步和规模效益、可行性研究深度等进行评价;过程评价——对项目的立项、设计施工、建设管理、竣工投产、生产运营等全过程进行评价;持续运营评价——对项目持续运营的预期效果进行评价。

项目后评价一般按三个层次组织实施,即项目法人的自我评价、项目行业的评价、计划部门(或主要投资方)的评价。

建设程序对各建设行为主体和监督管理主体在每个阶段应当做什么、如何做、何时做、由谁做等一系列问题都给出明确规定。建设程序为工程建设行为提出了规范化的要求,为工程各方提出了具体的任务和服务内容。严格遵守现行的工程建设程序是结合我国国情,推行工程监理制度的具体体现。参与工程建设的各方均严格遵守工程建设基本程序的规定,尽职尽责完成各自的任务。

第四节　招标投标工作中应高度关注的内容

在公路工程招投标工作中,不管是业主、监理、设计方、工程承包方、材料供应方等,都必须高度关注下述几个方面的问题,明确自己的职责,并结合客观实际、工程实际、环境条件等,在编制招标文件、招标工作实施中、编制投标文件和投标工作实施中充分地清楚明白地反映和体现有关质量、安全、环保、费用、进度、合同管理、信息管理等的执行政策法规(含技术法规:如各类相关技术标准、规范、规程、范本等)的严谨态度,确保上述各项实现的技术方案,技术措施、技术工艺等的科学性、符合规范性、可行性、可操作性、可靠性和适应性、有效性,确保上述各项实现的管理方法的严密性、科学性、可操作性、有效性和适应性。

由于篇幅有限,下面仅就质量、安全、环保几项内容进行相关说明,以供在编制招投标文件时结合工程实际情况需要参考应用。

一、确保工程施工质量

在招投标工作的各参与方应全面贯彻"建设单位全面负责、监理单位控制,设计、施工单位保证和政府监督相结合的质量管理体制"的规定要求,通力合作,各负其责,确保工程质量。

下面就相关规定、要求、重点进行说明。

(一)建设单位质量管理职责

(1)建立健全质量保证体系,建立内部质量管理制度,落实质量岗位责任制。

(2)严格执行基本建设程序,根据公路工程特点和技术要求,确定合理标段、合理工期、合理造价。

(3)按照国务院交通主管部门规定,通过招标选择具有相应资质的勘测设计、施工和监理单位、并分别签订合同、实行合同管理。合同文件必须有工程质量条款,明确各项工程和材料质量标准和合同双方的质量责任。

(4)开工前应组织施工图设计审查和设计交底;施工中应对工程质量进行检查;工程完工后应及时组织交工验收。

(5)加强档案管理,按照《中华人民共和国档案法》的有关规定,建立健全项目档案。

(二)设计单位质量管理职责

(1)必须建立健全设计质量保证体系,加强设计全过程的质量控制;建立完整的设计文件编制、复核、审核、会签和批准制度;明确各阶段的责任人,对该项目设计质量负责。

(2)设计文件必须符合下列要求:

①设计文件的编制应该符合有关公路工程建设法律、法规、规章、标准、规程和合同要求。

②设计依据的基本资料应完整、准确、可靠,设计方案论证充分,计算成果可靠,符合结构安全要求。

③设计文件的深度应满足相应设计阶段的有关技术规范、规定要求。

④设计文件必须保证公路工程质量要求,符合安全、适用、经济、美观的综合要求。

⑤设计文件选用的材料、配件和设备,应当注明其性能及技术标准,其质量要求必须符合国家规定的标准,但不得指定生产厂、供应商。

(3)设计单位应按合同规定及时提供设计文件及施工图纸;开工前做好设计文件的交底工作;对大中型和有特殊要求的公路工程项目,设计单位应在施工现场设立代表处或派驻设计代表,随时掌握施工现场情况,解决设计的有关问题;设计单位应对工程质量是否满足设计要求提出评价意见。

(三)施工单位质量管理职责

(1)依据有关公路工程建设的法律、法规、规章、技术标准和规范的规定,按照设计文件、施工合同和施工工艺要求组织施工,并对其施工的工程质量负责。

(2)必须建立施工质量保证体系,推行全面质量管理,制订和完善岗位质量规范、质量责任及考核办法。

(3)建立工地试验室,加强施工过程中的自检和工序交接检验及考核办法。

(4)工程发生质量事故,必须按规定向监理单位、建设单位及有关部门报告,并保护现场接受调查,按主管方及监理工程师的要求认真进行事故处理。

(5)竣工的公路工程项目必须符合有关公路工程标准及设计文件要求,并按规定向建设单位提交完整的技术档案、试验成果及有关资料。

(四)监理单位质量管理职责

(1)必须严格遵照有关公路工程建设的法律、法规、规章、技术标准、规范和施工合同文件,对工程施工现场进行全面监督管理。

(2)按照监理合同规定的任务和要求,向工程施工现场派出监理人员,组建驻地监理机构,配备监理设备。

(3)上岗监理工程师必须持有交通主管部门核准的监理工程师证书,其他监理人员必须经过岗前培训。监理人员应具有相应的工程管理能力,技术业务素质和公正、廉洁的职业道德。

(4)驻地监理工程师应认真审查施工组织设计和工程施工工艺;监督承包人的工程质量检测,按规范要求进行抽检;纠正不符合设计要求、施工技术标准和承包合同的工程和施工行为:组织或参加工程质量事故处理和工程验收。

(5)监理工程师负责监管和审验用于整个工程建设中的材料、设备的质量,只有监理工程师对建设单位所选的材料、设备样品批复之后,建设单位方能将该材料和设备用于该工程建设中。

(五)材料、设备采购单位和供货单位质量管理职责

(1)材料和设备的采购单位承担相应的材料和设备质量责任,其所采购的材料和设备,必须符合有关公路工程和有关行业现行技术标准的规定,并全部符合设计对材料的要求。采购前,必须将采购的品种、数量送给监理工程师审批。

(2)建设单位按合同规定指定采购的材料和设备,采购单位有权对其适用性进行核查。

(3)材料设备采购一律要求供货单位提供合格证书及有关检测资料,并将合格证书、检测资料(或其副本)及使用说明书提交使用单位和监理工程师审验。

(4)材料设备供货单位对其所提供的货物的质量承担相应的连带责任。

(六)工程建设各单位有关人员的质量责任

(1)公路工程建设项目的主管部门、建设、设计、施工监理单位负责人,对本单位的质量工作负有监管和领导责任。

(2)各单位的工程项目负责人,对本单位工程项目现场的质量工作负直接领导责任。

(3)各单位的工程技术负责人,对质量工作负工程技术方面责任。

(4)具体工作人员对质量工作负直接责任。

(5)公路工程在设计使用年限内实行质量终身负责制。

(6)施工监理单位对工程项目的质量负监管责任。

二、确保生产施工安全

在招投标工作中必须贯彻坚持安全第一、预防为主的方针。在编制招标投标文件及评标工作中,相关各方必须遵守安全生产法律、法规的规定,在招标投标工作实施过程中,应认真检核各相关方是否落实了应依法承担的工程安全生产责任。

(一)建设单位的安全责任要点

(1)在招标投标中,业主不得向投标人提出不符合建设工程安全生产法律、法规和强制性标准规定的要求,在确定工期时应科学合理。在与承包人签订合同后,不得在压缩合同约定的工期。

(2)在编制标底时,应认真仔细确定工程安全作业环境及安全施工措施所需的费用。建设单位未按规定支付安全防护、文明施工措施费用的,由县级以上建设行政主管部门依据《建设工程安全生产管理条例》第五十四条规定,责令限期整改;逾期未改正的,责令该建设工程停止施工。

(3)在评标中,对投标人提供的机械设备、施工机具(及配件)、消防设施和器材、安全防护用具等应严格把关确保符合安全施工要求。

(4)在评标中,对投标人确保施工安全的保障文案、应急预案、安全保障体系、施工安全防护与处治措施等应进行认真评审,确保安全施工的科学性、合理性、可靠性、有效和可操作性。

(二)监理单位安全责任要点

1.监理单位参与招标投标工作,应协助业主把好生产安全关,对招标文件中有关安全的规定应认真研究,对在遵守生产法律法规及时投标人提出的安全要求、规定等方面是否正确合理、完善有效和可行提出意见,以确保安全得到保障。

2.审查施工承包单位编制的施工组织设计中的安全技术措施或专项安全施工方案是否符合工程建设强制性标准。

3.监理单位在自己的投标文件中必须包括施工安全监理的内容。施工安全监理文件应遵照《建设工程安全生产管理条例》(2003年11月24日国务院令第393号)的规定,按"工程监理单位对本单位所承担的工程建设项目安全监理工作负责"的要求进行编制,并将其列入监理的技术建议书中。

(1)明确施工安全监理的职责要点

①工程监理单位对本单位所承担的工程建设项目安全监理工作负责,督促承包人建立健全安全生产责任制。

②审查施工方案及安全技术措施并督促其实施。

③项目总监理工程师对该项目的安全监理工作全面负责。

④项目监理人员在总监理工程师的领导下,按照职责分工,履行现场安全监督检查的职责,并对各自承担的安全监理工作负责。

⑤监理工程师按照法律、法规和工程建设强制性标准实施监理,并对建设工程安全生产承担监理责任。

⑥定期组织施工现场安全生产专项检查,每月向工程安监站报告工地安全生产情况。

⑦监理应建立安全技术措施审查制度、专项施工方案审查制度、安全隐患处理制度、严重安全隐患制度,按照法律法规与强制性标准实施监理制度等。

⑧工程监理单位应当对施工单位落实安全防护、文明施工措施情况进行现场监理。对施工单位已经落实的安全防护、文明施工措施,总监理工程师或者造价工程师应当及时审查并签认所发生的费用。监理单位发现施工单位未落实施工组织设计及专项施工方案中安全防护和文明施工措施的,有权责令其立即整改;对施工单位拒不整改或未按期限要求完成整改的,工程监理单位应当及时向建设单位和建设行政主管部门报告,必要时责令其暂停施工。

(2)施工安全监理文件的编制要点

①工程项目总监理工程师主持编制的项目监理计划中应包括安全监理内容,根据工程项目特点明确安全监理的范围,制订安全监理工作程序和制度,确定监理人员的安全监理职责及分工。

②各专业监理工程师编写的监理细则应确定安全监理的具体内容及重点,监控的方法和措施。

③对新材料、新技术、新工艺及危险性较大的分项(或分部)工程设置特殊监控点,编制安全监理岗位守则,明确监控措施和方法。

(3)施工准备阶段安全监理的主要工作

工程开工前,监理工程师应严格审核承包人的各项安全保证方案,审查重点如下:

①督促业主与承包人签订工程项目安全施工责任书,督促总包单位与分包单位签订工程

项目安全施工责任书。

②审查总包、分包单位的安全生产许可证或专业主管部门颁发的安全生产资质。

③督促承包人建立健全施工现场安保体系。

④督促施工总承包单位对分包单位的安全生产工作统一领导,统一管理,提出明确的安全生产制度,管理措施,并认真实施监督检查。

⑤审查施工承包单位编制的施工组织设计中的安全技术措施或专项安全施工方案是否符合工程建设强制性标准。审核应包括以下内容:

a. 安全管理、质量管理和安全保证体系的组织机构,包括项目经理、项目总工、专职安全管理人员、特种作业人员配备的数量及安全资格培训持证上岗情况;

b. 施工安全生产责任制、安全管理规章制度、安全操作规程的制订情况;

c. 起重机械设备,施工机具、电器设备及其他特种设备等的设置是否符合规范要求,各种保险、限位等安全装置是否齐全有效,并具备相应的生产(制造)许可证、产品合格证明及检定结果;

d. 施工中采用新技术、新工艺、新设备、新材料的,是否都制订了相应的安全技术措施;

e. 基坑支护、模板、脚手架工程、起重吊装工程和整体提升脚手架拆装等专项方案是否符合法律法规及强制性标准,是否按规定进行论证和办理批准手续;

f. 施工现场临时用电方案的安全用电技术措施和电气防火措施;

g. 施工企业安全事故应急救援预案的制订情况和项目针对重点部位和重点环节制订的监控措施和应急预案;

h. 根据施工的不同阶段、环境、季节、气候的变化制订安全措施的情况;

i. 施工总平面图是否合理,办公、宿舍、食堂等临时设施的设置以及施工现场场地、道路、排污、排水、防火措施是否符合有关安全技术标准规范和文明施工的要求;

j. 制订的安全管理目标是否明确。

⑥督促承包人做好逐级安全技术交底工作和开展经常性的安全教育培训活动。

⑦复查承包人的大型施工机械、安全设施验收手续,并签署意见。

(4)施工阶段安全监理的主要工作

安全生产贯穿于工程施工的全过程,安全监理是对施工安全进行过程控制,应以预防为主。在工程施工过程中,监理工程师在巡视、旁站过程中应对施工生产安全情况、承包人安全保证体系运转情况进行检查,监督承包人按照工程建设强制性标准和专项安全施工方案组织施工,制止违规作业。具体应注意以下几个方面:

①监督承包人按照工程建设强制性标准和经审批的安全施工方案组织施工,制止违规施工作业。

②在施工阶段实施监理过程中,发现有违规施工,责令其改正;存在安全事故隐患的,应当要求承包人整改并检查整改结果,签署复查意见;情况严重的,应当要求承包人停止施工,并及时报告业主;承包人拒不整改或不停止施工的,应及时向安全监督部门报告。

③监督承包人做好洞口、临边、高处作业等危险部位的安全防护工作,并设置明确的安全警示标志,督促承包人有效控制现场的废水、扬尘、噪声、振动、坠落物等,建立良好的工作环境;审查承包人使用的建筑起重机械,必须具有建设行政主管部门安全监督机构发放的“建筑起重机械设备备案牌”和法定检测机构发给的“检测合格标志”。

④督促承包人定期组织施工安全自查工作。

⑤在定期召开的工地例会上，评述安全生产管理现状及存在的薄弱环节和问题，并提出整改意见和建议，把安全生产作为工地例会的主要内容之一，使预防落到实处。

⑥对高危作业，易发生安全事故的危险源和薄弱环节作为安全监控的重点，可采取旁站、巡视和平行检查等形式，加大检查监控力度。

⑦对危险性较大的分部、分项工程进行安全巡查检查，每天不少于一次，发现违规施工和存在安全事故隐患的，及时要求承包人整改，并检查整改结果，签署复查意见；承包人拒不整改或者不停止施工的，现场监理应及时向当地建设行政主管部门报告。分部、分项工程交工验收时，如安全事故的现场处理未完成，不得签发《中间交工证书》。

(5)建立施工安全监理资料及台账

各级监理机构应建立施工安全监理资料及台账，每次对施工安全检查的情况、发现的问题、监理的指令及承包人处理的措施和结果均应记录在规定表格及台账中。具体记录的内容如下：

①施工组织设计中的安全技术措施或者专项安全施工方案报审使用《施工组织设计(方案)报审表》。

②分包单位资质审查使用《分包单位资格报审表》。

③施工机械设备、施工机具报审使用《主要工程设备选型报审表》。

④对质量安全隐患下发监理通知单和整改回复单使用《监理工程师通知单》和《整改复查报审表》。

⑤对易发生事故部位的关键环节现场检查记录使用《旁站监理记录表》。

⑥对于安全事故处理使用《工程质量问题(事故报告单)》和《工程质量问题(事故)处理方案报审表》。

⑦情况严重的，要求承包人停工和复工时使用《工程暂停令》和《复工申请表》。

⑧总监理工程师和驻地监理工程师应定期检查和抽查本级施工安全监理台账的记录情况。

⑨上一级负责施工安全监理的监理工程师应定期检查和抽查下级监理机构施工安全监理台账的记录情况。

⑩监理人员在监理日记中应记录施工现场安全生产和安全监理工作情况，记录发现的安全施工问题和处理措施，总监应定期审阅。

⑪项目监理机构编写《监理月报》时应增加安全监理的内容，对当月施工现场的安全施工状况和安全监理工作做出评述，报送业主和监理单位。

⑫提倡使用音像资料记录施工现场安全生产重要情况和施工安全隐患，并摘要载入监理月报。

⑬安全监理资料必须真实、完整。

(三)施工单位安全责任要点

施工单位在编制的投标文件中，必须满足投标文件中对投标人关于施工安全规定的要求，中标后还必须与业主签订生产安全合同，在投标文件中必须编制施工安全的内容，明确自己的安全责任。

施工单位的安全责任内容编制要点如下：

(1)施工单位主要负责人依法对本单位的安全生产工作全面负责，施工单位的项目负责人对建设项目的安全施工负责。

(2)明确安全生产责任制度、安全生产规章制度和操作规程，并根据工程的特点、环境等情况，提出安全施工措施，消除安全事故隐患，及时、如实报告生产安全事故。

(3)确保安全生产费用的有效使用制度与措施，确保用于安全防护用具及设施的采购和更新、安全施工措施的落实、安全生产条件的改善，不挪他用。施工单位应当确保安全防护、文明施工措施费专款专用，在财务管理中单独列出安全防护、文明施工措施项目费用清单备查。施工单位安全生产管理机构和专职安全生产管理人员负责对建筑工程安全防护、文明施工措施的组织实施进行现场监督检查，并有权向建设主管部门反映情况。

工程总承包单位对建筑工程安全防护、文明施工措施费用的使用负总责。总承包单位应当按照本规定及合同约定及时向分包单位支付安全防护、文明施工措施费用。总承包单位不按本规定和合同约定支付费用，造成分包单位不能及时落实安全防护措施导致发生事故的，由总承包单位负主要责任。

(4)明确安全生产管理机构及各级负责人、执行人、配备专职安全生产管理人员的情况(按施工人员的1%~3%配备专职安全员)。

(5)建设工程实行施工总承包，总承包单位与分包单位生产安全责任的规定与要求。

(6)垂直机械作业人员、安装拆卸工、爆破作业人员、起重信号工、登高架设作业人员等特种作业人员专门的安全作业培训及安全保障措施的情况。

(7)对下列达到一定规模的危险性较大的部分项目工程应编制专项施工方案，及安全保障实施措施与应急预案：

①基坑支护与降水工程；

②土方开挖工程；

③模板工程；

④起重吊装工程；

⑤脚手架工程；

⑥拆除、爆破工程；

⑦国务院建设行政部门或者其他有关部门规定的其他危险性较大的工程。

(8)对安全技术交底的规定要求。

(9)施工现场(如现场入口处、临时用电设施、电梯井口等)的安全防范措施；现场分区(办公、生活、作业区等)的安排布置；食宿、饮水的安排等。

(10)施工现场消防安全责任制度及落实情况。

(11)安全生产宣传教育与培训。

(12)其他：如安全奖惩制度等。

三、确保施工环境保护达到规定要求

在招标投标的评标过程中，应审查投标文件中对环境保护的内容是否符合招标文件的要求。

招标文件中必须明确监理、施工投标人对环境保护的职责与要求，监理投标人、施工投标人应在投标文件中予以响应，并按招标文件的要求、规定将环境保护编入投标文件的相应部分。

(一)建设单位的环保责任要点

(1)在准备出售(或发送)的“参考资料”中，应着力介绍并详细说明施工工程沿线环境情况及环境保护设计的相关内容。

(2)提供施工现场及其毗邻区域的供水，排水、供电、供气、供热、通信、广播电视等地下管线资料，气象和水文观测资料，相关建筑物和构建物、地下工程的有关资料及沿线居民居住情况，并保证资料的真实、准确和完整。

(3)组织好现场考察。

(4)在招标文件中明确对环境保护的规定和要求。

(5)其他。

(二)监理单位环境保护的职责要点

环境保护已被列入我国的基本国策之中。环境保护涉及范围广，根据可持续发展的理论，项目地区环境因素包括：自然环境、生态环境、社会环境和人民生活环境。公路施工期对环境的影响因素主要有以下几点：

(1)对生态环境的主要影响因素：水土流失、植被破坏。

(2)对声环境的主要影响因素：夜间施工机械噪声。

(3)对水环境的主要影响因素；挖泥、取砂、材料冲洗引起水质混浊；施工机械的含油污水及油料泄漏造成油污染；施工人员的生活污水、垃圾直接排入水体；沥青、油料、化学品等因保管不善进入水体。

(4)对大气环境的主要影响因素；灰土拌和、扬尘、沥青烟和废气。

(5)对社会经济的主要影响因素；临时占地施工作业对周边农田的损坏，对沿线河道、人工渠道的施工干扰加重了地区道路的负荷。

监理投标文件中应结合实际工程中存在的情况提出检查、控制施工活动对生态环境、水环境、大气环境的负面影响。

(1)监理单位参与招标投标工作，应协助招标人正确完善编制好招标文件中的环境保护文件。

(2)在评标过程中应审核施工投标人的投标文件中关于环境保护方面的方案、措施等是否符合标书中规定的要求。

(3)监理单位在自身的监理投标文件中应根据招标文件的要求，明确环保监理的职责及监理方案、措施等，并在投标文件中进行阐述，其主要内容要点如下：

①环保监理工程师应与业主积极配合，在施工准备阶段，对沿线相关资料进行调查收集，认真审核设计单位的工程设计和环境保护设计，并结合环保要求进行现场核对和检查，对达不到环保要求的设计提出修改意见和建议。

②在施工阶段，环保监理工程师根据环境保护设计的要求，指导承包人编制切实可行的环境保护措施和方案，着重在水土保持、防止大气污染、防止水质污染、防止噪声污染以及绿化等方面进行审核，达到环保要求后，再予以批准。

③在施工过程中，环保监理工程师根据承包人编制的环境保护措施和方案，核查环境保护措施的实施情况。

④检查工程设计中不利于环保的各种工程隐患；检查环境保护工程设计是否得以实施，质量是否达到要求。

⑤检查环保工程资金是否到位，是否落到实处。

⑥配合环保职能部门做好施工期间施工现场的环境监测和监督工作，及时掌握环境质量动态，随时调整环保监控力度。

⑦对承包人存在的造成环境严重破坏或污染的施工活动，依据相关环保法规、政策加以控制，必要时责成承包人进行整改。

(三)监理工程师对环保的监理措施要点

监理工程师应按照事前指导、过程控制检查和施工验收三个环节,对施工全过程进行严格把关,有效地控制施工对环境的影响。

1.施工前期的控制

(1)严格审批工组织设计。施工组织设计对工程顺利进行有重要意义,监理工程师应认真审核,提出改进意见,环境保护措施不充分的不允许开工。

(2)检查承包人的环保人员及质检人员是否已接受过环保教育。特别是环保管理体系是否健全有效,环保人员是否已到位,环保应急预案是否合理可行。

(3)检查、督促承包人的各项开工准备工作,如临时用地征地情况、临时排水设施等等,各项检查合格后方允许承包人开工。

(4)对全线设计的取、弃土场进行实地踏勘,做到心中有数,提出切实有效的控制措施;对变更的取、弃土场,除了实地调研外,承包人应上报的征地报告中附加上环保措施,监理工程师认为该环保措施可行后,方可批准征地。

2.施工过程中的控制

(1)规范管理承包人合理操作正确施工。监理工程师只有坚守岗位,认真负责地履行职责,才能督促承包人严格执行工程承包合同中有关环境保护的条款和国家环境保护的有关法律法规,才能规范管理。

(2)加强对承包人的监督管理,以便他们在施工过程中,能保护施工现场周围的环境,防止施工活动给自然环境造成不应有的破坏,防止和减轻粉尘、噪声等对周围环境的污染和危害。如发现施工中出现违反有关环保规定的情况,监理工程师应要求承包人整改,情况严重的,应签发《工程暂停令》要求承包人暂时停工,并及时报告业主。

(3)施工中发现文物时,监理工程师应要求承包人依法保护现场,并报告有关部门和业主,以免文物的丢失和破坏。

(4)监理工程师应要求承包人依法取得砍伐许可后方可砍伐许可的面积、株数和树种。

(5)经常检查承包人环境保护工作的进度和质量,及时纠偏,对达不到合同要求或不符合规范要求的项目不予计量。

3.施工后期的控制

(1)督促承包人整理有关环境保护的合同文件和技术档案资料。

(2)督促承包人完善有关项目的环境保护工作。

我国的公路建设正在迅猛发展,而修建公路影响和破坏生态环境的速度也十分惊人。将公路的绿化、美化和被破坏的土地复垦等保护生态环境的措施始终贯穿于公路建设的设计、施工过程中,将环境的影响和破坏降低到最小限度。建设符合可持续发展战略而且线形优美的绿色通道,将具有十分重要的意义。

理解应用实训思考题

一、问答题

1.市场运动规则主要有哪些?实施这些规则的目的是什么?

2.何谓公路建设各方?具体指哪些单位?

3. 公路工程企业资质标准主要对哪几方面提出了标准规定要求？公路、桥隧、交通工程监理单位分级标准主要对哪几方面提出了标准规定要求？

4. 施工单位资质管理职责有哪些？

5. 监理单位质量管理职责有哪些？

6. 五大控制两大管理是指什么？如何排序？

7. 实施招投标制度的意义是什么？招投标的基本原则是什么？

8. 公路工程招标的项目类型主要有哪几种？

9. 施工监理招标的招标过程要点有哪些？

10. 施工招标的要点有哪些？

11. 什么叫基本建设程序？

12. 基本建设程序主要分为哪几个阶段？其具体内容要点是什么？

二、单项选择题

1. 公路建设市场相关各方的主导方是(　　)。

A. 项目法人　　B. 咨询及招标代理机构

C. 勘察设计单位　　D. 承包人

E. 施工监理单位

2. 桥梁、隧道、公路路面、公路路基、交通工程等工程专业承包企业资质等级标准规定分为(　　)。

A. 二级　　B. 三级　　C. 二级或三级　　D. 四级

3. 施工单项合同估算价在(　　)万元人民币以上的则应实施招标。

A. 100　　B. 50　　C. 200　　D. 2 000　　E. 3 000

4. 勘察、设计、监理等服务的采购，单项合同价在(　　)万元以上的应实施招标。

A. 100　　B. 50　　C. 200　　D. 300　　E. 3 000

5. 下列招标中，(　　)招标应以价格作为竞争性评价的第一要素。

A. 勘察设计招标　　B. 施工监理招标

C. 施工招标　　D. 材料、设备采购招标

6. 招标人有权自行选择招标代理机构，委托其办理招标事宜，但代理机构必须是(　　)。

A. 企业或单位内部有关人员

B. 企业或单位外聘人员

C. 经国家发展改革委员会认定是有足够资质可以在我国境内从事招标代理活动的法人单位

7. 政府与业主是(　　)关系。

A. 领导与被领导　　B. 监督与被监督　　C. 委托被委托

8. 业主与承包商是(　　)关系。

A. 合同　　B. 委托与被委托　　C. 领导与被领导

9. 监理与承包商是(　　)关系。

A. 合同　　B. 领导与被领导

C. 委托与被委托　　D. 监理与被监理

10. 建设单位有(　　)行为，则由交通主管部门予以警告、罚款，并追究有关人员的失职、

渎职责任。

A. 未按规定办理工程质量监督手续的；

B. 未制订质量事故应急预案的

C. 未做好建设资金实付到位的

11. 招标投标的基本原则是由(　　)决定的。

A. 法律特征　　B. 招标投标的任务

C. 招标投标的性质　　D. A + C

12. 工程建设项目必须进行招标的范围之一是指(　　)。

A. 全部或部分使用国有资金投资或者国家融资的项目

B. 业主认为应进行招标的项目

C. 施工单项合同估算价在50万元者

13. 施工招标一般应紧接安排在(　　)完成之后进行。

A. 勘察设计招标　　B. 监理招标　　C. 采购招标

14. 以价格作为竞争性评价的第一要素是(　　)招标。

A. 勘察设计　　B. 施工监理

C. 材料设备　　D. 施工

15. (　　)是进行招标投标工作的必备条件。

A. 初步设计　　B. 施工设计　　C. 三阶段设计

三、多项选择题

1. 市场交易的规则主要是指(　　)。

A. 公开交易　　B. 公平交易　　C. 公正交易　　D. 诚实信用

2. 公路建设市场交易的有关方，都是市场的主体，(　　)均是市场主体。

A. 项目法人

B. 咨询机构、勘察设计单位、施工承包人、施工监理单位

C. 工程分包单位、工程材料、部件供货商、检测机构

3. 下列各项中属公路建设项目法人"甲级资格标准"是(　　)。

A. 具有项目法人成立的批准文件，法定代表人的任职文件

B. 公路建设项目资金来源已经落实

C. 具有拟建工程项目的工程可行性研究报告的批复文件

D. 具有初步设计文件

4. 国道主干线项目和国家、部重点建设项目与其他公路建设项目的项目法人的资格审查责任分别由(　　)负责。

A. 国务院　　B. 省级交通主管部门

C. 交通部　　D. 地级交通主管部门

5. 监理单位有下列行为之一者将按规定受到相应的处罚，这些行为是(　　)。

A. 申请设立定级、升级时，隐瞒真实情况，弄虚作假的

B. 出借、传让、出卖、涂改、仿造监理资质证书的

C. 徇私舞弊，损害委托单位或被监理单位利益的

D. 工程监理中有调换监理人员的

6. 勘察设计、施工监理单位有下列行为之一者，视情节轻重，予以警告、罚款、停止资信登记 1 ~2 年的处罚；构成犯罪的，依法追究刑事责任，这些行为是(　　)。

A. 无证或超越资质等级承接任务的

B. 不接受质监机构监督的

C. 设计文件不符合规定要求的

D. 施工中出现工程变更的

E. 未按合同规定实行质量保修的

F. 未按时完成施工日度进度计划的

7. 下列(　　)是属于规定的必须进行招标的范围的。

A. 大型基础设施、公用事业等关系社会公共利益、公众安全的项目

B. 重要设备、材料等货物的采购，单项合同的估算价在 100 万元人民币以上的

C. 使用国际组织或者外围政府贷款、援助资金的项目

四、判断题

1. 市场准入规定是指市场主体各方进入市场必须具有规定的基本条件。　(　　)

2. 项目法人、咨询及招标代理机构、施工承包人、监理单位、工程分包单位均是市场主体。　(　　)

3. 业主与承包商的关系是合同关系，承包高与监理的关系是监理与被监理关系。(　　)

4. 根据综合能力的高低，公路工程、桥隧工程和交通监理单位的资质分为甲、乙、丙三级。　(　　)

5. 承担公路建设项目的工程监理单位，必须持有国家规定资质证书。　(　　)

6. 因监理工作失误造成的重大工程质量事故或人身伤亡事故的监理单位将受到相关的相应处罚。　(　　)

7. 施工、监理单位有证但超越资质等级承接任务的可不受处罚。　(　　)

8. 经质监机构认定工程质量不合格的，施工单位将受到相关规定的处罚，而与勘察设计、监理单位无关。　(　　)

9. 因公路工程质量事故，造成人身伤亡及财产损失的，业主应按有关规定或裁决，给予受损方经济赔偿。　(　　)

10. 安全生产坚持安全第一，预防为主是党和国家一贯的方针和基本国策，因此，施工单位应全部负责。　(　　)

11. 建设资源节约型和环境友好型社会，实现可持续发展，公路建设项目各参与方应担负起各自确保环境保护目标实现的责任。　(　　)

12. 招标投标的基本原则是由其基本性质和法律特征决定的。　(　　)

13. 监理招标的目的是优选监理单位，以确保合同目标的全面实现。　(　　)

第二章 施工监理招标

本章要点：施工监理招标工作的重要性；施工监理招标应具备的条件；招标单位应具备的条件；监理招标法定的形式与应用；监理招标的程序；监理招标应作好的主要准备工作；招标文件编制的法规规定内容与要求；招标人资格预审的内容、程序、要求及相关的法规规定；监理招标的实施步骤、内容及相关法规规定要求；列出了在学习中应关注的基本理解的应用实训复习考题。

公路工程建设项目的施工监理合同估算价在50万元人民币以上，或建设项目总投资额在3 000万元人民币以上的，必须进行施工监理招标。

涉及国家安全、国家秘密、抢险救灾等不适宜招标的建设项目，按项目管理权限经省级交通主管部门审核报有关部门批准后，可以不进行招标。

公路工程施工监理招标投标工作实行统一领导、分级管理。国务院交通主管部门负责全国公路工程施工监理招标投标活动的监督管理工作，县级以上地方人民政府交通主管部门负责本行政区域内公路工程施工监理招标投标活动的监督监理工作。交通主管部门可以委托其所属的质量监督机构具体负责施工监理招标投标活动的监督管理工作。

第一节 概 述

一、施工监理招标应具备的条件

根据《公路工程施工监理招标投标管理办法》（交通部令2006年第5号）的规定，进行施工监理招标的公路工程项目，应当具备下列条件：

（1）初步设计文件应当履行审批手续的，已经批准；

（2）建设资金已经落实；

（3）项目法人或者承担项目管理的机构已经依法成立。

公路工程项目的实施既要选择监理单位，又要选择承包人，一般是先选择监理单位，后选择承包人，甚至可以让监理单位直接参与施工招标工作。这样可以使得监理提前熟悉施工招标文件和施工合同文件，有利于提高监理服务质量；监理参与施工招标工作，有利于选择合适的施工承包单位及有益于监理与承包人之间的工作协作：也使得施工投标者明确将来监理自己的对象及其能力、水平、信誉，从而作出合理的投标报价。

二、招标单位应具备的条件

（1）具有法人资格；

(2)具有与招标工作相适应的工程管理、概预算管理、财务管理能力；

(3)具有组织编制招标文件和标底的能力；

(4)具有对投标者进行资格审查和组织评标的能力。

建设单位可以自己主持监理招标投标，也可以委托其他工程咨询或工程管理单位主持，但都应满足以上各项要求。

招标单位不得参加由其负责的工程项目投标。

三、监理招标的形式与应用

1. 公开招标

招标单位应依法在国家指定的媒介公开发布招标广告，并可以在交通主管部门提供的媒介上同步发布。凡符合规定条件的监理单位都可以自愿参加投标即称公开招标。

公开招标能使招标单位有较大的选择范围，择优选择性好，但招标工作量大、时间长、费用大。

2. 邀请招标

招标单位根据调查了解的资料，预先选择数目有限的（一般3～6家）监理单位并向其发出邀请信，邀请他们参加该项目施工监理的投标竞争即称邀请招标。

邀请招标形式能有效减少招标工作量，缩短招标时间，节约费用，投标者中标机会提高，双方有利。

符合下列条件之一的项目，经有审批权的部门批准后，可以进行邀请招标：

(1)技术复杂或者有特殊要求的；

(2)符合条件的潜在投标人数量有限的；

(3)受自然地域环境限制的；

(4)公开招标的费用与工程监理费用相比，所占比例过大的；

(5)法律、法规规定不宜公开招标的。

四、监理招标的程序

委托监理人提供监理服务的法人或其合法继承人或其合法受让人称为发包人，即招标人。

公路工程施工监理招标工作由项目法人主持，按下列程序进行：

(1)招标人确定招标方式。采用邀请招标的，应当履行审批手续。

(2)招标人编制招标文件，并按照项目管理权限报县级以上地方交通主管部门备案；采用资格预审方式的，同时编制投标资格预审文件，预审文件中应当载明提交资格预审申请文件的时间和地点及相关规定要求。

(3)发布招标公告。采用资格预审方式的，同时发售投标资格预审文件；采用邀请招标的，招标人直接发出投标邀请书，发售招标文件。

(4)采用资格预审方式的，对潜在投标人进行资格审查，并将资格预审结果通知所有参加资格预审的潜在投标人，向通过资格预审的潜在投标人发出投标邀请书和发售招标文件。

(5)必要时组织投标人考察招标项目工程现场，召开标前会议。

(6)接受投标人的投标文件。

(7)公开开标。

(8)采用资格后审方式的，招标人对投标人进行资格审查。

(9)组建评标委员会评标,推荐中标候选人。

(10)确定中标人,将评标报告和评标结果按照项目管理权限报县级以上地方交通主管部门备案并公示。

(11)招标人发出中标通知书。

(12)招标人与中标人签订公路工程施工监理合同。

二级以下公路、独立中、小桥及独立中、短隧道的新建、改建以及养护大修工程项目,可根据具体条件和实际需要对上述程序适当简化,但应当符合《中华人民共和国招标投标法》的规定。

五、招标的准备工作

(一)招标机构的组建

具备编制招标文件和组织评标能力的项目法人,可以自行组织招标,不具备条件的,须委托符合市场准入条件的招标代理机构办理招标事宜,但利用国际金融机构贷款项目,要求进行国际竞争性招标时,应委托具有相应资质的国际招标代理机构(如中国技术进口总公司国际招标公司、中机国际招标公司、中国交通进出口公司等单位)办理招标事宜。招标机构分为:

(1)招标办事机构。自行组织招标时由项目法人确定或另行成立招标办事机构。一般可从项目管理机构中确定部分人员组成招标工作组,或另行组成招标办公室。委托招标时,招标事务由受托单位经办,项目管理机构指派专人与其联系即可。

(2)评标委员会。自行组织招标或委托招标,均应成立评标委员会负责评标。交通部颁布的《公路建设四项制度实施办法》规定,评标委员会由招标人代表和有关的技术、经济等方面专家组成、成员人数为5人以上单数,其中专家不少于成员总数的2/3。评标专家应从事公路建设项目管理满8年,具有高级职称或同等专业水平和丰富的评标经验。国道主干线项目和国家、交通部确定的重点公路建设项目的评标委员会专家,从交通部设立的评标专家库中或根据交通部授权从省级交通主管部门设立的评标专家库中随机抽取确定。其他公路建设项目的评标委员会专家,从省级交通主管部门设立的评标专家库中选定。与投标人有利益关系的人员不得进入评标委员会及其工作机构。评标委员成员的名单在中标结果确定前应当保密。

(二)监理标段的划分

(1)监理标段的划分应与施工标段同时考虑。要求监理标段的划分应不低于施工标段标准。施工标段是一个施工单位的工作范围,监理标段则是一家监理单位的工作范围。招标人可以将整个公路工程项目的施工监理作为一个标一次招标,也可以按不同专业,不同标段进行招标,采用分段招标则标段划分应当充分考虑有利于招标项目实施有效管理和监理企业合理投入等因素。

(2)监理标段要与施工标段相匹配,监理标段一般可以是一个或包括几个施工标段。如果施工标段足够大,一个监理标段可以就是一个施工标段,由一个驻地(或高级驻地)监理工程师办公室(驻地办)负责监理一家承包单位。施工标段比较小,监理标段可以包括若干施工标段,此时每个施工标段设置一个驻地监理工程师办公室,整个监理段设高级驻地监理工程师办公室,统管各驻地办。当然也可以将整个项目作为一个监理合同进行招标,此时,由中标的监理单位组建项目总监理工程师办公室,各施工标段设置驻地办(或高级驻地办)。

(3)监理标段的成本应合理适中,以利于监理工作的安排和监理人力及物力的投入。标段大,监理的工作量大,投入的人力物力的比例相对减少,人力增加了,限于额定的监理费,监理设备设施也只能简化,给工作带来不便和困难,影响监理工作效率及工作质量。

(三)确定招标方式

按照现行规定,施工监理单项合同估价在50万以上者必须进行招标。省级人民政府交通主管部门还可在上述规模标准一下,结合本地区实际情况,制定必须招标的规模标准。

招标可采取下列三种方式:

(1)公开招标:项目法人通过指定的媒体发布广告进行招标。公路工程建设项目的施工监理招标一般应采取公开招标形式进行。

(2)邀请招标:对少数一般建设项目,项目法人可选择数家监理单位,向其发出招标邀请函进行招标。同一合同段应邀参加投标的单位不得少于三家。

(3)议标:对个别技术难度较大,有特殊要求的公路工程建设项目。经工程上级交通主管部门批准,可邀请符合工程相应资质的监理单位进行协商以确定中标者。

项目法人根据建设项目具体情况,在上述三种招标方式中确定一种方式,报主管部门批准后执行。

(四)确定招标范围

施工监理招标必须事先确定监理机构的设置层次及其职责范围。监理机构的设置应以监理标段为基础,为提高工作效率和节省开支,应避免采取多层次监理机构。一般一个监理标段设置一个基层监理机构,即驻地监理工程师办公室,直接对承包人的施工活动进行日常的现场监理。监理标段在三个以上,需要进行全面协调者,可设置总监理工程师办公室。只有在路线很长,工程规模特别大,确有加强领导的必要时,采用三层式监理机构,即在总监理工程师室与驻地监理工程师办公室之间设置高级驻地监理工程师办公室。但应该注意:

在多层次监理机构的情况下,招标人应考虑并决定采用分层次招标,还是合并层次招标,即将驻地办和高级驻地办捆绑一起招标,或将总监办与高级驻地办捆绑一起招标。捆绑式招标有利于分清责任,便于管理。如果由实力强大,信誉良好的监理单位或者联合体进行整个项目监理的总承包,将会有更有效的管理,对于监理而言,也能更好发挥其群体效力。

(五)制订招标工作计划

按照下列招标程序制订招标工作计划,以确保招标工作有序而顺利进行:

(1)组织编制招标文件,按分级管理原则报上级交通主管部门核准。

(2)发布招标广告。

(3)对投标者进行资格预审,并按分级管理原则将资格预审报告及预审结果报上级交通主管部门审批。

(4)向资格预审合格者发出投标邀请函。

(5)出售或发放招标文件。

(6)组织投标者勘察现场,解答他们提出的问题。

(7)接受投标者的标书。

(8)审查投标书的符合性。

(9)组建评标委员会进行评标,推荐中标候选人,由招标人根据国家规定确定中标人;或根据招标人授权,由招标委员会直接确定中标人。

(10)按分级管理原则,将评标报告及评标结果报上级主管部门备案。

(11)项目法人与中标人签订施工监理合同。

对以上每一项工作内容均应确定时限、要求和责任人。作为招标的工作计划,每一个环节工作和上下环节之间都应参照有关规定,安排足够的时间,以保证工作的顺利实施。下面列出招标工作流程图(图2-1和图2-2),以供应用中参考。

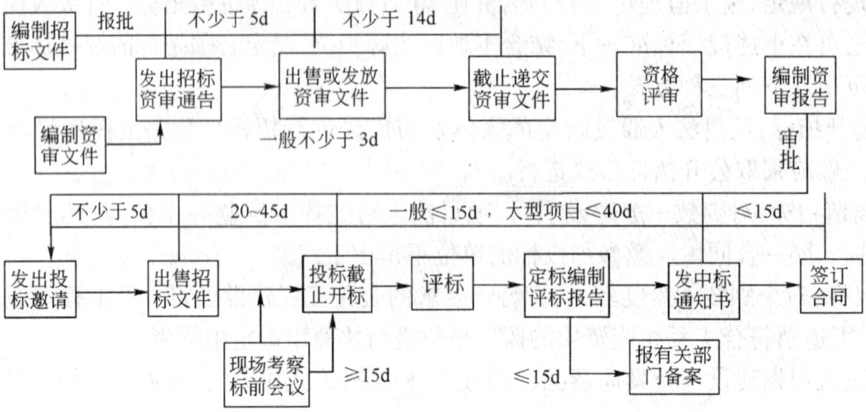

图2-1　公路工程施工监理公开招标工作流程图

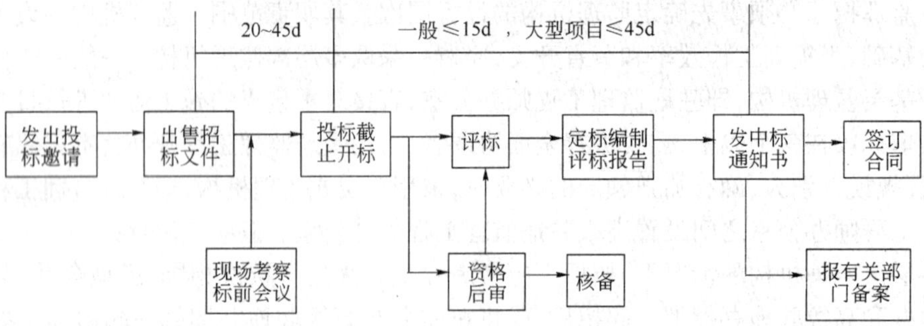

图2-2　公路工程施工监理邀请招标工作流程图

六、标底的编制

(一)标底的作用

监理标底是业主对于各监理合同段监理费用的估算金额,也是支付监理服务费的预计金额。这个费用一般应控制在批准的工程概算中监理费总额之内。标底的作用在于:

(1)作为监理费开支的预算:它是监理费支付的原始依据,是控制监理费用的尺度。

(2)作为评标的依据:目前采取复合标底作为评标的依据,即以业主编制的标底与各家投标价平均值之和除以2,所以,业主编制的标底仍然起相当重要的作用。

标底应当符合有关价格管理规定。编制标底时应综合考虑项目特点,要求投入的监理人员,配备的监理设备等因素。标底在开标前应保密,在开标时予以公布。

(二)标底编制方法

标底可委托设计单位编制,也可委托有相应资质的造价工程师编制。但出于保密的需要,一般往往由业主直接组织少数人编制。监理标底的编制方法有以下几种。

1.分解工程概算法

将工程概算中所列监理费按照各标段工程量比例分配。根据原交通部颁布的《公路工程基本建设项目概算预算编制办法》(JTG B06—2007)规定,工程监理费以定额建筑安装工程费总额为基数,按下列费率计算:

国内招标工程,费率为1.6%;

国际招标工程,费率为3.5%(含国际招标费和人员培训费)。

以国内招标工程项目为例,设项目定额建筑安装费总额为$\sum H$,各合同段的定额建筑安装费分别为H_1、H_2、H_3、…,则某合同段的监理费F_i为:

$$F_i = \frac{\sum H \times 1.6\% \times H_i}{\sum H} \tag{2-1}$$

如果设两层以上的监理机构,则还要先从监理费总额($\sum H \times 1.6\%$)中扣留上层监理机构所需费用后,再将剩余部分分配到各合同段。此种分配法结果只是各段监理费用总额,无法分项开列费用。而且,仍然存在较大的问题。这是因为,工程概算是根据初步设计编制的,是以整个项目作为整体编制的,而标底却是以标段为单位编制的。一个项目化整为零,规模小了,条件受限制了,成本自然也不一样了,一般而言,成本增加了。就监理的投入而言,分段实施监理,投入必然增大。而且,概算中的监理费是按工程整体费用的一定百分比计算的,而监理的实际费用是与人员和设备投入有关的,与工程费用的高低并不成正比。因此,按工程费额大小分摊监理费是不科学的。特别是把路基与路面分开招标,而把监理费按工程费比例分摊,其不合理性更是显而易见。此外,在编制工程概算时,监理费中的设备、设施费大部分是按照固定资产,按照国家规定的摊销率摊销的。将这些设备、设施的投入转给监理单位,不可能按照国家规定的摊销率摊销,因为监理单位不是工业生产企业,而是技术服务企业,承受不了固定资产的长期投入。实际上,监理单位也都是按照较短的摊销期计算标价的。在编制监理标底时,应认真考虑上述因素。

2. 逐项计算监理费

按照招标要求投入的监理人员、监理设施和设备,逐项计算监理费用。可仿照监理单位编标的方法进行计算。通过计算,如果发现所算费用超过预算,可以分析原因,进行处理:适当降低要求,减少费用;或者从业主的管理费中划拨一部分补充监理费。

3. 其他方法

招标人不设标底且不采用固定标价评分法的,招标人可以在规定的范围内设定报价上下限作为标底。

第二节 招标文件的编制

一、招标文件的内容与招标公告

招标文件是合同文件的重要组成部分。为了维护合同的合法利益,规范市场的行为,应按交通运输部颁布的《公路工程施工监理招标文件范本》(2008年12月25日起施行)(以下简称《范本》)的规定编制招标文件。但其中有些内容必须根据本招标项目特点和实际需要编写。

(一)《范本》规定的招标文件内容

第一卷 第一篇 招标公告(投标邀请书)
第二篇 投标人须知
第三篇 合同通用条款

第四篇　合同专用条款

第二卷　第五篇　监理规范

　　　　第六篇　工程专用规范

　　　　第七章　技术规范

第三卷　第八篇　投标文件格式

　　　　第九篇　中标通知书格式

　　　　第十篇　监理合同协议书格式

　　　　第十一篇　银行预付款保函格式

　　　　第十二篇　银行履约保函格式

　　　　第十三篇　支付担保保函格式

第四卷　第十四篇　图纸和资料

招标人在招标期间发出的问题答复、补遗书和其他正式函件，均作为招标文件的组成部分，投标人应一并阅读。

招标文件应当明确规定评标时除价格以外的所有评标因素，以及如何将这些因素量化或者据以进行评估。因此，招标文件中应有一个独立的、完善的、具体、量化的评标办法作为"投标须知"的附件。

招标单位如需对已出售或发放的招标文件进行补充说明、勘误、澄清，或经上级交通主管部门批准后进行局部修正的，应编制招标补遗书且最迟应在投标截止日期15日前以书面形式通知所有招标人。补遗书是招标文件的组成部分，与招标文件具有同等的法律效力。补遗书应当向招标文件的备案部门补充备案。招标单位改变已出售或发放的招标文件，未按上述要求提前通知投标者，给投标者造成的经济损失，应由招标单位予以赔偿。

招标人应当合理确定投标人编制投标文件的时间。投标人编制投标文件的时间，自发售招标文件之日起至提交投标文件截止之日止不得少于20日。如果是大型且复杂工程建设项目提交投标文件的截止日期应该相应延长。

当招标文件编制工作完成后，即可发布招标公告（招标邀请书）。

上述各项主要内容，下面将重点进行详细说明。

（二）招标公告（投标邀请书）

招标公告（投标邀请书）是招标文件的主要组成部分。《范本》规定了适用于几种不同情况下使用的招标公告（招标邀请书）格式。

在编本通告时，招标人应注意以下要点：

（1）应在公告中明确施工监理招标范围，如路基工程、路面工程、桥梁工程、隧道工程、交通工程及沿线设施工程等。

（2）监理服务期包括施工准备阶段、施工阶段、交工验收与缺陷责任期阶段。

（3）招标人应根据交通运输主管部门有关规定，对招标人的资质证书等级提出明确要求。

（4）招标文件所有复印件均指彩色扫描件或彩色复印件。

（5）资格预审文件和采用资格后审方式的招标文件发售时间不得少于5个工作日。

（6）招标文件售价应根据编制成本确定。

（7）招标人也可发售图纸、售价应根据成本确定；若不提供图纸，则应提供满足投标人编制技术建议书需要的参考资料。

招标公告(适用于未进行资格预审)

__________项目__________工程施工监理招标公告

______省(市、自治区)______至______公路项目初步设计已由(批准机关全称)以(文件号)批准,项目建设单位为______。项目已具备招标条件,现对该项目______工程的施工监理进行公开招标,招标人为______。诚邀具备相应资格条件的监理单位参与本项目的投标。本项目采用资格后审方式。

1. 项目概况及招标范围

本次招标的______至______公路项目______工程,全长______公里,技术标准为______,工程概算投资额______元。

本工程计划施工工期:______年______月______日至______年______月______日,共______月,监理服务期______月。

本工程设置______级监理机构。设置总监理工程师办公室______个,第一总监理工程师办公室下设驻地监理工程师办公室______个,第二总监理工程师办公室下设驻地监理工程师办公室______个,……

第一监理合同段为______监理工程师办公室,负责第______~______施工合同段的施工监理,桩号为K______+______~K______+______,长______公里,主要工程内容为________________。

第二监理合同段为______监理工程师办公室,负责第______~______施工合同段的施工监理,桩号为K____+____~K____+____,长______公里,主要工程内容为__________。

2. 投标人资格要求

凡具有交通运输主管部门颁发的公路工程专业______级及以上或______工程专项监理资质证书,持有工商行政管理部门核发的企业法人营业执照,具有______工程施工监理经验的监理单位均可提出参加投标。

本工程接受联合体投标。联合体投标的应满足:________________。

投标人可参加本工程的______个监理合同段投标。

具有投资参股关系的关联企业,或具有直接管理和被管理关系的母子公司,或同一母公司的子公司,不得同时对同一标段提出投标申请。

3. 招标文件的获取

有兴趣的投标人持营业执照(副本)、资质证书(副本)、单位介绍信和经办人身份证原件及加盖单位公章的复印件各一份于______年____月____日至______年______月______日(法定公休日、法定节假日除外),每日______时______分至______时______分(北京时间,下同)到(详细地址)购买招标文件,每套售价人民币______元,逾期不售,售后不退。图纸押金人民币______元,在退还图纸时退还(不计利息)。

4. 投标文件的递交

递交投标文件的截止时间为______年____月____日______时______分,请在该截止时间之前,将投标文件正本1份、副本______份递交至(详细地址)。

5. 发布的媒介

本次招标公告同时在(发布公告的媒介名称)上发布。

6. 联系方式

招 标 人:(全称)	招标代理机构:(全称)
地　　址:__________	地　　址:__________
邮　　编:__________	邮　　编:__________
电子邮箱:__________	电子邮箱:__________
电　　话:__________	电　　话:__________

传　　真：______　　　　传　　真：______

联 系 人：______　　　　联 系 人：______

招 标 人：（全称）（盖章）

日　　期：____年____月____日

投标邀请书（适用于已进行资格预审）

______项目______工程施工监理投标邀请书

致：（投标人全称）

你单位已通过______至______公路项目______工程第______监理合同段资格预审，现邀请你单位按招标文件规定的内容，参加投标。

1. 请凭本邀请书并持单位介绍信和经办人身份证原件于______年____月____日至______年____月____日（法定公休日、法定节假日除外），每日______时______分至______时______分（北京时间，下同）到（详细地址）购买招标文件，每套售价人民币______元，逾期不售，售后不退。图纸押金人民币______元，在退还图纸时退还（不计利息）。

2. 投档文件的递交

递交投标文件的截止时间为______年____月____日______时______分，请在该截止时间之前，将投标文件正本1份、副本______份递交至（详细地址）。

3. 确认

收到本邀请书后，请你单位在24小时内以传真方式回复招标人以确认收到，并表明有无投标意向。

4. 联系方式

招 标 人：（全称）　　　　招标代理机构：（全称）

地　　址：______　　　　地　　址：______

邮　　编：______　　　　邮　　编：______

电子邮箱：______　　　　电子邮箱：______

电　　话：______　　　　电　　话：______

传　　真：______　　　　传　　真：______

联 系 人：______　　　　联 系 人：______

招 标 人：（全称）（盖章）

日　　期：____年____月____日

投标邀请书（适用于邀请招标）

______项目______工程施工监理投标邀请书

（被邀请单位全称）：

______省（市、自治区）______至______公路项目初步设计已由（批准机关全称）以（文件号）批准，项目建设单位为______。项目已具备招标条件，现对该项目______工程的施工监理进行邀请招标。招标人为______。现邀请你单位参加本工程第______监理合同段的投标。

1. 项目概况及招标范围

本次招标的______至______公路项目______________工程，全长______公里，技术标准为______，工程概算投资额______元。

本工程计划施工工期：______年____月____日至______年____月____日，共______月，监理服务期______月。

本工程设置______级监理机构。设置总监理工程师办公室______个，第一总监理工程师办公室下设驻地监理工程师办公室______个，第二总监理工程师办公室下设驻地监理工程师办公室______个，……

第一监理合同段为______监理工程师办公室，负责第______~______施工合同段的施工监理，桩号为K______+______~K______+______，长______公里，主要工程内容为______________。

第二监理合同段为______监理工程师办公室，负责第______~______施工合同段的施工监理，桩号为K____+____~K____+____，长____公里，主要工程内容为__________。

……

2. 投标人资格要求

具有交通运输主管部门颁发的公路工程专业______级及以上或______工程专项监理资质证书，持有工商行政管理部门核发的企业法人营业执照，具有______________工程施工监理经验。

本工程接受联合体投标。联合体投标的应满足：______________。

3. 招标文件的获取

请持营业执照（副本）、资质证书（副本）、单位介绍信和经办人身份证原件及加盖单位公章的复印件各一份于______年______月______日至______年______月______日（法定公休日、法定节假日除外），每日______时______分至______时______分（北京时间，下同）到（详细地址）购买招标文件，每套售价人民币______元，逾期不售，售后不退。图纸押金人民币______元，在退还图纸时退还（不计利息）。

4. 投标文件的递交

递交投标文件的截止时间为______年______月______日______时______分，请在该截止时间之前，将投标文件正本1份、副本______份递交至（详细地址）。

5. 确认

收到本邀请书后，请你单位在24小时内以传真方式回复招标人以确认收到，并表明有无投标意向。

6. 联系方式

招 标 人：（全称）	招标代理机构：（全称）
地　　址：______________	地　　址：______________
邮　　编：______________	邮　　编：______________
电子邮箱：______________	电子邮箱：______________
电　　话：______________	电　　话：______________
传　　真：______________	传　　真：______________
联 系 人：______________	联 系 人：______________

招 标 人：（全称）（盖章）

日　　期：____年____月____日

二、投标人须知

投标人须知是《范本》第一卷中的第二篇。投标人须知是为了让监理人了解招标项目招标的基本情况和规定要求而标准化的一份文件，是投标人决策是否投标和编制标书的基础文件。在编写填表中应注意下述规定要点：

1. 本表各项应无例外一一填写,除“不适用”外,不得留空白。若某日期暂时无法确定,可先填计划日期。

2. 如某栏对本工程不适用,应在相应栏中注明“不适用”。

3. 招标人自行组织招标,应删除招标代理机构内容。招标代理服务费应按照《招标代理服务收费管理暂行办法》(计价格[2002]1980 号文)及《国家发展改革委办公厅关于招标代理服务收费有关问题的通知》(发改办价格[2003]857 号)的规定计取。

4. 招标人应在此明确监理合同段划分及采用监理总承包还是监理机构分别招标。

5. 如建设单位在工程现场设置管理机构,对该机构的授权、机构设置、职责等应在此处明确。

投标人须知前附表

项 目 概 况	具体信息或数据
招标人	招标人名称:______ 地　　址:______ 邮　　编:______ 电子邮箱:______ 电　　话:______ 传　　真:______ 联 系 人:______
招标代理机构 (若有)	招标代理机构名称:______ 地　　址:______ 邮　　编:______ 电子邮箱:______ 电　　话:______ 传　　真:______ 联 系 人:______
项目名称	项目名称:______
监理机构设置	____级监理机构
招标范围及合同段划分	本次施工监理招标范围:______ 本次招标分为____个监理合同段。 其中:第一监理合同段;____监理工程师办公室; 第二监理合同段;____监理工程师办公室; ……
建设单位的管理机构	
资金来源	资金来源为:(投资组成),其中部分资金用于支付本工程的监理费用

续上表

条款号	条 款 名 称	具体信息或数据
2	投标人最多可获得中标资格数量	____个
2.2	联合体投标 （适用于未进行资格预审）	接受
2.2(1)	联合体成员数量 （适用于未进行资格预审）	____个
4.1	是否组织现场考察	
	现场考察时间、地点	时间：____年____月____日____时____分 集合地点：(详细地址)
5.1	是否召开标前会议	
	标前会议时间、地点	时间：____年____月____日____时____分 会议地点(详细地址)
5.2	投标人提出问题的截止时间	____年____月____日____时____分
5.3	投标人确认收到补遗书的截止时间	收到补遗书后____小时内
6.5	招标人是否设定投标控制价上、下限	
6.6	招标人是否设定标底	
7	投标人要求澄清招标文件的截止时间	递交投标文件截止时间____日前
10.2	监理服务费 （适用于固定标价评分法）	第一监理合同段：______元 第二监理合同段：______元 ……
10.4 (10.5)	监理服务费是否调整	
11.1	投标保证金形式	
	投标保证金金额	人民币______元
	招标人开户银行	
	招标人账号	
	若采用银行保函，出具保函的银行级别	
12	投标文件有效期	递交投标文件截止时间后______日内
13.1	投标文件份数	正本1份，副本______份
14.3	外层信封书写要求	招标人　邮编：____________________ 　　　　地址：____________________ 　　　　名称：____________________ 　　　项目　　　工程第　　　监理合同段投标文件； 在______年____月____日____时____分（即开标时间）前不得开封

续上表

条款号	条 款 名 称	具体信息或数据
14.4	内层信封书写要求 （适用于固定标价评分法）	投标人 邮编:________ 地址:________ 名称:________ ____项目____工程第___监理合同段投标文件商务文件或____项目____工程第___监理合同段投标文件技术建议书 招标人地址及名称:________（寄）
14.4	内层信封书写要求 （适用于综合评标法、技术评分合理标价法）	投标人 邮编:________ 地址:________ 名称:________ ____项目____工程第___监理合同段投标文件商务文件和技术建议书或____项目____工程第___监理合同段投标文件财务建议书 招标人地址及名称:________（寄）
15.1	递交投标文件地点、截止时间	地点:（详细地址） 截止时间:___年___月___日___时___分
15.2	通知推迟递交投标文件截止时间	原定截止时间___日前
18.1	开标时间、地点	时间:同递交投标文件截止时间 地点:（详细地址）
18.2	是否邀请公证机构	
19.2	投标资料保密时间	从开标至合同期满后___年内
20.2	本工程采用的评标方法	
22.1	投标人收到中标通知书告知时间	___小时内
24.1	履约担保形式	
	履约担保金额	监理服务费的___%
31	监督部门	监督部门:________ 地　址:________ 电　话:________ 传　真:________ 邮　编:________
32	需要补充的其他内容	
……	……	

（一）投标人的合格条件

1. 适用于未进行资格预审

1）投标人的资格要求须满足附件5的要求。

2）投标人须知前附表规定招标人接受联合体投标的，联合体必须符合以下要求：

（1）联合体成员可以由投标人须知前附表规定数量的监理企业组成，联合体各方均应当具备承担招标项目的相应能力和上述1）款规定的相应资质要求。由同一专业的监理企业组成的联合体，按照资质等级较低的企业确定资质等级。

（2）必须明确联合体牵头人，授权代理人。拟派驻现场监理机构的负责人应为联合体牵头人单位的人员。

（3）联合体各方须签订联合体协议书，约定各方拟承担的工作和责任，并将联合体协议书连同投标文件一并提交招标人。

（4）联合体各方签订联合体协议书后，只能以一个投标人的身份投标，不得针对同一监理合同段再以各自名义单独投标或者参加其他联合体投标。

（5）联合体各方必须分别提供能证明其监理资质、法人资格及工程监理业绩等的文件或资料复印件，并加盖投标人公章。

3）招标人不接受投标人的分包申请并禁止转让。

4）投标人应对投标文件的真实性负责；如果招标人在招标阶段的评审中发现投标人有弄虚作假行为的，招标人有权拒绝该投标人的投标文件进入下一阶段的评审，并没收其投标保证金。

5）投标人不得与其所投标的监理合同段对应工程的施工单位以及建筑材料、建筑构配件和设备供应单位有隶属关系或者其他利害关系。

6）具有投资参股关系的关联企业，或具有直接管理和被管理关系的母子公司，或同一母公司的子公司，不得同时对同一标段提出投标申请。

2. 适用于已进行资格预审

1）投标人必须通过资格预审并取得投标资格。

2）投标人在递交的投标文件中应按新情况更改或补充其在资格预审时提供的资料，以证实其仍能满足资格预审文件的要求，更新资料应包括以下内容：

（1）投标人名称、资质和法定代表人的变更情况及相关行业审批部门出具的证明资料；

（2）资格预审后新竣工验收的同类公路工程的项目监理评定书或有关的质量证明文件；

（3）资格预审后新承接工程的名称、规模、工期和已投入的主要监理人员等情况；

（4）拟投入本工程的主要监理人员变化情况；

（5）资格预审之后介入仲裁或诉讼的情况。

3）招标人不接受投标人的分包申请并禁止转让。

4）投标人应对投标文件的真实性负责；如果招标人在招标阶段的评审中发现投标人有弄虚作假行为的，招标人有权拒绝该投标人的投标文件进入下一阶段的评审，并没收投标保证金。

5）投标人不得与其所投标的监理合同段对应的施工单位以及建筑材料、建筑构配件和设备供应单位有隶属关系或者其他利害关系。

（二）投标文件的内容

投标人编制的投标文件，应包括以下内容：

1）商务文件

（1）投标书；

(2)联合体协议(如果有);

(3)法定代表人身份证明;

(4)授权书(如果有);

(5)投标保证金;

(6)资格审查资料(适用于未进行资格预审);

(7)资格审查更新资料(适用于已进行资格预审);

2)技术建议书

3)财务建议书(适用于综合评标法、技术评分合理标价法)

4)招标文件要求提交的其他资料

投标文件有效期一般为60~120日。

(三)投标保证金的规定

1)投标人递交投标文件的同时,应按投标人须知前附表规定的形式和金额提交投标保证金。联合体投标的,应当以联合体牵头人的名义提交投标保证金,并对联合体各成员均具有约束力。

招标人要求投标人提交投标保证金的,投标保证金金额不宜超过五万元人民币。招标人可根据交通运输主管部门确定的投标人信用评价状况适当增减投标保证金额度。投标人拟投多个合同段的,应对所投合同段分别提交投标保证金。

若采用银行汇票、电汇,投标人应将投标保证金由投标人的账户一次性汇入或转入到招标人指定账户,否则,视为投标保证金无效。

若采用银行保函,则应由国有或股份制商业银行开具。银行保函应采用招标文件提供的格式。银行保函原件应在递交投标文件截止时间前单独密封递交给招标人。

2)投标人未按要求提交投标保证金的,其投标文件作废标处理。

3)招标人与中标人签订监理合同协议书后5个工作日内,招标人退还未中标人的投标保证金。中标人的投标保证金,在提交了履约担保并签订了监理合同协议书后5个工作日内退还。

4)投标保证金在投标文件有效期满后30日内保持有效,招标人如果按投标人须知第12条的规定延长了投标文件有效期,则投标保证金的有效期也相应延长。

5)出现下列情况之一者,投标保证金将不予退还:

(1)投标人在投标文件有效期内撤回其投标文件;

(2)中标人在收到中标通知书后,无正当理由不与招标人签订合同或未能按招标文件规定提交履约担保;

(3)投标人不接受依据评标办法的规定对其投标文件中细微偏差进行澄清和补正;

(4)投标人以他人名义投标、与他人串通投标、以行贿手段谋取中标、弄虚作假等行为。

(四)投标文件的形式和签署规定要求

投标人向招标人递交投标人须知前附表规定份数的投标文件,副本应是正本的复制件。投标文件应在其封面及外包装上清楚注明"正本"和"副本"字样。当正本与副本的内容不一致时,以正本为准。

(1)投标人向招标人递交投标人须知前附表规定份数的投标文件,副本应是正本的复制件。除技术建议书副本外,投标文件应在其封面及外包装上清楚注明"正本"和"副本"字样。当正本与副本的内容不一致时,以正本为准。(适用于采用技术建议书无标识方式招标)

(2)投标文件正本应使用不褪色的墨水书写或打印,投标文件内任何有文字页须经投标人的法定代表人或其授权的代理人逐页签署姓名,不得用签名章代替。

如果投标文件由授权代理人签署，其代理人的授权书应按招标文件规定的格式出具，并由授权人和被授权人亲笔签名，禁止使用印章或签名章。经公证机关对投标人法定代表人、授权代理人的签字、投标人公章的真实性作出有效公证后，将公证书原件装订在投标文件的正本之中。

如果由投标人的法定代表人签署投标文件，则不需提交授权书，但应经公证机关对投标人法定代表人身份证明的真实性作出有效公证，并将公证书原件装订在投标文件的正本之中。

(3)投标文件的任何一处涂改、行间插字或删除，均应由前款规定的投标文件签署人在修改处签署姓名并加盖投标人公章。

(4)投标文件的正本与副本应分别装订成册，不得采用活页装订。否则，招标人对由于投标文件装订松散而造成的丢失或其他后果不承担任何责任。投标文件应编制目录，并且从目录开始逐页标注连续页码。

(5)技术建议书应按照本招标文件第八篇对技术建议书格式的要求编制并单独装订，技术建议书正本封面加盖投标人公章一枚，除此之外，技术建议书所有正文中不得出现投标人的名称和其他可识别投标人身份的文字、符号、标识等(招标文件应规定技术建议书无标识具体要求，包括纸张与装订、封面、封底、侧封以及正文的格式等)。技术建议书禁止进行涂改、行间插字或删除。(适用于采用技术建议书无标识方式招标)

(五)投标文件递交的规定要求

1. 投标文件的密封和标记

(1)投标文件的商务文件和技术建议书应当密封于一个信封中，成为一份投标文件。投标文件包装必须使用内、外两层封套，内、外封套应分别加贴密封条并盖密封章。(适用于固定标价评分法)

投标文件的商务文件和技术建议书应当密封于一个信封中，财务建议书密封于另一个信封中。上述两个信封应当再密封于同一信封内，成为一份投标文件。投标文件包装必须使用内、外两层封套，内、外封套应分别加贴密封条并盖密封章。(适用于综合评标法、技术评分合理标价法)

(2)商务文件、技术建议书正本与技术建议书副本分别密封于两个信封中，封套上应分别标明“商务文件和技术建议书正本”和“技术建议书副本”字样，上述两个信封应当再密封于同一信封内。(适用于采用技术建议书无标识方式招标)

(3)投标文件外层信封应按照投标人须知前附表的规定书写，除此之外不得有任何投标人的识别标记。

(4)内层信封上应按照投标人须知前附表的规定书写，以便因投标文件迟到或其他原因造成招标人不能接受该投标文件时得以原封退回。

(5)如果同时投多个合同段，不同合同段的投标文件应分别装订、密封。

(6)不符合上述要求的投标文件招标人将不予签收。

(7)如果因投标人的原因造成投标文件迟到或遗失，过早启封或失密等情况，招标人概不负责。

(六)递交投标文件截止时间

(1)投标人必须按照投标人须知前附表规定的时间①和地点②递交投标文件，并由招标人

①自发售招标文件之日起至提交投标文件截止之日止不得少于20日。

②本条中递交投标文件的地址与招标公告(投标邀请书)中规定的递交地址应一致；若此地址与招标人地址不相同时，应注意避免出现投标文件送达错误。

签收。

（2）招标人按投标人须知第7条、第8条发出补遗书后，如果决定推迟递交投标文件截止时间，将在投标人须知前附表规定的时间前将延期通知送达所有投标人。在此情况下，招标人和投标人的权利和义务相应延后至新的投标截止时间。

（七）迟到的投标文件

招标人将拒绝接受在递交投标文件截止时间后送达的投标文件，并将该投标文件按照其内层信封上写明的地址退回或由投标人自行带回。

（八）投标文件的修改和撤回

（1）在递交投标文件截止时间前，投标人可以对已递交的投标文件进行修改或撤回，但必须以书面形式通知招标人并按招标文件要求签署。修改或撤回的正式申请函件必须在递交投标文件截止时间前送达招标人签收。

（2）修改的内容为投标文件的组成部分，应同样按照上述（四）、（五）、（六）的要求进行签署、密封、标记和递交，并标明“修改”字样。

第三节　投标人须知附件

招标人在投标人须知中共有7个附件，下面对附件1～附件6进行介绍说明。

（一）附件1　项目说明

本附件由招标人编制，以使投标人了解本项目的必要的基本情况，供投标人在决策投标中参考。提供资料应准确，特别是有关一些技术标准数据。附件1的格式及招标人编制应说明的内容如下：

（1）项目概况：公路的起讫地点、里程、等级、技术标准、主要控制点；桥涵的结构形式；独立特大桥的桥型、荷载标准、跨径、桥长，桥宽、基础、水深、引道长度等；独立隧道的长度、宽度、防水排水、衬砌和设施等；附属设施标准、规格等；

（2）水文、气象及地质简况；

（3）交通、电力、通信及其他条件；

（4）施工合同段划分；

（5）各监理合同段建筑安装工程费（监理服务费计费额）。

（二）附件2　主要工程数量表

本附件的作用在于为投标人提供招标项目主要工程的数量，供投标人在投标决策中参考。招标人主要依据设计文件进行编制，在编制中要统计正确，不要出现漏项和差错，其格式如下：

项　目		单位	第____监理合同段		第____监理合同段	
			第____施工合同段	第____施工合同段	第____施工合同段	第____施工合同段
起讫桩号						
公路里程		km				
路基土石方	挖　方	m^3				
	填　方	m^3				
圬工砌体（排水/防护）		m^3				
软基处理		km				
基层		m^2				

续上表

<table>
<tr><th colspan="3" rowspan="2">项　目</th><th rowspan="2">单位</th><th colspan="2">第____监理合同段</th><th colspan="2">第____监理合同段</th></tr>
<tr><th>第____施工合同段</th><th>第____施工合同段</th><th>第____施工合同段</th><th>第____施工合同段</th></tr>
<tr><td colspan="3">沥青混凝土路面</td><td>m^2</td><td></td><td></td><td></td><td></td></tr>
<tr><td colspan="3">水泥混凝土路面</td><td>m^2</td><td></td><td></td><td></td><td></td></tr>
<tr><td rowspan="4">桥梁</td><td colspan="2">特大桥</td><td>m/座</td><td></td><td></td><td></td><td></td></tr>
<tr><td colspan="2">大桥</td><td>m/座</td><td></td><td></td><td></td><td></td></tr>
<tr><td colspan="2">中桥</td><td>m/座</td><td></td><td></td><td></td><td></td></tr>
<tr><td colspan="2">小桥</td><td>m/座</td><td></td><td></td><td></td><td></td></tr>
<tr><td colspan="3">涵洞</td><td>道</td><td></td><td></td><td></td><td></td></tr>
<tr><td rowspan="4">互通立交</td><td colspan="2">数量</td><td>处</td><td></td><td></td><td></td><td></td></tr>
<tr><td rowspan="3">其中</td><td>主线桥</td><td>m/座</td><td></td><td></td><td></td><td></td></tr>
<tr><td>匝道桥</td><td>m/座</td><td></td><td></td><td></td><td></td></tr>
<tr><td>匝道（扣除桥长）</td><td>km</td><td></td><td></td><td></td><td></td></tr>
<tr><td colspan="3">分离式立交</td><td>m/座</td><td></td><td></td><td></td><td></td></tr>
<tr><td colspan="3">通道</td><td>道</td><td></td><td></td><td></td><td></td></tr>
<tr><td rowspan="4">隧道</td><td colspan="2">特长隧道</td><td>m/道</td><td></td><td></td><td></td><td></td></tr>
<tr><td colspan="2">长隧道</td><td>m/道</td><td></td><td></td><td></td><td></td></tr>
<tr><td colspan="2">中隧道</td><td>m/道</td><td></td><td></td><td></td><td></td></tr>
<tr><td colspan="2">短隧道</td><td>m/道</td><td></td><td></td><td></td><td></td></tr>
<tr><td colspan="3">……</td><td></td><td></td><td></td><td></td><td></td></tr>
</table>

注：如招标范围超出本表所列工程内容，可另行制表或说明。

（三）附件3　项目地理位置示意图

本附件在编制中应做到示意图清晰可辨，比例适当，能反映项目地理位置、标段划分等内容。

（四）附件4　施工工期及监理服务期

本附件的作用在于向投标人提供施工工期及监理服务期的明确信息，供投标人在投标决策中参考，投标人将据此考虑已接工程和在建工程与本项目工期与监理服务期要求是否存在矛盾，是否能达到本项目工程的要求，同时也是考虑监理费用、人员、设备等的重要依据。

在编制中应做到准确填写。其格式内容如下：

<table>
<tr><th>监理合同段</th><th>施工合同段</th><th>施工工期（月）</th><th>施工准备阶段监理服务期（月）</th><th>施工阶段监理服务期（月）</th><th>交工验收与缺陷责任期阶段监理服务期（月）</th></tr>
<tr><td rowspan="3">1</td><td>1</td><td></td><td rowspan="9"></td><td rowspan="9"></td><td rowspan="3"></td></tr>
<tr><td>2</td><td></td></tr>
<tr><td>…</td><td></td></tr>
<tr><td rowspan="3">2</td><td>…</td><td></td><td rowspan="3"></td></tr>
<tr><td>…</td><td></td></tr>
<tr><td>…</td><td></td></tr>
<tr><td rowspan="3">…</td><td>…</td><td></td><td rowspan="3"></td></tr>
<tr><td>…</td><td></td></tr>
<tr><td>…</td><td></td></tr>
</table>

(五)附件5　资格审查要求

本附件若干分附组成。是招标人对投标人资格的要求。在编制中应根据相关的法律法规、标准、范本并结合本工程的特点和需要提出适当的要求,不可过高,所提资格等要求宜明确具体,能量化的尽量量化,总之所提要求应根据监理合同中规定的监理任务确定。其附件格式与编制的要点如下:

附件5-1　资质

合同段:________

项　　目	要　　求	备　　注
	具备交通运输主管部门颁发的公路工程专业________级及以上或________工程专项监理资质证书,持有工商行政管理部门核发的有效企业法人营业执照	

附件5-2　业绩

合同段:________

项　　目	要　　求	备　　注
	近________年①内至少独立完成过________项________级公路________工程②的监理任务	

注:①一般应要求投标人提供最近4～6年的监理业绩。

②招标人可针对施工监理招标范围,如路基工程、路面工程、桥梁工程、隧道工程、交通工程及沿线设施等,增加工程规模、结构形式等具体资格审查要求。

附件5-3　人员

总监理工程师办公室　　　　附件5-3-1

合同段:________

序号	监理岗位	资格要求	数量	备注
1	总监理工程师	具有交通运输部公路工程监理工程师资格(________专业),且已在投标人处进行岗位登记,具有相关专业高级技术职称,5年以上现场工程监理经历,担任过两项以上同类工程监理负责人		
2	备选总监理工程师	具有交通运输部公路工程监理工程师资格(________专业),且已在投标人处进行岗位登记,具有相关专业高级技术职称,5年以上现场工程监理经历,担任过两项以上同类工程监理负责人		
3	试验室主任	持有交通运输部颁发的试验检测工程师资格证书,具有________专业中级及以上技术职称,3年以上试验检测工作经历		
4	专业监理工程师	具有交通运输部公路工程________专业监理工程师资格,具有相关专业中级及以上技术职称		
…	……			

注:①对监理工程师数量的要求,宜按照《公路工程施工监理规范》(JTG G10—2006)的规定配备。

②资格审查要求中具有交通运输部公路工程监理工程师(含专业监理工程师)资格证书的监理人员总数量的50%以上应为投标人自有人员,且总监理工程师、试验室主任、驻地监理工程师必须为投标人自有人员。自有人员应在本单位进行岗位登记并依法签订劳动合同。

③招标文件中规定同一投标人可以获得多个合同段中标资格,招标人应在资格审查要求中明确人员不得重复等要求。

驻地监理工程师办公室　　附件 5-3-2

合同段:________

序号	监理岗位	资格要求	数量	备注
1	驻地监理工程师	具有交通运输部公路工程监理工程师资格(______专业),且已在投标人处进行岗位登记,具有相关专业中级及以上技术职称,同类工程 3 年以上监理经历		
2	备选驻地监理工程师	具有交通运输部公路工程监理工程师资格(______专业),且已在投标人处进行岗位登记,具有相关专业中级及以上技术职称,同类工程 3 年以上监理经历		
3	专业监理工程师	具有交通运输部公路工程______专业监理工程师资格,具有相关专业中级及以上技术职称		
…	……			

注:①对监理工程师数量的要求,宜按照《公路工程施工监理规范》(JTG G10—2006)的规定配备。

②资格审查要求中具有交通运输部公路工程监理工程师(含专业监理工程师)资格证书的监理人员总数量的 50% 以上应为投标人自有人员,且总监理工程师、试验室主任、驻地监理工程师必须为投标人自有人员。自有人员应在本单位进行岗位登记并依法签订劳动合同。

③招标文件中规定同一投标人可以获得多个合同段中标资格,招标人应在资格审查要求中明确人员不得重复等要求。

附件 5-4　试验、检测设备

总监办中心试验室/驻地办试验室

合同段:________

序号	试验、检测项目	设备名称	规格、型号	数量	备　注
1					
2					
…					

注:对试验、检测设备的资格审查要求,应根据监理合同中规定的监理任务确定。

附件 5-5　财务

合同段:________

项　目	要　求	备　注
财务能力	1. 投标人近______年已签订和完成的公路工程施工监理合同的合同额不少于人民币______万元。 2. 投标人在上一年度的流动资产与流动负债的比率不小于 1。 3. 其他	

附件 5-6　诉讼和履约

合同段:________

项　目	要　求	备　注
诉讼和履约	1. 投标人没有正受到责令停业的行政处罚或正处于财务被接管、冻结、破产的状态 2. 投标人没有正受到取消投标资格的行政处罚。 3. 投标人没有涉及正在诉讼的案件,或涉及正在诉讼的案件但经评标委员会认定不会对承担本工程造成重大影响。 4. 其他	

（六）附件6　评标办法

本附件的内容将在本章第四节中进行详细介绍和说明。

第四节　开标、评标与合同授予

公路工程施工监理招标实行资格审查制度。对拟投标的监理单位进行资格审查是招标程序中的重要环节，是招标工作公正、高效进行的重要保证。

一、资格审查的方式方法

（一）资格审查方式

1）资格审查　是招标人在发布招标公告后，发出投标邀请书前对潜在投标人的资质、信誉和能力进行的审查。招标人只向通过资格预审的潜在投标人发出投标邀请书和发售招标文件。

2）资格后审　是指把资格评审的程序放在开标后进行，即招标人在收到投标人的投标文件后，对投标人的资质、信誉和能力进行审查。

资格审查方法有以下两种：

（1）合格制方法，即《公路工程施工招标资格预审办法》中规定的强制性条件审查法，是指招标人只对投标人或者潜在投标人的资格条件是否满足招标文件规定的投标资格、信誉要求等强制性条件进行审查，并得出“通过”或者“不通过”的审查结论，不对投标人或者潜在投标人的资格条件进行具体量化评分的资格审查方法。

（2）综合评分审查法，是指在投标人或者潜在投标人的资格条件满足招标文件规定的最低资格、信誉要求的基础上，招标人对投标人或者潜在投标人的施工监理能力、管理能力、履约情况和施工监理经验等进行量化评分并按照分值进行筛选的资格审查方法。

（二）开标与评标

1. 开标

1）招标人将按照投标人须知前附表规定的时间和地点开标。开标时，投标人的法定代表人应持法定代表人身份证明及本人身份证件或其授权代理人持授权书及本人身份证件准时出席并在签到簿上签名。如投标人的法定代表人或其授权代理人未出席开标仪式，视其默认开标记录。

2）开标由招标人主持，招标人应先介绍投标文件的递交情况，并由投标人或其推选的代表检查投标文件的密封情况，如委托公证也可由公证机构检查并公证。

3）经确认无误后，由招标人当众拆封商务文件和技术建议书，对投标书的签署等进行核查。

4）投标文件中财务建议书信封在开标时不予拆封，由交通运输主管部门保存（也可按招标工程所在地招标主管部门规定执行）。财务建议书信封拆封应符合下述“评标办法”的规定。（适用于综合评标法、技术评分合理标价法）（注意：招标人可组织二次开标并设定开标程序，如不组织二次开标应将结果告知各投标人。）

5）开标时，招标人宣读投标人的名称、所投监理合同段、投标保证金的递交情况、投标价（采用固定标价评分法时）和总监理工程师等主要监理人员以及招标人认为必要的其他细节。

6）如果招标人宣读的结果与投标文件不符时，投标人有权在开标现场提出异议，经监督或公证机构当场核查确认后，可重新宣读其投标文件。若投标人现场未提出异议，则认为投标人已确认招标人宣读的结果，投标人法定代表人或其授权代理人须在开标记录表（格式见附件7）上签字。

7）招标人应做好开标记录并经招标人代表、投标人、监督人、记录人签字后存档备案。

8）出现下列情况之一者，投标文件将不予接收：

（1）逾期送达的或者未送达指定地点的；

（2）投标文件未按投标人须知第14条规定密封和标记的。

9）开标时，投标文件出现以下任一情况，投标文件作废标处理：

（1）投标书中所述标段号与外包封的标段号不一致；

（2）正、副本份数不满足招标文件规定；

（3）投标书未按照招标文件规定签署或加盖投标人公章；

（4）投标书未填写投标报价（适用于固定标价评分法）。

2. 保密

1）开标后直到签订监理合同协议书为止，凡与投标文件的审查、澄清、评价和比较等有关的工作都应在保密的条件下进行。

2）在投标人须知前附表规定的保密时间内，招标人和投标人不得针对对方的投标文件和招标文件向任何第三方泄露。

3. 评标

1）评标由招标人依法组建和评标委员会负责。

2）评标委员会按照投标人须知前附表规定的评标方法进行评标，详细介绍如下。

二、评 标 办 法

评标办法共有三种，招标人应从其中选择用于本招标项目工程，并在招标文件中明确。这三种评标方法是：

固定标价评分法 是指由招标人按照价格管理规定确定监理招标合同段的公开标价，对投标人的商务文件和技术建议书进行评分，并按照得分由高至低排序，确定得分最高者为中标候选人的方法。除规模较大或技术复杂的工程，推荐使用固定标价评分法。

综合评标法 是指对投标人的商务文件和技术建议书、财务建议书进行评分、排序，确定得分最高者为中标候选人的方法。其中财务建议书的评分权值应当不超过10%。

技术评分合理标价法 是指对投标人的商务文件和技术建议书进行评分，并按照得分由高至低排序，确定得分前两名中的投标价较低者为中标候选人的方法。

注意：采用技术建议书无标识方式招标的，应先对技术建议书进行评审，然后再进行商务文件的初步评审。

（一）评标组织及职责

1. 评标委员会组成

招标人依法组建评标委员会。评标委员会由招标人代表和从交通运输部设立的监理专家库或省级交通运输主管部门设立的监理专家库中随机抽取的评标专家共同组成，其中评标专家人数不得少于总数的三分之二。评标委员会开始工作之前应由评标委员会推举产生一名主任评标委员，负责协调、组织评标委员会成员开展评标工作。

2. 评标委员会职责

(1)对投标文件进行初步评审、资格审查(适用于未进行资格预审);

(2)确定评审需澄清、核实的内容;

(3)进行商务、技术的详细评审(适用于固定标价评分法);

进行商务、技术和财务的详细评审(适用于综合评标法、技术评分合理标价法);

(4)综合评分并推荐中标候选人;

(5)建议是否重新招标;

(6)完成书面评标报告提交招标人。

(二)评审程序

1. 评标准备

评标委员会开始评标工作之前,必须首先认真研读招标文件;招标人应当向评标委员会提供招标文件、评标办法和评标所需的其他重要信息与数据,协助评标委员会了解和熟悉招标工程的如下内容:

(1)招标项目的工程规模、标准和工程特点;

(2)招标文件规定的评标办法;

(3)招标文件规定的其他与评标有关的内容。

2. 评审程序

(1)初步评审;

(2)资格审查(适用于未进行资格预审);

(3)详细评审;

(4)投标文件的澄清;

(5)综合评分;

(6)财务评审(适用于综合评标法、技术评分合理标价法);

(7)推荐中标候选人;

(8)编写评标报告。

(三)初步评审

评标委员会将对投标文件进行初步评审。只有通过初步评审的投标文件才能进入下一阶段评审。通过初步评审的主要条件:

(1)投标文件按照招标文件规定的格式、内容和要求编制,字迹清晰可辨;

(2)投标文件(正本)按招标文件规定加盖投标人公章并由法定代表人或其授权代理人逐页签署姓名,未使用签名章代替;

(3)与申请资格预审时比较,投标人资格未发生实质性变化(适用于已进行资格预审);

(4)投标人按照招标文件规定的形式、时限和要求提供了投标保证金;

(5)以联合体形式投标的,符合投标人须知的规定;

(6)按照招标文件规定提供了法定代表人身份证明、授权书(如有)、公证书;

(7)按照给定的监理服务费填报投标报价,在招标文件没有规定的情况下,未提交选择性报价(适用于固定标价评分法);

(8)技术建设书副本中未出现投标人的名称和其他可识别投标人身份的文字、符号、标识等(适用于采用技术建议书无标识方式招标);

(9)技术建议书正本、副本实质性内容一致(适用于采用技术建议书无标识方式招标);

(10)监理服务期、工程质量目标满足招标文件要求;

(11)投标人未以他人名义投标、未与他人串通投标、未以行贿手段谋取中标,以及未弄虚作假;

(12)投标文件未附有招标人不能接受的其他条件。

投标文件不符合以上条件之一的,属于重大偏差,作为废标处理。

(四)资格审查(适用于未进行资格预审)

评价委员会根据招标文件资格审查要求,对投标人的资质、业绩、人员、试验、检测设备、财务能力、履约情况等进行评审,判定其是否满足资格审查要求。

投标文件任一项条件不满足招标文件资格审查要求的,作废标处理。

注意:招标人应按照《公路工程施工监理招标投标管理办法》(交通部2006年第5号令)规定编制本工程的资格审查办法。

(五)详细评审

评标委员会对通过初步评审、资格审查的投标文件从合同条款、监理能力、管理水平及投标人以往监理业绩及履约信誉等方面进行详细评审,并对商务文件、技术建设书分别评审打分(招标人可设定当评标委员会人数大于7时,所有投标文件的技术评审、商务评审中的评分将去掉一个最高值和一个最低值,取算术平均值。),满分100分;技术、商务分值分别为40分、60分(招标人应根据招标范围、工程规模、技术标准、重点、难点等情况确定技术评审、商务评审的评分权值和评审内容。招标人应编制技术、商务、财务评审的评审细则,并在招标文件中明确)。(适用于固定标价评分法、技术评分合理标价法)

评标委员会对通过初步评审、资格审查的投标文件从合同条款、监理能力、管理水平以及投标人以往监理业绩及履约信誉等方面进行详细评审,并对商务文件、技术建议书、财务建设书分别评审打分(招标人可设定当评标委员会人数大于7时,所有投标文件的技术评审、商务评审中的评分将去掉一个最高值和一个最低值,取算术平均值。),满分100分;技术、商务、财务分值分别为40分、50分、10分(招标人应根据招标范围、工程规模、技术标准、重点、难点等情况确定技术评审、商务评审的评分权值和评审内容。招标人应编制技术、商务、财务评审的评审细则,并在招标文件中明确)。(适用于综合评标法)

1. 合同条款响应性评审

投标人通过合同条款响应性评审的主要条件:

(1)投标人应接受招标文件规定的风险划分原则,未提出新的风险划分办法;

(2)投标人未增加招标人的责任范围,或减少投标人义务;

(3)投标人未提出不同的计量、支付办法;

(4)投标人未对合同纠纷、事故处理办法提出异议;

(5)投标人对合同条款没有重大偏离;

(6)满足招标文件规定的其他实质性要求。

投标文件不符合以上条件之一的,属于重大偏差,作为废标处理。

2. 技术评审

技术评审工作开始前,招标人将指定专人负责编制技术建议书暗标编码,并就暗标编码与投标人的对应关系做好暗标标码记录。暗标编码按随机方式编制。在评标委员会全体成员均完成暗标部分评审后,招标人方可向评标委员会公布暗标编码记录。(适用于采用技术建议书无标识方式招标)

技术评审主要内容和分值范围如下:

(1)监理大纲(或监理方案)和措施 20～30 分;

(2)对本工程重点、难点分析 5～10 分;

(3)对本工程的建议 5～10 分。

3. 商务评审

1)适用于固定标价评分法、技术评分合理标价法,其主要内容和分值范围如下:

(1)监理人员及机构设置 30～40 分;(招标人可根据工程内容和特点增加对主要监理人员的现场答辩,并设置一定分数)

(2)监理设施和设备 5～10 分;

(3)监理业绩与信誉 15～20 分。

2)适用于综合评标法,其主要内容和分值范围如下:

(1)监理人员及机构设置 30～40 分;

(2)监理设施和设备 5～8 分;

(3)监理业绩与信誉 5～12 分。

4. 财务评审(适用于综合评标法)

在评标委员会完成对投标人的商务文件和技术建议书的评审后,在交通运输主管部门的监督下,由评标委员会拆封投标人的财务建议书信封,只有通过前述初步评审、资格审查、详细评审的投标人才能进入财务评审。

1)投标人通过财务建议书初步评审的主要条件

(1)财务建议书按招标文件规定签字、盖章齐全,填报了投标价;

(2)招标人给定投标控制价上、下限的,投标人所报的监理服务费在招标人给定的投标控制价上、下限以内;

(3)招标人设定标底的,投标人所报的监理服务费在招标人标底上浮范围以内。(招标人可将标底上浮一定比例作为投标控制价上限)

投标文件不符合以上条件之一的,属于重大偏差,作为废标处理。

2)算术性修正

评标委员会对通过初步评审的投标人的报价按下列原则进行算术性修正;

(1)投标文件中的大写金额与小写金额不一致的,以大写金额为准;

(2)当监理服务费计费额、监理服务费基价、监理服务费基准价计算错误时,按正确的数额或系数修正;当监理服务费计算错误时,按填报的浮动幅度值修正;

(3)总价金额与依据单价计算出的结果不一致的,以单价金额为准修正总价,但单价金额小数点有明显错误的除外。

修正的价格经投标人书面确认后具有约束力。投标人修正后总价超出招标人给定的投标控制价上、下限或不接受修正价格的,其投标作废标处理。

3)计算评标基准价

通过财务评审的报价为有效报价。评标基准价等于所有有效报价的算术平均值(招标人可设定当有效报价大于等于 6 家时,评标基准价为所有有效报价去掉一个最高和一个最低报价后的算术平均值)。

4)计算财务得分

当投标人报价等于评标基准价时得满分,每高于评标基准价一个百分点扣 1.5 分,每低于评标基准价一个百分点扣 1 分,中间值按比例内插,四舍五入,保留两位小数。

用公式表示如下：

$$F_1 = F - \frac{|D_1 - D|}{D} \times 100 \times E$$

式中：F_1——投标人财务得分；

F——财务得分所占的百分比权重，$F=10$；

D_1——投标人的投标报价；

D——评标基准价。

若 $D_1 \geqslant D$，则 $E=1.5$；若 $D_1 < D$，则 $E=1$。财务得分最低为0分。

（六）投标文件的澄清

（1）除按规定的重大偏差外，投标文件存在的其他问题应视为细微偏差。为了有助于投标文件的审查、评价和比较，招标人可书面通知投标人澄清或说明其投标文件中不明确的内容，或要求补充相应资料或对细微偏差进行补正。对此投标人不得拒绝，否则，作废标处理，并没收投标保证金；

（2）有关澄清、说明和补正的要求和回答均以书面形式进行，但招标人和投标人均不得因此而提出改变招标文件或投标文件实质内容的要求。投标人的书面澄清、说明或补正属于投标文件的组成部分；

（3）招标人不接受投标人对投标文件的主动澄清、说明和补正。

（七）综合得分

1）适用于固定标价评分法、技术评分合理标价法。各投标人的综合得分等于技术评分、商务评分之和。

2）适用于综合评标法。各投标人的综合得分等于技术评分、商务评分与财务评分之和。

（八）财务评审（适用于技术评分合理标价法）

在评标委员会完成对投标人的商务文件和技术建议书的评审后，在交通运输主管部门的监督下，由评标委员会拆封投标人的财务建议书信封，只有通过前述初步评审、资格审查、详细评审的投标人才能进入财务评审。

1. 投标人通过财务建议书评审的主要条件

（1）财务建议书按招标文件规定签字、盖章齐全，填报了投标价；

（2）招标人给定投标控制价上、下限的，投标人所报的监理服务费在招标人给定的投标控制价上、下限以内；

（3）招标人设定标底的，投标人所报的监理服务费在招标人标底上浮范围以内。（招标人可将标底上浮一定比例作为投标控制价上限）

投标文件不符合以上条件之一的，属于重大偏差，作为废标处理。

2. 算术性修正

评标委员会对通过初步评审的投标人的报价按下列原则进行算术性修正：

（1）投标文件中的大写金额与小写金额不一致的，以大写金额为准；

（2）当监理服务费计费额、监理服务费基价、监理服务费基准价计算错误时，按正确的数额或系数修正；当监理服务费计算错误时，按填报的浮动幅度值修正；

（3）总价金额与依据单价计算出的结果不一致的，以单价金额为准修正总价，但单价金额小数点有明显错误的除外。

修正的价格经投标人书面确认后具有约束力。投标人修正后总价超出招标人给定的投标控制价上、下限或不接受修正价格的，其投标作废标处理。

（九）推荐中标候选人

根据综合得分由高至低排序，每个监理合同段推荐得分最高者为中标候选人。（适用于固定标价评分法、综合评标法）

根据综合得分由高至低排序，每个监理合同段推荐得分前两名中通过财务评审的投标价较低者为中标候选人。（适用于技术评分合理标价法）（注意：采用此法评标时，招标人应在招标文件中规定，如果综合得分前两名中投标价较低者未通过财务评审或综合得分前两名均未通过财务评审，确定中标候选人的方法。）

（十）评标报告

评标委员会审定评标结果后，向招标人提交书面报告。评标报告应如实记载下列内容：

1. 评标委员会的成员名单

2. 开标记录情况

3. 符合要求的投标人情况

4. 评标采用的标准、评标办法

5. 投标人排序

6. 推荐的中标候选人

7. 需要说明的其他事项

8. 附件

三、评标细则的编制方法

根据《范本》规定的“评标办法”及相关说明，下面介绍在实施“评标办法”中编制评标细则的方法，以供读者在操作中参考。

针对投标文件中的技术建议书和财务建议书两部分，施工监理评标细则一般由评标委员会讨论审定，其评标相应分为技术评标和财务评标，评标一般采用打分制。下面以技术建议书评标评分为例进行说明。

1. 技术性评审的评分方法

技术性评分是评标委员会对投标人的技术建议书进行评审而得到的分值。主要评价监理单位拟用于项目的监理工程师水平和能力、监理单位拟投入项目的监理设施和设备、监理单位制定的监理程序及措施的适用性、监理单位以往工作业绩及信誉等方面。必要时可要求驻地监理工程师现场汇报。这几个方面中，以监理工程师所占权重最大。监理程序及措施次之，以往业绩及信誉再次之，监理设施和设备最小。

监理工程师分驻地（或总）监理工程师和专业监理工程师两部分，以他们的技术职称、取得监理资格证书类别、监理经历和工作业绩来评价其工作能力和适应情况。监理工程师的水平、能力和责任心将直接影响监理工作和工程建设的质量，因此是技术性评标的主要方面。

监理程序及措施是监理工作的计划、指导性文件，对监理工作质量有直接影响，反映了监理单位对项目建设意图的理解能力，也反映出监理单位的整体水平。因此监理程序及措施和监理单位以往业绩及信誉是技术性评标中的另一部分主要内容，通过它们的评价直接反映出监理单位的能力和项目适应程度。

技术性评标评分方法，一般可参考如下评分方法和标准：

1）技术性评价各因素满分值

(1)监理人员:40分;

(2)监理设施和设备配备:10分;

(3)监理程序及措施:30分;

(4)监理单位工作业绩与信誉:10分;

(5)驻地(或总)监理工程师现场汇报:10分。

2)评分标准

(1)总监理工程师:15分,其中:

①技术职称及监理资格:6分。

满足资格审查强制性条件要求的,得6分;否则得0分。

②监理经历:8分。

从事监理工作年限、类似工程监理工作经历8年以上,担任总(驻地)监理工程师累计年限3年及以上的,得3分;

担任类似工程的总(驻地)监理工程师累计年限在3年以上的,得2分,每增加1年,加0.5分,最多加1分;

担任总(驻地)监理工程师每得到过1个项目业主奖励的(原件),加0.5分,最多加1分;

每得到一个省级及以上交通主管部门的表彰或奖励的,加0.5分,最多加1分。

③年龄及健康状况:1分。

年龄在62周岁以内,且身体健康、胜任现场监理工作的,得1分;否则得0分。

(2)驻地监理工程师:12分,其中:

①技术职称及监理资格:4分。

满足资格审查强制性条件要求的,得4分;否则得0分

②监理经历:7分。

从事监理工作年限、类似工程监理工作经历8年以上,担任总(驻地)监理工程师累计年限2年及以上的,得3分;

担任类似工程的总(驻地)监理工程师(单个)累计年限在3年以上的,每人加0.5分,本项最多加2分;否则得0分;

担任总(驻地)监理工程师每人每得到过1个项目业主奖励的(原件),加0.5分,本项最多加1分;

每人每得到一个省级及以上交通主管部门的表彰或奖励的,加0.5分。本项最多加1分。

③年龄及健康状况:1分。

年龄均在60周岁以内,且身体健康、胜任现场监理工作的,得1分;否则得0分。

(3)专业监理工程师:10分,其中:

①人数与构成、技术职称及监理资格:3分。

均满足资格审查强制性条件要求的,得3分;否则得0分。

②监理经历:6分。

各专业监理工程师工作年限达到招标文件要求的,得1分,每人长于招标文件规定要求2年及以上的,每人加0.5分,最多加4分;达不到招标文件要求的,得0分。

担任专业监理工程师每人每得到过1个项目业主奖励的(原件),加0.5分,本项最多加1分。

③年龄及健康状况:1分。

各专业监理工程师年龄满足招标文件规定的要求,且身体健康、胜任现场监理工作的,得1分;否则得0分。

(4)监理员:3分。

①人数与构成、技术职称及监理资格:2分。

各监理员均满足招标文件要求的,得2分;否则得0分。

②监理经历:1分。

各监理员工作年限达到招标文件要求的,得1分;否则得0分。

(5)监理设施和设备配备:10分。

满足招标文件规定要求的,得10分,否则酌情扣分。其中:

①试验检测与测量设备6分;

②办公、生活设施:2分;

③交通及通信设施:2分;

(6)监理程序及措施:30分。

监理程序及措施分值如表2-1所示。

(7)监理单位工作业绩及信誉:10分,其中:

①类似工程:6分。

监理程序及措施分值 表2-1

得分方法＼监理内容	质量监理	进度监理	费用监理	安全监理	环保监理	合同其他事项管理
程序严谨措施得力	6~5	5~4	5~4	5~4	5~4	4~3
程序可行措施较好	5~4	4~3	4~3	4~3	4~3	3~2
程序和措施一般	4	3	3	3	3	2

近五年完成类似工程监理1个项目的,得2分,每增加一个加0.25分,最多加2分;

近五年完成的类似工程每获一个部(省)优良等级的,加0.5分,最多加2分;

近三年工程质量受到省级以上交通主管部门通报批评的,扣1~2分;影响恶劣的不推荐中标。

②履约表现:3分。

按已完成及正在承担的工程项目履约信誉情况评分,每得到一个省级及以上交通主管部门的表彰或奖励的,加1分,本项最多加3分。

③质保体系:1分。

通过ISO 9000质量体系认证且近三年年审均合格的,得1分;否则得0分。

(8)驻地(或总)监理工程师现场汇报:10分。

由评委根据其汇报,从其对合同段关键工作的理解和认识程度、预计的风险、语言表达等方面酌情打分,打分区间6~10分。

四、合同的授予

1.定标方式

1)除授权评标委员会直接确定中标人外,招标人依据评标委员会推荐的中标候选人确定中标人。

2）如果排名第一的中标候选人放弃中标、因不可抗力提出不能履行合同，或者中标人未能遵守投标人须知的规定，在此情况下，招标人有权取消其中标资格，招标人可依序确定其他中标候选人为中标人。当所有中标候选人因上述同样原因不能签订合同时，招标人将依法重新招标。

3）招标人应将评标报告和评标结果向交通运输主管部门备案并公示。

2. 中标通知书

1）招标人将在投标文件有效期内，向中标人发出中标通知书，确认其投标文件已被接受。中标通知书将写明招标人支付给中标人实施和完成本工程监理服务所需的监理服务费用。投标人在收到中标通知书后，应在投标人须知前附表规定的时间内以书面形式告知招标人。

2）中标通知书是合同文件的组成部分。

3）招标人即使已经向中标人发出了中标通知书，若发生下列情况之一者，中标无效，招标人应向交通运输主管部门备案。

（1）经查实投标人有弄虚作假、隐瞒事实真相骗取中标等行为；

（2）经查实投标人有转借资质行为或以行贿等手段谋取中标。

3. 合同协议书的签署

1）招标人和中标人应在自发出中标通知书之日起 30 日内，按照招标人与中标人约定的时间和地点签署监理合同协议书。

2）监理合同协议书由双方法定代表人或其授权的代理人签署并加盖双方公章，双方均应出示法定代表人或其授权的代理人的有效身份证明。

3）双方签署监理合同协议书后，招标人应同时将中标结果告知所有投标人。

4. 合同文件的组成及其先后次序

组成监理合同的各个文件应该认为是一个整体，彼此相互解释，相互补充，如出现相互矛盾的情况，以下述文件次序在先者为准：

1）监理合同协议书及附件。

2）中标通知书。

3）投标文件。

4）合同专用条款。

5）合同通用条款。

6）工程专用规范。

7）监理规范。

8）技术规范。

9）在本合同专用条款中约定的构成本合同组成部分的其他文件。对于同一类合同文件，以其最新版本或最新颁发者为准。

第五节　合同条款、监理规范、工程专用规范、技术规范

一、合同通用条款

招标人在编制招标文件时，对“合同通用条款”文字不应进行任何改动，如果有不同要求，应按照“合同专用条款”的编写原则在专用条款中进行修改、删除或补充。

合同通用条款的主要内容包括：定义与解释；监理人的义务；发包人的义务；责任和保障；监理合同的生效、终止、变更、暂停与解除；监理服务的费用与支付；其他（含合同双方的关系、语言与法律、奖励、利益矛盾、版权，通知等解释与规定）、争端的解决共八大项。

“合同通用条款”文字不应进行任务改动。因此我们在编制招标文件时，此篇可参考采用以下的描述表示：“合同通用条款”本项目采用《范本》中的第一卷第三篇“通用合同条款”。

二、合同专用条款

本项合同专用条款依据“通用合同条款”进行编制，发包人可根据本工程的特点、环境及其他要求在专用合同条款中进行修正、补充或删除，在执行中并以此为准。

例如：合同通用条款“1 定义与解释”中的第“1.1.1 工程为完成项目所实施的一项或若干项永久或临时工程（包括向发包人提供的物资和设备），具体情况在专用条款中指明。”这里所说的“指明”即是发包人应在合同专用条款中明确具体化。

三、监 理 规 范

在编制中可参考以下描述表示：本工程执行《公路工程施工监理规范》（JTG G10—2006），此规范为本工程施工监理合同的主要组成部分。

四、工程专用规范

本规范由招标人根据工程的实际情况，在《公路工程施工监理规范》（JTG G10—2006）的基础上自行编制，但不得与国家、交通运输部及有关部分的法规、标准、规范等矛盾。

针对本工程或仅在本地区实行的与监理工作有关的管理办法、制度应一并提供给投标人。

五、技 术 规 范

技术规范的内容包括：本工程施工合同段招标文件中的技术规范及所有与工程施工有关的国家现行的公路建设标准、规范、规程及相关文件。

第六节　投标文件格式及其他文件格式

投标文件格式共六种，分别为（1）投标文件格式（包括商务文件、技术建议书，财务建议书三类）；（2）中标通知书格式；（3）监理合同协议书格式；（4）银行预付款保函格式；（5）银行履约保函格式；（6）支付担保保函格式。招标人按其格式来规范招标和投标文件的编制要求，招标人在相应不同文件中明确提出了对投标人的相应要求、规定，同时也表明了招标人的相应承诺及对双方的共同承诺的规定。因此招标人和投标人在编这些文件时都必须十分仔细、到位，不要出现差错，特别是重大差错。这些文件均是合同文件的重要组成部分，一经招标人发出或投标人递交后（经过评审）建立了合同关系，则招标人和投标人均负有法律责任。这些文件的编制质量好坏，对招标人和投标人都是至关重要的。

一、商务文件格式

投标书(适用于固定标价评分法)

致:(招标人全称)

我方经认真分析、研究了贵方提供的______项目______工程第______监理合同段的招标文件(含补遗书第______号至第______号),并考察现场后,决定参加该工程投标。在此郑重表示,愿意按照递交的商务文件及技术建议书确定的投入力量和工作方法,遵照监理招标文件中提出的各项要求,我方将以监理服务总费用人民币(大写)________元(¥________)(招标人给定价格),承担并完成本工程在施工准备阶段、施工阶段及交工验收与缺陷责任期阶段的监理服务工作。

施工阶段监理服务费:____________元;

交工验收及缺陷责任期阶段监理服务费:____________元;

总监理工程师:(姓名),证书号码:____________。

我方投标文件由商务文件、技术建议书组成。我方已按招标文件的要求提交了投标保证金,并同意从招标文件规定的递交投标文件截止时间起________日内保持投标文件有效。在此有效期内,我方将遵守承诺,并同意随时解答贵方的询问,按贵方的要求提供补充资料,并随时准备接受中标或落标通知。

如果贵方接受我方的投标,我们将保证在接到发包人的进驻通知后________日内进驻现场并开展监理工作。

在监理合同协议书正式签署生效之前,本投标书连同贵方的中标通知书及双方共同签署的补充文件将构成双方共同遵守的文件,对双方具有约束力。

我们理解贵方不负担我方的任何投标费用。

如果我方在接到中标通知书后30日内未能或拒绝与贵方签订监理合同协议书,或未能按招标文件规定的时间递交履约担保,贵方有权没收投标保证金,并依序确定其他中标候选人为中标人。

投标人:(全称)(盖章)

法定代表人或其授权的代理人:(签字)

日期:______年______月______日

投标书(适用于综合评标法)

致:(招标人全称)

我方经认真分析、研究了贵方提供的______项目______工程第______监理合同段的招标文件(含补遗书第______号至第______号),并考察现场后,决定参加该工程投标。在此郑重表示,愿意按照递交的商务文件及技术建议书确定的投入力量和工作方法,遵照监理招标文件中提出的各项要求,我方将以财务建议书的报价承担并完成本工程在施工准备阶段、施工阶段及交工验收与缺陷责任期阶段的监理服务工作。

总监理工程师:(姓名),证书号码:____________。

我方投标文件由商务文件、技术建议书、财务建议书组成。我方已按招标文件的要求提交了投标保证金,并同意从招标文件规定的递交投标文件截止时间起________日内保持投标文件有效。在此有效期内,我方将遵守承诺,并同意随时解答贵方的询问,按贵方的要求提供补充资料,并随时准备接受中标或落标通知。

如果你方接受我方的投标，我们将保证在接到发包人的进驻通知后________日内进驻现场并开展监理工作。

在监理合同协议书正式签署生效之前，本投标书连同你方的中标通知书及双方共同签署的补充文件将构成双方共同遵守的文件，对双方具有约束力。

我们理解，贵方不一定接受最低标价的投标或其他任何投标，同时也理解，贵方不负担我方的任何投标费用。

如果我方在接到中标通知书后30日内未能或拒绝与贵方签订监理合同协议书，或未能按招标文件规定的时间递交履约担保，贵方有权没收投标保证金，并依序确定其他中标候选人为中标人。

投标人：______(全称)(盖章)______

法定代表人或其授权的代理人：(签字)

日期：______年______月______日

投标书(适用于技术评分合理标价法)

致：(招标人全称)

我方经认真分析、研究了贵方提供的______项目______工程第______监理合同段的招标文件(含补遗书第______号至第______号)，并考察现场后，决定参加该工程投标。在此郑重表示，愿意按照递交的商务文件及技术建议书确定的投人力量和工作方法，遵照监理招标文件中提出的各项要求，我方将以财务建议书的报价承担并完成本工程在施工准备阶段、施工阶段及交工验收与缺陷责任期阶段的监理服务工作。

总监理工程师：(姓名)，证书号码：____________。

我方投标文件由商务文件、技术建议书、财务建议书组成。我方已按招标文件的要求提交了投标保证金，并同意从招标文件规定的递交投标文件截止时间起________日内保持投标文件有效。在此有效期内，我方将遵守承诺，并同意随时解答贵方的询问，按贵方的要求提供补充资料，并随时准备接受中标或落标通知。

如果贵方接受我方的投标，我们将保证在接到发包人的进驻通知后________日内进驻现场并开展监理工作。.

在监理合同协议书正式签署生效之前，本投标书连同贵方的中标通知书及双方共同签署的补充文件将构成双方共同遵守的文件，对双方具有约束力。

我们理解贵方不负担我方的任何投标费用。

如果我方在接到中标通知书后30日内未能或拒绝与贵方签订监理合同协议书，或未能按招标文件规定的时间递交履约担保，贵方有权没收投标保证金，并依序确定其他中标候选人为中标人。

投标人：______(全称)(盖章)______

法定代表人或其授权的代理人：(签字)

日期：______年______月______日

投标书附录

说明:1. 下表所有数据须由投标人签署确认,并随投标书一起报送;

2. 数据栏中,对数据的限额说明见合同条款;

3. 本表各项内容可根据工程情况进行扩充、修改。

序号	事　　项	合同条款	数　　据
1	投入监理人员数量	2.4.1	________人
2	赔偿的限额	4.4	监理人的赔偿限额;监理服务费的________% 发包人的赔偿限额:________
3	监理服务期	5.2	________个月
	其中:施工准备阶段		________个月
	施工阶段		________个月
	交工验收与缺陷责任期阶段		________个月
4	动员预付款	6.3.1	监理服务费的________%
5	履约担保	6.3.2	监理服务费的________%
6	监理服务费支付期限	6.3.8	支付期限为________日

投标人:________(全称)(盖章)________

法定代表人或其授权的代理人:(签字)

日期:________年________月________日

二、技术建议书格式

(一)格式要求

采用技术建议书无标识方式招标时,技术建议书格式要求见投标人须知相关条款。

(二)技术建议书内容及编写说明

1. 工程概述:主要对拟投监理合同段的工程总体概况进行简单描述。

2. 监理工作范围:依据监理合同中约定的监理服务的要求和范围,对拟投监理合同段的监理工作安排、主要监理人员的岗位职责进行必要的阐述。

3. 现场监理机构设置与人员安排:通过框图形式,明确拟投监理合同段的组织机构设置。

4. 监理仪器、设备和设施的配备:投标人根据拟设监理合同段的现场工作需要,对其拟设入本工程的监理仪器、设备和设施的配备等情况做简要介绍。

5. 监理工作程序:结合监理工作的阶段划分,对工程质量控制、进度控制、施工安全控制、施工环境保护、费用控制、合同及其他事项管理、文件资料管理等方面,进行监理工作的方法与流程的简要阐述。

6. 监理大纲(或监理方案)和措施。

7. 本工程监理工作的重点与难点分析:根据招标文件及现场考察,对本工程监理工作需要特别给予重视的问题逐一论述并给出解决方法。

8. 对本工程建议：为更好地完成本工程的监理工作，监理单位可根据以往的经验，对本工程监理工作提出建议。

三、财务建议书格式

（一）财务建议书递交函

财务建议书递交函（适用于综合评标法、技术评分合理标价法）

致：(招标人全称)

我方郑重承诺，如中标，将以本财务建议书填报的监理服务总费用人民币（大写）________元（￥________），其中基于国家规定的施工阶段监理服务收费基准价浮动幅度值为：________%，承担并完成________项目________工程第________监理合同段的施工准备阶段、施工阶段及交工验收与缺陷责任期阶段的监理服务工作。

其中：施工阶段监理服务费：________元；

交工验收与缺陷责任期阶段监理服务费：________元。

投标人：(全称)(盖章)

法定代表人

或其授权的代理人：(签字)

日期：____年____月____日

（二）财务建议书说明（由投标人对其财务建议书及报价在如下几方面进行文字说明）

本财务建议书的最终报价，是我公司完成拟投标监理工程的总体报价，涵盖了与实施工程监理工作有关的全部费用。

1. 本工程监理服务期；

2. 监理服务费报价涵盖内容及报价原则的阐述；

……

（三）监理服务费报价表

附件 D　监理服务费报价汇总表略

附件 D-1　施工阶段监理服务费计算表略

附件 D-2　交工验收与缺陷责任期阶段监理服务费计算表略

附件 D-3　监理人员工作计划安排表略

四、中标通知书格式

中标通知书

致：(投标人全称)

贵方于_______年_______月_______日送交的___________项目_______工程第_______监理合同段投标文件，我方已进行了全面的审查。经过综合评审，我方选定贵方为_______项目_______工程第______监理合同段的中标人。现明确下列事宜：

一、总监理工程师：____。

二、监理服务期：________个月（其中：施工准备阶段监理________个月，施工阶段监理________个月，交工验收与缺陷责任期阶段监理________个月）。

三、监理服务费用

贵方中标的监理服务费总价：（大写）________元（¥________）；

其中：施工阶段监理服务费____________________元；

交工验收与缺陷责任期阶段监理服务费________元。

四、贵方须在本通知发出后________日内按招标文件的要求提供履约担保，并与我方正式签署委托监理合同协议书。本通知书与贵方提交的投标文件及双方在招投标期间的来往补充文件及协商同意的有关修改文件，将作为本监理合同的有效组成部分。监理服务时间从________年________月________日起计算。

特此函告。

招标人：（全称）（盖章）

日期：______年____月____日

确 认 通 知

（招标人名称）____________

我方已接到你方________年________月________日发出的________项目________工程施工监理招标中标通知书，我方已于________年________月________日收到。

特此确认。

投标人：（全称）（盖章）

日期：______年____月____日

五、监理合同协议书格式

监理合同协议书

本协议书由（发包人全称）（以下简称“发包人”）为一方，与（监理人全称）（以下简称“监理人”）为另一方共同订立。

鉴于发包人已委托监理人为________项目________工程第________监理合同段提供监理服务，并已接受了监理人就此提出的投标文件，为明确双方在合同期间的义务、责任、权力和利益，兹就以下事项达成协议：

一、项目概况

（1）项目名称：________________；

（2）工程名称：________________；

（3）工程地址：________________；

（4）工程内容：________________；

(5)资金来源:________________;

(6)总监理工程师(或驻地监理工程师)姓名及证书号码:____________________。

二、工程监理范围

监理范围:________________。

三、监理服务期

监理服务期:________个月(其中:施工准备阶段________个月,施工阶段监理________个月,交工验收与缺陷责任期阶段监理________个月)。

四、监理服务费用

1. 监理服务费总价:(大写)________________元(¥________________);

其中:施工阶段监理服务费________________________________元;

交工验收与缺陷责任期阶段监理服务费____________________________元;

2. 施工阶段监理服务费与计费额的打算系数:________________________。

五、本协议书中的名词定义与合同通用条款中约定的定义相同。

六、下列文件是监理合同的组成部分,应作为合同的有效内容予以遵守和执行。

(1)监理合同协议书及附件;

(2)中标通知书;

(3)投标文件;

(4)合同专用条款;

(5)合同通用条款;

(6)工程专用规范;

(7)监理规范;

(8)技术规范;

(9)在本合同专用条款中约定的构成本合同组成部分的其他文件。

上述文件相互补充,如果上述文件之间出现矛盾,应按时间顺序以最后编写或双方最后确认的文件为准。

七、发包人在此同意按照本监理合同约定向监理人支付其应支付的费用和提供监理工作条件。

八、监理人基于发包人的上述保证,在此向发包人承诺按照本监理合同的约定履行监理服务。

九、本协议书经双方签字盖章后,监理人按约定提交履约保函后生效,至双方按照监理合同的约定履行完各自的义务和责任后自然失效。

十、本监理合同协议书正本一式两份,双方各执一份,具有同等法律效力。协议书副本______份,双方各执______份。

发包人:(全称)(盖章)	监理人:(全称)(盖章)
法定代表人	法定代表人
或其授权的代理人:(签字)	或其授权的代理人:(签字)
日期:____年____月____日	日期:____年____月____日
单位地址:____________________	单位地址:____________________
邮编:____________________	邮编:____________________
电子邮箱:____________________	电子邮箱:____________________

电话:________________	电话:________________
传真:________________	传真:________________
开户银行:____________	开户银行:____________
账号:________________	账号:________________

六、银行预付款保函格式

银行预付款保函

致:(发包人全称)

鉴于(监理人全称)(以下称"监理人")与(发包人全称)(以下称"发包人")已签订________项目________工程第________监理合同段的监理合同协议书,根据该合同约定,发包人将支付监理人一笔金额为人民币(大写)________元(¥________)预付款,而监理人须向发包人提供与预付款等额的不可撤销和无条件兑现的保函。

本保函的义务是:我们在接到发包人提出的因监理人在履行监理合同过程中,未能履行或违背监理合同约定的责任和义务而要求索赔的书面通知和付款凭证后的14日内,在上述担保的限额内,向发包人支付任何数额的款项,无须发包人出具证明或陈述理由。

在向我行提出要求前,我行将不坚持要求发包人应首先向监理人索要上述款项。我行还同意,任何对协议条款所作的修改和补充都不能免除我行按本保函所应承担的义务。

本保函自(生效日期)之日起生效,至(失效日期)之日失效,除非你方提前终止或解除本保函。保函失效后请将本保函退回我方注销。

担保银行:(全称)(盖章)

法定代表人

或其授权的代理人:(签字)

日期:____年____月____日

七、银行履约保函格式

银行履约保函

致:(发包人全称)

鉴于(监理人全称)(以下称"监理人")与(发包人全称)(以下称"发包人")已签订________项目________工程第________监理合同段的监理合同协议书,并保证按协议约定承担监理服务工作,我们愿出具保函为监理人提供担保,金额为人民币(大写)________元(¥________)。

本保函的义务是:我们在接到发包人提出的因监理人在履行监理合同过程中,未能履行或违背监理合同约定的责任和义务而要求索赔的书面通知和付款凭证后的 14 日内，在上述担保的限额内，向发包人支付任何数额的款项，无须发包人出具证明或陈述理由。

在向我行提出要求前，我行将不坚持要求发包人应首先向监理人索要上述款项。我行还同意，任何对协议条款所作的修改和补充都不能免除我行按本保函所应承担的义务。

本保函自(生效日期)之日起生效，至(失效日期)之日失效，除非你方提前终止或解除本保函。本保函到期后，无论正本是否退回我行，该保函自动失效。

担保银行：(全称)(盖章)

法定代表人

或其授权的代理人：(签字)

日期：______年____月____日

八、支付担保保函格式

支付担保保函

致：(监理人全称)

鉴于(发包人全称)(以下称"发包人")与(监理人全称)(以下称"监理人")已签订________项目________工程第________监理合同段的监理合同协议书，并保证按协议约定支付监理服务费用，我们愿出具保函为发包人提供担保，金额为人民币(大写)________元(￥________)。

本保函的义务是：我们在接到监理人提出的因发包人在履行监理合同过程中，未能履行或违背监理合同约定的支付责任和义务而要求索赔的书面通知和付款凭证后的 14 日内，在上述担保的限额内，向监理人支付任何数额的款项，无须监理人出具证明或陈述理由。

在向我行提出要求前，我行将不坚持要求监理人应首先向发包人索要上述款项。我行还同意，任何对协议条款所作的修改和补充都不能免除我行按本保函所应承担的义务。

本保函自(生效日期)之日起生效，至(失效日期)之日失效，除非你方提前终止或解除本保函。保函失效后请将本保函退回我方注销。

担保银行：(全称)(盖章)

法定代表人

或其授权的代理人：(签字)

日期：______年____月____日

第七节　图纸和资料

图纸和资料是《范本》第四卷第十四篇。相关图纸、资料、文件序列入此卷，以供投标人编制投标文件时参考。

理解应用实训思考题

一、问答题

1. 施工监理招标应具备哪些条件?
2. 招标单位应具备哪些条件?
3. 施工监理招标有哪几种方式?试作简要说明。
4. 监理招标标底是指什么?其作用是什么?
5. 监理招标标底编制的方法有哪几种?编制标底的作用是什么?
6. 监理招标文件组成如何?
7. 监理招标文件中的"投标人须知"要达到的目的是什么?
8. 对未进行资格预审的投标人的合格条件是什么?投标文件的内容包括哪些?
9. 对未进行资格预审的资格审查要求是什么?何谓资格后审?
10. 资格预审文件主要包括哪些组成部分?
11. 监理招标中的评标程序如何?评标原则如何?
12. 评标方法有哪三种?试分别说明之。
13. 监理招标中是如何定标的?

二、单项选择题

1. 公路工程建设项目施工监理合同估算在(　　)万元人民币以上,必须进行施工监理招标。

A. 50　　B. 100　　C. 200

2. 建设项目总投资额在(　　)万元人民币以上,必须进行施工监理招标。

A. 1 000　　B. 2 000　　C. 3 000　　D. 5 000

3. 涉及国家安全、国家机密、抢险救灾等不适宜于招标的建设项目,按项目管理权限经(　　)审核报有关部门批准后,可以不进行招标。

A. 地、市级交通主管部门　　B. 省级交通主管部门

C. 县级交通主管部门

4. 公路工程施工监理招标工作由(　　)主持。

A. 交通主管部门　　B. 各级质量监督站

C. 项目法人

5. 监理标段在三个以上,需要进行全面协调者,可设置(　　)。

A. 驻地监理工程师办公室　　B. 总监理工程师室

C. 总监理工程师办公室

6. 评标报告及评标结果应按分级管理原则报(　　)备案。

A. 业主　　B. 质量监督部门　　C. 上级主管部门

7. 招标人只向(　　)出售或发放招标文件。

A. 招标人　　B. 有投标邀请书的投标人

C. 凡愿意参与招标的投标人

8. 监理标底是业主对于各监理合同段监理费用的(　　)。

A. 结算金额　　　　B. 估算金额　　　　C. 合同金额

9. 监理标底应控制在批准的(　　)中监理费用总额之内。

A. 工程估算　　　　B. 工程预算　　　　C. 工程概算

10. 招标文件中应有一个独立的、完整的、具体的、量化的评标办法作为"投标须知"的(　　)。

A. 正文主件　　　　B. 独立文件　　　　C. 附件

11. 监理人员进场一般比开工之日提前(　　)。

A. 一个星期　　　　B. 半个月　　　　C. 一个月

12. 出现下列(　　)的情况,投标保证金将不予退还。

A. 投标人在投标文件中有效期内撤回其投标文件

B. 未购买设计资料

C. 未参加实地考察

13. 投标人必须准备投标文件若干本,并在文件封面及外包装上清楚标明"正本"和"副本"字样,其中"正本"应有(　　)份。

A. 3　　　　B. 2　　　　C. 1

14. 投标人应将投标文件"正本"和全部"副本"分别装在(　　)里,分别加贴密封条并盖密封章,标以"正本"、"副本"字样。

A. 档案袋　　　　B. 双层信封　　　　C. 三层信封

15. 招标人对拒投截止期后收到的投标文件,将按照其(　　)上的写明的地址原封退回该投标文件。

A. 信封　　　　B. 内信封　　　　C. 购买设计资料时写明的登记表

16. 监理合同条件由合同通用条件、合同专用条件和合同附件三部分组成,是(　　)的履约条件。

A. 交通主管部门规定　　　　B. 双方

C. 业主规定

17. 资格预审是招标人在发布招标公告后,(　　)对潜在投标人按规定条件的审查。

A. 发出投标邀请书前　　　　B. 发出投标邀请书后

C. 标前会议前

18. 资格评审的评审细则应交(　　)审定。

A. 交通主管部门　　　　B. 业主

C. 评审委员会

19. 资格评审的评审细则由(　　)根据资格预审文件中规定的标准和方法制定,并提交评审委员会审定。

A. 项目法人　　　　B. 交通主管部门　　　　C. 评审委员会

20. (　　)可根据工程需要制定强制性条件,即必须达到的单项附加条件。

A. 评审委员会　　　　B. 项目法人　　　　C. 质量监督站

21. 评审委员会对每个合同投标申请人进行资格审查后,提出各合同段的合格投标人,且不得少于(　　)个。

A. 2　　　　B. 3　　　　C. 3

22. 监理招标的开标,由(　　)主持。

A. 招标人　　B. 交通主管部门　　C. 评委会主任

23. 评标委员会成员名单在(　　)确定前应当保密。

A. 评委集中封闭展开工作之前

B. 中标结果

C. 评审报告提出之前

24. 在评标过程中,项目法人有权投标人对标节中不明确的内容或与招标文件的偏差进行澄清,在澄清过程中,项目法人(　　)向投标人提出超出招标文件范围的要求。

A. 可以　　B. 不得　　C. 通过协商

25. 评标过程中,按项目法人要求投标人所提出的书面澄清结果将(　　)投标书的组成部分。

A. 不作为　　B. 作为

C. 不作为投标书组成部分,只作为评审用

26. 编制出评标报告后,按管理权限报(　　)备案。

A. 业主　　B. 上一级交通主管部门

C. 同级交通主管部门

27. 同一项目或同一监理合同段的投标人少于(　　)个或所有投标人均未中标时,项目法人应重新招标。

A. 2 个　　B. 3 个　　C. 4 个

28. 在标前会议上,由招标人统一回答投标人提出的问题,按照惯例,口头答复之后,还需在会后以(　　)发函通知各投标人。

三、多项选择题

1. 公路工程建设施工监理合同估算价在(　　)人民币以上,或建设项目总投资额在(　　)人民币以上的,必须进行施工监理招标。

A. 50 万　　B. 100 万　　C. 200 万

D. 2 000 万　　E. 3 000 万

2. 进行施工监理招标的公路工程项目,应具备的条件是(　　)。

A. 可行性研究已经完成

B. 初步设计已经批准

C. 建设资金已经落实

D. 项目法人或者承担项目管理的机构已经依法成立

3. 招标单位应具备的条件是(　　)。

A. 具有法人资格

B. 具有施工经验

C. 具有与招标工作相适应的管理、概预算管理、财务管理能力

D. 具有投标者进行资格审查和组织评标的能力

4. 监理招标,可采用(　　)方式中之一,但应报主管部门批准后执行。

A. 公开招标　　B. 指定招标　　C. 邀请招标　　D. 议标

5. 标底的作用是(　　)。

A. 作为监理费用开支的预算

B. 作为监理费用的估算

C. 作为评标的依据

6. 监理正常服务费用包括(　　)。

A. 派驻监理人员费用　B. 现场费用　C. 不可预见费

D. 公司取费　E. 附加费用

7. 监理服务费用的支付包括的内容有(　　)。

A. 动员预付费　B. 材料费

C. 履约担保金　D. 赔偿金

E. 支付时间与支付内容　F. 支付方式

G. 结算

8. 监理服务的依据主要包括(　　)。

A. 监理合同

B. 业主与第三方签订的正式合同、协议及附件

C. 合同图纸及说明

D. 合同工程量清单及说明

E. 合同指定使用的标准图纸、技术规范、工程质量检验技术标准、试验规程等

F. 国家、交通部、项目所在省、市颁布的监理法规

9. 监理服务的形式主要包括(　　)等项目。

A. 服务要求　B. 组织机构　C. 检测设备

10. 业主提供给监理的文件资料主要包括(　　)。

A. 业主与承包人签订的合同协议与条件

B. 业主与承包人共同确认的已标价的工程量清单及说明

C. 合同图纸和相关的标准图纸及说明

D. 合同指定使用的技术规范、检验评定标准、操作规程

11. 发售投标文件之日起至送交投标文件的截止期不应少于(　　),因各种原因可适当延长,但一般不超过(　　)。

A. 20 天　B. 30 天　C. 40 天

D. 45 天　E. 60 天

12. 合同条件由(　　)构成。

A. 合同通用条件　B. 合同专用条件

C. 技术规范　D. 合同附件

13. 合同附件主要包括(　　)。

A. 附件 A 监理服务的形式、范围和内容

B. 附件 B 业主提供的监理工作条件

C. 附件 C 监理服务的费用与支付

14. 监理投标人的资格审查方式有(　　)等方式。

A. 资格预审　B. 资格后审

15. 投标资格审查的方法有(　　)。

A. 强制性条件审查法　B. 综合评分审查法

C. 综合审查法

16. 资格预审文件包括(　　)。

A. 资格预审通告　　B. 资格预审须知

C. 资格申请文书格式　　D. 资格评审报告文书格式

17. 监理资格预审报告的内容包括(　　)。

A. 项目概述

B. 资格预审工作简介

C. 资格预审评审报告

D. 附件(一)资格预审评审表(二)资格预审评审细则

E. 资格预审结果通知

18. 属下列情况之一的监理投标书(　　)应当作废处理。

A. 投标文件未按招标文件规定的格式、内容和要求填写

B. 不符合招标文件中规定的其他实质性要求和条件

C. 投标文件明显不符合技术标准、技术规范的要求

D. 总监不符合条件者

19. 投标人提供的(　　)或(　　)无监理工程师证,或监理人员中持监理工程师或专业监理工程师的人数不足(　　)时,项目法人有权宣布其投标无效。

A. 总监理工程师　　B. 专业监理工程师　　C. 试验员

D. 质量检验员　　E. 10%　　F. 20%

G. 25%

20. 监理投标文件中的财务建议书中,监理服务费的主要内容包括(　　)等。

A. 基本工资　　B. 正常服务费用　　C. 外业津贴及加班费

D. 管理费　　E. 附加服务费用

21. 投标人财务建议书的报价低于标底(　　)或高于标底的(　　),项目法人有权宣布其投标无效。

A. 80%　　B. 85%　　C. 90%

D. 120%　　E. 130%　　F. 135%

22. 投标人的投标(　　)在签订监理合同后退还中标人,未中标投标人的(　　)将在中标通知书发出后(　　)天(或规定的其他时限)内退还投标人。

A. 保证金　　B. 购买设计参考资料金额

C. 10　　D. 15

E. 20

四、判断题

1. 公路工程施工监理招标投标工作实行统一领导、分级管理。　(　　)

2. 交通部门以委托其所属的质量监督机构具体负责施工招标投标活动的监督管理工作,以免干扰招标投标工作正常进行。　(　　)

3. 进行施工监理招标的公路工程项目,当具备了初步设计文件已经批准,建设资金已经落实的条件,即可进行施工监理招标。　(　　)

4. 建设单位不可以自己主持监理招标投标,而应委托其他工程咨询或工程管理单位主持。　(　　)

5. 监理标段划分要与施工标段相匹配，监理标段只能对应一个施工标段。 ( )

6. 国道主干线项目和国家、交通部确定的重点公路项目的评标委员会专家，可从交通部设有的专家库中或从省级交通主管部门设立的评标专家库中选定。 ( )

7. 与评标人有利益关系的人员不得进入评标委员会及其工作机构。 ( )

8. 施工监理招标可采用公开招标，邀请招标、议标三种形式。 ( )

9. 招标人在发出招标通告后，应对参与的投标人发出投标邀请函。 ( )

10. 监理标底是一种管理费用的估算金额，可无保密要求。 ( )

11. 监理标底应控制在批准的工程概算中监理费用总额之内。 ( )

12. 标底可以委托设计单位编制，也可委托有相应资格的造价工程师编制，也可以由业主直接组织少数人编制。 ( )

13. 补遗书是招标文件的组成部分，与招标文件具有同等的法律效力。 ( )

14. 补遗书是招标文件的组成部分，不必向招标文件的备案部补充备案。 ( )

15. 招标人可以对迟到的投标文件不予退回。 ( )

16. 监理招标的范围是指要求提供监理服务的层次。 ( )

17. 监理投标的费用，一般规定在投标过程中的一切费用由投标人承担。 ( )

18. 现场考察一般由招标人统一组织，并与标前会议结合进行。 ( )

19. 监理投标人在递交投标文件同时必须提交一笔规定数量的现金(或支票、汇票)作为投标保证金。 ( )

20. 未提交监理投标保证金的投标人不能被视为不符合要求而被招标人拒绝。 ( )

21. 当招标文件的“正文”与“副本”内容不一致时，则以“正本”为准。 ( )

22. 监理招标人须知必须规定，招标人将拒绝接受在投标截止期后收到的投标文件，并将该文件按照其内信封上写明的地址原封退回。 ( )

23. 监理专用合同条件是在通用条件中已经明确提出要在专用条件中具体化的内容，是必备的与通用条件配套的条款。 ( )

24. 监理资格预审是招标人在招标公告后，发出投标邀请书前对潜在投标人的资质、信誉和能力等进行的审查。 ( )

25. 监理资格评审制定的评审细则，由评标委员会提出，由业主审定。 ( )

26. 开标应当在招标文件确定的提交投标文件截止时间的同一时间公开进行。 ( )

27. 投标文件字迹潦草、模糊、无法辨认，则当作废标处理。 ( )

28. 联合体投标未附联合体共同投标协议，则当作废标处理。 ( )

29. 投标文件附有招标人不能接受的条件，则当作废标处理。 ( )

30. 投标文件应当对招标文件提出的实质性要求和条件作出响应，不得对招标文件进行修改，更不能提出任何附带条件。 ( )

第三章　施工监理投标

本章要点：施工监理投标的程序、投标竞争的原则、投标的必备工作；对监理的技术建议书、费用建议书的编制内容、方法、要求的要点及相关规定，并以技术建议书为示例作了编制应用的介绍和说明，介绍了相关的监理框图，《公路工程施工监理招标文件范本》规定的组成文件与内容；公路工程施工监理合同通用条件及专用条件的相关内容与规定。对监理大纲的编制要求、方法、质量监理、工程费用监理、工程进度监理、合同管理等的编制作了详细介绍，并通过示例作了应用说明，对信息管理、缺陷责任期的监理、安全监理、文明施工和环境保护监理的编制要点作了介绍并分别示例作了应用说明。对监理人员的职业道德作了规范说明。

第一节　投标的基本程序与投标的必备工作

一、投 标 程 序

投标程序如图 3-1 所示。

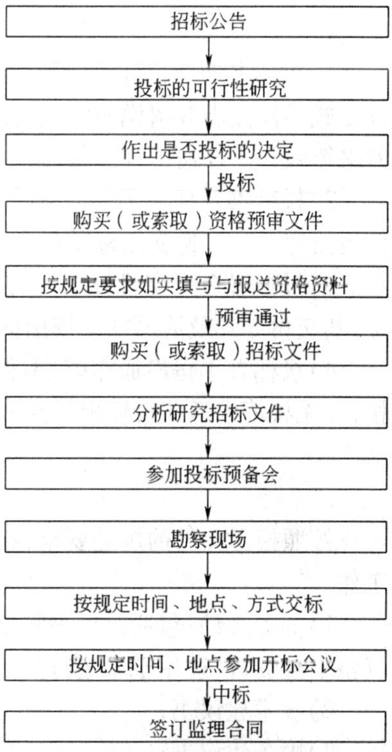

图 3-1　监理投标程序框图

二、投标的必备工作

（一）准备资格预审申请文件

监理单位应根据监理招标文件通告和资格预审文件的要求，向项目法人递交资格预审申请书。以联合体形式参加投标，则需在资格预审申请书中注明。联合体成员单位必须签订联合体合作协议书，明确主体及协作单位应承担的责任和享有的权利。其主体和协作成员单位均应具有与招标工程相适应的规定证件。

按招标文件规定资格审查要求，应准备好下述文件资料：

1）资质；

2）业绩；

3）人员（含总监理工程师办公室、驻地监理工程师办公室）；

4）试验，检测设备（含总监办中心试验室和驻地办试验室）；

5)财务；

6)诉讼和履约；

7)招标文件中规定的其他内容。

其编制格式和要求详见第二章第二节。

(二)递交资格预审申请书

按招标公告规定要求，按时将编制好的资格预审申请文件递交到规定的地点。

三、投标竞争的原则

投标竞争的原则是公平、公开和诚信的原则。在竞争中，应以管理水平、技术水平、装备水平、社会信誉等为主要方面展开竞争，认真编制投标书；只有先进可行的技术建议书加上合理准确的费用建议书组成的投标文件，才是一份好的监理投标书，才是中标的关键。

四、投标单位的条件

1)具有法人资格、监理资质证书、有效的营业执照；

2)经济独立并具有与其工作相适应的经济能力，能独立承担相应的经济或民事责任；

3)具有相应于所承担的工作的专业能力和经验等。

交通部颁发的《公路水运工程监理单位资质管理暂行规定》规定：公路工程监理分为公路、隧道工程和交通工程两大专业，各专业分为甲、乙、丙三个资质等级，其中甲级单位可在全国范围内监理一、二、三类工程，乙级单位可在全国范围内监理二、三类工程，丙级单位可在本省范围内监理三类工程。各类工程的划分见前文中表1-1和表1-2。

五、投标的注意事项

1)投标书送交招标单位后，在投标截止日期前，投标人如需修改标书内容或调整报价，应以正式函件提出并附说明。上述函件采用与投标书相同的密封方式投递，与投标书具有同等的法律效力。任何函件包括投标书，在投标截止日期后送达，将不被接受。

2)投标书及任何函件应有单位盖章及其法人代表或经授权的代替人签字，采用内外密封信封投递或直接递交招标单位。

3)投标者在送交投标书时，应同时提交由开户银行出具的投标担保函或交付投标保证金，其交付方式及清退办法按招标文件中的规定办理。

4)投标者不得串通作弊，不得对招标单位及其有关如评委等人员行贿，违者丧失投标资格，并无权请求返还投标担保函或投标保证金。

六、投标文件编制的内容

按照招标文件的规定要求，投标文件应包括以下内容，并作好编制收集资料等各项准备工作。

1)商务文件：包括投标书联合体协议(如有)、法定代表人身份证明、授权书、投标保证金、资格审查资料(适用于未进行资格预审)、资格审查更新资料；

2)技术建议书；

3)财务建议书；

4)招标文件要求提交的其他资料。

商务文件的编制，投标人应按招标文件规定的文件格式和相关规定要求诚信地填写提交，这部分内容已在第二章中进行了介绍说明，在此不再重述。

投标书编制内容难度最大、费时最多而又十分关键和核心的内容是技术建议书和财务建议书。本章主要介绍其编制的要求、方法要点。

第二节　监理投标文件编制概述

一、概　　述

监理管理文件一般应包括监理方案、监理计划、监理细则等。

(一)监理方案

监理方案又称监理大纲，它是监理单位为获得监理任务在施工监理投标阶段编制的项目监理方案性文件。监理方案是监理投标书的重要组成部分，也是监理合同的组成部分。其作用是：

(1)监理投标人通过监理方案，使业主认识到该监理单位能胜任该项目的监理工作以及采用监理单位制订的监理方案能满足业主委托的监理工作要求，进而赢得竞争，承揽到监理业务。

(2)在监理合同签订后，监理方案即作为编制监理计划的基础。

(3)在监理合同签订后，监理方案作为业主审核监理计划的基本依据。

为使监理方案的内容和监理实施过程紧密结合，监理方案的编制人员应当是监理单位经营部门或技术管理部门人员，也应包括拟定的项目总监理工程师。

(二)监理计划

监理计划是监理单位接受业主委托并签订监理合同之后，在项目总监理工程师的主持下，根据监理合同，在监理方案的基础上，结合工程的具体情况，并在广泛收集工程信息和资料的情况下制订的，经监理单位技术负责人审核并报业主批准，用来指导项目监理机构全面开展监理工作的指导性文件。

监理计划的内容，是随着工程的进展需要而逐步完善、调整和补充的。监理计划的形成过程，真实地反映了一个工程项目监理的全貌。因此，它是监理单位的重要存档材料。

监理计划是监理单位根据监理合同确定的监理范围，并根据该项目的特点而编写的实施监理的工作计划。它是指导项目监理机构全面开展监理工作的纲领性文件，可以使监理工作规范化、标准化，其作用如下：

(1)指导项目监理机构全面开展监理工作。对项目监理机构全面开展监理工作进行指导，是监理计划的基本作用。工程项目实施监理是一个系统的过程，它需要制订计划，建立机构，配备监理人员，进行有效地领导，并实施目标控制。因此，事先须对各项工作做出全面的、系统的、科学的组织和安排，即确定监理目标，制订监理计划，安排目标控制、合同管理、信息管理、组织协调等各项工作，并确定各项工作的方法和手段。

(2)监理计划是主管机构对监理单位实施监督管理的重要依据。工程监理主管机构对监理单位要实施监督、管理和指导，对其管理水平、人员素质、专业配套和监理业绩要进行全面核查和考评，以确认它的资质和资质等级，以使我国整个工程监理能够达到应有的水平。要做到这一点，除了进行一般性的资质管理工作之外，更为重要的是通过监理单位的实际监理工作来认定其水平 。而监理单位的实际水平可从监理计划及其实施中充分地表现出来，因此，工程监理主管机构对监理单位进行考核时,应当十分重视对监理计划的检查。它是工程监理主管机构监督、管理和指导监理单位开展工程监理活动的重要依据。

(3)监理计划是业主确认监理单位是否全面、认真履行监理合同的主要依据。监理单位如何履行工程监理合同?如何落实业主委托监理单位所承担的各项监理服务工作?作为监理的委托方,业主不但需要而且应当加以了解和确认,同时,业主有权监督监理单位执行监理合同。监理计划正是业主了解和确认这些问题的最好资料,是业主确认监理单位是否履行监理合同的主要说明性文件。监理计划应当能够全面而详细地为业主监督监理合同的履行提供依据。

(4)监理计划是监理单位重要的存档资料。项目监理计划的内容随着工程的进展而逐步调整、补充和完善,在一定程度上真实地反映了一个工程项目监理的全貌,是最好的监理过程记录。因此,它是每一家监理单位的重要存档资料。

监理计划与监理大纲的主要区别是:一方面,由于监理计划起着更具体地指导监理单位自身业务工作的功能性作用,它是在明确监理委托关系,在更详细占有有关资料的基础上编制而成的,包括的内容与深度要比监理大纲更为具体和详细;另一方面,经业主同意的监理计划将成为监理单位实施监理的方案性文件,对监理单位更具有约束力和指导作用。

(三)监理细则

监理细则是在监理计划指导下,在落实了监理机构各部门的监理职责分工后,由专业监理工程师针对公路工程中某一专业或某一方面的具体情况编制的,并经总监理工程师批准实施的操作性业务文件。

监理细则是进行监理工作的"施工图设计",是在监理计划的基础上对监理工作"做什么"、"如何做"的具体化和补充,它起着具体指导监理工作实施的作用。

监理方案、监理计划、监理细则是相互关联的,都是工程监理工作文件的组成部分,它们之间存在着明显的依据性关系。在编写监理计划时,要根据监理方案的有关内容来编写;在制订监理细则时,一定要在监理计划的指导下进行。

在此指出:在招投标的实施中,招标人根据工程的需要,对投标人的监理文件编制可能要求更高,超过了"监理方案"的内容要求,可能更细、更具体,以便准确地选择中标单位。而投标单位为了增加中标的机会,也往往会在结合工程实际的情况下,将投标文件(特别是技术建议书)编制得更为全面、细致、具体,以全面体现本单位的技术水平、管理能力、监理设备条件和人员素质等,以争取在投标竞争中获胜。

第三节　监理投标文件的编制

当监理招标人通过了投标人资格预审之后,招标人将向投标人发出投标邀请书。投标人则按招标人规定购买招标文件及设计参考资料,对其进行研究并按投标邀请书通知参加现场考察和标前会议(详见第二章"投标邀请书格式"),同时进入投标书编制工作阶段。在编制工作中,应特别注意:

1)投标人应递交拟完成本工程监理服务的技术建议书,其内容应翔实,足以说明投标人的建议能满足招标文件的要求。

2)投标人应递交拟完成本工程监理服务的财务建议书,说明投标人按照招标文件的要求完成该服务所需的费用。(适用于综合评标法、技术评分合理标价法)

3）投标文件必须使用招标文件所提供的投标文件格式，表格可以按同样格式扩展和复制。

监理投标书由技术建议书、商务文件和财务建议书等部分构成，而技术建议书的优劣是决定中标取向的关键。财务建议书是投标人依据招标文件的规定要求提供工程施工阶段的质量、进度、费用、环境保护和安全生产的监督管理及合同、信息等方面的协调管理服务等向招标人提交的服务费用报价的文件，是投标文件的重要组成部分。下面对技术建议书进行介绍和说明。

技术建议书主要是要根据招标文件及其相关资料，由投标人进行实地考察后，再作详细分析、研究，运用各种标准、规范、规程等，对完成监理任务作出说明，既要求内容全面，又要有针对性，说明具体，操作性强。必须全面响应招标文件的规定要求，确保合同目标的实现。但是不同的工程项目，由于内容和要求差异大，因而编制的“技术建议书”的内容也就不同，编制的方式与目录排列也就不同，编制的详细或简略也就不同。例如若投标的高速公路工程的工程内容中如果路面只有水泥混凝土路面，则在“技术建议书”中就没有沥青混凝土路面的内容。

技术建议书是工程监理工作的指导性文件，是使监理工程工作纳入规范化、标准化、科学管理轨道的关键文件，反映了工程管理工作中费用、进度、质量安全、环保、进度、费用监理和合同管理及信息管理等的工作程序流程，反映了对工程全方位、全过程、全天候、事前、事中、事后各个环节的控制规定与要求及具体实施事项等，比施工组织设计计划的范围宽而深。而监理报酬费用则是由监理工作的深度和广度来决定的。

技术建议书的编写是基于投标须知的基础上，结合公司技术与管理情况、项目具体技术经济情况，业主对项目管理的要求等，按提供的技术建议书格式和内容顺序编写的。应特别注意：技术建议书应单独装订，其正本封面加盖投标人公章一枚，且技术建议书所有正文中不得出现投标人的名称和其他可识别投标人身份的文字、符号、标识等（包括纸张、装订、封面、封底、侧封以及正文的格式）。技术建议书禁止进行涂改，行间插字或删除（这是对技术建议书无标识方式招标的规定要求）。下面将对监理大纲的编制列专节进行介绍和说明。

第四节　监理大纲和措施的编制

监理大纲编制的好坏会直接对两个方面产生影响：其一会影响监理投标单位的中标几率。其二会影响日后执行监理工作的优劣，从而对项目建设的成败起着举足轻重的作用。

《范本》规定了技术建议书格式（详见第二章第二节）是编制投标文件的依据。在编制监理投标书时，投标者应编制出十分详细的“技术建议书”和“费用建议书”。

根据监理招标文件的要求，下面就监理大纲编制的一般内容、方式、描述进行介绍，以供参考应用。

一、监理工作目标、依据、机构、程序、方法、措施、制度的编制要点（示例）

为了完成本工程的监理任务，我们将依据合同规定的监理工程范围及监理服务的范围及权力，我们明确承诺：

（一）监理工作目标

1）质量监理目标：确保各分项分部工程100%合格；

2）施工监理安全目标：不出死亡事故，工伤事故严格控制在最低水平；

3)施工监理环保目标:100%实现设计规定的环保要求;

4)施工进度监理目标:确保总工期的实现,并力争在不增加投资、确保质量和施工安全的条件下、力争缩短总工期一个月;

5)费用监理目标:确保不突破本工程总投资,在确保工程质量、施工安全的条件下,力争节省总投资额的2% ~3%;

6)合同其他事项管理目标:严格根据相关法律法规规定和合同文件规定进行合同管理,公正、公平处理好在合同实施中出现的各种矛盾和问题;

7)信息管理目标:确保信息流畅,汇总、处理及时。

(二)监理工作的依据

1)合同文件、设计文件;

2)《公路工程施工监理招标文件范本》、《公路工程施工监理规范》、《公路工程施工质量检验评定标准》及与本工程相关的各种技术规范、标准、规程等;

3)其他的相关法律法规等。

(三)项目监理机构

1)项目监理机构的组织形式,见图3-2;

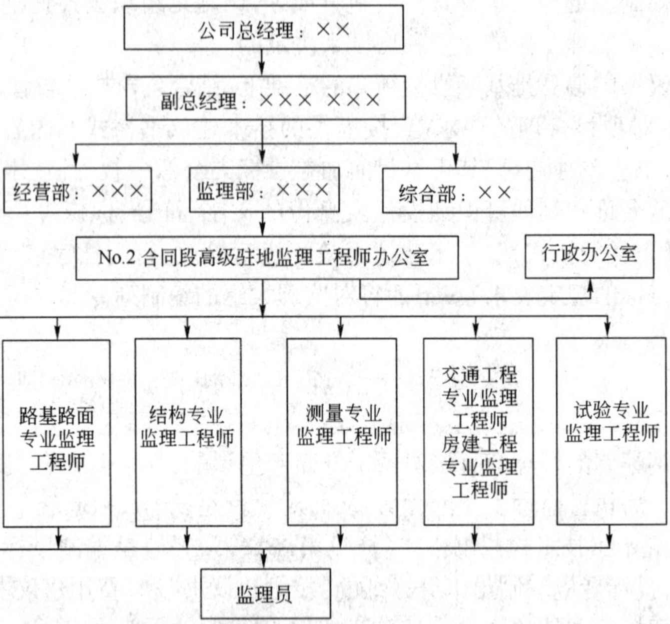

图3-2　本项目合同工程管理框图

2)项目监理机构的人员配备合理安排,落实到位;

3)明确监理机构的分工及监理人员的职责,确保监理工作顺利进行。

(四)监理工作程序

为确保监理工作的顺利进行,实现合同规定的监理目标,我们将进行系统管理、规范化管理、程序管理、建立并实施以下主要监理程序:

1)工程质量监理工作程序;

2)施工安全监理工作程序;

3)施工环境保护监理工作程序；
4)施工进度监理工作程序；
5)工程费用监理工作程序；
6)合同管理工作程序；
7)信息管理工作程序；
8)协调工作程序；
9)缺陷责任期监理工作程序；
(五)监理工作方法及措施
1)巡视；
2)旁站；
3)测量；
4)试验、检测；
5)验收；
6)监理指令文件；
7)计量与支付；
8)工序控制。
在工作中，强调突出：主动做好事前监控；积极做好事中监控；妥善做好事后监控。
(六)监理工作制度
为确保合同目标的实现及监理工作有序顺利进行，建立实施制度化监控。
1)工程开工审批制度；
2)施工组织设计审核制度；专项施工方案审查制度；
3)工程材料、设备质量检验制度；
4)隐蔽工程质量验收制度；
5)单位工程、分部工程、分项工程验收制度；
6)工程质量事故报告制度；
7)安全隐患处理制度；
8)严重安全隐患报告制度
9)按照法律法规与强制性标准条文实施监理制度；
10)施工环境保护监督及报告制度；
11)施工进度监督及报告制度；
12)旁站监理制度；
13)巡视检查制度；
14)监理试验、检测管理制度；
15)监理报告制度；
16)工地会议制度；
17)监理文件行文制度；
18)监理工作日志制度；
19)相关目标的台账制度；
20)监理报月报制度；
21)监理文件与资料管理制度；

22)其他,如奖惩制度等。

上述各项的具体内容与要求,将在下面的文件内容中进行说明。

二、质量监理的任务与方法的编制要点(示例)

(一)概述

监理工程师及监理员通过采用现场旁站的方法和使用现场检测的手段,严格遵循"质量控制程序流程"、"原材料试验程序流程"、"现场检测试验程序流程"、"单项工程检验程序流程"、"单项工程验收试验程序流程"及"试验路检测程序流程"等规定,编制有针对性的、更具体的监理程序,以保证工程质量。在工程施工监理过程中,监理工程师坚持四不准,即:

1)人力、材料、机械设备准备不足不准开工;

2)未经检查认可的材料不准使用;

3)施工工艺未经审查批准不准采用;

4)前道工序未经验收认可,后道工序不准进行。

按照各项工程的监理程序,结合一整套监理报表,并通过对数据的分析处理,从而对施工质量、安全、环保、进度、投资进行控制。

(二)质量控制的基本程序

1. 审批开工报告

在各单位工程、分部工程和分项工程开工之前,高级驻地监理工程师应要求承包人提交工程开工报告并进行审批。

2. 检查认可工序自检报告

监理工程师应要求承包人的自检人员按照监理工程师批准的工艺流程和提出的工序检查程序,在每道工序完工之后首先进行自检,自检合格后,报监理工程师进行检查认可。

3. 工序检查认可

监理工程师应紧接承包人的自检或承包人自检的同时,对每道工序完工后进行检查验收并签字认可,对不合格的工序指示承包人进行缺陷修补或返工。前道工序未经检查认可,后道工序不得进行。

4. 审验中间交工报告

当工程的单位、分部或分项工程完工后,承包人的自检人员应再进行一次系统的自检,汇总各道工序的检查记录及测量和抽样试验的结果提出交工报告。自检资料不全的交工报告,监理工程师应拒绝验收。

5. 签发中间交工证书

监理工程师应对按工程量清单的分项完工的单项工程进行一次系统地检查验收,必要时,应做测量或抽样试验。检查合格后,提请高级驻地监理工程师签发"中间交工证书"。未经中间交工检验或检验不合格的工程,不得进行下项工程项目的施工。

6. 审核中间计量

对填发了"中间交工证书"的工程,方可进行计量并由高级驻地监理工程师签发"中间计量表"。完工项目的竣工资料不全可暂不计量支付。

工程质量监理的质量控制程序流程图如图 3-3 所示。

(三)监理试验工作程序

试验监督检查的任务,是对各个工程项目的材料,配合比和强度或结构进行有效的控制,以确保各项工程的物理、化学性能和结构达到规定的要求。试验的监督检查工作应由试验（材料）监理工程师及其领导下的监理工程师中心试验室专门负责，中心试验室是整个工程项目进行数据控制和数据测定的中心。

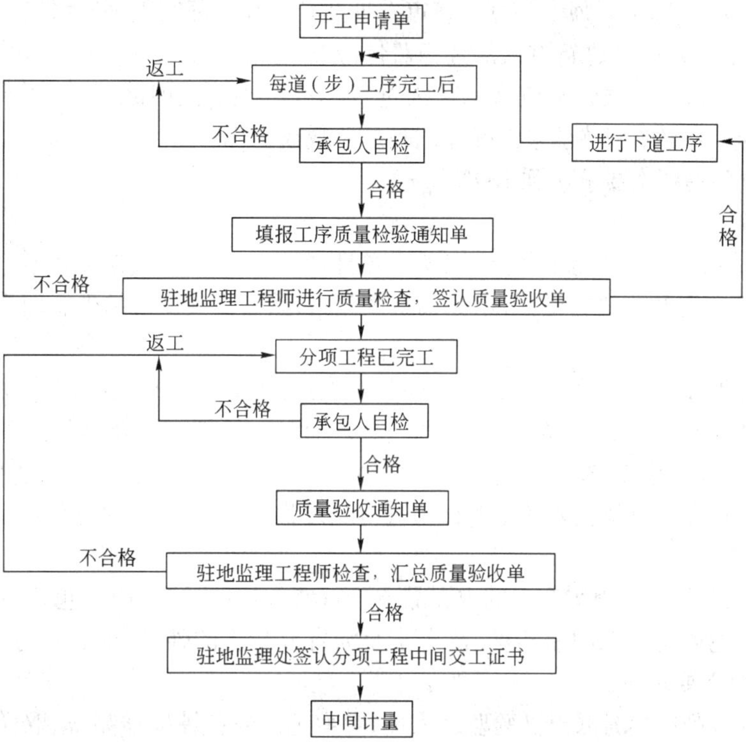

图 3-3　工程质量监理的质量控制程序流程

当监理工程师中心试验室结果与承包人的试验结果出现允许误差以外的差异时，一般应以前者的结果为准。如果后者拒绝接受前者的结果，试验监理工程师可以与承包人在有资格的政府监督部门的试验室进行校核试验，并以此作为批准或认定的依据，其试验费用按合同条款的规定处理。

各种试验均应采用统一的表格进行记录、报告和统一的方法进行整理、保存。

1. 验证试验

验证试验是对材料或商品构件进行预先鉴定，以决定是否可以用于工程。验证试验应按以下要求进行：

（1）在材料或商品构件订货之前，应要求承包人提供生产厂家的产品合格证书及试验报告。必要时监理人员还应对生产厂家设备、工艺及产品的合格率进行现场调查了解，或由承包人提供样品进行试验，以决定同意采购与否。

（2）材料或商品构件运入现场后，应按规定的批量和频率进行抽样试验，不合格者不准用于工程，并应由承包人运出场外。

（3）在施工进行中，应随机对用于工程的材料或商品构件进行符合性的抽样试验检查。

（4）随时监督检查各种材料或商品构件的储存、堆放、保管及防护、安全措施。

2. 标准试验

标准试验包括各种标准击实试验、集料的筛析试验、混合料的配合比试验、结构的强度试验等，是对各项工程的内在品质进行施工前的数据采集，它是控制和指导施工的科学依据。标准试验按以下要求进行：

(1)在各项工程开工之前合同规定或合理的时间内，承包人先完成标准试验，并将试验报告及试验材料提交监理工程师中心试验室审查批准。试验监理工程师应派出试验监理人员参加承包人试验的全过程，并进行有效的现场监督检查。

(2)监理工程师中心试验室应在承包人进行标准试验的同时或以后，平行进行复核(对比)试验，以肯定、否定或调整承包人标准试验的参数或指标。

(3)标准试验的频率要求达到100%。

3. 工艺试验

工艺试验是依据技术规范的规定，在动工之前对路基、路面及其他需要通过预先试验方能正式施工的分项工程预先进行的试验，如铺筑试验路，然后依其试验结果全面指导施工。工艺试验应按以下要求进行：

(1)监理工程师应要求承包人提出工艺试验的施工方案和实施细则，并予以审查、批准。

(2)工艺试验的机械组合、人员配额、材料、施工程序、预埋观测及操作方案等应有两组以上方案，以便通过试验作出选定。

(3)监理工程师应对承包人的工艺试验进行全过程的旁边监理，并作详细记录。

4. 抽样试验

抽样试验是对各项工程实施中的内在品质进行符合性的检查，内容包括各种材料的物理性能、土方及其他填筑施工的密实度、混凝土及沥青混凝土的强度、油石比等的测定和试验。抽样试验应按以下要求进行：

(1)监理工程师应随时派出试验监理人员，对承包人的各种抽样频率、取样方法及试验过程进行检查。

(2)在承包人的工地试验室按技术规范的规定全频率抽样试验上的基础上，监理工程师中心试验室应按10%～15%的频率独立进行抽样试验，以鉴定承包人的抽样试验是否真实可靠。

(3)当施工现场的旁站人员对施工质量或材料产生疑问并提出要求时，中心试验室随时进行抽样试验，必要时还应要求承包人增加抽样频率。

5. 验收试验

验收试验是对已完工程的实际内在品质作出评定，对已完工作的认可起关键作用。验收试验应按以下要求进行：

(1)监理工程师应派出试验监理人员对承包人进行钻芯抽样试验的频率、抽样方法和试验过程进行有效监督。监理工程师中心试验室应按不小于10%～20%的频率独立进行抽样试验。

(2)监理工程师应对承包人按技术规范要求进行的加载试验或其他检测试验项目的试验方案、设备及方法进行审查、批准，对试验的实施进行现场检查监督，并对试验结果进行评定。

6. 驻地试验室的工作程序

(1)原材料的试验程序

承包人提交开工报告后，现场监理工程师检查材料出场证明及试验报告，并由驻地试验室抽样检查或取样送检，若发现原材料不合格，驻地试验室要及时向监理工程师反映并通知承包人，由监理工程师提出处理意见。

试验程序如图3-4所示。

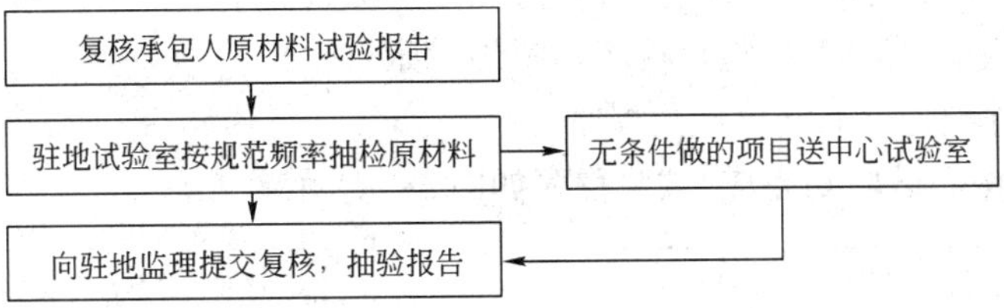

图3-4 原材料试验程序框图

(2)现场检测试验程序

施工前驻地试验室与承包人试验室按规范确定检测项目,施工中共同按规范要求的频率和方法进行检测,或驻地试验室试验员旁站承包人的试验过程,检查原始记录并按规定抽查频率对现场进行抽查,并将抽查结果填入质量检验单;对无条件做的项目送中心试验室。

现场监测试验程序如图3-5所示。

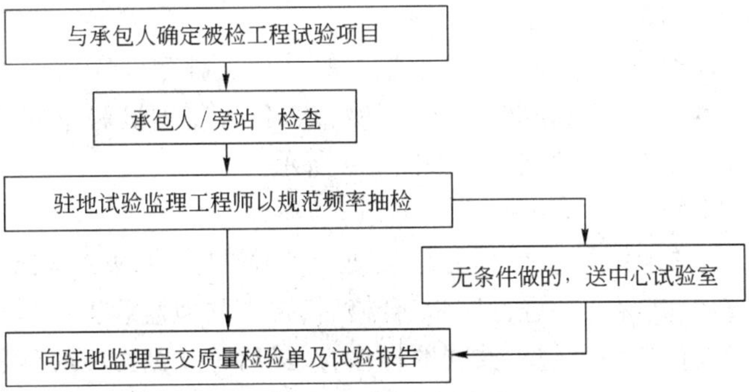

图3-5 现场检测试验程序框图

(3)单项工程检测程序

单项工程完工后,驻地试验室的监理技术人员根据旁站的监理资料以及承包人原始记录资料,对已完工程进行检查,并将检查结果报告驻地高级监理工程师及反馈给承包人。检查程序如图3-6所示。

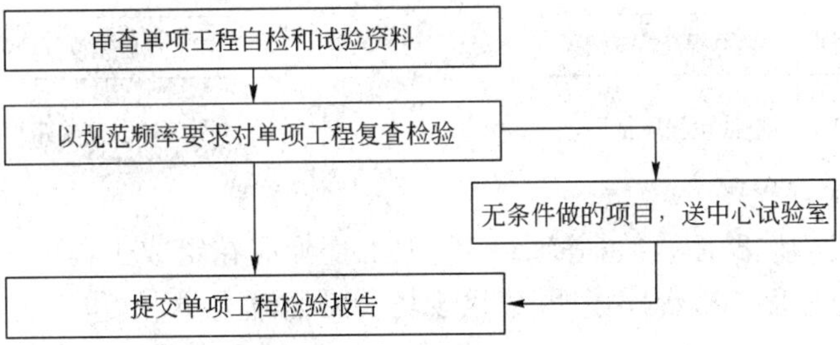

图3-6 单项工程检验程序框图

7. 中心试验室的工作程序

(1)单项工程验收程序

单项工程经承包人自检后,请驻地试验室的监理技术人员进行检查。检查合格后,再由承包人填写质量验收通知单将检测的原始结果上报监理工程师签认,由承包人向中心试验室提出验收申请。中心试验室接到质量验收通知后，首先检查承包人的自检记录和驻地试验室的抽查记录，然后对已完工的单项工程进行抽查，并由中心试验室向驻地监理处和承包人发出单项工程质量评定意见。单项工程验收程序如图3-7所示。

(2)混合料设计配合比的复核试验程序

其试验一般由中心试验到完成，试验程序如图3-8所示。

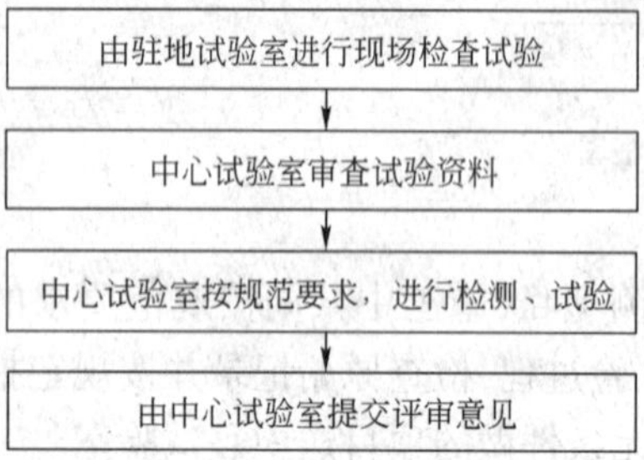

图3-7　单项工程验收试验程序框图

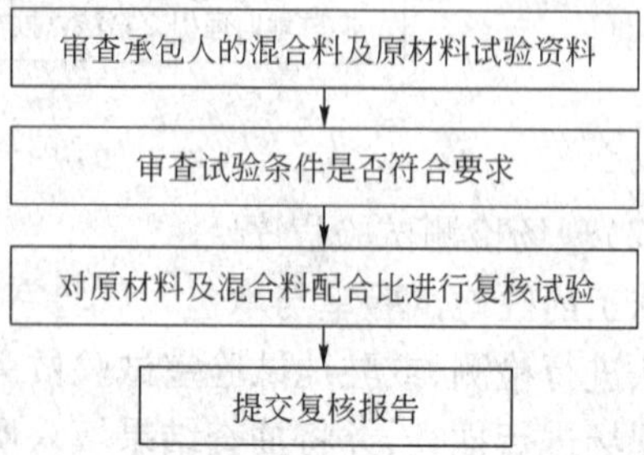

图3-8　混合料设计配合比的复核试验框图

(3)工程质量抽验程序

驻地高级监理工程师或总监办在支付承包人的某项工程款前需对该项工程进行检查时，中心试验室应根据内容、要求，做好准备工作。检查时各级监理试验室应予配合，检查结果作为中间支付与否的最终依据，其检查程序如图3-9所示。

(4)试验路的检测程序

试验路开工之前，驻地试验室根据驻地监理工程师的指令对试验路的试验资料进行审查，并对送来的原材料及其混合料进行试验，合格后，报送驻地监理工程师批复。在施工中，驻地试验室的监理技术人员要与承包人共同取样检查，最后验收则由中心试验室进行试验，并拟写试验结果报告，作为验收依据。检测程序如图3-10所示。

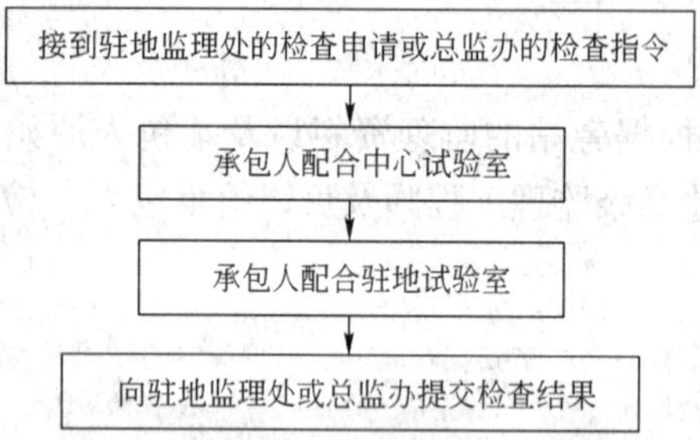

图3-9　工程质量抽检程序框图

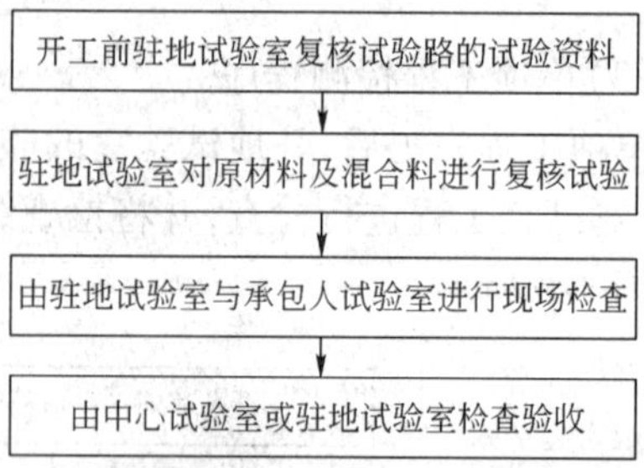

图3-10　试验路检测程序框图

(5)工序质量检查程序

各专业(结构、路基、路面、隧道等项目)监理工程师应在组成工程各个单位、分部或分项工程开工之前，提出工序检查程序说明，以供现场旁站监理人员、承包人和自检人员及施工人员共同遵循。

(四)加强现场监理和现场测量

1.现场监理

对承包人的各项施工程序、施工方法和施工工艺以及材料、机械、配比等进行全方位的巡视、全过程的旁站、全环节的检查，以达到对施工质量有效的监督和管理。现场监理的主要工作内容是：

(1)高级驻地监理工程师应在施工期间每天对施工现场巡视一次,现场发现并及时处理施工中可能存在的质量问题。

(2)对承包人施工的隐蔽工程、重要工程部位、重要工序及工艺,由专业监理工程师或其助理人员实行全过程的旁站监督,及时消除影响工程质量的不利因素。

(3)现场监理人员全环节地对每道施工工序结束后及时进行检查和认定,并现场监督承包人的试样抽取及施工记录。

2. 现场测量

现场测量监理工程师及监理员的工作内容主要包括:

(1)按合同规定,向承包人提供准确无误的导线点和水准点。

(2)在各项工程开工之前,对承包人的恢复定线、放工放样测量进行监督检查和认定。

(3)在各项工程的施工进行中,对控制工程走向、位置、高程和几何形状与尺寸等环节进行监督、检查和认定。

(4)在各分项工程、分部工程、单项工程、单位工程(或工程段落)、总体工程项目的中间交工和竣工验收时按规定监理程序和规定要求进行相应的监理工作。

3. 严格执行监理程序,作好有关审批与监督实施的工作

(1)督促和检查承包人建立质量保证体系。

(2)主持召开第一次工地会议和常规工地会议。

(3)发布开(复)工令,批准单项工程开工报告。

(4)审核承包人授权的常驻现场代表的资质,以及其他派驻到现场的主要技术人员的资质。

(5)验收承包人的工地试验室,审核其人员资质。

(6)建立监理的试验、检测工作体系,按照规定的程序和频率独立开展监理的试验、检测工作。

(7)审查承包人拟用于本工程的机械装备的数量与性能。

(8)审批承包人实施本工程的施工方案及方法、工艺。

(9)审查分包合同和分包人的资质,控制重要外购成品件或半成品件的数量、规格及质量。

(10)调查、处理工程质量缺陷和事故;出现重大质量事故时,督促承包人按规定上报有关部门。

(11)发布停工令。

(五)工程质量监理的依据及任务

1. 质量监理的依据

(1)合同条件:所有质量的保障责任、处理程序、费用支付等均应符合合同条件的规定。

(2)合同图纸:所有施工的工程均应符合合同图纸,并符合监理工程师批准的变更与修改要求。

(3)技术规范:所有用于工程的材料、设施、设备、试验、施工工艺等均应符合各种技术规范的规定要求。

(4)质量标准:所有工程质量均应符合合同条件中列明的质量标准,即合同指定使用的标准图纸、技术规范、工程质量检验评定标准、试验规程等所规定的质量标准或监理工程师同意使用的其他标准。

2. 质量监理的任务

根据监理合同和业主与承包人签订的施工合同，在业主授予的权限内，对工程施工全过程、全天候、全方位的监理，对工程质量实施“事前控制、事中控制、事后控制”，及时发现和制止各种不利因素对工程质量的影响。特别要加强预控工作，通过旁站及各级监理人员和机构，认真进行技术复核、工序检查、隐蔽工程检查验收、工序成果检查等，监督程序、标准、规范的贯彻，使承包人提交的工程项目符合合同图纸、技术规范、验收标准和质量标准及使用要求，确保分项、分部工程合格率达到100%。

3. 质量监理的方法

(1)掌握和熟悉质量控制的技术依据

掌握和熟悉设计文件、质量检验评定标准及施工验收规范及其他路基、路面、桥梁等工程的施工规范、图纸、资料及工程的特殊要求等。同时，驻地办要严格认真审核承包商提交的技术文件、报告及报表，以便掌握质量动态，为控制工程质量提供条件。审核的主要文件有：

①有关技术资质证明文件；

②开工申请报告；

③施工方案、施工组织设计和技术措施；

④材料、半成品的质量检验报告；

⑤设计变更、修改图纸和技术核定书；

⑥反映工序质量的动态统计资料或控制图表；

⑦有关质量问题的处理报告；

⑧工序交接检查、分部、分项工程质量检查报告及相关记录、资料。

(2)严格控制材料质量

①加强对材料源头的质量的控制，严格按规定要求控制进场材料的质量；

②加强对材料的检查验收：

a. 由供应商供应的材料，进场时必须具备出厂合格证的材质化验单，否则不准使用；

b. 自采的地方材料，进场后要及时检验，未经检验并合格者，不准使用于工程；

c. 各种材料必须按相关质量控制程序和规范规定的频率进行抽样检验，不合格者，不得用于工程；

③严格掌握材料质量标准。在监控中，必须坚持合同、规范规定的材料质量标准，达不到标准的材料，不得用于工程建设；

④加强对材料存放的管理和监督，保持良好的施工环境。

各种材料进场后必须按现场平面设计的区地堆放储存，不得乱堆乱放，保持良好的现场环境，材料堆放点要设置醒目标志，区分已检验和未检验的材料，区别合格与不合格的材料，不合格的材料，限期将他们处理或运离施工现场。

(3)严格控制工序质量

①严格各道工序的施工工艺和操作规程，随时加强监控检查，对违反施工工艺和操作规程的要及时制止、纠正，有的要按照合同规定严肃处理。

②明确每道工序的质量控制点、关键部位或薄弱环节，以便进行监控和重点管理，使工序处于良好的控制状态，并作好相关的记录。

③对施工操作者、材料、施工机械设备、施工方法等主动进行监控，确保工序投入点的质量、避免系统性因素变异发生，以保证每道工序质量处于一个正常稳定的状态。

④要主动控制工程技术环境,如工程地质、水文、气象等,工程管理环境,如质量保证体系的正常有效运转、质量管理制度及其执行;劳动环境,如劳动组合、作业场所、工作面等。

环境因素对工程质量的影响具有复杂而多变的特点,如气象条件就变化万千,温度、湿度、大风、酷暑、暴雨、严寒等都直接影响工程质量;又如,前一道工序往往就是后一工序的环境,前一分项、分部工程也就是后一分项、分部工程的环境,因此,监理要根据工程特点和具体条件,对影响工程质量的环境因素,主动加强控制,特别是施工现场,要建立文明施工和文明生产的环境,保持材料工件、机械堆放有序,通道畅通,工作场所清洁整齐,施工有序进行,为保证质量、安全创造良好的条件。

⑤对工序质量状况进行跟踪检查、分析,及时掌握质量动态,发现问题及时处理,任何未经验收而进入下道工序的,均要返工,以确保每道工序施工均达到规范和标准要求。

⑥明确各道工序的检验程序及责任。

⑦严格控制施工工艺过程的质量。

对施工工艺过程进行全方位全过程的监控,确保工序施工符合技术规范要求,施工连续,时间合理,从而保证工序质量。

(4)建立和完善质量保证体系,落实质量责任制

①驻地办建立以驻地高级监理工程师为组长,驻地办全体监理人员参加的全面质量管理小组,建立和完善质量管理、监控制度,明确质量目标和质量责任制,同时,建立满足工程施工监理工作要求和合同要求的驻地工地试验室;建立质量管理小组,制订质量目标和规章制度,明确施工质量责任,加强质量管理,防止质量失控。

②根据国家和地方及业主的规定,对本项目的监理人员,要明确职责与权限,落实质量责任,使监理人员有职有责,同时,把质量与经济挂钩,建立奖罚制度。

③驻地办成立 QC 小组,制订质量管理目标、推行质量方针、组织质量难题攻关、解决施工中遇到的质量问题,定期召开质量分析总结会议,发现问题及时研究制订改进措施。

在工序管理点上,结合 QC 小组活动,开展“抽检一次合格”管理和检查上道工序、保证本道工序、服务下道工序的“三工序”活动。

④制定驻地办的各项规章制度及奖罚制度。

⑤承包商的质量保证体系。

要求承包商的项目经理对工程质量全面负责,设立由承包人总工程师负责的质量保证体系,对施工现场进行专门的质量管理,设立相应的执行机构——质检科,下设承包人工地试验室。

(5)加强对隐蔽工程的检查验收

隐蔽工程对整个工程影响重大,一旦出现问题,后果不堪设想,因此,在监理工作中,要切实加强监理。

①在驻地办权限范围内的隐蔽工程验收,驻地办高监必须参加;超过权限,则按规定上报总监办,由总监办组织验收。

②及时对隐藏工程进行验收。特别是基础工程的验收,要在最快的时间内组织验收,以保证其质量。

(6)加强施工机械设备选用的质量控制

施工机械设备是实现工程施工机械化的重要物质基础,对工程的进度、质量有直接的影响。因此,施工机械设备的选用,必须综合考虑施工现场条件、建筑结构形式、机械设备性能、

施工工艺和方法、施工组织与管理等因素，使机械设备合理装备配套使用，满足工程施工要求。机械设备的选用，主要从以下三方面控制：

①机械设备的选型　根据工程的需要，按照技术上先进、经济上合理、生产上适用、性能上可靠、使用上安全、操作方便和维修方便的原则，贯彻执行机械化，半机械化与改良工具相结合的方针，突出施工与机械相结合的特色，使其具有工程的适用性、具有保证工程质量的可靠性、具有操作的方便性和安全性。

②机械设备的主要性能参数　机械设备的主要性能参数是选择机械设备的依据，要满足需要和保证质量的要求。

③机械设备使用、操作要求　合理使用机械设备，正确地进行操作，是保证项目施工质量的重要环节，因此，要贯彻"人机固定"原则，实行定机、定人、定岗位责任制的"三定"制度。操作人员必须熟练操作，认真执行各项规章制度，严格操作规程，防止出现事故，保证工程施工质量。

(7)加强对工程变更和设计变更的审核

工程变更和设计变更不能降低工程原来的标准和指标，变更应该在保证原有的技术指标、标准的前提下，经济上合理者方能变更。

任何工程的形式、质量、数量和内容上的变动，必须由监理工程师签发工程变更令，并由监理工程师监督承包人实施。

业主提出变更时，监理工程师应根据合同有关规定办理。

承包人请求变更时，监理工程师必须审查，必要时报业主同意后，根据合同有关规定办理。

(8)严格分项工程开工申请报告及审批规定

①任何单项工程开工均需取得驻地监理办公室(驻地办)批复后方能开工，否则，均属违反合同要求。驻地办有权要求承包人暂停单项工程的施工，并责令承包人剥开检查，由此而发生的费用均由承包人自负。

②承包人应在单项工程开工前14天内向驻地办提交开工报告单，报告单及其附件主要内容包括：

a. 施工地段与工程名称；

b. 现场施工负责人、技术负责人及质检人员；

c. 工程施工计划和施工方案以及必要的文字说明；

d. 依据合同及技术规范，本工程的质量控制指标、检验程序和方法；

e. 材料、设备、劳力、现场管理人员等项准备情况；

f. 提供包括测量放样报验单、试验报告单、材料检验报告单、前一工程(工序)检验报告单、施工图等相应的基础资料。

③单项工程的划分按《公路工程质量检验评定标准》(JTG F80/1—2004)附录A以及监理工程师的指令为准。

(9)定期进行质量检查、质量总结

除政府、业主、总监办组织检查外，监理公司每季度要组织一次对公司监理路段工程质量的例行检查，并对监理人员的工作进行考核，按经济责任制进行奖罚。驻地办每月至少组织一次检查，认真总结分析质量情况，发现问题，及时纠正，同时，要将检查结果报告业主，使业主及时掌握质量情况，并对质量进行预控。

(10)加强质量教育，提高全员质量意识

①组织监理人员学习国家、交通部及本省(区)关于建设市场的法律、法规,增加自觉遵守并按法律、法规的要求开展监理工作。

②组织学习技术规范、规程、标准,检测技术,使监理人员熟悉和掌握工程施工的规定要求,掌握质量要求和标准及检测手段。

③利用板报、图片、现场会等开展质量教育活动。

④组织学习全面质量管理的理论和科学方法,提高管理水平。

⑤做好技术交底工作。每项工程开工前,组织监理人员及承包人的主要人员进行技术要求、施工规定、质量要求和标的交底,研究解决技术难题。

(11)重视和加强质量通病的研究处理和监控

①土方回填工程质量预控程序;

②基础土方回填工程预控程序;

③混凝土工程质量预控程序;

④高填土路基下沉;

⑤软土地基超限及沉陷;

⑥水泥路面断板开裂;

⑦桥梁伸缩缝和桥头跳车;

⑧预应力结构管道压浆不实。

(12)加强标准计量基础工作

①进入本工程的各种计量器具必须经过计量部门检验合格并取得合格证书后方能用于本工程,并要定期进行复检;

②所有混合料都要采用重量法计量,均不得采用体积法计量;

③计量器具不全或未经计量认证,相关的工程不得开工。

(13)正确对待质量缺陷和质量事故

①质量缺陷的处理

a. 当因施工而引起的质量缺陷处在萌芽状态时,应及时制止,并要求承包人立即更换不合格材料、设备或不称职的施工人员;或要求立即改变不正确的施工方法及操作工艺;

b. 当因施工而引起的质量缺陷已出现时,应立即向承包人发出暂停施工的指令(先口头后书面),待承包人采取了能足以保证施工质量的有效措施,并对质量缺陷进行了正确的补救处理后,再书面通知他们恢复施工;

c. 当质量缺陷发生在某道工序或单项工程完工以后,而且质量缺陷的存在将对下道工序或分项工程产生质量影响时,监理工程师应在对质量缺陷产生的原因及责任作出了判定并确定了补救方案后,再进行质量缺陷的处理或下道工序或分项施工;

d. 在交工使用后的缺陷责任期内发现施工质量缺陷时,监理工程师应及时指令承包人进行修补、加固或返工处理;

e. 对因施工原因而产生的质量缺陷的修补与加固,应先由承包人提出修补方案及方法,经监理工程师批准后方可进行;对因设计原因而产生的质量缺陷,应通过业主提出的处理方案及方法,由承包人进行修补;

f. 修补措施及方法应不降低质量控制指标和验收标准,而且他们应是技术规范允许的或是行业公认的良好工程技术;

g. 如果已完工程的缺陷,并不构成对工程安全的危害,并能满足设计和使用要求时,经征得业主的同意，可不进行加固或变更处理；如工程的缺陷属于承包人的责任，应通过与业主及承包人的协商，降低对此项工程的支位费用。

②质量事故的处理

当某项工程在施工期间（包括缺陷责任期）出现了技术规范所不允许的断层、裂缝、倾斜、倒塌、沉降、强度不足等情况时，应将他们视为质量事故，可按如下程序处理：

a. 监理工程师应立即指令承包人暂停该项工程的施工，并采取有效的安全防范措施；

b. 监理工程师应要求承包人尽快提出质量事故报告并报告业主，质量事故报告应详实反映该项工程名称、部位、事故原因、应急措施、处理文案以及损失的费用等；

c. 监理工程师应组织有关人员在对质量事故现场进行审查、分析、诊断、测试或验算的基础上，对承包人提出的处理方案及时予以审查、修正、批准，并指令恢复该项工程施工；

d. 监理工程师应对承包人提出的有争议的质量事故责任予以判定，判定时应全面审查有关施工记录、设计资料及水文地质现状，必要时还应实际检验测试；在分清技术责任时，应明确事故处理的费用数额、承担比例及支付方式。

(14)搞好工程监理资料的收集整理工作

①完善各种记录和报告，并统一于规范或规程、标准规定的格式；

②记录和报告应齐全、可靠、能全面反映工程施工监理过程及效果；

③填写认真、用语准确，数字真实；

④按规定时间填写；

⑤做好归档工作，一般按行政档案、计量支付档案和技术档案分类归档。

三、各分部分项工程质量监理编制要点(示例)

这部分内容是应阐明的重点。下面以投标工程的工程内容为例来说明编制方法要点。

(一)桥梁工程监理编制要点

1. 桥梁工程概况

(1)桥梁类型，如立交桥××米/×处；互通式立交×处；特大桥××米/×座；

(2)桥梁基础的主要形式，如明挖扩大基础、挖孔桩、钻孔桩等；

(3)墩台的主要形式，如双柱式墩、薄壁式墩、埋置式桥台等；

(4)上部构造的主要情况，如有钢筋混凝土连续板、空心板、展翼梁、斜腿刚构、后张法预应力混凝土箱梁等；特大桥上部构造为中承式钢管混凝土桁肋拱等。

2. 桥梁工程监理控制的重点

(1)桩基础、软基和地质复杂处的桥基等，并应注明桥号、桩号；

(2)××特大桥及其桩号；

(3)××和××出入口互通式立交桥。

上述各项内容，应通过认真仔细对招标文件和资料并结合实地考察所得结果及本单位的条件进行确定，它是反映监理单位专业水平、经验的一个重要标示，体现了监理单位是否真正抓住了投标工程的特点和重点，因此，必须认真对待。

3. 控制要点

根据投标工程中桥梁的特点、结构、要点，提出监理计划的控制要点。其主要阐述的内容应与上述概况、控制重点相一致，并应编制相应的监理框图。

1)桥梁基础的施工监理

(1)桥梁桩基础

桥梁专业监理工程师、监理员、质检员对施工进行全过程、全方位、全天候旁站监督与检查,对施工现场及地质情况及时上报总监办,严格按照设计文件、技术规范进行监理与验收,并要特别注意以下监控要点:

①监理工程师应要求承包人报送准备采用的施工方法的全部细节,其中包括材料和全部设备的说明,监理工程师应认真审核,批准。任一钻孔工作开始前,应在确认符合开工条件时,再书面批准钻孔工作开始。督检承包人保存每根桩的全部施工记录,记录格式由监理工程师统一规定发放。

②钻机安放地点必须视情况进行处治,使之稳固平整,保证钻孔安装后的底座和顶端平移,在钻进中不产生位移或沉陷,如发现问题,应及时处理。钻孔作业分班连续进行。交接班时,上班填写的钻孔施工记录,应交代钻孔情况及下一班应注意的问题。

③监控对钻孔泥浆的检测试验情况,不合要求时,应随时改正。

④严格监督承包人的成孔过程,作好施工进尺记录,对地质变化以及钻孔中出现的各种问题作详细描述记录,填好终孔表格。特别要注意对倾斜度、钻孔底高程、孔径、护筒顶高程的监控。

⑤严格监控清孔施工过程。在钻孔深度达到设计高程后,应对孔深、孔径、垂直度等进行检查,符合要求后方可清孔。一般采用换浆、抽浆、掏浆、空压机喷射、砂浆置换等方法清孔,禁止采用加深钻孔深度的方式代替清孔;清孔后,应监控从孔底提出的泥浆试样进行性能指标试验的结果,在试验结果符合规范要求后,监理工程师才可批准进行下一道工序施工。

⑥监控水下混凝土(导管灌注)的质量。

a. 水泥强度等级应不低于设计规定的强度等级,灌注时间不得长于首批混凝土初凝时间;

b. 粗集料应通过检验合格,符合设计要求;

c. 混凝土缓凝外掺剂,只有得到监理工程师批准才能采用;

d. 控制坍落度、最少水泥用量和水灰比;

e. 水下混凝土灌注技术要求:灌注前进行孔底沉淀厚度检测,检查首批混凝土数量、灌注工艺要求、控测手段、导管埋深、灌注速度等;

f. 严格审核承包人递交的混凝土配合比试配报告,严格要求承包人按照经监理工程师审批的方案、工艺进行混凝土施工;

g. 混凝土拌和物运至灌注地点时,应检查其均匀性和坍落度,如不符合规定要求,应进行第二次拌和,二次拌和仍达不到要求,不得使用;

h. 孔身底面经监理工程师检查认可后,安放钢筋骨架,并立即开始灌注混凝土,且不得中断;

i. 灌注的导管由管径不小于250mm的管子组成,用装有垫圈的法兰盘连接制成,导管应进行水密、承压和接头抗拉试验并达到规定要求;灌注混凝土时,导管应充满混凝土且缓慢下降球塞,导管底部至孔底应有25~40cm的空间,首批灌注混凝土的数量应能满足导管初次埋置深度(≥1.0 m)和填充导管底部间隙的需要。

(2)桥梁明挖基础

驻地办桥梁监理工程师应充分阅读并了解设计提供的工程地质资料,核对地基的地质情况;当与设计文件不符或测定基底承载力不能满足设计要求时,应及时上报总监办,会同设计、施工部门研究解决。其施工监理要点是:

①复核承包人的测量定位,包括轴线偏位、平面周线位置、开挖线放坡坡比及基底高程等。

坚持承包人应在基础开挖前通知监理工程师,以便监理工程师检查、测量基础平面位置和现有地面高程。在未完成检查测量及监理工程师批准之前不得开挖。为了便于开挖后的检查校,基础轴线控制应延长至基坑外加以固定。

同时监理工程师应检查开挖是否达到设计图纸所示高程,最终的开挖深度要依设计期间所进行的钻探和土工试验,并结合基础开挖的实际调查资料来确定。在开挖的基坑未经监理工程师批准之前,不得浇筑混凝土或砌筑圬工。对深度超挖或纵横向超规定界线的部分,监理工程师应指令承包人自费回填,并检查他们是否是按批准的材料进行压实到规定的标准。

②监控明挖基础和排水情况,对基坑安全防护、废土处理和地表水、地下水引出基坑的处理方法等要认真核实其可行性。对地表水一般采用围堰排水法,对地下水一般采用基础旁挖深坑抽水处理。这里要注意抽水设备的有效性和备用设备的情况,检查其是否能满足施工要求。

③开挖至设计高程时,检测地基地质情况,不符合要求时需作技术处理。一般软弱地基可采用换填处理或采用挤密桩和导排水法、预压法、强夯法、电渗法、振动水冲法等。对于特殊地基,项目所在地气候比较温和,灰质岩层分布较广,特殊地基常见的为溶洞、溶槽、泉眼、溢洪及消水洞等,其地下水较丰富,一般对基底处理时,不要堵塞水路,应引流排水,采用大块石片石或砂砾回填,或采用空隙率较大的水泥稳定碎石作基础垫层。对一些溶洞较大、较深时,回填处理困难,可采用在溶洞顶浇筑钢筋混凝土板梁作为基底加固。在基础混凝土施工时,注意排水抽水,降低基坑水位,防止地下水浸泡或冲刷混凝土拌和料,以确保基础混凝土施工质量。

④基坑顶面应设置防止地面水流入基坑的措施。基坑顶有动载时,坑顶与动载间至少应留有1m宽的护道,如工程地质和水文地质不良或动载过大,宜增宽护道或采取加固措施。

⑤基坑壁坡不易稳定,如有地下水影响或放坡开挖受到限制,或放坡开挖工程量过大,不符合技术经济要求时,可视具体情况,采用钢板支撑、钢木结合支撑、混凝土护壁等加固措施,以确保安全和保证施工顺利进行。

⑥加强基底检验。基坑开挖并处理完毕,应首先由施工单位自检并报请检验,确认合格后填写地基检验表。经过检验签证的地基检验表由施工单位保存并作为竣工交验资料。未经监理工程师签批,不得砌筑基础。

2)梁板预制的质量控制要点

(1)预制时,强调注意水泥及砂石材料的质量变化,必须保证按抽样频率、按规定进行检验;

(2)模板的质量及在周转使用过程中是否发生变形与损坏,如有,应及时矫正和更换;

(3)梁板混凝土龄期控制及移梁的安全性检查,强度应符合图纸规定,一般不低于设计等级的70%,移动时应加强对其位置、支承点、吊环钢筋的检查;

(4)加强对成品梁板的堆放情况及位移过程中发生损伤的检查;

(5)加强对预应力空心板的质量监控;采用先张法施工,应按规范要求检查承力台及张拉设备性能及混凝土配合比、拌和、浇筑的质量,预应力钢筋(钢丝)的受力均匀性;先张法预应力空心板梁预制的关键是预应力筋的张拉质量,为此,在施工监控中拟采取以下措施:

①按照预制场审查承包人的预制计划及预制场的布置图;

②重点审核张拉台座的受力分析及计算,核定台座的几何形式及尺寸;

③认真审验张拉机具及预应力筋，审批张拉施工程序并在施工监理中做好原始记录。

(6)严格按照预应力混凝土施工工艺监控

工字梁后张法预应力施工监理要点：

①监理工程师应认真审核承包人在张拉开始前提交的图纸、详细说明、张拉应力和延伸量的静力计算；

②要求承包人安排富有经验的技术人员指导预应力张拉作业，操作预应力设备的人员应接受设备使用的正式训练；

③督促承包人对所有设备最少每隔两个月进行一次检查和保养；

④严密关注下列情况：

a. 张拉中，预应力钢丝经常出现断丝；

b. 千斤顶漏油严重，油压表指针不回零，或油压千斤顶油压表调换；

如有上述情况，监理工程师应督促承包人对张拉设备进行校验；

⑤除非另有书面允许，张拉工作应在监理工程师在场时进行；

⑥预应力钢筋在张拉前，应检查其在管道内动是否自由；查核最少应有一组浇筑梁体的混凝土的试块达到图纸规定的传递预应力的混凝土强度后才允许进行张拉，图纸无规定时，混凝土强度应不低于设计等级的70%，张拉力应按图纸规定；

⑦图纸所示的控制张拉力为锚固前锚具内侧的拉力，因此在确定千斤顶的拉力时，应检查是否考虑了锚具摩阻及千斤顶内摩阻损失，这些增加的损失以采用的预应力系统及通过现场测定而定，但对一般钢绞线为3%的千斤顶控制张拉力，对钢丝为5%千斤顶控制张拉力；

⑧对施工工艺应特别注意监控以下几点：

a. 制孔：应检查孔道尺寸、位置、接头、端头预埋等是否达到了规定要求，控制好波纹管质量、波纹管接头、波纹管埋设的质量，浇筑混凝土时保证波纹管不移动变形及锚垫板定位牢固准确不进浆；

b. 穿束：查验在穿束前是否用压缩空气将孔道冲净；

c. 张拉：张拉时一般均采用双控，以控制应力为主，控制伸长量为辅，若发现伸长异常，监理应指令停止张拉，待查明原因后再进行张拉，并注意对称张拉；

d. 压浆：查验拌好的水泥浆是否经过了过滤器，在浆槽内是否采取了措施，不出现泌水沉淀，灌浆工作应缓慢均匀进行且不中断，排气要畅通，压浆时坚持遵守“由低处向高处，先下层后上层”的原则；

e. 封锚：注意锚头的封固和保护。

3)混凝土及砂浆质量控制

(1)严把原材料关(砂、石、水泥)质量关，不合格材料不得进场，已进场的不合格材料，材料监理工程师应指令承包人清运出场外；

(2)严格控制配合比，凡C25及以上混凝土所用原材料必须过磅称计量，C25以下混凝土和砂浆允许用体积法计量；

(3)对大方量砌体使用砂浆要求集中机拌。

4)钢筋

(1)检查钢筋的出厂证明，合格证书，对不同钢种、等级、牌号、规格及生产厂家分批验收，分别堆存，不得混杂；

(2)抽查钢筋的力学性能；

(3)检查钢筋加工的调直、弯制和末端的弯钩，清除污锈等应符合设计规范要求；

(4)检查钢筋的焊接与绑扎接头、安装定位、保护层、间距及数量等要符合设计要求。

5)台背(包括桥梁、通道、涵洞)的回填

解决桥头跳车的关键是控制好台背回填的质量。对台背回填监理应采取的措施是：

(1)定人、定岗、定责：技术室有专人负责台背的回填监理，同时要求承包人也有专人负责，并签订质量责任状；

(2)回填材料：要求用透水性良好的砂砾土，或者业主同意的材料；

(3)压实机具与松铺厚度的控制：松铺厚度控制在20cm以内，采用在台背上画线的方法控制松铺厚度，要求承包人有专门的用于台背回填的小型压实机械，如偏心打夯机、汽锤等；

(4)每层都按规范规定进行压实度检验验收。

4. 重点桥梁工程的监理

这部分应根据设计图纸，说明特大桥的名称、桩号、结构、主要尺寸等内容。大体上可参照下述实例进行说明。在此基础上，再进行相应的监理要点说明。

1)概况(K23+620，××特大桥)

人员安排：由×××桥梁专业监理工程师专人负责，××监理员配合现场监理。

该桥主桥上构为净跨190m中承式钢管混凝土桁肋拱，净矢跨比为1/4.5，主拱轴线为悬链线，拱轴系数$m=1.167$，拱肋为等截面钢管混凝土桁架结构，桥面系横梁采用预应力混凝土T梁结构，桥面板采用钢筋混凝土小T梁，吊桥采用PEST— 61丝高强平行钢丝，采用冷铸墩头锚，吊杆间距5.1m，两肋间设7道钢管桁架横联，两道钢筋混凝土桥道横梁横撑及两道钢筋混凝土拱上横梁横撑以保证拱肋横向稳定。主桥台基础采用明挖扩大基础施工，引桥上构分别为4m×20m、3m×20m宽幅预应力混凝土空心板，下构采用钢筋混凝土双柱式桥墩，埋置式桥台，桩基础。

2)监理控制

(1)主拱座基础

主拱座为分离式扩大基础，是该桥的重要结构部位，控制好主拱座施工质量是确保桥梁稳定的关键环节。施工时采用明挖的方法，主要监理要点为：

①基坑开挖质量，主要包括基坑放样的准确性、基底承载力、主拱座背抗水平推力、基坑断面尺寸、基底岩石的倾斜度和清洁度等方面的全面检查控制；

②分析处理地质、水文条件与设计是否有出入等问题；

③控制好拱座基础背回填质量，以保证有效的土抗力作用；

④控制好冷却管定位的准确性。

(2)钢管拱肋的制作与安装控制

主拱肋的制作与安装是该桥的关键工序，其加工制作的质量精度直接影响到该特大桥的使用安全。

①钢管混凝土材料的制作

a. 焊接管的钢材应符合有关设计规定；

b. 无缝钢管内外表面不得有裂缝、折叠、轧折、离层、发纹和结疤；

c. 无缝钢管的质量检查方法严格按《结构用无缝钢管》(GB/T 8162—2008)的规定进行。

②螺旋焊接管的制作控制要点

a. 螺旋焊管在内缝的焊接过程中，应对内缝的间隙进行自动控制调整，并进行超声波探伤；在外缝焊接后还应进行射线探伤、成管后进行涂装与标识；

b. 螺旋焊钢管直径控制措施：内控轮定型是靠设定的内切圆滚轮刚性撑开保持直径；外控轮定型是靠外切轮滚轮刚性压住保持直径；自由定型是通过三组排辊作用，进行钢管弯圆曲率调节。

③直缝焊接管的下料与卷制

a. 对进行加工的钢材应具有厂家质量证明书，必要时应进行复检，加工前存放的钢材要注意存放保管，应避免露天存放，并每日进行翻动检查；

b. 钢板下料之前应根据设计图纸绘制加工图；

c. 用于卷制钢管的钢板必须平直，不得使用表面锈蚀或受过冲击的钢板，且应符合有关标准和设计要求；

d. 做好钢板的防锈工作；

e. 卷管方向应与钢板压延方向一致；

f. 校圆后的筒体直缝焊接采用自动焊，板端坡口应在卷管前开好；

g. 卷管之前进行除锈上底漆的钢管、卷管后的直焊缝焊之前应将焊缝坡口处的车间底漆用砂轮去除；

h. 焊缝的位置、外形尺寸必须符合施工图和《钢结构工程施工质量验收规范》(GB 50205—2001)的要求，在施焊中不得任意加大焊缝，避免焊缝立体交叉和在一处集缝，同时焊缝的布置应尽可能对称于构件中心，母材的非焊接部位严禁焊接引弧；

i. 焊接工作宜在室内进行，温度不宜高于80%焊接环境温度，16Mn钢不应低于50℃，A3钢不得低于0℃，在结构表面潮湿或刮大风、降雨天气下，又无适当保护措施时不得进行焊接，主要杆件应在组装后24h内焊接；

j. 各部位的焊缝应在焊接24h后进行无损检验，即采用超声波探伤和射线探伤方法进行，超声波探伤比例为焊缝长度的100%，X射线探伤检查比例为焊缝长度的10%；

k. 外观检查和探伤结果有不允许的缺陷时，应按《建筑钢结构焊接技术规程》(JGJ 81—2002)的有关规定进行焊缝磨修及返修焊；

l. 焊缝按工序检查，不符合上述要求的应按有关规定及时处理并记录。

④钢管骨架加工制作监理要点

a. 经监理工程师检验合格的卷制钢管和购置钢管以及其他材料，方可进入工装现场；

b. 钢管煨弯质量控制：钢管的煨弯工序质量直接影响拱肋的成型及拱轴线的准确性检查煨弯结果是否与拱轴线一致；如偏差超出允许范围，就要求重新加热加压进行弯曲并做好对温度的监控，防止温度控制不当骤冷骤热，影响钢材质量。

⑤制作放样准确：监理对地模放样的准确性进行认真、细致复核，同时在拼装过程中还要跟踪反复观测校正，才能最大限度减少实际拼装时造成的误差。

⑥钢管构件出厂前应提供下述验收资料：

a. 钢材的质量证明书及抽样检验报告；

b. 焊接材料质量证明书和烘焙记录；

c. 涂装材料质量证明书；

d. 焊接工艺评定报告；

e. 焊缝质量外观检测报告；

f. 内部探伤报告；

g. 钢管构件加工施工图（含原设计图、设计变更文件以及制作中对技术问题的处理的协议文件）；

h. 钢管构件几何尺寸检验报告；

i. 按工序检验所发现的缺陷及处理方法记录；

j. 钢管构件加工出厂产品合格证书；

k. 钢管构件加工制作的评定方法按照《公路工程质量检验评定标准》（JTG F80/1—2004）的有关规定进行。

⑦钢管的防腐与涂装的建议和监理要点

a. 钢管骨架施工宜选择在当年 11 月至次年 3 月期间进行，避开 4 月至 10 月高温多雨腐蚀速度快的季节；

b. 钢管骨架宜采用改性环氧树脂和氯磺化聚乙烯防腐，尤以是磺化聚乙烯更胜一筹；

c. 采用加封闭和未加封闭的热喷铝和锌铝合金防护效果更好；

d. 喷涂防护前，需要对所有焊缝逐一进行外观检查验收，在检查过程中有咬边、凸起不平整和没有清除焊渣、焊缝厚度不够的点作好记录，责令焊接人员按要求处理后补焊并接受监理检查，在对焊缝内外质量检查完毕后确认达到规范要求方允许进行除锈工作；

e. 对受粉尘埃污染的地方进行吹气清理后，方能进行第一层锌防护，如果因为未能及时喷涂的，受到空气湿度大受潮或雨淋的影响造成钢管重新起锈的，也必须再次进行喷砂除锈；

f. 在第一层锌层喷涂完成后，利用仪器检验锌层厚度，合格后再进行铝层防护，进行同样的检测后再进行有机硅的喷涂防护。

（3）拱肋吊装控制

主要是对吊装的全过程进行测量控制，随时检查和拱轴线的高程，使拱肋得以更为精确合拢成型。在逐段吊装对接施焊过程中，监理要对每一对接头焊缝进行严格检查。拱肋吊装合拢后，对拱轴线位置应在确认符合设计要求后方可进行钢管混凝土浇筑。

5. 钢管混凝土浇筑质量控制

（1）对混凝土所用砂、碎石、水泥、外加剂进行严格检验，在施工现场严格控制混凝土的坍落度、流动性，最大限度地满足泵送的需要，避免在施工过程中发生塞管现象。

（2）检查拱肋两端的混凝土泵送进程是否保持一致，以保证混凝土拱肋两边的加载的一致性，同时对拱肋的高程进行跟踪检测，为控制高程调整拱肋的扣索拉力提供依据。

（3）认真检测监控，以确保混凝土填充密实，如局部未能达到要求，必须钻孔检查，并进行压浆处理。

6. 桥面系的施工控制

主桥桥面混凝土采用 C40 钢纤维钢管混凝土，厚度为 11cm。为防止桥面开裂，要求梁面板顶清凿冲洗，并涂上一层水泥砂浆作为界面处理。为了提高桥面平整度，建议采用三轴整平机施工。

7. ×××与×××出入口的监控

本监理合同段×××互通式立交与×××互通式立交两处上跨××至××二级公路互通式立交跨越旧路净空较低，原旧路需作降坡处理；施工时的交通干扰较大。另外，互通式立交桥设在较小半径的弯道上，故在施工监理中，必须加强安全监控及测量放样的监控，确保施工安全和保证定位准确、线形美观、结构尺寸准确、轮廓分明、混凝土表面光洁。

8. 加强质量预控

对于土方回填、混凝土工程、构件吊装等应加强预控与监理，下面仅列出了图3-11、图3-12为例说明。

图3-11　土方回填工程质量预控框图

(二)监理标段路基工程监理文件的编制要点

1. 监理标段路基工程概况

本监理标段路桩号为K××+×××~K××-×××，分为两个施工标段，其中K××+×××~K××+×××段为第三施工标段，K××+×××~K××-×××段为第四施工标段。线路的地形特点为低山丘陵区为主，起伏较大，海拔高程在60~170m之间。本监理标段路基土石方工程数量大约××万立方米。根据已有资料和实地考察，路基监理的工作重点应为软土处治工程、膨胀土处理工程、互通立交桥工程等，驻地办将对上述工程所在路段加强监控。

2. 软土地基处理施工监理

本监理标段的软土、稀泥平均厚度在0.5~5m之间，设计方案为清淤换填，开沟排水→清运淤泥→回填砂性土。

驻地办进驻现场后，即着手软土地基处理的监理工作。

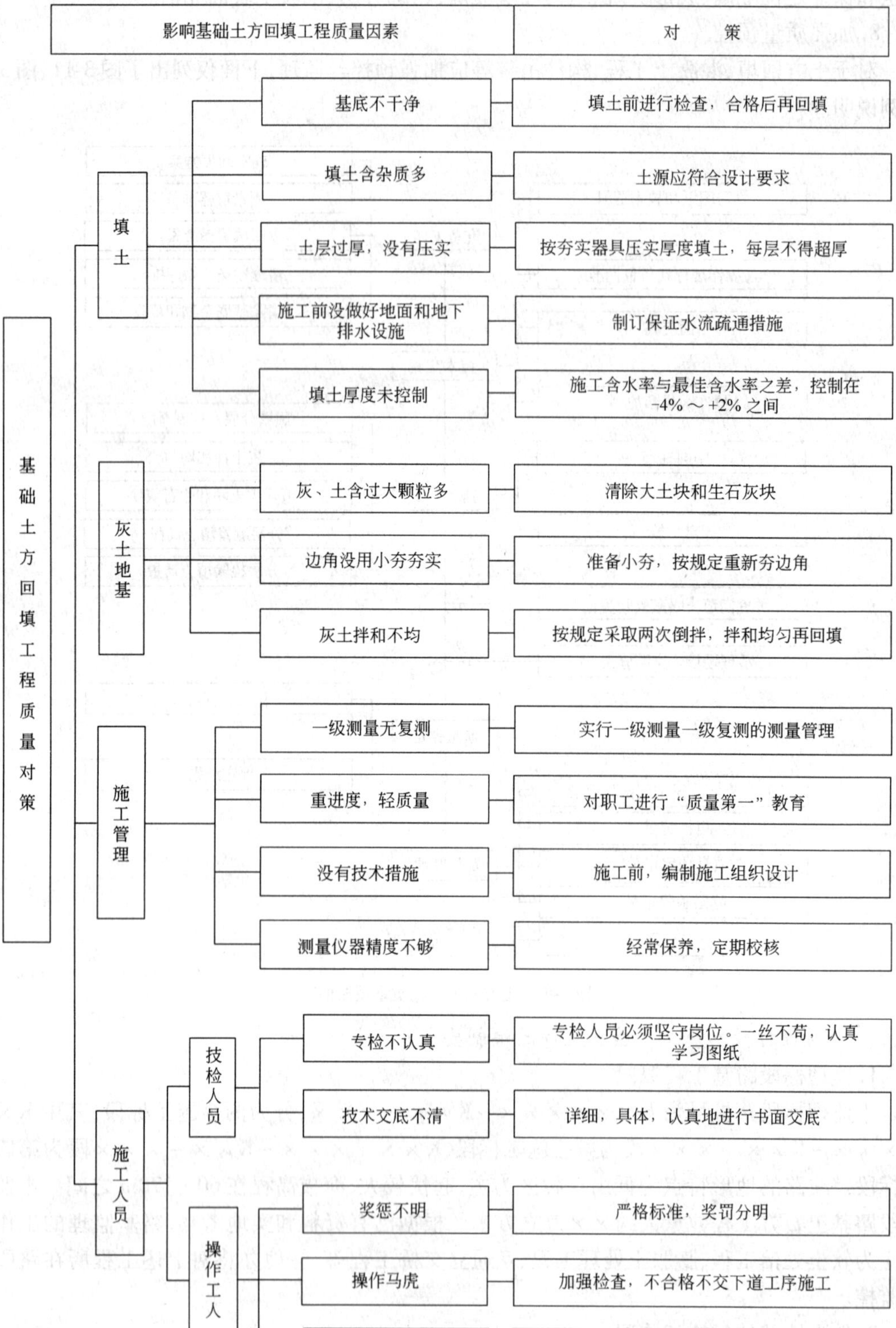

图 3-12　基础土方回填工程质量对策

(1)现场核对设计资料,探明本路段的各个软基范围、深度、稀软程度,相关性质,对其天然含水率、孔隙比、透水性、压缩性、抗剪强度、触变性、流变性等。

(2)审核软土地基的处理方案,检测软基开挖后的地基承载力,验算其稳定性及可能产生的最大沉降量,对能清除软土层的应采取彻底清除换填处理,对不能彻底清除的应采用技术处理措施,以提高地基的承载力,尽可能减少路基沉降量。

(3)对各个软基段,均要从技术和费用两方面进行分析论证,如发现有优于设计方案的处理措施,应及时报请总监办批示。

(4)严格控制浅层软基处理换填材料的质量和数量、填前的压实要求,分层摊铺厚度控制在15~20cm之内。

(5)监控降低地下水位和引排地下水工程的施工质量,务必保证质量。

(6)对于深层软基,驻地监理工程师要从技术和经济两方面进行全面论证,必要时成立技术方案处理攻关小组,组织专家研讨会。按已知的本合同段地质情况,比较宜于采用土工合成材料处治,但也不排除其他如袋装砂井法、反压护道法、空心管法、预压法等方法。

(7)本合同段地带岩溶较多,如遇岩溶地基,在论证的基础上,可采用挖填、跨盖、灌注、排导等方法处理。

(8)认真对软土地基路堤的施工方案的审定。指定专人负责,加强软土段路堤沉降和稳定的监控,严格掌握我国允许的工后沉降标准。

(9)为确保软土地基处理方案和填筑方案的实施施工质量,安排监理人员进行全过程旁站监理。

3. 膨胀土路基的施工监理

膨胀土具有显著的湿胀干缩并多次反复的特性,且稳定性差,必须认真加强监控工作。

1)切实监控试验工作,认真鉴别膨胀土类别。

(1)依据技术规范和规程对膨胀土的各项指标进行试验测定检核,保证测定准确,为对其处理提供可靠依据。

(2)按规定频率进行试验,当有怀疑或土质变化时,应视情况增加试验频率。

2)根据膨胀土的无侧限抗压强度的大小来确定处理方案,建议业主:

(1)当$q_u \geq 30$kPa时,可用于10m以下的路堤,路堤边坡不陡于1:1.5时,不作处理。

(2)当20kPa$\leq q_u <$30kPa时,采用封闭的方法进行处理,封闭材料的无侧限抗压强度要求大于60kPa。承载比宜大于16%,内聚力c不低于15kPa的不透水填料,封闭层的底宽不小于3.0m,厚度(顶厚)不小于1.5m。

(3)当$q_u <$20kPa时,须进行化学改良,使膨胀总率接近于零。可采用掺石灰改良,石灰掺量由试验确定,使改良后的膨胀土,7d的无侧限抗压强度不低于1.0MPa。

(4)强膨胀土,当$q_u <$10kPa时,不应作为填料,应进行换土处理。

3)限于条件,须采用中等膨胀土填筑路堤时,其监控要点是:路堤填成后,应立即作浆砌护坡封闭边坡。当填至路床底面时,应停止填筑,采用符合下述要求的强度的非膨胀土或改性处理的膨胀土填至路床顶面设计高程并严格压实,要求的强度CBR(%)为:上路床(0~30cm)8.0、下路床(30~80cm)5.0、上路堤(80~150cm)4.0、下路堤(>150cm)3.0、零填及路堑路床(0~30cm)8.0。如当年不能铺筑路面,作为封层的填筑厚度,不小于30cm,并控制横坡不小于2%。

4)严格对膨胀土压实施工的监控

(1)压实度标准采用湿土法。

(2)基底压实及处理符合技术规范的有关规定。

(3)采用振动压路机压实、汽车运输、平地机平整及粉碎土块:不用铲运机施工,以防造成土的重塑和稠度难以控制。

(4)膨胀土填料宜在比最佳含水最高2% ~3%的含水率下压实到不小于95%的压实度,采用稠度表示时,宜为1.10~1.20,最小不低于1.1,不能超过1.30。

(5)采用封闭处理时,先铺膨胀土,再铺包边填料,并同步碾压。碾压时,先碾压包边材料逐步向中间碾压膨胀土,每层松铺厚度不大于30cm,也不宜小于10cm。

(6)路堤与路堑交界处,采用台阶方式搭接,搭接长度不小于2m,台阶压实度控制在95%以上。

(7)膨胀土与其他路堤交界处,先填筑膨胀土,再填筑其他填料。

(8)桥涵及其他构造物处的填筑不得使用膨胀土。

(9)化学改良膨胀土填筑时,应符合有关施工要求。

(10)膨胀土路基施工时,要注意做好排水工作,防止路基积水,同时,也要注意防止路基失水过多,造成失水后吸水膨胀,产生病害。注意保持土体中天然含水状态的相对稳定。

5)其他

(1)控制土体风化作用,保持边坡土体结构相对稳定。

(2)防护工程要能适应边坡土体可能产生的膨胀及胀缩变形,以柔性防护为主,防止盲目采用刚性结构。

4. 路基石方工程

1)开挖石质路堑

(1)根据本合同段岩层风化破碎的特点,建议承包商选择适合其特性的爆破方法,使爆破出的石料破碎程度高,大块率小。

(2)严格审核爆破方案,控制炸药量,防止过量及边坡附近爆破,破坏边坡稳定。

路堑开挖过程中,应调查岩层走向易风化程度等加以分析,综合考虑边坡稳定问题,存在有引起边坡不稳定因素,应采取措施提前处理(比如,放缓边坡、改变边坡防护方案等)。

(3)监理应详细实地调查及分析地质钻探资料,发现有满足光面爆破工艺要求的路段,应建议采用光面爆破施工。同时按光面爆破工艺流程实施监控。

2)填石路堤监理要点

(1)严格按照设计的方案(填石堤的施工方法和保证落实措施)进行监控。

(2)在满足设计方案要求下,现场进行试验路段的施工,摸索一套适合施工机械设备,试验检测的经验,然后在填石路堤中推广运用。

3)土石混填路堤监理要点

根据设计文件和有关资料的介绍,本监理段有土石混填路堤,其施工监理要点是:

(1)通过现场取样进行试验,建立含石率与最大干重度关系曲线图,以指导施工控制。

(2)制定土石混填工艺流程及监理要点,认真作好技术交底工作。

(3)执行"一测点、一标准"原则进行控制,测点布置应具有代表性。

(4)严格监控压实虚铺厚度、压实方法的应用;严格压实度检测。

5. 路基土方工程

1)土方开挖段

(1)认真审核开挖方案。

路堑短而浅时,拟采用全断面开挖法,从两端掘进。路堑较深时,采用分层台阶式开挖,上层在前,下层随后,随时检测中线测量资料;路堑较长时,拟采用分段开挖法,即两端为纵向出土,路堑中部选择一个或几个适宜处,将较薄一侧堑壁横向挖穿,使路堑分成两段或数段,各段再纵向开挖,随时严格检测中线测量资料;拟设挡土墙的路堑,拟采用纵向分段挖掘,以利分段修筑挡土墙,随时严格检测中线测量资料;对拟设防护工程的边坡,当防护工程不能紧跟开挖施工时,应暂时留下一定厚度的保护层,待防护工程施工时再刷坡挖足。

(2)监测土方边坡的开挖坡比是否符合设计要求;当发现不稳定因素时,应进行综合分析,采取措施进行处理。

(3)地下水位较高的路段,应监控防水排水设施的施工,确保质量。

(4)监督检查承包人是否将弃方(包括开挖中挖出来未被利用的剩余材料、清理场地的杂物和废料以及不适合作路堤填料的材料)堆放在设计图纸所示的地点或经监理工程师所批准的堆放地点。

(5)高度重视弃方是否由于堆放而填堵了自然排水通道或影响了农用灌渠,如有,应指令承包人自己负责按要求进行补救处理。

2)路堤填筑施工质量监理

(1)严格控制填料的选择,建议采用CBR值和膨胀量来填料的质量要求,加强取样试验其CBR值是否符合90、93、95区填料质量要求,不符合该区填料要求的,则坚持宁弃不用原则处理。

(2)监控基底的处理,软土基应处理完毕并符合规定要求,地表土应清理干净并整平、压实达到规定要求,防排水系统应完善有效。

(3)严格检测虚铺厚度、压实含水率,坚持正确的压实方法;碾压时直线段由两边向中间,小半径曲线段由内侧向外侧,纵向进退式进行,横向接头对振动压路机(35~50t)一般重叠0.4~0.5m,对三轮压路机一般重叠后轮宽的1/2,前后相邻两区段(碾压区段之前的平整预压区段与其后的检验区段)宜纵向重叠1.0~1.5m。碾压要求达到无漏压、无死角,并确保碾压均匀。

(4)监控检测路堤坡率是否符合设计要求。

(5)检测高路堤边坡是否按设计要求做好了坡面防护工作,并达到了规定质量要求;高路堤路段应设沉降桩,用以观测其完工后沉降量和水平位移。

3)半填半挖及挖填交界处的施工质量监理

(1)严格按设计要求进行监控,布设土木格栅时,按其工艺流程要求进行检验。

(2)定人、定岗、定责,监理、承包人均落实由专人负责,并建立质量责任卡,监理实行全过程旁站监理。

(3)严格按规范要求施工,否则坚决返工。注意加强对施工台阶的范围、表层土的清除、滑动层的处理、压实施工的监控。

(4)重视存在的不稳定因素,应采取如设置护脚墙、边坡抗滑桩、预应力锚索加固等技术措施进行加固处理,并监控其施工质量。

4)涵洞结构物工程的施工质量监理

根据设计资料已知本监理段共有涵洞××座,总长×× m,通道××道,总长×× m,圆管涵底为砂砾垫层,采用“先填后挖”施工方法。砌石工程砂浆采用机拌,外路面要求凿面勾

凹缝处理等,驻地办进场后,拟采用下述措施进行监理:

(1)现场调查,进一步核对设计资料

①涵洞的最佳位置原则上以设计为准,但将结合实际情况,在充分调查、论证的基础上,提出合理化建议,报总监办批示;

②完善设计的不足,如涵洞、通道数量的增减、孔径大小的改变等,提出方案上报;

③对地形复杂处涵洞施工详细、中线测定和墩台位置加强监控;

④对工程量较大、地质较复杂处的涵洞,指定专人负责,对基础处理、混凝土浇筑等,采取全过程旁站监理。

(2)圆管涵施工质量监控要点

①砂砾垫层基础应碾压密实,达到规范要求,建议采用无砂大孔混凝土技术施工圆管涵管底及包管部位;

②监控管节运输、轻吊、轻放、安装等操作规程施工,不出现开裂、啃角等情况,各管节应顺应流水坡度安装平顺,垫稳坐实,对平接管,接缝宽度控制在2cm以内;

③监控填料施工,用碎石或砂性土作为护管填料时,应分层回填,用小型机具夯实并达到规范要求;管顶填料少于50cm时,不允许机械通过;

④在半填半挖处或部分地基软弱处的管涵基础,应监控所采取的处理技术措施的实施过程,以免出现增加圆管受力不均匀应力集中而开裂的现象。

5)加强混凝土墙身及盖板浇筑的监控

(1)检测控制模板、钢筋位移、变形;

(2)检测控制原材料的质量;

(3)检测控制混合料的拌和质量,特别注意对水灰比、和易性的检测控制;

(4)控制工艺流程的实施,其中对振捣顺序、时间、方法、脱模及养生要注意监控检查;

(5)监控沉降缝的施工质量,特别是沉降缝要全面贯穿,不得有错缝现象;

(6)建议采用光面混凝土技术施工,以增强混凝土表面光洁度。

6)防护及排水工程施工质量监理

根据设计资料,本监理标段设计有高边坡防护、高挡土墙、膨胀土路基排水系统,包括排水沟、边沟、截水沟、急流槽、纵横向排水、渗水盲沟等;边坡防护包括浆砌片石挡土墙,路堤浆砌片石护坡,路基浆砌片石平台,路基草皮护坡、路堑膨胀土防护等防护工程。

加固、防护、排水工程的质量监理要点是:

(1)组织专业人员,审查复核设计图纸,明确设计意图与要求,特别是排水系统各种排水设施的相互之间的关系对发挥排水系统综合效益的影响与要求。

(2)沿线实地调查,根据实际情况进一步完善设计图纸。

(3)加强对地下排水设施施工质量的监理,它们属隐蔽工程,必须强调要按设计和施工规范要求施工,严格加强检验。

(4)重点控制边坡防护工程施工,特别是高边坡、膨胀土边坡的防护,必须严格检验边坡坡度必须达到设计的边坡稳定值,合格后,监理工程师才能批准防护施工。为了确保工程质量,拟建立边坡病害处理小组,加强监控,保证路段各类边坡即稳定又美观。

(5)高边坡防护工程施工监理要点:

①根据边坡开挖情况,认真审核防护技术方案;

②石方边坡,应视情况,经检验并获得监理工程师批准,可采用光面爆破技术、锚固技术、

抹浆封面技术、石缝灌浆技术、嵌补技术等措施进行防护;如岩石层倾向路基,建议采用放缓边坡或采用预应索穿岩体加固或穿岩体的钢筋混凝土桩予以加固,使岩体保持整体性、稳定性,但要作技术经济论证;普通石方边坡建议采用浆砌片石窗式骨架防护;

③对地下水较丰富的边坡,除增多泄水孔外,建议采用无砂大孔混凝土技术综合防护。

(6)高挡土墙施工质量监理要点:

①石料质量符合规范要求;

②监控检测基坑承载力是否符合设计要求;

③检查是否按规定施工程序和工艺要求进行施工,是否做到了错缝砌筑、坐浆挤浆并使砂浆饱满;

④检查是否按设计要求修筑泄水孔;

⑤检查是否按规范回填土;

⑥砂浆材料、配比是否符合设计要求,砂浆采用机拌,且不使用过夜剩余砂浆。

(7)排水砌体工程施工监理要点:

①监控材料的质量;

②监控基底平整、夯实或垫层铺筑是否达到规定要求;

③监控测量放样,应位置准确,线形美观;

④监控砌筑工艺实施施工质量;强调按规定程序施工,按操作规程施工,确保施工质量;

⑤砂浆采用机拌,按规定抽检砂浆稠度,控制和易性,符合施工要求;

⑥砌体外观及养生应符合设计要求。

(三)路面工程监理的编制要点

本部分的编制方式与内容与上述相同,一般包括:路面工程概况和分项的监理方法与要求及监理框图等。其具体编制方式与内容可参照下述介绍进行。

根据设计,本标段路面工程采用了级配碎石底基层、水泥稳定碎石底基层、基层。面层为水泥混凝土路面,采用滑模施工。

1.级配碎石底基层的施工质量监理要求

1)做好施工准备

(1)要求承包人进行料场及进场材料取样,按规定要求做各项试验,把结果报送监理工程师审批,监理抽验合格后才能使用。

(2)审查和核实配合比、承包人的主要机械设备及质量现状。

(3)要求承包人做好施工技术方案(含试验路段)施工放样等并写开工申请报告,经监理工程师核实,确实具备开工条件的可批准开工。

2)级配碎石底基层施工质量监理

(1)颗粒组成。塑性指数必须符合级配要求。

(2)配料必须准确,干拌后取混合料做筛分试验,检查混合料是否满足施工配合比的级配要求。

(3)混合料拌和均匀,加水湿润并进行闷料。摊铺时应尽量避免混合料离析。用平地机摊铺混合料,松铺系数取1.25~1.35。具体数值通过试验路实测确定。摊铺时严格控制高程,以保证路拱、平整度和厚度达到规定要求。

(4)摊铺料达到最佳含水率和整平后进行碾压。碾压成型后检查压实度、厚度,应满足设计规范要求。

3)级配碎石底基层的完工验收质量监理

对完工项目按《公路工程质量检验评定标准》(JTG F80/1—2004)中所规定的检测项目与检测频率项目进行检测,将检测成果整理好向监理工程师提出申请,以便组织完工验收,对完工交验合格的分项工程进行质量等级评定,以进行下道工序施工。

2. 水泥稳定碎石路面底基层、基层的施工及质量监理

水泥稳定碎石底基层要达到《公路工程质量检验评定标准》(JTG F80/1—2004)优良工程标准,压实度和平整度等主要指标达到满分;水泥稳定碎石层备料应严格按粒径分开堆放,其中底基层按0.5~2cm和2~4cm粒径分别堆放,基层按0.5~1cm或1~3cm粒径分别堆放。水泥稳定碎石层拌和必须用连续式厂拌设备。底基层施工原则上应用混凝土摊铺机摊铺施工,确有困难时,可用自动找平平地机摊铺施工,基层必须使用混凝土摊铺机施工。外观做到平整密实、无坑洼、施工接茬平整、密实,底基层平整度不大于10mm,基层平整度不大于5mm。

鉴于水泥稳定碎石基层本身所特有的稳定材料剂量低、凝固快,早期强度高,表面质量要求标准高等特点,在现场监理中应相应地抓住关键问题作为监理重点,以保证工程质量达到技术规范的要求。

1)把好原材料质量

原材料质量合格与否直接关系到工程最终质量的好坏。在底基层或基层现场监理中,把好原材料的质量关是保证工程质量的基层和关键。

驻地监理工程师在审批原材料时,一要审查材料出厂合格证;二要审查承包人自检试验的结果,监理人员还要亲自对来样进行试验,以确定所报材料是否符合技术规范要求。不合格的材料坚决不准使用。

已进场的材料,若由于存放不当或储存时间过长导致质量变化而不能使用时,不得用在工程中。

2)加强对混合料中水泥用量与集料级配控制

在审批基层混合料组成设计时,监理工程师对无侧限抗压强度进行综合控制,合适的配合比应该是:既达到设计强度的要求,又不高出设计强度太多。

在施工过程中,监理工程师对水泥用量的控制,应采取宏观和微观控制相结合的方法。宏观上每天定期检查承包人水泥总消耗量,并以此期间实际建筑面积所需水泥总数相比较:微观上,检查试验室内水泥剂量试验结果。

碎石的级配在施工中也应该随时通过筛分或观察检查,及时要求承包人调整不良级配,保证混合料质量。

3)加强对基层摊铺压实次数成型的控制

基层施工质量要求较高,不仅要严格控制施工高程、表面平整度;而且拌和好的混合料从第一次在拌和机内加水,到运输、摊铺压实完毕时间要求很高。根据试验,要满足这些要求,只有使用先进的摊铺设备才行。因此,要求承包人铺筑基层时必须配备摊铺机。实际施工中,当有的承包人使用自动找平平地机进行摊铺保证不了要求成型的时间,要根据其所用水泥的初、终凝时间和实际的成型时间,判断该段基层的施工质量。

为保证成型时间,监理工程师要求承包人摊铺和碾压要一次成型,不允许修修补补。

4)加强基层养生的监理

要求承包人必须加强养生工作,要保持基层表面潮湿并养护7天,同时要控制交通,即便施工车辆通行,车速也不得超过5km/h。

3. 水泥混凝土路面的质量监理

1）施工准备阶段的监理

（1）审批原材料

检查水泥等产品的质量合格证书，对水泥、碎石、砂等材料取样按规定进行检验，必须执行承包人自检、监理抽检，合格后报监理工程师审批的程序。

（2）审批混合料配合比

承包人进行混凝土配合比试验，把方案报监理工程师，监理工程师审查并经抽检试验合格后，批准使用，对砂石含水量变化情况下，必须每天进行配合比试验来决定施工配合比；施工配合比应根据现场测定水泥的实际强度等级进行计算。

（3）审查承包人主要机械设备（拌和楼、摊铺机等）的配置及调试情况。监理工程师根据选定的施工方法及配套的施工机械设备进行检查，合格后予以批准使用。对不能满足施工精度要求或功能不全的机具禁止使用。

（4）模板、传力杆、拉杆制作质量检查监理

模板应具有足够的刚度、高度和顺直度、平整度，并复测、审核施工放样数据，监理工程师认可后方可使用。

（5）进行试验路浇筑监理

试验路的浇筑必须按监理工程师批准的方案、要求进行。从试验路中采集施工数据，规范施工操作程序，核查机具、人员组织安排情况，做好记录，总结经验，为正式开工做好准备。

（6）施工准备工作就绪后，编写开工报告，上报驻地办审核，经审核合格后批准开工。

2）施工阶段的监理

（1）基层质量检查

检查基层宽度，每侧应比面板宽出 25 ~ 35cm，表面平整度及是否有局部破损或表层松动的情况，处理合格，经监理工程师认可后，才可以进行下道工序施工；进行基层弯沉测定，验算基层整体模量是否满足设计要求。

（2）模板安装质检控制

模板按制作和安装规定质量要求安装，应准确、牢固，完成后，由承包人自检，合格后报监理验收，经监理验收合格后批准浇筑施工。

（3）混凝土拌和运输质检控制

①拌和前先试拌适量混凝土后废弃，以核实计量系统的计量、运作是否正常；

②配料必须准确，每天均应对计量系统进行检查，合格后使用，使每一拌盘的配料满足施工要求，并按规定作好施工记录；

③根据当日气温、气压及原材料含水量情况，调整施工配合比，满足混合料运到工地后的施工和易性要求；

④严格按规定的拌和时间拌和；

⑤现场配合比质检控制：取出料口或运到工地现场的混合料，测定水泥用量和用水量、计算水灰比；用水洗法筛洗混合料，烘干后进行试验，以掌握粗、细集料的配合比是否满足要求。

确保混凝土拌和质量的关键是选用质量符合规定的原材料，拌和机技术性能能满足要求、拌和时配合比计量准确。拌和设备附有可自动准确计量的供料系统；各种组成材料的计量精度控制在下列范围：水和水泥 ±1%；粗细集料 ±2%；外加剂 ±1%。拌和过程中加入外加剂

时，外加剂单独计量。强制式搅拌机和坍落度为1～5cm的混凝土拌和物，最佳拌和时间控制为：双卧轴强制式拌和机为60～90s，最短拌和时间不低于低限，最长拌和时间不超过高限的3倍。

采用自卸汽车运输混凝土拌和物，拌和物坍落度大于5cm时采用搅拌车运输。从开始拌和到浇筑的时间满足下列要求：用自卸汽车运输时，不得超过1h；用搅拌车运输时，不得超过1.5h。若运输时间超过上述时间限制或在夏季浇筑时，拌和过程中加入适量的缓凝剂，尽量缩短混凝土拌和物的运输时间，并采取措施防止损失和混合料离析。

(4)摊铺与振捣的质检控制

①要求承包人安排人员指挥车辆进入指定位置，混凝土按摊铺厚度的要求均匀堆放，用螺旋布料机布料，确保摊铺机不停顿的保持均衡的连续作业。

②滑模摊铺机的振捣器在面板全断面均匀分布，两边的振捣器距板15cm，而中间每两振捣器之间距离为45cm，水平放置，高度一致。作业时，振捣器中线位置约在混凝土面之下0～4cm，使液化框内的混凝土浸过振捣棒。

③振捣器的振捣频率根据混凝土的坍落度及摊铺机的工作速度及时调整；坍落度大时振动频率适当调小，工作速度快时，振动频率适当调大，反之亦然。对于插入式振捣棒，还应注意插入各棒之间的距离，特别是边角部位，避免出现离析现象。

④要求滑模摊铺机具有螺旋布料、振捣、捣固、打设拉杆、成型等功能，混凝土在拌和站坍落度控制在3～5cm，并根据运输远近、气温高低及时调整，使混凝土到摊铺现场的坍落度为2～3cm，确保摊铺后混凝土板不出现坍边、麻面现象。为保证侧边顺直，混凝土侧边应利用铝合金条封住。

⑤要求承包人配备小型机具，当摊铺机发生故障，用机械不能完成的畸形面积施工时，不能用机械摊铺的部位，采用小型机具施工。摊铺、振捣及整平作业采用排架式刮平振捣机配合美国进口三轴自行式整平机施工，在靠近板边、角处的混凝土，用插入式振捣器再补充振捣。多台时，每台的间距不大于其作用半径，振捣的持续时间，以混合料停止下沉、不再冒气泡并泛出砂浆为准，不可过振，确保路面板的密实度。振捣时应铺以人工找平、表面整修。振捣时，振捣器不要碰撞模板。

利用三轴机摊铺时应注意对以下问题的监控：

a.优化混凝土配合比设计，通过测定施工现场的气温、风速、运距远近来控制现场摊铺时混凝土混合料的坍落度；

b.摊铺过程中严格控制混凝土拌和物的松铺厚度，可按振实后面板厚度的1.15～1.25倍控制，以确保混凝土路面的厚度和高程符合设计要求，具体应通过试铺来确定拌和物松铺厚度；

c.确保连续供料，均匀摊铺，因此，机械摊铺和混凝土的拌和、运输能力要配套，协调一致，并有专人检查，及时调整；

d.配备小型机具：当摊铺机械发生故障时，用小型机具配套施工到预定的施工缝；

e.排架式振捣器振动时间不宜少于20s，移动间距不大于作用半径1.5倍；

f.严格控制三轴机摊铺振动遍数，使面层砂浆厚度控制在3mm之内，以提高混凝土表面的耐磨性。

(5)表面整修的质检控制

①表面整平

在摊铺过程中，滑模摊铺机采用自动抹平板装置进行抹面，以消除表面气孔和石子移动带来的缺陷。要控制自动抹平板的压力不得过大，并随摊铺的纵坡变化随时检查调整，以免路面出现影响平整度的"W"形砂浆楞。对表面局部少量麻面和明显缺料部位，在挤压板后或搓平梁前，最迟在抹平板前表面补充适量砂浆，由搓平梁和抹平板机械修整。局部少量混凝土面板缺陷采用人工进行整修。禁止整个表面用加铺薄砂浆层修补路面。

②精光

混凝土路面摊铺机配置有完善的精光设备，本合同段混凝土表面修整采用美国进口的铝合金制作的大镘、小镘整平混凝土表面，清除气泡。精光是对混凝土路面进行最后的精平，使混凝土表面更加密致、平整、美观。在施工过程中加强质检和校核，并用3m直尺检查平整度，确保精光质量。

③纹理制作

采用纹理制作机制作刻纹，以提高路面的抗滑性能。路面摊铺3d开始刻纹，并在两周内完成。纹理深度控制在1~2mm范围内。纹理与路面前进方向垂直，相邻板的纹理相互沟通，以利排水。

(6)养护及交通管制的质检控制

采用保湿覆盖养生方式。混凝土表面整修完毕，立即进行湿治养护，使其在开放交通时达到规定的强度。在气温较高时，保持已浇筑的混凝土表面湿润，以免其表面干裂。在养护初期，采用活动三角形罩棚遮盖混凝土，以减少水分蒸发，避免阳光照射，防止风吹、雨淋等。保持在养护期间始终处于潮湿状态。养护时间由试验确定，以混凝土达到28d强度的80%以上为准。在养护期间禁止车辆通行。

(7)接缝施工监理

本合同段接缝设计有纵缝、缩缝、横向施工缝、胀缝四种。在混凝土结硬后，根据其组成、性质、施工气候条件等掌握好湿度并及时进行切缝。混凝土板养护期满后，把缝清扫干净，及时灌缝，采用高弹性、黏结力强的聚氨酯、改性沥青等填缝料封填接缝且填筑饱满密实。

①胀缝施工

胀缝采用前置法施工，先加工好胀缝钢筋支架，传力杆无沥青涂层的一端焊接在支架上，接缝板夹在两支架之间。施工前运至现场，待摊铺至胀缝位置前方1~2m处，将支架准确定位，用钢钎将支架和胀缝板锚固在基层上，保证支架不推移，胀缝板不倾斜，然后卸料和布料，用手持振捣捧振实缝板两侧的混凝土，滑模机摊铺通过。连接搭板的胀缝，在滑模连续铺装搭板和桥面前，与钢筋网同时加工安装好。胀缝不待混凝土硬化，即剔除胀缝板上部的混凝土，嵌入木条，修整好表面。在填缝之前，凿去接缝板顶部的木条，涂黏结剂后，嵌入多孔橡胶条或灌填缝料。

②横向缩缝施工

横向缩缝采用锯缝法施工。混凝土结硬后应适时施工锯缝。锯缝时间以施工温度与施工后时间的乘积为200~300个温度小时或混凝土抗压强度为5~10MPa为合适，或通过试锯确定适宜的锯缝时间。缝的深度为板厚的1/3~1/4。锯缝时间应控制在混凝土已达到足够的强度，而收缩变形受到约束时产生的拉应力仍未将混凝土面板拉断的时间范围内。因此，在施工中要注意气温情况，因混凝土的强度颇受其影响，锯缝时间过早过迟均会带来问题，过早，容易出现崩边，过迟，则易使板出现早期裂缝。

③纵缝施工

纵向施工缝位置与车道线一致，其构造采用锯缝加拉杆型，纵向锯缝的拉杆，在摊铺时，采用滑模摊铺机的侧向拉杆装置插入。

④施工缝施工

施工中断形成的横向施工缝设置在胀缝或缩缝处，车道路面的施工缝避免设在同一模断面上。施工缝设在缩缝处时，应增设一半锚固、另一半涂沥青的传力杆，传力杆必须垂直于缝壁、平行于板面。

3)混凝土路面完工后按《公路工程质量检验评定标准》(JTG F80/1—2004)进行质量评定。

水泥混凝土面层滑模摊铺质量监理程序框图如图3-13所示。

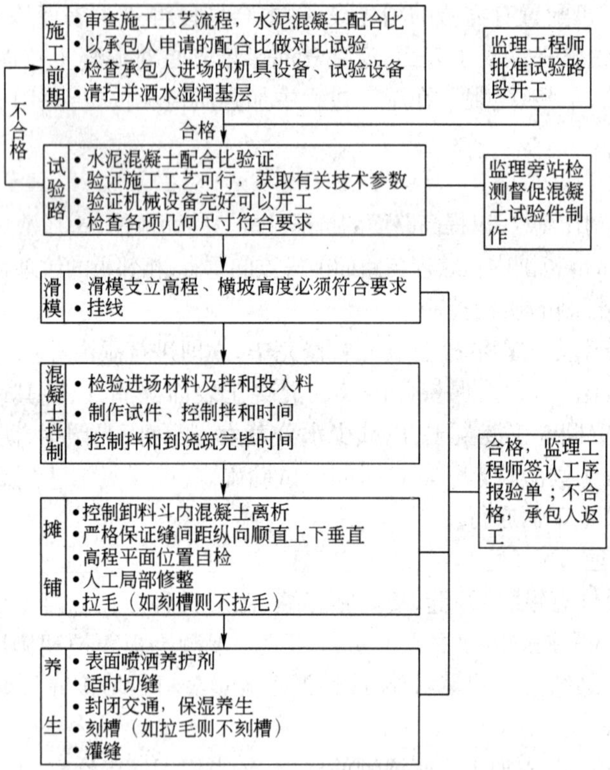

图3-13 水泥混凝土面层滑模摊铺质量监理程序框图

(四)路基、路面及桥梁工程质量监理框图

下面编制了路基、路面及桥梁工程质量监理框图(图3-14~图3-19)。

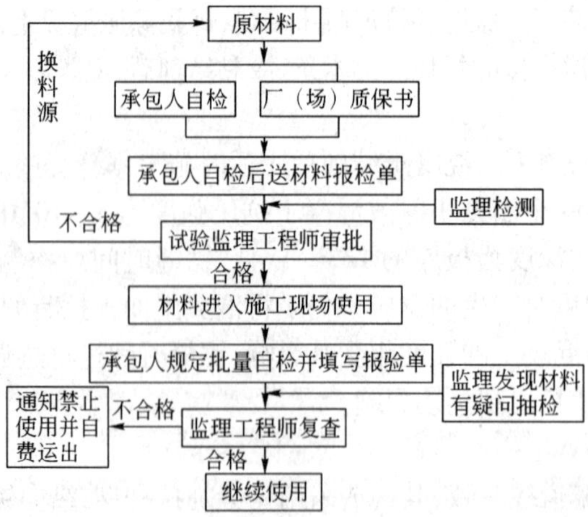

图3-14 基层原材料质量监理程序框图

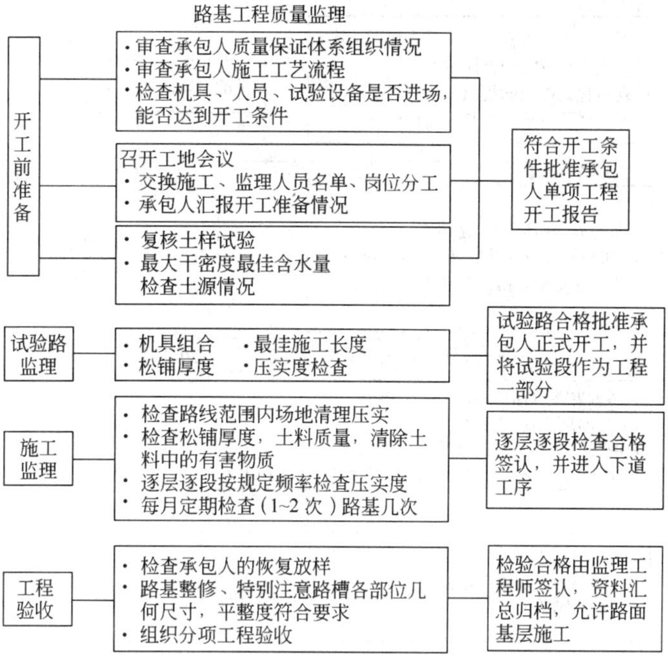

图 3-15　路基工程监理工作流程框图

(五)安全设施施工质量监理的编制要点

交通安全设施包括波形梁护栏、缆索护栏、混凝土护栏、桥梁护栏、隔离设施、防眩设施、视线诱导设施等。在编制本部分内容时，应根据招标文件及相关资料、现场考察收集的资料并结合本单位的条件进行编制，一般包括：

1. 交通安全设施概况

主要说明本监理路段主要包括哪些安全设施、桩号（长度）、质量规格等情况。

2. 交通安全设施施工监理的方法

在编制“技术建议”书中的监理大纲中的“安全设施施工监理”部分时，可参照下述方式、内容进行。

(1)交通安全设施概况

本监理标段的交通安全设施主要有波形梁护栏（全程）、隔离栅、防眩设施及标志、标线等。

(2)安全设施施工质量监理

1)波形梁护栏施工监理要点

①一般规定要求

承包商应在护栏运往工地之前，向监理工程师提供所采用护栏部件的样品以供检验，必要时，应按设计要求进行荷载试验，所有运到工地的立柱均应与已检验并被批准的样品的质量相符。护栏的安装施工一般在路面施工完成后进行或等到路基充分压实，并达到施工规范的要求，在监理工程师认可之后，才能进行，但设置于通道、涵洞等顶部的护栏立柱应经监理工程师批准后作预先处理。在施工之前，监理工程师应认真审核承包人提交的详细的安装施工组织设计，批准后，才可按此设计施工，监理人员应监督承包人按规范规定施工操作，以免破坏路面下埋设的电缆、管道等设施。

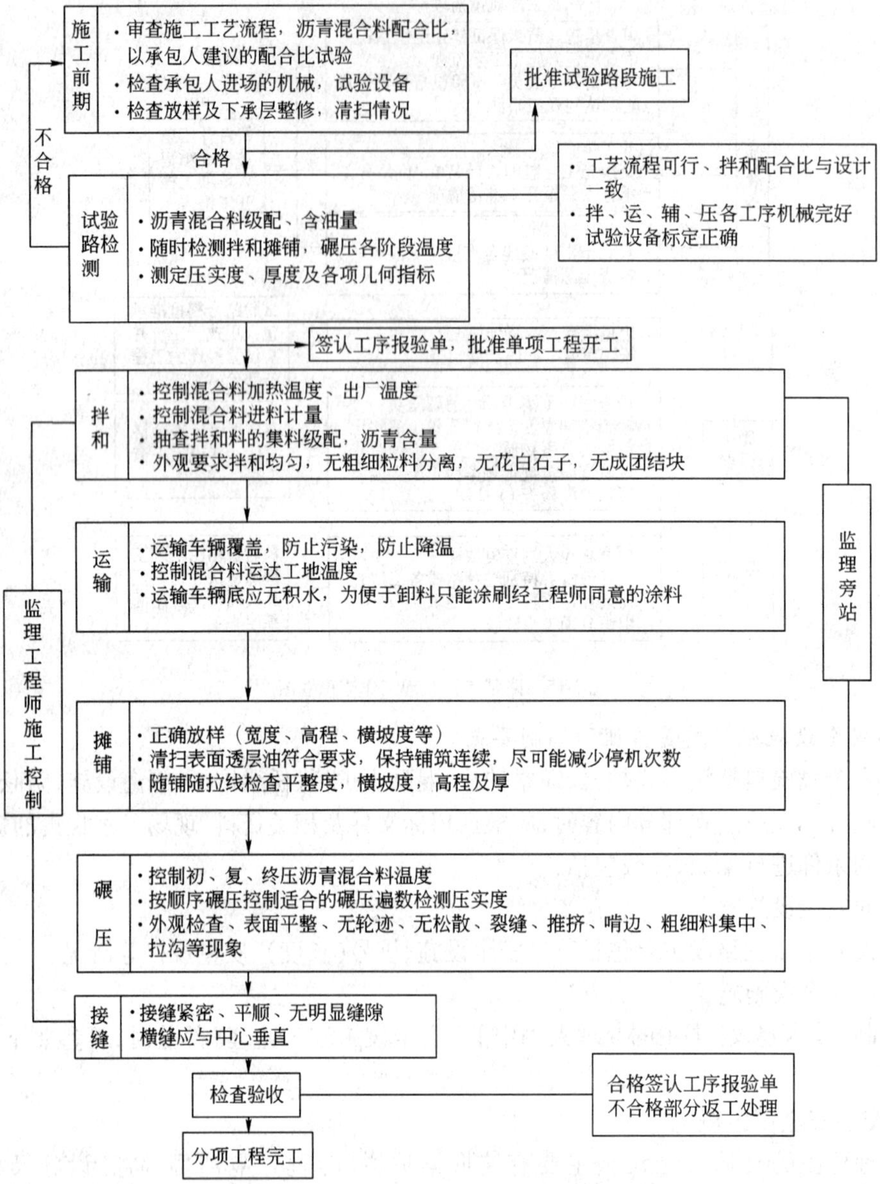

图 3-16　沥青面层质量监理程序框图

②立柱放样

监理工程师应监控立柱是否是按设计图进行放样，并以桥梁、涵洞、通道、中央分隔带开口、立交等为控制点而进行测距定位。检查立柱放样时是否合理地利用了调整段来调整间距并利用分配方法处理间距零头数。立柱放样后，应检查每根立柱位置的地基起伏状况，如遇地下通信管线、泄水管等，或涵洞、通道顶部埋土深度不足时，应调整某些立柱的位置或改变立柱固定方式。在曲线段应避免损坏电缆和管道，任何损坏的修理费应由承包人负担。

③立柱安装

立柱安装应与设计图相符，并与道路线形相协调。立柱应按设计深度牢固埋入土中，并与路面垂直。

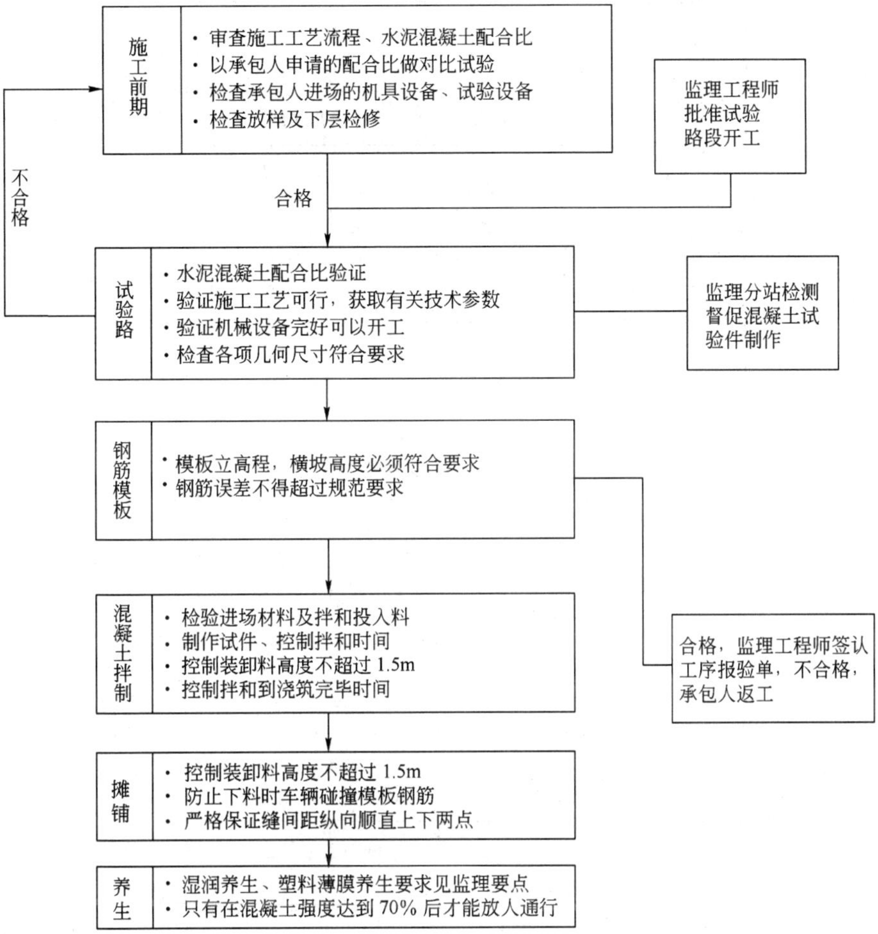

图 3-17　水泥混凝土面层质量监理(人工摊铺)程序框图

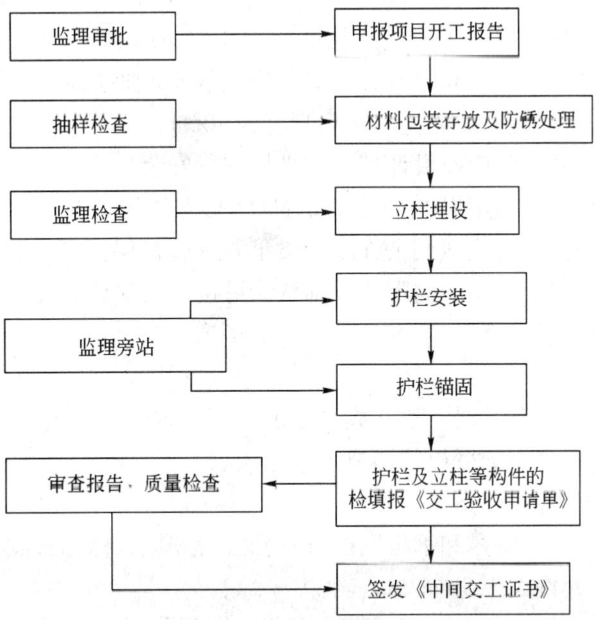

图 3-18　交通防护设施质量监理程序框图

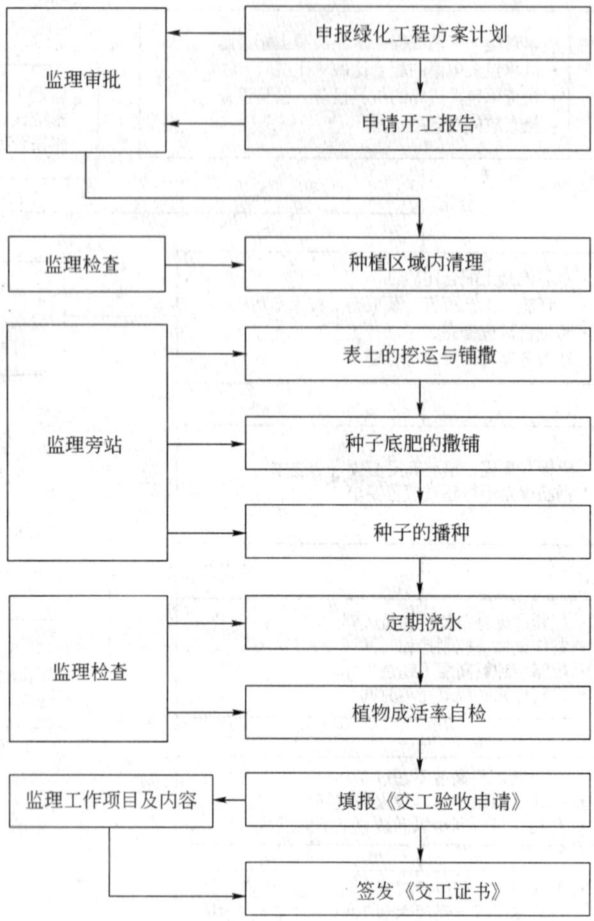

图 3-19　绿化工程质量监理程序框图

一般路段，立柱可采用打入法施工，定位精确，如打入过深，必须将立柱全部拔出，待基础压实后再重新打入，无法打入而改用开挖或钻孔法施工时，回填应采用 C15 水泥混凝土并捣实。立柱安装就位后，其水平方向和竖直方向应与道路线形相适应形成平顺的线形。护栏连接螺栓中心相对于路面缘石顶面或路面的平均高度为 70cm。

护栏渐变段及端部的立柱，应按设计规定的坐标进行安装。

立柱安装在圬工上时，必须用 C15 混凝土或 M7.5 砂浆固定。

立柱用打入法施工时，不应出现可见的变形、开裂或镀锌层损坏。过度损坏的立柱应拆除，并由承包商负担费用更换新柱。监理工程师认为可接受的损坏立柱，承包人必须在 24h 内使用良好的冷镀锌化合物予以修复。

④护栏的安装

护栏板拼接方向应与行车方向一致并成平顺的线形，避免局部凹凸。护栏板面顶面应与路面竖曲线协调，因此，要注意护栏板的调节工艺操作。

2）隔离栅的施工质量监理要点

①冷弯成型的槽钢立柱、斜撑和钢板网框、角钢的标称厚度、标称长度、宽度应通过检验符合标准要求。弯曲度不允许大于 5mm/m。

②槽钢表面不得有气泡、裂纹、疤痕、折叠、夹杂和端面分层缺陷，但允许有不大于公称厚

度的10%的轻微凹坑、压痕、疤痕、擦伤。

③检验项目应包括外观检查、尺寸检查、基底钢材的抗拉强度、屈服强度、延伸率和镀锌层厚度测试，均应符合设计要求。

④检查是否与公路地形协调，监理工程师应审核施工前根据现场情况设计的纵断曲线，确定每个柱的设计高程。

⑤检查基础开挖，保证基础几何尺寸以及基础周围土不受扰动。

⑥检查立柱是否安装牢固、垂直度是否符合要求，立柱纵向应在一线上，不得出现参差不齐的现象，柱顶应平顺，不得出现高低不平的情况。立柱基础强度达到设计强度的70%后方可安装隔离栅网片，并应取得监理工程师认可。

⑦编织网应按规范规定施工。网片安装完后，立柱基础均应进行压实最后处理。

⑧施工完成后，要检查隔离栅整体的稳定性，并保证在2m范围内平整。

3)防眩设施施工的质量监理要点

①防眩板的材料、镀锌量、几何尺寸应符合设计要求，其遮光角应符合设计要求，安装要牢固。

②施工前检查清理场地，确定控制点(如桥梁、立交、中央隔带开口及防眩设施需变化的路段)，在控制点之间测距定位、放样的情况。

③检查设置位置与高度

④检查施工过程中是否损伤了金属涂层，如有，应在24h内给予修复。

4)标志、标线施工质量监理要点

①对运到现场的粘贴反光标志膜的标志，要对表面进行抽查，不得有龟裂裂纹、明显的划痕及明显的颜色不均匀。标志板面要保证四个单位垂直，其垂直度不应大于±2°，不允许超过规范要求的±3mm/m的翘曲。要对板面内的符号、字体、尺寸大小进行严格检查。

②检查标志基础、基础混凝土施工质量。

③检查标志在安装过程中的保护情况。

④标线施工前，承包人应将拟用的材料样品、施工方法报监理工程师，并喷涂一段实验标线以此检查涂料配方是否满足设计要求、施工机具和工艺是否合适。

⑤以道路中心线为基准对标线位置进行检查；对于人字线，要先按设计图在路面放大样图，经检查符合设计要求后，方可开始施工。

⑥标线喷涂之前，路面表面要清扫干净、保持干燥。

⑦认真检查标线施工机械设备。

⑧热熔涂料应符合《路面标线涂料》(JT/T 280—2004)对标线材料、涂剂(底油)的要求，以及玻璃珠应符合的要求，并按规范规定抽样检验。

⑨标线施工前应根据设计图纸的要求，认真打好水线，不得边放线边施工，不得用样绳代替水线作为画线依据。

⑩喷底油须用高压喷涂机喷涂，喷涂宽度大于标线宽度，并特别注意不得喷偏。

⑪开工前应认真调试画线车，特别是玻璃珠撒布控制。所画标线必须线形流畅，弯道上的标线，应按弯道曲率半径，求出里外各车道的标线长度，然后实施标线。

(六)绿化工程施工监理要点

(1)公路两侧边坡、沿线空地、中央分隔带以及互通式立交范围进行种植花草、植树，以美化绿化道路环境；对离路线较近的学校、村庄、城镇等敏感区一侧，公路坡脚以外15m种植灌木、乔木绿化。植树要求按自然风景栽植方式栽植，高矮错落，以增加自然景观效果，又起隔声作用。施工单位要避免在公路旁乱开采石料，破坏自然景观。必要开采时，则在工程完工后，种植攀援植物，恢复自然景观。对借土场或弃土场，工程完工后尽可能改作耕地，不能改造的应及时种植树木和草皮进行绿化，避免水土流失造成环境污染。

(2)在缺少表土或厚度不足的表土层上种植植物时，经监理工程师批准，可撒铺土壤，达到植物生长所必需的最低土层厚度，进行绿化。

(3)栽植苗木要规整成线，注意不影响行车视距要求。在桥涵两端5m距离之内，不得栽植高大乔木。

(4)植树密度及株行间距应符合设计和规范要求。

四、工程费用监理的编制要点

(一)工程费用监理要点

工程施工过程中的费用监理主要是对工程计量与支付的监督与管理，其要点如下：

(1)全面熟悉合同文件，特别是熟悉有关监理工程师在计量与支付方面的职责权限条款。

工程量清单、技术规范、投标文件及附件等从不同角度对工程计量支付做了规定，忽视任何一点都可能造成支付工作的失误。这是做好计量支付工作的前提，也是监理单位编制监理投标书以高质量取得中标机会的重要前提之一。

(2)根据合同条款，制定工程计量与支付程序，使工程费用监理科学化、规范化。

(3)认真作好各种监理记录。在工程施工过程中，监理工程师必须对所有已完成的工程细目进行计量和记录，以便核检承包人每月提交的月度结账单；还必须对涉及付款的工程事项在施工中发生的一切问题进行详细的记录，这对解决支付纠纷至关重要。

(4)认真做好施工现场的工程计量工作。施工过程中由于地质情况的变化或工程变更等致使实际工程量与原来的工程量有较大出入，因此，施工现场的工程计量就很重要。计量工作由监理工程师负责，通常可视具体情况采用承包人计量，监理工程师确认或监理工程师独立计量；或监理工程师与承包人共同计量三种形式。但其结果，均需承包人与监理单位双方签字；若有争议则由监理工程师与承包人协商后作出最后决定。

(5)严格费用支付程序。工程费用的支付是对工程实施控制的核心手段，也是对工程费用实施控制的最后一个环节。为了保证工程施工合同的全面履行，监理工程师必须严格按费用支付程序，通过对计量与支付有效控制实施各种费用的支付管理。

(6)熟悉工程的所有支付项目。监理工程师必须对动员预付款、材料预付款、工程变更的估价、计日工、暂定金额的支付、各种原因引起的价格调整、保留金的支付、缺陷责任期费用的支付以及缺陷责任期终止后的最大支付等项目的合同规定、要求、计算方式等必须十分熟悉，并按规定执行。

(二)工程计量与费用的监控要点

1. 工程计量的监控要点

工程计量是监理工程师负责计量实际发生的工程数量的一项关键性工作。

1)计量原则

工程计量必须按合同文件所规定的方法、范围、内容、计量单位或经监理工程师同意的计量方法进行计量，不符合合同文件要求的工程不得计量。

2)计量的依据及范围

主要依据是:工程量清单及说明、合同图纸、工程变更令及修订的工程量清单、合同条件、技术规范、有关计量的补充协议、索赔时间/金额审批表等。

工程量的范围是:工程量清单及修订的工程量清单内容、合同文件规定的各种费用支付项目。

3)计量方法

(1)实地测量计算法

是采用符合规定的测量仪器、仪具对已完成工程按合同有关规定进行实地量测并按规定的计算方法进行计算的工程计量方法。当监理工程师欲对工程的任何部位进行量测计量时,应先通知承包人,承包人必须立即派人协助监理工程师进行计量。量测计算后,双方签字确认。如果承包人收到通知后不参加或不派人参加实地量测计量工作,监理工程师自己量测或经监理工程师批准的量测结果,即为正确的计量,可作为支付的依据。

(2)记录、图纸计算法

是根据工程图纸和已完成工程的记录进行工程计量的方法。如对钢筋、工程结构物等,通常可采用此法计算工程量。但其计量结果必须经监理工程师和承包人双方同意并签字确认后,方可进入费用支付环节。

(3)断面法

断面法主要用于计算取土坑和路堤土方的计量。在土方施工前每50m测出一个地形断面,然后将路堤设计断面画在地形断面上,每次计量时测出完成的路堤顶高程,据此,在断面图上计算完成的工程数量。

(4)钻孔取样法

此法主要用于道路面层结构的计量。根据技术规范有关条款规定,路面结构层的计量按 m^2 计,但必须保证结构层的设计厚度。

(5)分项计量法

此法是根据工序或部位将一个项目分成若干子项,对完成的各子项进行计量支付。子项计量支付的金额,根据估算的子项占总项的比例而定,但各子项合计的支付金额应等于项目规定的金额。

(6)均摊法

此法是对清单中合同价按合同工期每月平均计量,适用于临时道路、桥梁的修建和养护、办公室的维修以及测量设备的保养等清单项目。因这些项目的特点是在合同工期内每月都有发生。

(7)凭证法

此法是根据合同中要求承包人提供的票据进行计量支付。如工程险和第三者责任险的保险费,以承包人每次实际交付费用的凭证或单据进行计量支付。

(8)估价法

此法是按合同文件的规定,根据监理工程师估算的已完成的工程价值支付,如为监理工程师提供办公和生活设施、用车以及测量、天气记录和通讯设备等项目。这类清单项目往往要购买多种仪器设备,当承包人对于某一清单项目中规定购买的仪器设备不能一次购进时,则需采用估价法进行计量支付,其计量方法如下:

①按照市场的物价情况,对清单中规定购置的仪器设备分别进行估价;

②按下式计算支付金额:

$$F = A \times B/D$$

式中:F——计算支付的金额;

A——清单中所列该项的合同金额;

B——该项实际完成的金额(按估算价格计算);

D——该项全部仪器设备的总估算价格。

4)工程计量的方式

按合同规定,工程达到规定的计量单位时,监理工程师应审查承包人提供的计量所需的资料,并与其共同计量。监理工程师必须对计量结果作出准确的记录,并将其副本抄送给承包人。工程计量时,监理工程师可根据工程特殊情况增加计量次数,但应提前向承包人发生通知,写明何时对何工程进行何种计量。承包人申请增加计量次数,应要求其提前填写计量申请单,写明要求计量的原因、计量的工程部位和计量时间,监理工程师应视情况作出计量或暂不计量的决定,并通知承包人。

5)工程计量的程序和主要文件

(1)工程计量的程序

计量工作主要由驻地监理工程师办公室承担,高级驻地监理工程师负责审核,总监理工程师代表最后审定。后二者对驻地监理工程师的计量结果拥有充分的否决权。对于计量中的数量问题有权更改或责令驻地监理工程师进行复查。发现被计量的工程存在质量问题有权责令承包人对缺陷部位返工或修补,并重新签发交工证书。工程计量的程序可用下述框图3-20表示。

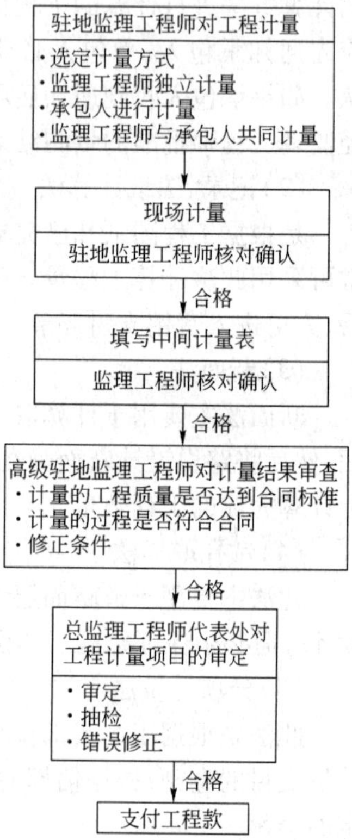

图3-20 工程计量程序框图

(2)工程计量过程中的主要文件

①“中间支付计量表”;

②“工程分项开工申请批复单”;

③“检验申请批复表”;

④其他如有关的自检资料、工程质量检验表及质量评定意见、“工程变更令”、“中间交工证书”等。

2. 计量的管理

1)计量形象管理图

计量形象图是监理工程师对工程计量进行宏观控制和管理的有效手段。计量形象图即是将工程量清单中的项目和费用用绘图的形式表示出来,并随着计量工作的进行,将已被计量的部位在图中显示出的一种图形。其作用是可以避免出现清单中一些项目的重复或漏掉计量的现象,同时,监理工程师可以根据形象图对工程计量项目进行宏观控制和管理。其图式有:

(1)总体形象图

道路工程的总体形象图通常包括平面形象图和纵断形象图。

①平面形象图

平面形象图是在可以标注尺寸的平面图上绘制,其纵横坐标可以采用不同的比例或采用示意的方式。例如京津塘高速公路工程的平面形象图根据其工程量清单中的项目,包括有以下内容的平面形象图：

a. 清理场地，移去表土及挖根的范围；

b. 取土坑、堆料场的位置及运输路线；

c. 涵洞、通道及桥梁平面位置及规模；

d. 结构物、结构物变更位置与规模；

e. 植草皮的位置及范围；

f. 通信管道，中央分隔带的铺砌；

g. 钢护栏的位置及范围；

h. 隔离栅及线外工程；

i. 软基处理的段落和方式；

j. 电话平台的位置和数量。

②纵断形象图

纵断形象图采用纵横不同的比例，把在平面形象图中无法显示的内容在纵断形象图中表示出来，二者构成一个整体，表示出进行计量的各个部位。故二图应绘制在同一图上，互为对应，相互补充。纵断形象图主要包括以下内容：

a. 各段土方分层填筑的情况；

b. 软基处理砂垫层厚度及塑板桩长度；

c. 涵洞、通道及桥梁位置；

d. 结构物变更位置；

e. 路面的底基层、基层、底面层、中面层、表面层的计量情况。

(2)单项工程形象图

在总体形象图中，有些计量部位，特别是桥梁工程，在上述二图上均难以表示出来，因此需要绘制单项工程形象图，作为总体形象图的补充。桥梁工程单项形象图有以下各部位：

①灌注桩、承台、盖梁位置和数量；

②桥面板的位置和数量；

③桥面铺装及伸缩缝；

④栏杆、安装。

2)计量记录

为了便于合同管理，正确评价工程和查询交流计量工作，必须做好各种工程计量记录和加强工程计量(中间计量)档案管理。

计量应根据合同的要求作好记录，说明哪些已经计量，哪些尚未计量；哪些已经签发支付证书，哪些尚未签发证书。

计量时，监理工程师还应该完成以下工作：

(1)应有一套图纸(最好挂在墙上)，用彩笔将所进行的工程的位置在图纸上标示出来，并在适当的位置作详细补充说明，如工程的开始、结束及几何尺寸等数据，以利于作好计量记录。

(2)应有一套档案，包括计量证书的号码及所计量数据的资料

(3)记录工程量清单中所列出的分类细目的数量与计量后数量的差异及双方同意的任何进度支付证书应付的款项。

(4)对计日工应记录在有号码的计量证书上，并由承包人代表及监理工程师代表共同签名。

计日工应详细记录以下内容：

①已指令进行的这项计日工的估计数量和付款额(已获同意),计日工已完成的数量及付款金额；

②计日工的时间超过一个月,应在暂时计量单上计账,并在计量证书上另立系列号码,这些记录与累计账册一同归档;记录已同意的计日工单价,付款的金额,付款报表号码；

③工程变更应记录已下达的变更指令,已同意的单价和价格调整,增加费用的计量证书应另编系列号码分开存档；

④对于现场存放的材料应每月记录一次,其计量表中应记录已发到现场的材料的种类和数量及这些材料的发票面值;已计量的数量应记录每一次报表中的预付金额及回收金额,材料计量证书应另编系列号码,并应与发票及所有材料的累计账册一同归档。

3)计量分析

通过计量分析,以发现计量工作中的问题,同时及时掌握工程进度,为进行监理和费用支付提供基础。

计量的表格应统一,使其标准化、规范化,这样也便于计算机辅助计量和进行计量分析。

对照原工程量清单和设计图纸进行分析比较,发现偏差,并找出出现偏差的原因,同时,以计量的工程量为依据,计算出实际进度并以其与批准的计划进度比较,发现进度偏差并找出原因,从而采取措施进行监理控制。

另外,对计量方法、计量结果、有否不合格的工程等进行分析,找出原因,查出多计或错计的部分并作出处理。

3. 工程费用的支付

1)工程费用支付的职责

监理工程师定期审核承包人的各类付款申请,为业主提供付款凭证,从而保证业主对承包人的支付公平合理,同时为业主所支付的每一笔资金严格把关。

2)工程费用支付的基本原则

工程费用支付的目标是组织和协调好业主与承包人之间的收支行为,使双方发生的每一笔工程费用均符合合同的规定,并做到公平合理。因此,监理工程师一方面应客观、准确地评价承包人的施工活动,仔细地计算各项工程费用,并及时地签发付款证书,从而使承包人及时得到补偿,另一方面应使已支出的费用使业主能按时得到质量合格的工程实体,这样,才能保证公正性。为此,工程费用支付的基本原则是：

(1)支付必须以工程量为基础。

计量是支付的基础,而计量必须是质量合格的计量。因此,在进行支付时,应严格审查和认真分析质量是否合格和计量是否准确,以确保支付准确可靠。

(2)支付必须以技术规范和报价单(有标价的工程量清单)为依据。

技术规范对每一章的每一节均有支付的规定,并对支付项目进行了划分。技术规范既是承包人报价时的指导文件和依据,也是监理工程师支付工程费用的指导文件和依据。

工程量清单经承包人填报价格后即成为报价单,报价单是费用支付时的单价依据。单价一方面是指单价的价值构成,另一方面是指单价所包含的工程或工作内容。因此,对于报价单中没有单价的工程细目,其单价为零,但承包人必须完成技术规范和图纸所规定的全部工作内容并达到规定要求。因为根据技术规范的规定,对于没有单价的工程细目,其费用已摊人到其他细目的单价之中。报价单中的单价是不能变动的,除非发生工程变更。在此要特别指出:支付工程费用时,必须将报价单与技术规范联系在一起,以确保支付准确。

(3)支付必须以日常记录和合同条款为依据。

在施工过程中,将出现很多工程量清单外的工作内容需要支付,它们往往是招标时无法准确估计或者根本不能预计的,例如:物价上涨、新的法规颁布、工程变更、索赔和计日工等支付内容无法在工程量清单中予以明确,而只能在相关的合同条款中给出一些原则性规定。因此,监理工程师只有将日常记录与合同条款规定的原则结合起来,才能搞好支付工作。

(4)任何工程款项的支付必须经监理工程师审批。

(5)支付不解除承包人合同内规定应尽的责任和义务。

(6)支付必须及时。支付是资金运动中的关键环节,而资金的本质特征之一就是具有时间价值,因此,要求监理工程师按时签认和支付工程费用。

工程施工活动的特点决定了要进行月进度款的支付,以确保生产的连续性。及时支付工程费用既是合同本身的要求,也是财务部门和银行结算的要求。

(7)支付必须严格按规定的程序进行。

3)工程支付程序

(1)中期支付程序

①中期支付申请

承包人应通过监理工程师向业主提交付款申请,申请形式就是填月报或月结账单,列明的内容包括:

a. 已完成的永久工程的价值;

b. 承包人的设备、临时工程、计日工等的款项;

c. 材料和待安装工程装置的发票价值的分期付款;

d. 价格调整的款项;

e. 按合同规定其他有权获得的其他任何金额(如索赔、迟付款利息等)。

申请中涉及的表格形式须经监理工程师认可。

②中期支付的审定

监理工程师应在合同规定的时间内对承包人的付款申请进行以下几方面内容的审定:

a. 申请的格式和内容应满足合同要求;

b. 各项资料、证明文件手续齐全;

c. 所有款项计算与汇总无误。

审核中若发现所列出的数量不正确或者任何一个工程项目的质量不符合要求,则按合同,规定调整承包人的月报表。

③《中期支付证书》的签发

a. 监理工程师审核并修正承包人的支付申请后,计算付款净金额,计算时,将需扣留的保留金和扣回的预付款从承包人月报表中应得的金额中扣除;

b. 将付款净金额与合同中规定的临时支付的最小限额比较,若净金额小于最低金额,不签发支付证书;反之,监理工程师应向业主签发《中期支付证书》,副本抄送承包人;

c. 监理工程师可通过任何 期《中期支付证书》,对已支付工程发现的问题或已颁发的支付证书的错误进行纠正。

(2)最终支付程序

①承包人提交最终支付申请;

②监理工程师应在合同规定的时间内，完成对最终支付申请的审定：

a. 申请的格式和内容应满足合同规定及监理工程师的要求；

b. 相应的系列结算清单，必须齐全、完整，相互关系清晰；

c. 相应的系列证明资料有监理工程师的签字认可；

d. 确认所有的计量与支付均没有遗漏、重复，计算准确，汇总无误；

e. 若发现还有能够确认的费用，应及时通知承包人，并要求其提供所需的进一步资料和证明。

(3)签发《最终支付证书》

监理工程师应按合同的规定审核承包人的最终支付申请并认可后，向业主签发《最终支付证书》，并将副本抄送承包人。

4)费用支付的项目

(1)工程进度款的支付；

(2)动员预付款的支付与扣回；

(3)材料预付款的支付与扣回；

(4)缺陷责任期费用的支付；

(5)保留金的支付(退回)；

(6)其他费用的支付，如工程变更费用的支付、价格调整费用的支付、计日工的支付、暂定金的支付、索赔费用的支付等。

五、投资监理的任务与方法

(一)投资监理的任务

投资监理合同段投资监理的任务是，在正常施工条件下，保证工程投资在批准额度内的合理使用，目标是控制在业主与承包商签订的合同总额之内。

(二)投资监理的方法

(1)找出工程费用最易突破的部分和环节，从而明确投资监理重点。

进场后，驻地办对全路段工程进行复查，找出易增加工程量的项目，在实施中，严格控制工程量的增加。

(2)预测工程风险及可能发生索赔的诱因，制订防范性对策，减少向业主索赔的款数。

驻地办根据工程项目的环境、地形，对影响工程施工的各种因素进行综合分析考核评价，找出影响工程施工的主要因素，并采取防范措施，减少索赔事件发生，把索赔款数减到最低程度。

(3)促成工程如期开工、正常施工、连续施工、不因违约而导致索赔。

①驻地办要按合同规定及时进行各项检查，使承包商能如期开工，并正常、连续施工，满足条件的项目不拖、不延。

②及时按合同文件要求提供场地和设计文件，不因违约而导致索赔。

③按合同规定，及时答复承包人提出的问题以及配合要求，不违约。

(4)加强对工程量清单的管理。

①进场后要熟悉合同文件，掌握工程量清单的计量方式、方法、工作范围，保证监理工作中计量准确，避免重复计量。

②严格控制可变工程项目的增加。

③加强对计日工的管理,尽量减少计日工的支付。

(5)严格控制工程变更及设计变更。

①尽量减少工程变更和设计变更。

②当需要进行工程变更和设计变更时,应进行技术经济分析,尽量减少工程投资。

③认真审核所增项目的单价。对所增项目,要认真调查分析、合理确定其单价。

(6)严格支付工程款及其他涉及支出的签证,节约开支。

①按规定程序进行计量支付。

②建立计量支付台账,防止重计、超计。

③按合同文件规定时间,及时审签计量支付证书。

(7)定期向业主报告工程投资动态情况。

驻地办要掌握工程变更及设计变更情况,经常对发生的投资进行统计,掌握投资变化情况,并及时向业主报告工程投资动态情况,以便业主准备资金。

(8)加强施工索赔管理、公正处理施工索赔。

①做好预防施工索赔工作从已发生的索赔中吸取经验,从最易出现问题的地方着手及早采取措施,力争把风险降到最低程度。

②全面、准确掌握合同条款,并加强与各方的沟通。

③高度重视施工图纸、技术规范、报告、文件的准确度和清晰度、用语准确、符合合同条款、不留尾巴。特别在发出合同变更时,把工程数量和单价的决定权,掌握在监理手中,不留尾巴。

④监理工程师收到承包商提交的索赔报告后,应及时审查并提出处理意见。主要审查内容有:索赔是不是业主和监理工程师的责任;事实和依据是否充足;承包商是否遵守意向通知要求;是否合同中已免除了业主补偿责任;索赔是否由不可抗力引起,承包商是否划分和证明双方责任的大小;承包商是否采取适当措施避免或减少损失;损失的计算是否真实等,以便业主在决定赔偿时参考。

(三)本项目投资监理重点

(1)软土地基的处理,作为驻地办投资控制重点之一。本监理段软土地基处理厚度为0.5~5m之内,数量大且软土工程属隐蔽工程,(影响)引起费用控制因素较多,事后难以复核等,驻地办应成立软基处理领导小组,专项负责此项工作,除了按设计方案实施外,还应从技术与经济角度进行综合论证,提出更合理的技术方案,上报总监办批示。驻地办应制定软基处理验收制度,完善监督体系,减少人为因素造成费用失控。

(2)膨胀土处理的控制,作为驻地办投资控制的另一个重点。膨胀土处理费用虽说设计上应有一个合理费用,业主与承包商之间也订有合同费用,但现场操作中往往出现偏差,也存在某些变更,容易影响投资控制目标的实现,因此驻地办应加强此项工作的监理力度。

(3)桥涵结构物工程的基础部分,由于此路段地质复杂,基底软弱多,可能存在许多桥涵基础开挖后地质情况与设计资料不相符,需要采用技术措施进行处理,此方面变更的费用变化大,不易掌握,驻地办应提前做这方面工作准备,制订相应措施进行控制,保障投资控制目标的实现。

(4)合同纠纷引起的费用变更,主要有业主提交施工场地方面、监理工作失误方面、业主失误方面,村民干扰方面等引起索赔事件的发生,作为驻地监理应有预见性,有丰富的处理索赔事件经验,这样才能有效地减少费用开支,达到投资控制目的。

六、工程进度监理的编制要点

公路工程施工过程中，工程进度监理不仅仅是个时间计划的管理和控制问题，同时还需要考虑劳动力、材料、机械设备等所必需的资源能否最有效、合理、经济地配置和使用，使工程按期完成，并争取早日使工程投入使用而获得最佳投资效益等问题。因此，进度监理的作用就是在考虑了工程施工管理工期、施工质量、安全、环保、经济性五大因素的同时，通过贯彻施工全过程的计划、组织、协调、检查与调整等手段，努力实现施工过程中各个阶段目标，从而确保总的工期目标的实现。

监理单位在编制“技术建议书”时，应根据招标文件及相关资料、实地考察的资料及相关规范，结合投标工程的情况，认真分析，编写出“进度控制的工作任务与方法”，它是“监理大纲”的重要组成部分。其内容应包括工程项目、工程数量、桩号、完成计划、控制进度的方法等。其具体编制方式可参照下述示例进行。

（一）工程进度控制的任务

监理第二驻地办范围是××至××高速公路主线 K14 + 300 ~ K33 + 800，长 19.5km。施工单位由路基施工标 No.3、No.4 和路面施工标 No.B 等合同段组成。业主要求××至××高速公路总工期为 30 个月，其中路基施工标 No.3 为 20 个月、No.4 为 22 个月，路面施工标No.B 为 12 个月，计划 2001 年 8 月开工。

本监理合同段路基工程量较大，计价土石方 289.5 万 m^3，路线地面起伏变化较大，沿线不良土层厚度一般为 0.5 ~ 5m。桥涵工程有：特大桥 1 座、分离式立交 7 处，互通式立交 2 处、涵洞 66 道、通道 41 道。北互通式立交和出入口互通式立交两处上跨××至××二级公路，且××互通式立交跨越旧路净空较低，原旧路需作降坡处理，施工时交通干扰较大；××特大桥结构复杂，技术含量高，施工难度大。在工期短，进度要快，质量要好，投资要省的情况下，管理要上水平、质量要上台阶。这些构成本监理合同段进度控制的重点和难点。影响施工工期的关键是××特大桥、××互通式立交和××出入口互通式立交。

（二）本项目工程进度控制的建议

（1）软土地基处理路段路堤尽可能提前施工，或适当采取超载预压措施以尽早完成部分工后沉降；

（2）要求承包商切实做好大桥、中桥的施工组织计划，并按批准的计划保证应有的资源进入工地，保证工程间衔接紧凑，避免出现前后工序之间等待时间，采用先进设备和先进工艺，加快某些关键工序的施工进度；

（3）督促承包商编制详细的施工组织计划，特别是在雨季和农忙季节进度计划，做到雨季和农忙季节施工安排合理，不至于影响整体施工进度计划；

（4）监理工作做到既严格要求，又热情服务，监理负责人及专业工程师多深入现场，及时了解工程情况，重要问题迅速报告业主，尽可能缩短文件审批间隔时间，提高监理工作效益；

（5）制订施工质量和进度目标管理办法，采取奖罚措施，促进承包商加强管理，充分调动承包商的主观能动性和积极性。

（三）本工程进度监理的方法

根据工程特点及合同工期，我们对本合同段工程进度监理采取如下措施：

（1）编制驻地办项目实施总进度计划及各单项工程进度计划，确定工期目标，作为审核施工单位提交的施工进度计划的依据。

(2)充分利用合同条件进行进度监理。

合同条件规定了监理工程师在进度监理方面的职责与权力：

①要求承包人在中标后在合同条件规定时间内提交施工进度计划并进行审批，对不符合工程实际的进度计划不予批准。

②当实际进度与计划进度有差距，有权要求承包人修改进度计划。

③当实际进度与计划进度差距较大且多次调整仍未完成，预计不能按合同工期竣工时，有权向承包人发出进度指令，要求承包人采取措施，加快施工进度。

④承包人不能执行进度指令时，向业主说明缓慢的原因，为业主决策提供依据。

因此，在监理工作中，充分利用合同授予的权力对进度进行监理，要严格审核承包人的施工进度计划，经常检查承包人的进度情况。

(3)严格审核承包人提交的进度计划，保证进度计划的合理可行。

施工进度计划是安排工程施工、进行生产调度的依据。施工进度计划有总体施工进度计划，单项工程施工进度计划，监理工程师在进度计划审核时，不仅着重总体进度计划，而且应注意单项工程进度计划的审核，特别是那些严重影响后续工程项目的单项工程。审核时，除注意机械设备、材料供应、劳动力等方面外，还应注意以下几方面的问题：

①施工段的划分。公路工程的特点是施工线长而窄，影响因素复杂，工程可以划分段落施工。因此，必须注意考核所划分的段落是否合理，特别是路基土石方的调配是否满足施工工艺、技术规范要求。

②施工作业方法选择。工程施工工作方法有平行作业法、顺序作业法、流水作业法、平行流水作业法、平行顺序作业法、立体交叉平行流水作业等。选择何种施工作业管理方法必须根据工程特点、工程量及工期要求来确定。

③工程的主次。施工进度计划必须优先考虑施工影响较大的着急工程和需要为其他承包人提供施工场地、道路、通道的工程和段落，防止延误和影响其他承包人的施工。

④承包人施工现场管理人员的配备、管理制度是否满足工程正常施工需要，是否能有效控制工程的施工质量和施工进度。

⑤明确进度控制重点，要确定影响本合同段合同工期实现的单项工程作为进度控制工程，对重点进度控制工程，要单独编制施工进度计划，在实施中重点跟踪检查。

监理工程师对不符合实际或不合理不可行的施工进度计划应不予批准，并且应指出不符合实际原因并要求承包人进行调整。

(4)加强对施工进度计划的检查和监控

监理工程师批准承包人的进度计划后，应立即对承包人执行进度计划的情况进行监控和检查，建立进度检查监控系统、监控制度和措施，及时反馈进度信息。因此，应做到：

①建立分项工程的定期进度报表制度，随时掌握分项工程实际进度与计划进度的差距，以便检查其总体进度计划影响的程度，为向承包人发出进度指令提供依据。

②经常核定工程量变更情况及剩余工程量，以便审核承包人的进度计划，预计工程按期完成的可能性。核实工程量不能只看承包人提供的报表，还应坚持到施工现场作认真地核实。

③经常检查和记录影响工程进度的情况，以便分清责任和发出进度指令，这些记录应包括：

a. 施工现场的机械设备的数量、型号和功率。

b. 机械设备在施工现场的动转情况,包括完好率和配套使用情况。

c. 承包人主要人员到达施工现场情况,包括数量、技术业务素质、工作态度及效率。

d. 占用施工现场、用地、道路及通道情况。

e. 工程图纸提供情况,应该特别注意工程变更情况及发出变更指令情况。

f. 承包人施工组织、作业方式及技术质量管理情况,应注意是否符合和满足工程需要。

g. 施工期间气候情况。

h. 施工现场发现的其他影响施工进度的情况。

对所记录的进度资料要及时汇总分析,以发现进度方面存在的问题,分清责任,及时发出进度指令。

④除总体进度计划和单项工程进度计划外,尚应要求承包人编制年度、季度进度计划和每周工作计划,以便更具体详细地考核承包人的进度实施情况。

⑤注意进度计划的调整。当实际进度与计划不符时,应要求承包人对进度计划进行调整。当实际进度与计划相差较大时,应及时发出指令,限期要求承包人采取措施。当承包人不执行指令,实际进度与计划相差很大,可能出现工期延误时,应及时查明原因,并向业主报告。在发出进度指令或向业主报告时,应注意:

a. 实事求是,不可感情用事或凭个人看法和经验作出决定;

b. 分清主次,不能过多留意繁琐细节事项;

c. 不能低估承包人自身技术水平和完成工程的能力;

d. 分清责任,分清是承包人的原因还是业主的原因,如业主不能按时提供图纸、施工场地、道路等。

(5)及时消除影响进度的因素

公路工程施工点多线长,影响工程进度因素多。因此,监理工作中要注意消除影响进度的因素。

①及时解决施工问题,对承包人施工中存在的各种问题,要及时指出并整改,对承包人提出的问题要及时给予答复。

②协调好各承包人之间的关系。公路工程施工专业性强,同一路段或能有几个承包人同时交叉施工,因此,监理工程师应注意协调好施工各方,避免互相干扰而影响进度。

③协调好与地方的关系。公路工程线长,在施工中对当地群众生产、生活都有影响,群众为消除这些影响会对施工进行干扰,有些问题是承包人造成的并且能自行解决,但有些问题须由监理工程师或业主解决,对此类问题,在监理工程师权限内的要及时解决,超越权限则要及时报告并提出处理意见。

④处理好进度与质量的关系。在施工过程中,进度与质量经常发生矛盾,因此,必须正确处理好两者之间的关系。无论如何,均不能放松质量要求而片面追求进度,必须在保证质量的前提下加快施工进度,通过减少或避免停工、返工和不必要的重复检验来加快施工进度。

⑤及时进行计量,以便进入下道工序施工,同时也为工程施工提供资金保证。

⑥按合同文件规定向承包人提供现场、设计图纸及施工控制点。

七、合同管理的编制要点

监理工程师是独立的第三方,合同管理是其任务之一,应该公正、公平展开合同管理的工作,坚持下述相关规定、要求,按程序进行监理。

（一）工程变更

1. 有关规定

（1）任何工程的形式、质量、数量和内容上的变动，必须由监理工程师签发工程变更令，并由监理工程师监督承包人实施。

（2）监理工程师认为有必要根据合同有关规定变更工程时，应经业主同意。

（3）业主提出变更时，监理工程师应根据合同有关规定办理。

（4）承包人请求变更时，监理工程师审查，必要时报业主同意后，根据合同有关规定办理。

（5）监理工程师应就颁布工程变更令而引起的费用增减，与业主和承包人进行协商，确定变更费用。

2. 受理程序

（1）意向通知

监理工程师根据合同规定对工程进行变更时，应向承包人发出变更意向通知，主要内容包括：

①变更的工程项目、部位或合同某文件内容；

②变更的原因、依据及有关的文件、图纸、资料；

③要求承包人据此安排变更工程的施工等事宜；

④要求承包人提交此项变更给其费用带来影响的估价报告。

（2）资料搜集

监理工程师宜指定专人受理变更，较大的工程变更应邀请业主参加。变更意向发出的同意时，必须着手搜集有关资料，包括：变更前后的图纸（或合同、文件）；技术变更洽谈记录；技术研讨会记录；来自业主、承包人、监理工程师方面的文件与会谈记录；行业部门涉及该变更方面的规定与文件；上级主管部门的指令性文件等；

（3）费用评估

监理工程师必须根据掌握的文件资料和实际情况，按照合同的有关条款，考虑综合影响，完成下列工作之后对变更费用作出评估。

①审核变更工程数量，监理工程师评审的主要依据是：

a. 变更通知及变更图纸；

b. 监理工程师现场计量的结果。

②确定变更工程的单价。监理工程师宜按下列顺序，选用确定变更工程单价的方法：

a. 工程量清单内的单价；

b. 合同内规定的单价计算方法；

c. 国家、部、省（市）级机构颁布的概预算定额及价格参考书；

d. 参考承包人预算及实际支出证明，协商单价；

e. 计日工法。

由于承包人责任造成的或承包人为方便其他施工而提出的变更，原则上所增加的费用不予补偿，所节省的费用归业主，也可由业主的承包人协商确这。对应清单工程细目的数量或金额变化超过合同规定的限额时，可重新确定该细日的单价。

（4）协商价格

监理工程师应与承包人和业主就其对工程变更费用评估的结果进行磋商，在意见难以统一时，监理工程师应确定最终的价格。

(5)签发《工程变更令》

变更资料齐全、变更费用确定之后，监理工程师应根据合同规定，签发《工程变更令》。《工程变更令》主要包括以下文件：

①文件目录；

②工程变更令；

③工程变更说明；

④工程变更费用估计表；

⑤附件。包括：

a. 变更前后的图纸；

b. 业主、承包人、监理方面的会议、会谈记录与文件；

c. 有关设计部门对变更的意见；

d. 有关行业部门、上级主管部门的文件；

e. 承包人的预算报告；

f. 确定工程数量及单价的证明资料；

g. 其他。

(二)工程延期

1. 有关规定

监理工程师必须在确认下述条件满足后，受理工程延期：

(1)由于非承包人的责任，工程不能按原定工期完工；

(2)延期情况发生后，承包人在合同规定期限内向监理工程师提交工程延期意向；

(3)承包人承诺继续按合同规定向监理工程师提交有关延期的详细资料，并根据监理工程师的需求随时提供有关证明；

(4)延期事件终止后，承包人在合同决定的期限内，向监理工程师提交正式的延期申请报告。

2. 延期的主要类型

(1)额外的或附加的工作；

(2)异常的恶劣气候条件；

(3)由业主造成的延误、妨碍、阻止；

(4)不是承包人的过失、违约或由其负责的其他特殊情况；

(5)合同中所规定的任何延误原因。

3. 临时延期

如果影响延期的事件有连续性，监理工程师可在收到并确认承包人提交的临时报告后，先给予临时延期。在收到并确认承包人正式延期申请后，再给予该事件的最终延期。但最终延期不准少于累计的临时延期。

4. 受理程序

(1)收集资料，做好记录

监理工程师应在收到承包人延期意向后，做好工地实际情况的调查和日常记录，收集来自现场以外的各种文件资料与信息。

(2)审查承包人的延期申请

①延期申请的格式满足监理工程师的要求；

②延期申请应列明延期的细目及编号；阐明延期发生的、发展的原因及申请所依据的合同条款；附有延期测算方法及测算细节和延期涉及的有关证明、文件、资料、图纸等。

审查通过后，可开始下一步的评估。否则监理工程师应将申请退回承包人。

(3)延期评估

①承包人提交的申请资料必须真实、齐全、满足评审需要；

②申请延期的合同依据必须准确；

③申请延期的理由必须正确与充分；

④申请延期天数的计算原则与方法应恰当。

监理工程师应根据现场记录和有关资料，进行修订并就修订的结果与业主和承包人进行协商。

(4)审查报告

①正文

受理承包人延期申请的工作日期：工程简况；确认的延期理由及合同依据；经调查、讨论、协商、确认的延期测算方法及由此确认的延期天数、结论等；

②附件

a. 监理人员对该延期的评论；

b. 承包人的延期申请。包括涉及的文件、资料、证明等。

(5)确定延期

监理工程师应在确认其结论后，签发《索赔时间/金额审批表》。

(三)费用索赔

1. 有关规定

在下述条件满足时，监理工程师必须确认受理费用索赔：

(1)承包人必须依据合同有关规定索取额外的费用；

(2)承包人在出现引起索赔的事件后，按合同规定的期限向监理工程师提交索赔意向，并同时抄送业主；

(3)承包人承诺继续按规定向监理工程师提交说明索赔数额和索赔依据等材料，并根据监理工程师需求随时提供有关证明；

(4)承包人在索赔事件终止后，按合同规定的期限，向监理工程师提交正式的索赔申请。

2. 费用索赔的主要类型

(1)难以预见的情况所引起

①异常恶劣的气候条件；

②外界障碍(化石、古物、地下建筑等)；

③战争入侵、叛乱、暴乱等；

④通常无法预测和防范的任何一种自然力。

(2)业主责任引起

①未按合同规定和承包人合理的工程进度计划，提供对现场的占有权和出入权；

②未按规定向承包人付款；

③延误提供图纸；

④提前占用或使用永久性工程区段而造成损失或损害；

⑤因工程设计不当而造成的损失与损害；

⑥违约使合同中途终止。

(3)监理工程师的责任引起

①延误签发图纸、指令;

②负责提供的书面数据不准确;

③要求进行合同中未规定的检验。

3. 受理程序

(1)搜集资料、做好记录

监理工程师应在收到承包人索赔意向后,立即通知有关的监理人员,做好工地实际情况的调查和日常记录,收集来自现场以外的各种文件资料与信息。

(2)审查承包人的索赔申请

①索赔申请的格式满足监理工程师的要求;

②索赔申请的内容符合要求,即已列明索赔发生、发展的原因及申请所依据的合同条款;附有索赔数额计算的方法、价格与数量的来源细节和索赔涉及的有关证明、文件、资料、图纸等。

审查通过后,可开始下一步的评估,否则应对承包人的申请予以退回。

(3)索赔评估

①承包人提交的索赔申请资料必须真实、齐全,满足评审的需要;

②申请索赔的合同依据必须正确;

③申请索赔的理由必须正确与充分;

④申请索赔数额的计算原则与方法应恰当;数量应与监理工程师掌握的资料一致,价格与取费的来源能被业主接受。否则,应修订承包人的计算方法与索赔数额并与业主和承包人进行协商。

(4)审查报告

①正文

受理承包人索赔申请的工作日期;工作简况;确认的索赔理由及合同依据;经过调整、讨论、协商、确定的测算方法及由此确定的索赔数额、结论等。

②附件

a. 监理人员对该索赔的评语;

b. 承包人的索赔申请,包括涉及的文件、资料、证明等。

(5)确定索赔

监理工程师应在确认其结论之后,签发《索赔时间/金额审批表》,并通过中期支付证书予以支付。

(四)争端与仲裁

1. 争端

(1)监理工程师应在收到争议通知后,按合同规定的期限,完成对争议事件的全面调查与取证。同时对争议做出决定,并将决定书面通知业主和承包人。

(2)监理工程师发出书面通知后,如果业主或承包人未在合同规定的期限内要求仲裁,其决定为最终决定。

(3)合同只要未被放弃或终止,监理工程师应要求承包人继续精心施工。

2. 仲裁

(1)当合同一方提出仲裁要求时,监理工程师应在合同规定的期限内,对争议设法进行友好调解,同时督促业主和承包人继续遵守合同,执行监理工程师的决定。

(2)在合同规定的仲裁机构进行仲裁调查时,监理工程师应以公正的态度提供证据和作证。

(3)监理工程师应在仲裁后执行裁决。

(五)违约

1.业主的违约

(1)有关规定

当业主有下列事实时,监理工程师应确认业主违约:

①宣告破产或作为一个公司宣告停业清理,但清理不是为了改组或合并;

②由于不可预见的理由,而不可能继续履行其合同义务;

③没有在合同规定的时间内根据监理工程师的支付证书向承包人付款,或干涉、阻挠、拒绝支付证书签发。

(2)处理

①监理工程师收到承包人因上述原因而提出的部分或全部中止合同的通知后,应尽快深入调查,搜集掌握有关情况,澄清事实;

②监理工程师应根据合同文件的有关规定,办理部分或全部中止合同的支付。

2.承包人的违约

(1)有关规定

当承包人有下列事实,监理工程师应确认承包人一般违约:

①给公共利益带来伤害、妨碍和不良影响;

②未严格遵守和执行国家及有关部门的政策与法规;

③由于承包人的责任,使业主的利益受到损害;

④不严格执行监理工程师的指示;

⑤未按合同规定管好工程。

当承包人有下列事实时,监理工程师应确认承包人严重违约:

①无力偿还债务或陷入破产或主要财产被接管或主要资产被抵押,或停业整顿等,因而放弃合同;

②无正当理由不开工或拖延工期;

③无视监理工程师的警告,一贯公然忽视履行合同规定的责任与义务;

④未经监理工程师同意,随意分包工程,或将整个工程分包出去。

(2)处理

监理工程师确认承包人属一般违约后,应采取如下措施:

①书面通知承包人在尽可能短的时间内,予以弥补与纠正;

②提醒承包人一般违约有可能导致严重违约;

③上述措施无效时,书面通知业主;

④确定因承包人违约对业主造成的费用影响,办埋扣除相应费用的证明。

监理工程师确认承包人严重违约,业主已部分或全部中止合同后,应采取如下措施:

①指示承包人将其履行合同而签订的任何协议的利益(如材料和货物的供应服务的提供)转让给业主;

②认真调查并充分考虑业主因此受到的直接和间接的费用影响后，办理并签发部分或全部中止合同的支付证明。

(六)分包、转让与指定分包

1. 分包

(1)有关规定

①监理工程师应严禁承包人把大部分工程分包出去或层层分包;

②必须经监理工程师批准，并按规定办理分包工程手续，承包人才能将部分工程分包出去;

③监理工程师对分包的批准并不意味不解除承包人根据合同规定所应承担的任何责任和义务。承包人应对分包人的分包建设项目负全责。

(2)审批分包

监理工程师应从以下主要方面审查承包人分包工程的申请报告;

①分包人的资格情况及证明，包括企业概况，财务资本情况，参加分包工程人员的资历，施工机械状况等;

②分包工程项目及内容;

③分包工程数量及金额;

④分包工程项目所使用的技术规范与验收标准;

⑤分包工程的工期;

⑥承包人与分包人的合同责任;

⑦分包协议。

监理工程师完成上述审查之后，签发《分包申请报告单》。

(3)分包工程的管理

①监理工程师应通过承包人对分包工程进行管理。监理工程师也可以直接到分包工程去检查，发现涉及分包工程的各类问题，应要求承包人负责处理;

②监理工程师应通过《中期支付证书》，由承包人对分包工程进行支付。

2. 转让

监理工程师应注意，只有业主同意，承包人才能进行合同转让。

3. 指定分包

(1)监理工程师宜设专人对指定分包工程进行管理。

(2)监理工程师应要求指定分包人提交一份证明其资格情况的资料。并要求指定分包人保护和保障承包人免于承担由于指定分包人的疏忽、违约造成的一切损失。

(3)监理工程师应清楚指定分包工程所使用的技术规范与验收标准。

(4)监理工程师应审查承包人反对指定分包人的理由，确认反对合理时，建议业主对承包人的反对予以考虑，反之则应帮助业主说服承包人接受指定分包人。

(5)监理工程师对指定分包人的支付，应根据相应的规范规定办理。

(七)保险

1. 检查保险

监理工程师应根据合同有关规定，从以下几方面对承包人的保险进行检查。

(1)保险的种类，一般分为工程和装备的保险;人员伤亡或伤残事故的保险;第三方的保险;

(2)保险的数额,应与实际价值相符;

(3)保险的有效期,应不少于合同工期或修订的合同工期;

(4)保险单及保险费收据,确认承包人已在合同规定的时间内提交给业主,并保存一份复印件备查。

2. 落实保险

当监理工程师确认承包人未在合同规定的时间内,按合同规定的内容,向业主提交合格的保险单时,应采取如下措施:

(1)指示承包人尽快补办或补充办理保险;

(2)承包人拒绝办理时,通知并建议业主补办或补充办理保险;

(3)保险最终由业主补办或补充办理的,监理工程师应签发扣除承包人相应费用的证明;

(4)如果业主也未补办,监理工程师应书面通知承包人和业主由此带来的危害,并督促其尽快办理保险。

(八)合同管理的任务与方法

监理单位要根据招标文件和规范的要求和工程情况,编制具体的"合同管理的任务与方法",并列入"监理大纲"。

1. 合同管理的任务

合同管理是项目管理的核心基础,合同管理的任务是合同分析,建立合同数据档案,实施合同监督,加强索赔管理。

2. 合同管理方法

(1)定期检查合同的执行情况

合同管理具体由计量专业工程师负责,在施工监理过程中,对合同实施动态管理,检查合同执行情况。

(2)严格控制工程变更

严格执行工程变更监理程序,不随意变更,更不能先斩后奏,认真做好变更审核工作。

(3)风险分析

制订各种风险和索赔的处理办法,凡遇承包人提出索赔,首先将分清引起索赔的原因,判定索赔是否满足下述条件:

①承包人必须是依据合同有关规定向业主索取额外的费用;

②承包人在出现引起索赔事件的规定时间内,向监理工程师提交索赔意向书,并同时抄送业主;

③承包人承诺继续按规定向监理工程师提交说明索赔数额和索赔依据等详情材料,并根据监理工程师需求随时提供有关说明;

④监理工程师在索赔事件终止后的21天内,收到承包人正式提交的索赔申请。

如满足上述条件的,监理工程师将依照合同条款规定,公正处理索赔事件,做到以事实为依据,以合同文件为准绳。

(4)协同业主搞好工程分包的管理及对分包人的审查。

(5)以合同文件为依据,公正、平等地处理业主与承包人的争议。

八、信息管理的编制要点

路工程监理的信息管理,是指以工程项目作为目标系统的管理信息系统。它通过对工程项目建设监理过程中信息的采集、加工和处理，也即通过统计分析、对比分析、趋势预测等处理过程，为监理工程师的决策提供依据、对工程费用、进度、质量进行控制；同时它也为确定索赔内容、索赔金额及反索赔提供确凿的事实依据。因此，信息管理是监理工作的一项重要内容。信息管理文件应根据合同要求及工程实际，参照下述介绍进行编制。

1. 信息的处理

公路工程施工监理的信息处理一般采用人工决策加以计算机辅助管理的方法。其主要工作包括：

(1)确定计算机辅助管理系统的流程模式

计算机辅助管理系统与监理组织机械相对应，其主要内容包括工程施工的进度管理、质量管理、合同管理及行政管理，分别拥有各自相应的子系统。各子系统包含各业务系统和根据工程需要进一步详细的细目管理。

(2)原始信息的校核

驻地监理组对收集的原始数据进行校核，由计算机辅助管理部门输入计算机数据库。数据的输入采取自动校验方式，例如：项目编号输错，计算机会对用户发出警告，提示用户重新核对输入。数据输入完毕，计算机自动排序、汇总，建立各种子程序及表格所对应的数据库。

(3)计算机中央处理系统对信息的分析处理

质量控制子程序推行全面质量管理，提供各主要分项工程和施工工序的质量控制子程序，包括路基工程、路面工程、桥涵工程等。各子程序通过对各专业监理工程师的材料、检测数据及工程质量检测数据的分析，最终判断各主要分项工程施工质量是否合格。以图纸形式输出承包人各工序的施工质量是否合格，最终判断各主要分项工程质量是否合格，给监理工程师提供准确的判断依据。

费用控制子程序系统可按工程合同段或分项工作两种情况进行分块，以实现工程计量与具体支付的计算机管理。程序包括价格的调整和费用索赔工程最终结算的业务子程序。可对人工、材料价格调整进行计算，变更设计及额外工程对合同价格调整的计算、并打印相应的结论表格。现可编制完整的工程计量支付表，包括工地材料预付款汇总表。

合同管理子程序系统既可编制整个合同项目的计量支付款报表，也可以用于承包人编制各分项单位的支付申请表，可以对全线工程量进行分割计算。

整个中央处理系统应具有各种方便灵活的查询功能，并能自动将各项完成的工程量与合同清单数量相比较，避免错误的计量与支付。同时应具备多种图形显示功能，为监理工程师的决策及时提供准确的依据。

2. 信息的发布与存储

施工监理的信息存储采用文档管理和计算机存储管理两种方式。文档管理信息有效地保证了原始资料的可靠性，而计算机存储则可发挥计算机存储量大、信息处理快的机器特征。信息的发布按照一定的工作程序进行。一般经过计算机辅助管理和监理工程师决策处理的各项信息结论，由驻地监理组织下达给各承包人和专业监理工程师。上报总监办，反馈给业主及相关部门，并保证其及时性和准确性。

施工过程中的各种工地会议及各种形式的监理通讯均是监理信息发布的主要途径。

3. 信息管理的编制

监理单位投标时的“技术建议书”中的“信息管理与方法”可参照下述介绍进行编制。

(1)信息管理的任务

①负责本工程项目各类信息的收集、整理、处理、保存和发布等；

②对本工程项目的工程进度、质量、费用进行动态分析，使工程监理达到高效、迅速、准确；

③向业主提供有关本工程项目的项目管理信息服务，定期提供各种监理报表；

④建立工程会议制度，整理各类会议记录；

⑤督促施工单位，材料及设备供应商及时提交工程、技术和经济资料；

⑥分项、分部工程完成后，驻地办应做好监理资料的立卷归档工作，并督促承包人做好施工过程中的资料整理归档工作，为竣工资料的编制做好准备。

信息管理的要求是保证由上而下，由下而上，内部横向外部环境的信息畅通。

(2)信息管理的实施

①建立由驻地高监(或副高监)负责，各专业监理工程师参加的领导小组，并设一专人负责信息管理工作。

②做好信息的分类归档工作，建立本工程项目的信息编码体系。信息分为：

a. 工程费用控制信息：包括工程合同价、物价指数、各种估算指标，施工过程中的支付账单、原材料价格、机械设备台班费、人工费、各种物资单价及运杂费等。

b. 质量控制信息：包括国家质量标准、工程项目的建设标准，质量目标分解体系、质量控制工作流程、质量控制工作制度、质量控制的风险分析、质量抽样检查的数据、验收的有关记录和报告等。对重要工程和隐蔽工程还应包括有关的照片、录像等。

c. 进度控制信息：包括施工定额、计划参考数据、施工进度计划、进度目标分解、进度控制的工作程序、进度控制的工作制度、进度控制的风险分析及进度记录等。

d. 合同信息：包括合同协议书、中标通知书、投标书及附件、合同通用及专用条件、技术规范、图纸、投标书附表、其他有关文件等。

e. 其他类型信息：包括监理信息、承包人信息、质检试验信息、原始记录、上级及业主信息和环境信息等。

③坚持每天早上召开专业监理工程师碰头会，每周召开一次监理工作例会，每月至少召开一次工地会议确保内部外部横向信息畅通。

④作好电脑联网的准备工作，而且业主有联网的要求，可以进行总监办与驻地办，驻地办与承包人之间的电脑联网。

⑤驻地监理办公室将配备适当的通信工具，以便信息传递，如：传真机、电话、手机、对讲机、BP 机等。

⑥驻地办将添置必需的信息记录设备，如照相机等，要求现场监理对重要施工现场的情况进行拍照记录(如构造物基坑、软基处理等隐蔽工程)以便总监办查询。

九、缺陷责任期的监理的编制要点

(一)缺陷责任期

(1)监理工程师应根据合同，规定交工工程的缺陷责任期(一般为一年)。起算日期必须以签发的工程交接证书日期为准。

(2)对于有一个以上交工日期的工程，缺陷责任期应分别从各自不同的交工日期起算。

(二)缺陷责任期监理的工作内容

1. 检查承包人剩余工程计划

监理工程师应定期检查承包人剩余工程计划的实施，并视工程具体情况，建议承包人对剩余工程计划进行调整

2. 检查已完工程

监理工程师应经常检查已完工程，对工程交接时存在的缺陷及签发交接证书之后发生的工程缺陷情况进行记录，并指示承包人进行修复。

3. 确定缺陷责任及修复费用

监理工程师应对工程缺陷发生的原因及责任者进行调查。对非承包人原因造成由承包人进行修复的工程质量缺陷，监理工程师应对修复工作做出费用估价，向业主签发为承包人追加费用的证明。

4. 督促承包人按合同规定完成交工资料

（三）缺陷责任期的监理组织

监理工程师应根据剩余工作量，配备缺陷责任期的监理人员，包括：现场巡视、检查的监理人员，负责质量检验的试验人员及处理合同事宜（索赔、变更）、办理支付、督促交工资料的合同管理人员。

（四）《工程缺陷责任终止证书》的签发程序

1.《工程缺陷责任终止证书》签发的必要条件

(1) 监理工程师确认承包人已按合同规定及监理工程师指示完成全部剩余工程，并对全部剩余工程的质量检查认可。

(2) 监理工程师收到承包人含有如下内容的终止缺陷责任申请：

①剩余工作计划的执行情况；

②缺陷责任期内监理工程师发现并指示承包人进行修复工程完成情况；

③交工资料的完成情况。

2. 成立缺陷责任期工作检查小组

(1) 监理工程师确认具备签发《工程缺陷责任终止证书》必要条件后，应成立有监理工程师、业主参加的缺陷责任期工作检查小组，需要时，建议业主邀请监督部门参加，承包人列席并检查小组的工作及日程安排提供服务。

(2) 检查小组的任务主要为：

①审查承包人终止缺陷责任的申请报告；

②对工程进行最终的整体检验，并侧重缺陷责任期工作内容的检查；

③审查交工资料；

④对缺陷责任期的工作情况进行评价，确定是否签发缺陷责任终止证书。

(3) 审查终止缺陷责任的申请报告

对申请报告内容的完整性、真实性进行审定，并确认是否满足合同规定及监理工程师的要求。

(4) 最终检查和评价

①最终检查主要从以下两方面进行：

a. 剩余工作及缺陷工程的完成情况；

b. 整个工程的使用情况。包括交通标志、标线、护栏、护网、电信管道、人井及绿化带；

②评价主要围绕现场检查结果进行，除合理磨损外，工程均应达到合同规定的检验标准。

(5) 检查报告

①检查小组必须就检查工作写出检查报告，报送业主，同时抄给承包人。

②检查报告的主要内容应包括：

a. 概述：检查小组的邀请信及其名单、工作简况、收受承包人申请的日期；

b. 现场检查的内容及情况；

c. 小组的结论；

d. 附件：承包人的终止缺陷责任申请，检查活动计划，工程缺陷一览表及承包人剩余工程计划等。

(6)签发《工程缺陷责任终止证书》

监理工程师收到检查小组的报告，并确认缺陷责任期工作已达到合同规定标准，应向承包人签发缺陷责任终止证书。签发日期应以工程通过最终检验的日期为准。证书中应包括以下主要内容：

①获得证书的工程范围；

②审查缺陷责任期工作的单位；

③工程交工日期及合同缺陷责任终止日期；

④《工程缺陷责任终止证书》的签字人（业主、监理工程师、承包人各方的代表）。

(五)缺陷责任期的编制

监理投标时《技术建议书》中的具体的"缺陷责任期的人员安排和监理方法"可参照下述介绍进行编制。

1. 缺陷责任期

(1)按合同规定计算竣工工程的缺陷责任期为两年（世行项目的缺陷责任期有的为一年），起算日期为监理工程师签发的工程交接证书日期为准。

(2)对于有一个以上交工日期的工程，每个工程段的工程项目的缺陷责任期应分别从各自不同的交工日期起算。

2. 监理的工作内容

(1)检查承包人剩余工程计划

监理工程师定期检查承包人剩余工程计划的实施，并视工程具体情况，建议承包人对剩余工程计划进行调整。

(2)检查已完工程

监理工程师应经常检查已完工程，对工程交工时存在的缺陷及签发交工证书之后发生的工程缺陷情况进行记录，并指示承包人在限期内进行修复。

(3)确定缺陷责任及修复费用

监理工程师对工程缺陷发生的原因及责任者进行调查，对非承包人原因造成由承包人进行修复的工程质量缺陷，监理工程师对修复工作做出费用估价，向业主签发为承包人追加费用的证明。

(4)督促承包人按合同规定完成交工资料

3. 缺陷责任期的监理组织和人员安排

监理工程师根据剩余工作量，配备缺陷责任期的监理工作人员。包括：现场巡视、检查的监理人员，负责质量检验的试验人员及处理合同事宜（索赔、变更）、办理支付、督促交工资料的合同管理人员，即配1名计量专业管理工程师和2名监理员。

4. 缺陷责任终止证书的签发

(1)缺陷责任终止证书签发的必要条件

①监理工程师确认承包人已按合同规定及监理工程师指示完成全部剩余工作；

②监理工程师对全部剩余工作的质量予以认可；

③监理工程师收到承包人含有如下内容的终止缺陷责任申请：

a. 剩余工作计划的执行情况；

b. 缺陷责任期内监理工程师发现并指示承包人进行修复的工程完成情况；

c. 交工资料的完成情况。

(2)成立缺陷责任期工作检查小组

①监理工程师确认具备签发缺陷责任终止证书必要条件后，成立有监理工程师，业主参加的缺陷责任期工程检查小组，承包人列席，并为检查小组工作及日程安排提供服务。

②检查小组的任务主要为：

a. 审查承包人的缺陷责任终止证书申请报告；

b. 对工程进行最终的整体检验，并侧重检查缺陷责任期的工作内容；

c. 审查交工资料；

d. 对缺陷责任期的工作情况进行评价，确定是否签发缺陷责任终止证书。

(3)检查小组审查缺陷责任终止证书申请报告

检查小组对申请报告内容的完整性、真实性进行审定，并确认是否满足合同规定和监理工程师的要求。

(4)最终检查

a. 剩余工作及缺陷工程的完成情况；

b. 整个工程的使用情况。

检查主要围绕现场检查结果进行，除合理磨损外，工程均应达到合同规定的检验标准。

(5)检查报告

①检查小组必须就检查工作写出检查报告，报送业主，同时抄送承包人。

②检查报告的主要内容应包括：

a. 概述：检查小组的邀请信及其名单、工作简况、收受承包人申请的日期；

b. 现场检查的内容及情况；

c. 检查小组对承包人缺陷责任期全部工作的评议；

d. 小组的结论；

e. 附件：承包人缺陷责任证书申请，检查活动计划，工程缺陷一览表及承包人剩余工作计划等。

(6)签发缺陷责任终止证书

监理工程师收到检查小组的报告，并确认工程按合同规定已达到缺陷责任期工作验收标准，向承包人签发缺陷责任终止证书。签发日期应以工程通过最终检查的日期为准。

缺陷责任终止证书包括以下内容：

①获得证书的工程范围；

②审查缺陷责任期工程的单位；

③工程交工日期及合同缺陷责任终止日期；

④缺陷责任终止证书签字人（监理工程师、业主、承包人各方的代表）。

十、公路工程施工安全监理的编制要点

施工项目的质量与安全是工程建设的核心,是决定工程建设成败的关键。“生产必须安全,安全为了生产”。安全是为质量服务的,质量需以安全做保证。应该深刻地认识安全也是质量的特征。抓住质量与安全这两个环节,工程施工才能顺利进行,才能获得良好的社会效益、经济效益和环境效益。因此,在工程施工中,监理工程师必须高度重视施工安全的监督和管理。在编制技术建议书中,应认真编写施工安全监理内容。

(一)安全监理的范围

安全监理的中心问题是:保护生产活动中人的安全与健康,保证生产顺利进行。

宏观的安全监理包括劳动保护,安全技术和工业、环境卫生,它们相互联系又相互独立。

(1)劳动保护。侧重于以政策、规程、条例、制度等形式、规范操作规程或管理行为,从而使劳动者的劳动安全与身体健康,得到应有的法律保障。在工程承包合同中就有保险的规定,有些生产内容就有营养补贴、劳保物资等法律规定。

(2)安全技术侧重对“劳动手段和劳动对象”的管理。包括预防伤亡事故的工程技术和安全技术规范、技术规定、标准、条例等,以减轻或消除对人的威胁。

(3)工业卫生、环境卫生着重生产中高温、粉尘、振动、噪声、毒物的管理。通过防护、医疗、保健等措施,防止劳动者的安全与健康受到有害因素的危害。

交通行业标准《公路工程施工安全技术规程》(JTJ 076—95)既是“管生产必须管安全”的原则的具体化、具体要求和保障手段,亦是生产监理的重要组成部分。因此,从生产监理的角度,安全监理应概括为:在进行生产管理的同时,通过采用计划、组织、技术等手段,依据并适应生产中人、物、环境因素的运动规律,使其积极方面充分发挥,而又利于控制事故不致发生的一切监理活动。如在施工中按规定操作规程操作规定、组织安全检查,合理的作业现场布置,推行安全操作资格确认制度等。

安全监理应坚持以下基本原则:

(1)管生产同时管安全的原则;

(2)坚持安全监理的目的性原则;

(3)必须贯彻预防为主的方针的原则;

(4)坚持全员、全过程、全方位、全天候的动态监理原则;

(5)坚持重点在于监控的原则;

(6)坚持加强安全教育的原则;

(7)坚持不断总结、提高的原则。

(二)公路施工安全监理要点

(1)监理工程师必须认真审核承包人开工之前提交的施工组织设计文件中是否制定了有效可靠的安全技术措施。(重要的安全设施必须执行与主体工程“三同时”的原则,即同时设计、审批,同时施工,同时验收。安全技术措施所需经费企业每年应在固定资产更新和技术改造资金中安排10% ~20%。)

(2)监理工程师应检查承包人的施工人员的安全教育情况,检查他们是否持有安全技术考核的相应合格证,特殊工种人员如电气、焊接、车辆驾驶、爆破等工种人员是否经过专业培训,并获得了合格证书。

(3)监理工程师应检查承包人是否按国家规定和合同要求建立了有相应的安全管理机构

和设立了专职或兼职的安全检查人员。(根据国家规定:安全专职人员应按企业职工总数3‰~5‰配备。)

(4)监理工程师应检查承包人用于施工中的消防设备的完损情况和他们是否接受过消防设备使用的专门培训,应要求他们达到规定的要求。

(5)监理工程师应加强对雨雪、风暴、汛情等恶劣气候条件下安全防范措施的检查。

(6)监理工程师应对施工中采用的新技术、新工艺、新设备、新材料的相应的安全技术措施或规定进行监控管理。

(7)监理工程师应对现场施工人员执行安全防护规定的情况进行检查,如穿戴防护用品等。

(8)监理工程师应检查各种机具设备和劳动保护用品的情况。

(9)认真监控下挖工程施工的安全。

(10)按规定正确处理安全事故。

(11)与工程建设有关的其他相关的安全内容。

(三)施工现场安全监控管理的范围

(1)施工准备中安全监控　包括施工现场、施工测量、场内交通及水电设施、砂石采集及堆放、施工机械、临时码头等施工中的安全监控与管理;

(2)路基工程施工安全监控管理　包括清理场地、土方开挖、石方工程爆破施工、防护工程施工等施工中的安全监控;

(3)路面工程施工安全监控　包括基层施工、沥青路面施工、水泥混凝土路面施工、机械碾压施工、旧路面凿除施工等施工中的安全监控;

(4)桥涵工程施工安全监控　包括基础工程施工、上部构造工程施工、混凝土预制场、预制构件运输等施工中的安全监控;

(5)隧道工程施工安全监控　包括开挖、凿孔及爆破、洞内运输、支护施工、衬砌施工、竖井与斜井施工、通风及防尘施工、照明、排水及防火工程施工、瓦斯防治等施工中的安全监控;

(6)主要工序作业的安全监控　包括模板、木工机械、支架、脚手架、钢筋、焊接、锅炉、起重吊装、高处作业、水上作业、潜水作业等工序作业中的安全监控;

(7)特殊季节与夜间施工安全监控　包括雨季、冬季、高温季节、夜间施工等施工中的安全监控。

(8)边通车、边施工地段安全监控。

上述各项的具体内容和要求,请参阅《公路工程施工安全技术规程》(JTJ 076—95)。

(四)安全管理的主要措施

1. 建立安全管理机构、落实安全责任、实施责任管理

(1)驻地办建立以驻地高监为组长、主要专业工程师、监理员参加的安全生产管理小组,有组织、有领导地开展安全管理活动。

(2)建立各级各专业人员安全生产责任制度,明确各级各专业人员的安全责任,做到全员承担安全责任。

(3)加强对承包人安全管理机构及人员的监控,保证安全管理人员和工作到位,安全管理制度和安全生产得到落实。

(4)加强对施工方案、施工工艺及操作规程的监控,使施工方案、施工工艺和操作规程符合安全生产的规定和要求。

2. 加强安全教育

(1)进行安全教育要适时、宜人,内容合理、方式多样、形成制度,做到严肃、严格、严密、严谨、讲求实效。

(2)加强对承包人的安全管理人员、操作人员(包括民工)的监督管理,确保他们具有满足工程施工的基本条件和素质。

①具有合法的劳动手续。承包人必须与其雇员(包括临时雇员)签订正式的劳动合同,按其岗位接受安全教育后方可进入施工现场和劳动岗位,作业时须挂牌,否则工程不得开工。

②劳动者没有不适于从事岗位工作的疾病。

(3)安全教育应使操作者了解掌握生产操作过程中,潜在的危险因素及防范措施;使操作者掌握安全生产技能,获得完善化、自动化的行为方式,减少操作中的失误现象。

(4)根据实际需要确定安全教育的内容。

①所开工项目或新进场的雇员,以生产组织原则、环境、生产纪律、操作标准为主。如果在规定时间检查发现安全技能达不到熟练程度的,要求承包人予以调换。

②根据施工生产变化,适时进行安全知识教育。

③根据季节、自然变化而出现的生产环境、作业条件的变化进行教育,以增强安全意识,控制人为行为,尽快适应变化,减少人为失误。

(5)加强安全教育管理,增强安全教育效果。

①安全教育内容要全面,重点要突出,系统性要强,抓住关键反复教育。

②使每个监理人员接受教育,也要求承包人每个雇员都接受教育。

③做好教育的记录工作。

3. 加强安全检查

(1)明确安全检查的内容。安全检查主要是查思想、查管理、查制度、查隐患、查事故处理。重点以劳动条件、生产设备、现场管理、安全卫生、设施以及生产人员的行为为主。发现危及人的安全因素时,必须果断消除。

安全监理检查的主要内容是:

安全生产是否提到议事日程上,各级安全责任人是否坚持“五同时”。业务职能部门、人员,是否在各自业务范围内,落实了安全生产责任制。专职安全人员是否在位、在岗。安全教育是否落实,工程技术、安全技术是否结合为统一体。作业标准化实施情况。安全控制措施是否有力,控制是否到位,有哪些消除管理差距的措施。事故处理是否符合规则,是否坚持“三不放过”的原则。

(2)搞好安全检查的组织工作。

建立安全检查制度,确定检查规模时间、原则,成立安全检查组织。做到有计划、有目的、有准备、有整改、有总结、有处理。

(3)做好安全检查的准备工作。

确定安全检查的目的、步骤、方法,安全检查采用定期检查、突击性检查及巡视检查。

(4)积极消除危险因素。

对检查中发现的问题,要认真落实整改措施,做到限定具体整改责任人,定出解决与改正后的具体措施,限定消除危险因素的整改时间,不推拖、不等不靠,以尽量快的速度,把危险因素消除。

4. 制订各道工序的作业标准,确保按正确的操作方法开展施工生产在施工生产中存在的不安全行为中，由于操作不正确占了很大的比例，按规范规定的作业标准进行施工，则有利于控制人的不安全行为，减少人的失误。因此，在工程施工中，要制订作业标准。

(1)根据人的身体特点和规律，生产条件和作业环境制订出具体的作业标准，尽量使操作简单化、专业化。

(2)作业标准要明确规定操作程序，步骤、操作方法、操作质量标准及完成操作后物的状态。

(3)加强对作业标准的训练，使员工能自觉按标准操作。

5. 树立要生产技术和安全技术统一的思想观念

生产技术工作是通过完善生产工艺过程、完备生产设备，规范工艺操作发挥技术作用，保证生产顺利生产进行的。生产技术和安全技术统一，体现了安全生产责任制的落实。因此：

(1)在进行技术交底的同时，要进行安全知识教育。

(2)在审查技术方案的同时，需要安全生产技术方案，确定操作标准。

6. 正确对待事故的处理和调查

(1)发生事故后，要以严肃、科学的态度去认识事故，实事求是的按照规定要求报告，不隐瞒、不虚报、不避重就轻。

(2)积极抢救人员，同时，保护好事故现场，以利调查事故原因。

(3)认真调查分析事故和处理事故，做到“三不放过”。

(4)以事故为例，加强安全教育，汲取教训，防止类似事故重复发生。

十一、文明施工与环境保护监理的编制要点

(一)文明施工监理的要点

(1)加强对文明施工管理组织的监控。

(2)加强对文明施工管理制度建立完善的监控。如个人岗位责任制、经济责任制、奖惩制度、持证上岗制度、会议制度、各项专业管理制度和检查和执行各种制度的检查与管理。

(3)健全文明施工管理资料。

(4)开展文明施工竞赛活动。

(5)加强培训教育，提高对文明施工的认识；加强对施工组织设计的审查。

(6)认真审核承包人对设计文件中的环保、文明施工的要求的具体实施计划、方案与措施。

(7)加强对现场文明施工管理实施的监控。

(8)加强对开展“5S”活动的检查。

“5S”活动是指对施工现场各生产要素(主要是物的要素)所处状态不断地进行整理、整顿、清洁和保养。

(9)其他。

(二)环境保护监理的要点

(1)认真审查承包人提交的施工组织设计，在环境保护方面是否符合合同规定和设计文件中关于环保设计的要求；

(2)检查环保目标责任制的执行情况；

(3)检查和监控环保技术措施的有效性和合法性；

(4)监控承包人在施工中采取的防尘(如水泥、石灰的扬尘)、噪声(如各种机械发出的轰鸣声,特别是夜间施工时)等大气污染的措施是否有效及合法性;

(5)监控施工中的废水废油对环境的污染情况;

(6)其他。

(三)“文明施工与环境保护”的编制

1.文明施工的措施

1)健全管理组织

驻地办成立以驻地高监为组长,桥梁、路基、试验工程师参加的施工现场文明施工管理小组。同时,根据合同文件,要求承包人成立相应的文明施工管理小组,对现场文明施工进行管理。

2)健全管理制度

(1)建立岗位责任制。驻地高监全面负责监理路段施工现场文明施工,各专业监理工程师及监理人员负责所属专业文明施工的管理。承包人也要制订相应的岗位责任制。

(2)制订管理制度。制订文明施工的规章制度及有关规定,对文明施工达不到要求停工限期整改,达到要求才能施工。

3)加强对施工组织设计的审查

(1)根据国家、行业、地方和业主关于施工现场管理的法律、法规、标准、规定、管理办法以及工地现场自然条件、材料设备情况等确定施工期间所有的物品在空间上的布置;科学、合理地安排布置和堆码,使人才合理使用,物品合理定置,实现人与物、人与场所、物与场所、物与物之间的最佳组合,使施工现场秩序化、标准化、规范化,体现文明施工水平。

(2)在保证施工顺利的前提下,尽量减少施工用地,利用荒地,不占或少占农田,尽量减少临时设施的工程量;合理地布置施工现场的运输道路及各种材料堆放、加工场、仓库位置,尽量使场内运输距离最短和减少二次搬运;施工现场定置符合劳动保护、质量安全、消防、保卫、场容、环境保护、环境卫生等施工管理标准、规定要求,一次定置到位;做到有利生产、方便生活、降低费用,使人、物、场所相互之间形成最佳组合,创造良好的施工环境。

4)加强对文明施工的检查管理

(1)根据工程施工进展情况,对不需要的要坚决清理出现场。

(2)把作业暂不需要的人、事、物及时进行清理,调整到合适位置。

(3)对施工现场的人、机、物使用不合理,安排不合理或物品摆放位置存放方法不合理的,一经发现及时调整。

5)完善施工图表

(1)驻地办和承包人均要把施工进度计划及完成情况制成图表,张贴上墙,公布于众。

(2)施工现场各项管理制度、操作规程、工作标准、施工现场管理实施细则用挂牌或张贴墙上公布、展示清楚。

6)施工现场挂牌施工,各种标牌完善

(1)现场管理人员及施工人员均要挂牌上岗。无牌者不得从事本项目有关工程管理及施工。

(2)施工场地要设有施工牌,施工牌要清楚定明项目名称,主要技术指标,施工现场负责人、技术负责人等。

(3)各种指示标志、指路标志、警告标志齐全。

2. 环境保护措施

1)制订环境保护目标及其责任制

(1)制订各项目施工环境保护目标。

(2)根据环境保护目标,落实责任人,对环境保护不达标的项目坚决停工整顿。

2)加强检查与监控工作

把环境保护工作与施工各项管理一起检查、考核。

3)制订技术措施,严格执行国家的法律、法规。

各项工程施工必须有环境保护,技术措施,在施工现场平面布置和组织施工过程中都要熟知国家、地区、行业和业主有关防止空气污染,周围污染、噪声污染等环境保护的法律、法规和规章制度,认真保护和改善施工现场的环境,加强对施工现场粉尘、噪声、废气的监控,采取有效措施控制人为噪声、粉尘、污水的污染。

4)采取措施防止大气污染

(1)施工现场的垃圾要及时清理走并进行处理。

(2)施工现场道路采用开山渣及路面级配砂石、水泥混凝土等,并指定专人定期洒水清扫,形成制度,防止道路扬尘。

(3)袋装水泥、粉煤灰等易飞扬的细颗散体材料,库内存放。室外临时露天存放时,必须下垫上盖,严密遮防止扬尘。

散装水泥、粉煤灰等细颗粉状材料,应存放在固定容器(散灰罐)内,没有固定容器时,设封闭式专库存放,并具备可靠的防扬尘措施。

(4)除设有符合规定的装置外,禁止在施工现场焚烧油毡、橡胶、塑料、皮革、树叶、枯草等以及其他会产生有毒、有害烟尘和恶臭气体的物质。

(5)工地搅拌站除尘是治理重点。有条件要修建集中搅拌站,由计算机控制进料、搅拌、输送全过程,采用现代化先进设备是解决工地粉尘污染的根本途径。

工地采用普通搅拌站,采取降尘,尽量不使粉尘外泄,扬尘污染环境。

(6)拆除旧有建筑物时,应适当洒水,防止扬尘。

5)防止水源污染措施

(1)禁止将有毒有害废弃物作土方回填。

(2)施工现场搅拌站废水,须经沉淀池沉淀后再作废水利用或经检测无污染成分后排入河流。最好将沉淀水用于工地洒水降尘。

(3)现场存放油料,必须对库房地面进行防渗处理。如采用防渗混凝土地面,铺油毡等。使用时,要采取措施,防止油料跑、冒、滴、污染水体。

(4)施工现场100人以上的临时食堂,污水排放时可设置简易有效的隔油池,定期掏油和杂物,防止污染。

(5)工地临时厕所,化粪池应采取防渗漏措施。

(6)化学药品,外加剂等要妥善保管,库内存放,防止污染环境。

6)防止噪声污染措施

(1)凡在人口稠密区进行强噪声作业时,须严格控制作业时间,一般晚10点到次日早6点之间停止强噪声作业。确系特殊情况必须昼夜施工时,尽量采取降低噪声措施,并会同建设单位与当地居委会，村委会或当地居民进行协调，出安民告示，求得群众谅解。

(2)从声源上降低噪声。这是防止噪声污染的最根本的措施。

①尽量选用低噪声设备和加工工艺代替高噪声设备与加工工艺。如低噪声振捣器、风机、电动空压机等。

②在声源处安装消声器消声。即在通风机、鼓风机、压缩机、燃气轮机、内燃机及各类排气放空装置等进出风管的适当位置设置消声器。常用的消声器有阻性消声器、抗性消声器、阻抗复合消声器、穿微孔板消声器等。具体选用哪种消声器，应根据所需消声量，噪声源频率特性和消声器的声学性能及空气动力特性等因素而定。

十二、组织协调的编制要点(示例)

(一)组织协调的任务

(1)依据进度计划协调好承包人与业主和设计单位之间的关系，从而保证施工按计划进行，解决矛盾，实现进度控制目标。

(2)依据工程实际情况，协调各承包人之间的关系，包括场地占用借道等。

(3)依据施工技术规范和质量检验评定标准；协调业主、监理和承包人在质量控制中的关系，监理工程师做好检查、验收、签证等工作。

(4)协调好与当地政府、群众的关系。

(二)组织协调的方法

(1)利用合同文件协调。驻地办利用与业主签订的监理服务合同，在业主授权内，利用合同文件赋予的权限，积极主动协调好各方的关系，使工程能顺利实施。

(2)利用计划协调。驻地办加强计划管理，各项工作做到有计划有安排，利用计划做好事先协调工作，保证工作按计划进行。

(3)利用标准协调。驻地办制订各项工作的标准程序，使各项工作按规定的标准程序开展，规范驻地监理人员及承包商的行为规范，使各项工作有序进行，以利协调各方的工作。

(4)利用会议协调。驻地办利用第一次工地会议；工地例会及现场协调会等会议，及时解决施工中存在的问题，保证施工各方密切配合，使工程顺利实施。

(5)利用制度协调。

驻地办依据合同文件及制订的各项规章制度来规范工作制度。并利用制度协调各方工作。

十三、监理人员的职业道德

对一个监理人员除了应具备比较广泛的知识面和比较丰富的工程经验外，还必须具备较高的政治素质和高尚的职业道德。

(1)热爱本职工作，忠于职守，认真负责，具有对建设单位和建设工程的高度责任感；

(2)严格按照工程合同(包括合同协议书，合同条件，技术规范等)实施对工程的监理，既要保护业主的利益，又要公正合理地对待承包人做到熟悉业务，公正监管；

(3)遵守国家以及地方的各种法律、法规和规定，并要求承包人亦要遵守，以便保护业主的正当权益；

(4)廉洁奉公，不得接受业主所支付的正常酬金以外的任何形式的报酬，如回扣、提成津贴或其他间接报酬；

(5)为业主严守机密；

(6)当监理认为自己正确的判断或决定被业主否决时，应阐明自己的观点并书面通知业主，说明由此可能给业主一方带来的不良后果；如认为业主的判断或决定不可行时，应书面向业主提出劝告；

(7)当发现自己处理问题有错误时，应向业主及时承认错误并提出改进意见；

(8)对本机构的介绍应实事求是，不向业主隐瞒机构的组织、过去的业绩以及可能影响服务质量的因素；

(9)作为社会监理人，不得经营或参与经营承包施工，也不得参与采购，营销设备和材料，也不得在政府部门，施工单位、设备、材料供应单位任职、兼职；

(10)不得以谎言欺骗业主和承包人，不得伤害、诽谤他人名誉借以提高自己的地位；

(11)监理工程师不得以个人名义承接建设监理任务；

(12)主动自觉加强政治理论和国家方针政策的学习，提高自身的政策水平，在力行"三个代表"的实践中不断提高自己的水平。

监理单位在投标时编制"技术建议书""监理大纲"中的"廉洁自律制度与措施"具体编制的方式与内容可参照下述介绍进行。

1. 实行廉政建设责任制

驻地办除与总监办、建设办签订廉政建设责任书外，驻地办所有人员都要与监理公司签订廉政建设责任书，规定廉政建设责任目标和考核、奖惩条款、明确各级监理人员在廉政建设中的廉政要求、行为规范和应承担的责任，做到一级抓一级，一级对一级负责，并将廉政建设与监理工作一起部署、一起落实、一起检查、一起考核。

2. 建设健全工程施工监理廉政规定和制度

要明确监理人员在监理工作中的行为准则和道德规范，用制度来约束监理人员的行为和道德。

(1)严格按照批准的设计和合同要求，组织工程实施，不得违反规定程序，随意修改设计、改变标准或调整工程量，严禁与施工单位项目法人串通，损害国家或单位的利益。

(2)监理公司和监理人员恪守"守法、诚信、公正、科学"的职业道德，严格按照监理合同的要求，监督工程质量、进度和造价，保证数据的完整和真实；要坚持现场旁站监理制度，发现问题，必须按规定及时纠正。监理人员不得利用职权徇私舞弊或弄虚作假牟取私利。

(3)认真履行工程检查制度，严把工程质量关。严禁利用工程质量等级技术标准、施工工艺、操作规程、检测试验等为手段，损害国家和单位的利益。

(4)建立工程质量终身责任追究制。公司及驻地办监理人员按照各自职责对所监理工程质量负终身责任。

(5)监理人员不得利用工作关系向承包人介绍施工队伍，组织材料供应。

(6)监理人员不得收受承包人馈送的红包和礼物，更不得索取任何财物。

(7)监理人员不得接受可能影响公正开展监理工作的吃请，不得与承包人及其雇员进入歌厅、舞厅。

(8)监理人员要端正工作作风和工作态度，严格监理，热情服务，秉公办事，一丝不苟、团结协作，不搞内耗。

(9)监理人员生活作风要正派，不赌博、不嫖娼，不参与任何违法违纪活动。

3. 建立和健全廉政建设检查、考核和监督机制

(1)加大检查力度,实行定期检查和不定期检查制度。对驻地办廉政建设制度和规定执行情况进行检查考核。

(2)建立和完善驻地办廉政建设管理机构,完善驻地办基层组织,各驻地办成立临时党支部和临时团支部,由驻地办高监和监时党支部对驻地办的廉政建设进行监督管理。同时,充分发挥党员和团员模范和先进作用,带头搞好廉政建设,并带动整个驻地办的廉政建设。

(3)自觉接受社会和舆论监督,建立举报制度。监理公司和驻地办公布举报电话,并专人负责举报的处理。

4. 加强廉政建设的宣传和教育工作

(1)驻地办建立政治学习制度,组织监理人员认真学习党中央、国务院、中纪委有关廉政建设的文件、党记、政纪规定及有关的法律法规,使监理人员明晰廉政建设在交通基础设施建设中的意义、地位和作用。广泛开展廉政告知活动和职业道德教育,明确自身的廉政要求、行为准则和职业道德规范。

(2)加强监理人员思想政治教育,提高监理人员思想政治素质,使监理人员能抵制各种不良风气侵蚀,自觉拒腐防腐,使监理人员坚持正确的人生观、世界观和价值观,牢固树立思想道德防线和党纪国法防线,保持和发扬艰苦奋斗的优良传统和作风,增加廉洁自律意识、遵纪守法意识和防腐防变能力。

第五节　财务建议书的编制

财务建议书是监理人根据承担的监理任务向招标人提出的服务费用要求而编制的投标文件的重要组成部分。实质上,财务建议书是投标人根据招标文件的规定要求和相关法律法规的规定提交的投标报价文件。

一、应遵循的基本规定

(1)投标报价是投标人按照招标文件的要求完成施工准备阶段、施工阶段、交工验收与缺陷责任期阶段监理工作所需的费用。

(2)投标人应按投标人须知前附表公布的监理服务费在投标书中填报。

(3)投标人未按给定的监理服务费填报的,作废标处理。

(4)当合同实施期间条件发生变化时,监理服务费按投标人须知前附表的规定调整。

(5)本工程的投标报价和中标后结算一律采用人民币。

当规定采用综合评标法、技术评分合理标价法时:

(1)投标报价是投标人按照招标文件的要求完成施工准备阶段、施工阶段、交工验收与缺陷责任期阶段监理工作所需的费用。

(2)本合同监理服务费应按照《建设工程监理与相关服务收费管理规定》(发改价格[2007]670 号)计算。其中,施工阶段监理服务费(应包含施工准备阶段的监理服务费)应在按照《范本》附录 1 给定的监理服务费计费额计算本合同监埋服务费基准价的基础上,投标人结合自身因素,进行投标报价;交工验收与缺陷责任期阶段监理服务费可参照《建设工程监理与相关服务人员人工日费用标准》(发改价格[2007]670 号)规定的收费标准计算投标报价。

(3)投标人必须按照招标文件规定的格式和内容,在财务建议书中计算投标报价。

(4)投标人应按照招标文件列出的表格格式,填报监理服务费。投标人未填报的部分,在工程实施时发包人将不予支付,并认为该部分费用已包含在报价中。

(5)当合同实施期间条件发生变化时,投标人须知前附表规定监理服务费予以调整的,按《范本》第三篇合同通用条款6.2.4项的规定执行。

(6)本工程的投标报价和中标后结算一律采用人民币。

(7)招标人设定投标控制价上、下限或标底的,投标人的投标报价不得超出招标人设定的投标控制价上、下限或标底上浮范围,否则作废标处理。

二、编制的内容

监理人提出的财务建议书是以其为发包人服务为计费依据的,其服务主要包括:

正常监理服务 指在合同约定的期限内的工程范围和工作范围内的监理工作。

附加监理服务 指除正常监理服务范围以外的监理工作。

额外服务 指合同约定的正常监理服务和附加监理服务范围以外的工作。

这些服务体现在合同中规定的监理人所尽的义务之中,对其编制的义务应明确以下内容:

(一)服务的形式、范围、服务目标、服务内容

1. 服务形式

监理人应根据工程规模、难易程度、合同工期安排、现场条件等因素设置现场监理的组织机构并满足合同要求。发包人对监理人的机构设置要求在专用条款中约定。

2. 服务范围

1)监理服务的工程范围:在专用条款中约定。

2)监理服务的工作范围:监理人应当按照合同要求和发包人的授权范围进行下述监理服务。

(1)正常监理服务的范围:除非专用条款另有约定,正常监理服务的范围是指在合同约定的工程范围内及约定的正常监理服务期限内,对工程进行质量监理、施工安全监理、施工环境保护监理、进度监理、费用监理、合同其他事项和文件资料管理等。

(2)附加监理服务的范围:包括但不限于:①由于非监理(含发包人或第三方责任)原因导致合同约定的监理服务期限延长,所延长的服务时间应视为附加监理服务;②发包人书面提出正常监理服务范围以外的监理服务要求,监理人完成此项服务应视为附加监理服务;③发包人书面提出监理合同约定的工作范围以外的监理工作,监理人完成此项工作应视为附加监理服务;④发包人书面提出高于监理合同约定的服务目标,监理人为完成此目标而增加的投入应视为附加监理服务。

(3)额外服务的范围:指正常监理服务和附加监理服务范围以外的工作,例如:①监理合同生效后,因非监理人原因导致监理人不能提供全部或部分服务时,其善后工作以及恢复服务的准备工作,应作为额外服务;②如果发包人以书面形式提出要求,监理人应提交变更服务的建议方案,该建议方案的编写和提交应视为额外服务;③非监理人原因导致全部监理服务已无法继续履行时,监理人在书面通知发包人28日之后,有权单方面解除本监理合同,因此而增加的监理服务工作量应作为监理人的额外服务;④发包人将部分或全部外部协调工作委托监理人承担,因此而增加的工作应视为额外服务;⑤根据工程需要由监理人组织的相关咨询论证会以及聘请相关专家等工作,应视为额外服务。

3. 服务目标

1）监理服务履约目标：除专用条款另有约定外，监理人提供的监理服务，应当符合国家有关法律、法规和标准规范，满足合同约定的服务内容和质量等要求。

2）对第三方履约管理的服务目标：在专用条款中约定。

4.服务内容

监理人应按照《公路工程施工监理规范》（JTG G10—2006）及相关法律、法律开展监理服务。发包人须依据《公路工程施工监理规范》（JTG G10—2006）要求对监理机构的设置方式进行选择，并在专用条款中予以约定。各阶段监理服务内容包括但不限于以下内容，发包人可根据工程实际情况在专用条款中对其进行调整。

1）在工程设置二级监理机构，即总监理工程师办公室（简称总监办）和驻地监理工程师办公室（简称驻地办）时，总监理工程师办公室的监理服务内容为：

（1）总监办中心试验室按监理合同要求配备常规的试验检测设备，并须达到专用条款中约定的检查项目及频率要求；

（2）熟悉合同文件，调查施工环境条件；

（3）在合同约定的期限内主持编制监理计划；

（4）审批各驻地办主持编制的监理细则；

（5）参加设计交底；

（6）在合同约定的期限内审批承包人提交的施工组织设计（含安全技术措施、应急救援抢险方案、专项施工方案及施工环境保护措施）；

（7）审批承包人提交的总体进度计划，核批承包人对总体进度计划的调整计划；

（8）签发开工预付款支付证书；

（9）审批承包人提交的分项、分部、单位工程划分；

（10）检查承包人的质量、安全和环保等保证体系，审核工地试验室，抽查控制桩点复测、测定地面线和工程划分及驻地办工作；

（11）主持召开监理交底会；

（12）主持召开第一次工地会议；

（13）签发合同工程开工令；

（14）审批重要工程材料及混合料配合比；

（15）审核工程中期支付申请，签发中期支付证书；

（16）签发单位工程或合同工程的暂停令和复工令；

（17）受理合同其他事项的有关事宜，按合同约定审核、评估和处理工程变更、工程延期、费用索赔、价格调整、保险、违约、争端等合同事项；

（18）组织编写监理月报；

（19）根据工程需要主持召开专题工地会议；

（20）对发生的质量缺陷、质量隐患和质量事故进行调查、处理或督促承包人按规定报告有关部门；

（21）协助发包人审查交工验收申请，评定工程质量；

（22）参加发包人组织的合同工程交工验收；

（23）编写监理工作报告，并提交发包人；

（24）签认交工结账证书；

（25）组织编制工程监理竣工文件，并督促承包人按合同约定编制和整理竣工资料；

(26)在合同工程的缺陷责任期内,检查承包人剩余工程的实施;巡视检查已完工程,指示承包人修复发生的工程缺陷,调查、确认缺陷责任及修复费用;

(27)缺陷责任期结束,经检查符合条件时,签发合同工程缺陷责任终止证书;

(28)签认最后支付证书;

(29)参加工程竣工验收。

2)在工程设置二级监理机构,即总监办和驻地办时,驻地监理工程师办公室的监理服务内容为:

(1)按合同要求建立驻地试验室,配备现场抽查常用的试验检测设备,并在专用条款中明确检查项目和频率的要求;

(2)熟悉合同文件,调查施工环境条件;

(3)在总监办的安排下,参与编制监理计划,提供本驻地办相关资料;

(4)根据监理计划在相应工程开工前主持编制监理细则;

(5)参加设计交底;

(6)按规定程序初审本驻地监理合同段承包人提交的施工组织设计(含安全技术措施、应急救援抢险方案、专项施工方案及施工环境保护措施);

(7)初审本驻地监理合同段承包人提交的总体进度计划以及施工中进行的调整计划;

(8)对承包人提交的原始基准点、基准线和基准高程的复测结果进行平行复测,审核后予以批复;

(9)验收承包人测定的地面线;

(10)确认承包人提交的场地占用计划;

(11)核算承包人对工程量清单的复核结果;

(12)按合同约定对工程分包计划和协议进行审查,审查分包合同中是否明确了承包人与分包人各自在安全生产方面的责任;

(13)审批施工测量放线;

(14)审批一般工程原材料和混合料配合比;

(15)审查施工组织及人员配备;

(16)审查承包人进场的施工机械设备;

(17)审查承包人提交的分项、分部工程的施工方案及主要工艺;

(18)审批承包人月进度计划,检查和监督进度计划的实施;

(19)审批分项(部)工程的开工申请,签发分项、分部工程暂停令和复工令;

(20)验收构配件或设备;

(21)按有关规定和要求对工程进行巡视、旁站和抽检,并做好记录;

(22)对关键工序进行签认;

(23)对发生的质量缺陷、质量隐患和质量事故进行调查、处理或对不属于监理人权限处理的质量事故督促承包人按规定报告有关部门;

(24)对交工的单位、分部、分项工程进行检验和质量等级评定并签发《中间交工证书》;

(25)对已完工程按合同约定的方法进行计量;

(26)按有关规定及时对已完分部工程、单位工程及合同工程进行质量评定;

(27)编写本驻地监理合同段的监理月报;

(28)主持召开工地会议和根据工程需要主持召开专题工地会议;

(29)编制合同段监理竣工文件；

(30)编写本驻地监理合同段的监理工作报告；

(31)参加本驻地监理合同段合同工程的交工验收；

(32)初审交工结账证书。

3)在工程只设置总监办一级监理机构时,其监理服务内容为:

(1)按监理合同要求建立总监办中心试验室；

(2)熟悉合同文件,调查施工环境条件；

(3)在合同约定的期限内编制监理计划,根据监理计划在相应工程开工前编制监理细则；

(4)在合同约定的期限内审批承包人提交的施工组织设计(含安全技术措施、应急救援抢险方案、专项施工方案及施工环境保护措施)；

(5)参加设计交底；

(6)审批承包人提交的总体进度计划,核批承包人对总体进度计划的调整计划；

(7)检查承包人工程质量、施工安全和施工环境保护等保证体系；

(8)审核承包人的工地试验室；

(9)对承包人提交的原始基准点、基准线和基准高程的复测结果进行平行复测,审核后予以批复；

(10)验收承包人测定的地面线；

(11)审批承包人提交的分项、分部、单位工程划分；

(12)确认承包人提交的场地占用计划；

(13)核算承包人对工程量清单的复核结果；

(14)签发开工预付款支付证书；

(15)主持召开监理交底会；

(16)主持召开第一次工地会议；

(17)签发合同工程开工令；

(18)按合同约定对工程分包计划和协议进行审查,并审查分包合同中是否明确了承包人与分包人各自在安全生产方面的责任；

(19)审批施工测量放线；

(20)审批工程原材料及混合料配合比；

(21)审查施工组织及人员配备；

(22)审查承包人进场的施工机械设备；

(23)审查承包人提交的分项、分部工程的施工方案及主要工艺；

(24)审批承包人月进度计划,检查和监督进度计划的实施；

(25)审批分项(分部)工程的开工申请；

(26)验收构配件或设备；

(27)按有关规定和要求对工程进行巡视、旁站和抽检,并做好记录；

(28)对关键工序进行签认；

(29)对发生的质量缺陷、质量隐患和质量事故进行调查、处理或对不属于监理人权限处理的质量事故督促承包人按规定报告有关部门；

(30)签发单位或合同工程及分部(分项)工程的暂停令和复工令；

(31)对交工的单位、分部、分项工程进行检验和质量等级评定并签发《中间交工证书》；

(32)对已完工程按合同约定的方法进行计量；

(33)审核工程中期支付申请，签发中期支付证书；

(34)按有关规定及时对已完分部工程、单位工程及合同工程进行质量评定；

(35)受理合同其他事项的有关事宜，按合同约定审核、评估和处理工程变更、延期、费用索赔、价格调整、保险、违约、争端等合同事项；

(36)组织编写监理月报；

(37)主持召开工地例会或根据工程需要主持召开专题工地会议；

(38)协助发包人审查交工验收申请，评定工程质量；

(39)参加发包人组织的合同工程交工验收；

(40)编写监理工作报告，并提交发包人；

(41)签认交工结账证书；

(42)组织编制工程监理竣工文件，并督促承包人按合同约定编制和整理竣工资料；

(43)在合同工程的缺陷责任期内，检查承包人剩余工程的实施；巡视检查已完工程，指示承包人修复发生的工程缺陷，调查、确认缺陷责任及修复费用；

(44)缺陷责任期结束，经检查符合条件时，签发合同工程缺陷责任终止证书；

(45)签认最后支付证书；

(46)参加工程竣工验收。

5. 发包人对监理人的授权

监理人根据监理合同进行监理服务时，在发包人授权权限范围内开展工作。授权权限在专用条款中约定。

(二)监理服务的依据

(1)适用的法律、法规、规章。

(2)国家和行业有关标准、规范、规程。

(3)监理合同。

(4)施工合同。

(5)工程前期有关文件。

(6)工程设计文件和图纸。

(7)工程实施过程中有关的函件。

(三)监理职责

1)监理人应本着“严格监理、优质服务、公正科学、廉洁自律”的原则，按照监理合同及相关法律、法规的要求，严格、严密、科学、公正地进行监理服务。

2)如果监理人在监理服务过程中行使的权力或所需的授权，来自于发包人和第三方签订的工程合同文件，该合同文件必须成为本监理合同的组成部分，两者之间如出现矛盾，则应编制补充说明文件一并列入监理合同。此时监理人应：

(1)根据监理合同文件和工程合同文件进行监理服务；

(2)根据职责范围，在发包人和第三方之间独立公正地行使上述合同文件赋予的权力；

(3)根据上述合同文件的授权，可对相应的工程和合同事宜进行变更，但未经发包人的书面批准，不得变更工程合同文件中约定的工程标准和第三方的责任与义务。

(四)监理人员

1)监理人派驻到工程所在地进行监理服务的监理人员，应能够胜任监理合同约定的监理服务工作，监理人配备的重要监理岗位人员职称、专业、年龄、资格、资历、业绩、数量等，须满足招标文件的要求和《公路工程施工监理规范》（JTG G10—2006）的规定，除非专用条款另有约定。

2）为了进行监理服务，监理人应在投标文件中授权总监理工程师代表监理人全面履行监理合同；与发包人的授权代表建立工作联系。更换或变更其授权时，必须提前 7 日通知发包人，并得到发包人的同意。

3）监理人因工作安排或其他原因，需要更换派驻到工程所在地的重要岗位监理人员时，应事先得到发包人的同意。

4）即使是发包人要求或同意更换的监理人员，其代替人员的资质不得低于被代替人员且应得到发包人的认可。

5）发包人有权以书面形式要求监理人更换不能按照监理合同的约定进行监理服务的派驻人员。

6）监理人派驻到工程所在地进行监理服务的总监理工程师及重要岗位监理人员，必须常驻现场。

（五）保密

在监理合同有效期间及以后 3 年内，未经发包人的书面同意，监理人不得泄露发包人与本项目、本工程、本监理合同有关的保密资料。但专用条款另有约定的除外。

三、监理服务费用的编制

（一）监理服务费用内容

1. 派驻监理人员费用

（1）基本工资。

（2）工资性津贴。

（3）职工福利费。

（4）劳动保护费。

（5）其他。

2. 现场费用

（1）临时设施费。

（2）办公费。

（3）会议费。

（4）差旅交通费。

（5）固定资产使用费（包括办公及生活房屋折旧、维修或租赁费，车辆折旧、维修、使用或租赁费）。

（6）通信设备购置、使用费。

（7）测量、试验、检测设备仪器折旧、维修或租赁费，其他设备折旧、维修或租赁费等。

（8）零星固定资产购置费。

（9）其他。

3. 企业管理费

（1）工会经费。

（2）职工教育经费

(3)业务招待费

(4)财务费用。

(5)社会保险费用(基本养老、基本医疗、失业、工伤保险)。

(6)住房公积金。

(7)其他。

4. 利润和税金

(二)监理服务费计费方法

监理服务费用由正常监理服务、附加监理服务和额外服务三个方面的监理费用组成。

服务是指监理人根据监理合同所承担的工作,包括正常的服务、附加的服务、额外的服务,亦称监理服务。

1. 正常监理服务的费用

正常监理服务费用为施工准备阶段、施工阶段、交工验收与缺陷责任期阶段的监理服务全部费用。正常监理服务费用中施工阶段监理服务费应依照监理工程的建筑安装工程费,按照《建设工程监理与相关服务收费管理规定》(发改价格[2007]670 号)计算;除专用条款另有约定外,交工验收与缺陷责任期阶段监理服务费应依照《建设工程监理与相关服务人员人工日费用标准》(发改价格[2007]670 号)规定的收费标准计算,服务时间应按实际发生的工日数计算。

2. 附加监理服务的费用

附加监理服务费用应按下列方法之一计算,具体方法的选用在专用条款中约定:

(1)附加工程工作量×中标时施工阶段监理服务费与计费额比值的折算系数。

(2)附加服务工作日数×中标时施工阶段监理服务人月平均费用与法规规定每月工作日数的比值。

(3)提供的服务目标变化:服务目标变化部分所对应的监理服务费×大于 1 的调整系数。

3. 额外服务的费用

额外服务费用应按下列方法之一计算,具体方法的选用在专用条款中约定。

(1)额外工作工作量×中标时施工阶段监理服务费与计费额比值的折算系数。

(2)额外服务工作日数×中标时施工阶段监理服务人月平均费用与法规规定每月工作日数的比值。

4. 监理服务费的调整

因增加附加监理服务、额外服务或工程概算变化时,监理服务费应进行调整。附加监理服务费用应按《范本》第 6.2.2 项约定进行调整,额外服务费用应按《范本》第 6.2.3 项约定予以调整。工程概算变化时,施工阶段监理服务费用应依据《建设工程监理与相关服务收费管理规定》(发改价格[2007]670 号),以变更后投资额所对应的基价,按中标时监理人所报专业调整系数、工程复杂程度调整系数、高程调整系数及浮动幅度值进行计算调整。

5. 加班费

加班费指法定节、假日加班和法定工作时间以外的延时工作的费用,应按《中华人民共和国劳动合同法》的相关规定计算费用。

(三)监理与相关收费标准

在编制财务建议书文件时,应遵守国家建设部发布的《建设工程监理与相关服务收费管理规定》。

1)建设工程监理与相关服务是指监理人接受发包人的委托,提供建设工程施工阶段的质量、进度、费用控制管理和安全生产监督管理、合同、信息等方面协调管理服务,以及勘察、设计、保修等阶段的相关服务;各阶段的工作内容见《建设工程监理与相关服务的主要工作内容》(表3-1)。除此之外的其他服务收费,按国家有关规定收费。国家无规定的,由发包人与监理人协商确定。

建设工程监理与相关服务的主要工作内容 表3-1

服务阶段	具体服务范围构成	备注
勘察阶段	协助发包人编制勘察要求、选择勘察单位,核查勘察方案并监督实施和进行相应的控制,参与验收勘察成果	建设工程勘察、设计、施工、保修等阶段监理与相关服务的具体工作内容执行国家、行业有关规范、规定
设计阶段	协助发包人编制设计要求、选择设计单位,组织评选设计方案,对各设计单位进行协调管理,监督合同履行,审查设计进度计划并监督实施,核查设计大纲和设计深度、使用技术规范合理性,提出设计评估报告(包括各阶段设计的核查意见和优化建议),协助审核设计概算	
施工阶段	施工过程中的质量、进度、费用控制,安全生产监督管理、合同、信息等方面的协调管理	
保修阶段	检查和记录工程质量缺陷,对缺陷原因进行调查分析并确定责任归属,审核修复方案,监督修复过程并验收,审核修复费用	

2)建设工程监理与相关服务收费包括建设工程施工阶段的工程监理(以下简称“施工监理”)服务收费和勘察、设计、保修等阶段的相关服务(以下简称“其他阶段的相关服务”)收费。

3)铁路、水运、公路、水电、水库工程的施工监理服务收费按建筑安装工程费分档定额计费方式计算收费。其他工程的施工监理服务收费按照建设项目工程概算投资额分档定额计费方式计算收费。

4)其他阶段的相关服务收费一般按相关服务工作所需工日和《建设工程监理与相关服务人员人工日费用标准》(表3-2)收费。

建设工程监理与相关服务人员人工日费用标准 表3-2

建设工程监理与相关服务人员职级	工日费用标准(元)
一、高级专家	1 000 ~ 1 200
二、高级专业技术职称的监理与相关服务人员	800 ~ 1 000
三、中级专业技术职称的监理与相关服务人员	600 ~ 800
四、初级及以下专业技术职称监理与相关服务人员	300 ~ 600

注:本表适用于提供短期服务的人工费用标准。

5)施工监理服务收费按照下列公式计算:

(1)施工监理服务收费 = 施工监理服务收费基准价 × (1 ± 浮动幅度值)

(2)施工监理服务收费基准价 = 施工监理服务收费基价 × 专业调整系数 × 工程复杂程度

调整系数×高程调整系数

6)施工监理服务收费基价

施工监理服务收费基价是完成国家法律法规、规范规定的施工阶段监理基本服务内容的价格。施工监理服务收费基价按施工监理服务收费基价表(表3-3)确定,计费额处于两个数值区间的,采用直线内插法确定施工监理服务收费基价。

施工监理服务收费基价表(单元:万元)　　表3-3

序号	计费额	收费基价	序号	计费额	收费基价
1	500	16.5	9	60 000	991.4
2	1 000	30.1	10	80 000	1 255.8
3	3 000	78.1	11	100 000	1 507.0
4	5 000	120.8	12	200 000	2 712.5
5	8 000	181.0	13	400 000	4 882.6
6	10 000	218.6	14	600 000	6 835.6
7	20 000	393.4	15	800 000	8 658.4
8	40 000	708.2	16	1 000 000	10 390.1

注:计费额大于1 000 000万元的,以计费额乘以1.039%的收费率计算收费基价。其他未包含的,其收费由双方协商议定。

7)施工监理服务收费基价

施工监理服务收费基价是完成国家法律法规、行业规范规定的基价计算出的施工监理服务基准收费额。发包人与监理人根据项目的实际情况,在规定的浮动幅度范围内协商确定施工监理服务收费合同额。

8)施工监理服务收费的计费额

施工监理服务收费以建设项目工程概算投资额分档定额计费方式收费的,其计费额为工程概算中的建筑安装工程费、设备购置费和联合试运转费之和,即工程概算投资额。对设备购置费和联合试运转费占工程概算投资额40%以上的工程项目,其建筑安装工程费全部计入计费额,设备购置费和联合试运转费按40%的比例计入计费额。但其计费额不应小于建筑安装工程费与其相同且设备购置费和联合试运转费等于工程概算投资额40%的工程项目的计费额。

工程中有利用原有设备并进行安装调试服务的,以签订工程监理合同时同类设备的当期价格作为施工监理服务收费的计费额;工程中有缓配设备的,应扣除签订监理合同时同类设备的当期价格作为施工监理服务收费的计费额;工程中有引进设备的,按照购进设备的离岸价格折换成人民币作为施工监理服务收费的计费额。

施工监理服务收费以建筑安装工程费分档定额计费方式收费的,其计费额为工程概算中的建筑安装工程费。

作为施工监理服务收费计费额的建设项目工程概算投资额或建筑安装工程费均指每个监理合同中约定的工程项目范围的计费额。

9)施工监理服务收费调整系数

施工监理服务收费调整系数包括:专业调整系数、工程复杂程度调整系数和高程调整系数。

(1)专业调整系数是对不同专业建设工程的施工监理工作复杂程度和工作量差异进行调

整的系数。计算施工监理服务收费时，公路（城市道路、铁路等）专业调整系数为1.0。

（2）工程复杂程度调整系数是对同一专业不同建设工程项目的施工监理复杂程度和工作量差异进行调整的系数。工程复杂程度分为一般、较复杂和复杂三个等级（表3-4、表3-5），其调整系数分别为：一般（Ⅰ级）0.85；较复杂（Ⅱ级）1.0；复杂（Ⅲ级）1.15。

（3）高程调整系数如下：

海拔高程2 001m以下的为1；

海拔高程2 001～3 000m为1.1；

海拔高程3 001～3 500m为1.2；

海拔高程3 501～4 000m为1.3；

海拔高程4 001m以上的，高程调整系数由发包人和监理人协商确定。

公路、城市道路、轨道交通、索道工程复杂程度表 表3-4

等级	工程特征
Ⅰ级	1.三级、四级公路及相应的机电工程； 2.一级公路、二级公路的机电工程
Ⅱ级	1.一级公路、二级公路； 2.高速公路的机电工程； 3.城市道路、广场、停车场工程
Ⅲ级	1.高速公路工程； 2.城市地铁、轻轨； 3.客（货）运索道工程

注：穿越山岭重丘区的复杂程度二、三级公路工程项目的部分复杂程度调整系数分别为1.1和1.26。

公路桥梁、城市桥梁和隧道工程复杂程度表 表3-5

等级	工程特征
Ⅰ级	1.总长<1 000m或单孔跨径<150m的公路桥梁； 2.长度<1 000m的隧道工程； 3.人行天桥、涵洞工程
Ⅱ级	1.总长≥1 000m或150m≤单孔跨径<250m的公路桥梁； 2.1 000m≤长度<3 000m的隧道工程； 3.城市桥梁、分离式立交桥、地下通道工程
Ⅲ级	1.主跨≥250m拱桥，单跨≥250m预应力混凝土连续结构，≥400m斜拉桥，≥800m悬索桥； 2.连拱隧道、水底隧道、长度≥3 000m的隧道工程； 3.城市互通式立交桥

10）发包人将施工监理服务中的某一部分工作单独发包给监理人，按照其占施工监理服务工作量的比例计算施工监理服务收费，其中质量控制和安全生产监督管理服务收费不宜低于施工监理服务收费额的70%。

11）建设工程项目施工监理服务由两个或者两个以上监理人承担的，各监理人按照其占施工监理服务工作量的比例计算施工监理服务收费。发包人委托其中一个监理人对建设工程项目施工监理服务总负责的，该监理人按照各监理人合计监理服务收费额的4%～6%向发包人加收总体协调费。

招标代理服务收费标准如表3-6所示。

招标代理服务收费标准

表3-6

服务类型 / 费率(%) / 中标金额(万元)	货物招标	服务招标	工程招标
100以下	1.5	1.5	1.0
100~500	1.1	0.8	0.7
500~1 000	0.8	0.45	0.55
1 000~5 000	0.5	0.25	0.35
5 000~10 000	0.25	0.1	0.2
10 000~100 000	0.05	0.05	0.05
100 000以上	0.01	0.01	0.01

注:1. 按本表费率计算的收费为招标代理服务全过程的收费基准价格,单独提供编制招标文件(有标底的含标底)服务的,可按规定标准的30%计收。

2. 招标代理服务收费按差额定率累进法计算。例如:某工程招标代理业务中标金额为6 000万元,计算招标代理服务收费额如下:

100万元×1.0% =1万元

(500-100)万元×0.7% =2.8万元

(1 000-500)万元×0.55% =2.75万元

(5 000-1 000)万元×0.35% =14万元

(6 000-5 000)万元×0.2% =2万元

合计收费=1+2.8+2.75+14+2=22.55万元

四、财务建议书的格式

财务建议书应按规定的格式编制(见本书第二章第六节相关内容)。

理解应用实训思考题

一、问答题

1. 施工监理投标主要取决于什么? 与施工投标有什么不同?
2. 监理投标的基本程序如何?
3. 施工监理投标书主要由哪两大部分组成? 有什么作用?
4. 技术建议书的内容一般包括哪些?
5. 工程计量的方法有哪些?
6. 工程支付的基本原则有哪些?
7. 安全管理的中心是什么? 原则是什么?
8. 文明施工监理的要点有哪些?
9. 工程监理费由哪几部分组成? 工程监理费计算方法有哪些?
10. 什么叫正常的和附加的服务?
11. 财务建议书的编制应遵循哪些规定?
12. 监理服务的依据是什么?
13. 监理职责是什么?

二、单项选择题

1. 公路、隧道工程专业乙级监理资质等级,可监理(　　)。

A. 高速公路　　B. 总长≥1 000m 的公路桥梁

C. 长度≥1 000m 的公路隧道　　D. 二级及二级以下公路

2. 公路、隧道工程专业丙级监理资质等级,可监理(　　)。

A. 一级公路

B. 总长≥1 000m 的公路桥梁

C. 长度 <1 000m 的公路隧道

D. 总长 <500m 且单跨跨径 <40m 的公路桥梁

3. 路堤土方的计量一般采用(　　)。

A. 实地测量计算法　　B. 断面法

C. 图纸计算法　　D. 分项计量法

4. 进度计划的延误是指由于(　　)的原因,使工程进度延误。

A. 业主　　B. 承包人

C. 监理工程师　　D. 不可预见因素

5. 通常情况下,工程项目进度计划由(　　)负责审批。

A. 监理工程师　　B. 业主

C. 设计单位　　D. 上级主管单位

6. 公路工程质量的评分,以(　　)为单元进行分制打分。

A. 单位工程　　B. 分部工程

C. 分项工程　　D. 总体工程

7. 每月向总监理工程师及其代表和业主提供的月工程进度报告由(　　)提供。

A. 驻地高监　　B. 专业监理工程师

C. 监理员　　D. 承包人

8. 在隐蔽工程施工中,监理方法应采用(　　)。

A. 旁站　　B. 巡视　　C. 检查　　D. 抽查

9. 工程项目出现在质量事故,其直接责任者一般是(　　)。

A. 业主　　B. 监理　　C. 承包人　　D. 设计单位

10. 施工期间(包括缺陷责任期)工程出现沉降、强度不足等技术规范不允许的情况,应视为(　　)。

A. 质量缺陷　　B. 质量事故　　C. 质量责任　　D. 合格工程

11. 施工过程中发生的质量问题稍加处理即可达到质量标准的,应视其为(　　)。

A. 质量缺陷　　B. 质量事故　　C. 质量责任　　D. 合格工程

12. 我国公路工程一般使用(　　)法计算监理费用。

A. 成本加固定费用　　B. 按时计算费用

C. 费率　　D. 固定价格

13. 当监理工程师中心试验室结果与承包人的试验结果出现允许误差以外的差异时,一般应以(　　)的结果为准。

A. 中心试验室　　B. 承包人　　C. 质检部门　　D. 重新试验

14.(　　)是整个工程项目进行数据控制和数据测定的中心。

A. 驻地试验室　　B. 中心试验室

C. 检测单位试验室　　D. 承包人工地试验室

15. 以下属于工艺试验的是(　　)。

A. 铺筑试验路　　B. 混合料配合比试验

C. 集料的筛析试验　　D. 混凝土强度试验

16. 驻地试验室发现原材料不合格时应及时向监理工程师反映并通知承包人,由(　　)提出处理意见。

A. 业主　　B. 承包人　　C. 监理工程师　　D. 主管部门

17. 任何工程的形式、质量、数量和内容上的变动,必须由(　　)签发工程变更令,并由监理工程师监督承包人实施。

A. 业主　　B. 业主代表　　C. 设计单位　　D. 监理工程师

18. 承包人应在单项工程开工前(　　)天内向驻地办提交开工报告单。

A. 7　　B. 14　　C. 21　　D. 28

19. 工程计量应是(　　)。

A. 实际工程量　　B. 清单工程量　　C. 变更工程量　　D. 以上都是

20. 监理工程师认为有必要根据合同有关规定变更工程时,应经(　　)同意。

A. 业主　　B. 总监办　　C. 承包人　　D. 设计单位

21. 监理工程师在确定索赔结论之后,签发《索赔时间/金额审批表》,并通过(　　)予以支付。

A. 期初支付　　B. 中期支付　　C. 最终支付　　D. 最后一次支付

22.(　　)应在仲裁后执行裁决。

A. 承包人　　B. 业主　　C. 监理工程师　　D. 仲裁机构

23. 必须经(　　)批准,并按规定办理分包工程手续,承包人才能将部分工程分包出去。

A. 业主　　B. 监理工程师　　C. 上级主管单位　　D. 招标单位

24. 根据国家规定:安全专职为员应按企业职工总数(　　)配备。

A. 3‰~5‰　　B. 3‰~8‰　　C. 5‰~8‰　　D. 5‰~10‰

25.(　　)特别适用于小型或中等规模的工程项目。

A. 成本加固定费用　　B. 按时计算费用

C. 费率　　D. 固定价格

三、多项选择题

1. 投标单位应具备(　　)条件。

A. 具有法人资格、监理资质证书、有效的营业执照

B. 经济独立并具有与其工作相适应的经济能力

C. 能独立承担相应的经济或民事责任

D. 具有相应于所承担的工作的专业能力和经验

2. 以下说法正确的是(　　)。

A. 公路监理甲级资质等级,可在全国范围内监理一、二、三类工程

B. 公路监理乙级资质等级,可在全国范围内监理二、三类工程

C. 公路监理乙级资质等级,可在本省范围内监理一、二、三类工程

D. 公路监理丙级资质等级,可在本省范围内监理三类工程

3. 质量监理的依据有(　　)。

A. 合同条件　　B. 合同图纸　　C. 技术规范　　D. 质量标准

4. 当某项工程在施工期间出现质量事故时,监理工程师应(　　)。

A. 签发暂时停工令

B. 要求承包人尽快提出质量事故报告并报告业主

C. 组织有关人员对质量事故现场进行审查

D. 对承包人提出的有争议的质量事故责任交由有关部门予以判定

5. 以下属于标准试验的是(　　)。

A. 铺筑试验路　　B. 混合料配合比试验

C. 集料的筛析试验　　D. 混凝土强度试验

6. 现场监理的主要工作内容是(　　)。

A. 高级驻地监理工程师应在施工期间每天对施工现场巡视一次,现场发现并处理施工质量问题

B. 对承包人施工的隐蔽工程、重要工程部位、重要工序及工艺,由专业监理工程师及其助理人员实行全过程的旁站监督,及时消除影响工程质量的不利因素

C. 现场监理人员全环节地对每道施工工序结束后及时进行检查和认定,并现场监督承包人的试样抽取及施工记录

D. 在各项工程的施工进行中,对控制工程走向、位置、高程和几何形状与尺寸等环节进行监督、检查和认定

7. 单项工程完工后,驻地试验室根据(　　),对已完工程进行检查,并将检查结果报告驻地监理高级监理工程师及反馈给承包人。

A. 监理员的监理日志　　B. 旁站的监理资料

C. 承包人原始资料　　D. 试验资料

8. 试验的监督检查工作应由(　　)负责。

A. 业主委托的检测中心　　B. 试验监理工程师

C. 质量监督站　　D. 中心试验室

9. 因设计原因产生的质量缺陷,应(　　)。

A. 由业主提出处理方案及方法　　B. 由承包人提出处理方案及方法

C. 承包人进行修补　　D. 业主支付修补费用

10. 工程费用可分为(　　)。

A. 预算工程费用　　B. 直接工程费用

C. 实际工程费用　　D. 结算工程费用

11. 监理工程师应对(　　)进行监督与管理。

A. 清单费用　　B. 工程变更调价

C. 索赔　　D. 附加工程费用

12. 监理工程师在费用支付中的职责是(　　)。

A. 正确计量

B. 定期审核承包人的各类付款申请,为业主提供付款凭证

C. 保证业主对承包人的支付公平

D. 为业主所支付的每一笔资金严格把关

13. 工程费用支付的基本原则是(　　)。

A. 以工程量为基础　　B. 以技术规范和报价单为依据

C. 以日常记录和合同条款为依据　　D. 支付必须及时

14. 合同管理的任务是(　　)。

A. 合同分析　　B. 建立合同数据档案

C. 实施合同监督　　D. 加强索赔管理

15. 工程计量可采用(　　)形式进行。

A. 监理工程师单独计量　　B. 承包人单独计量

C. 监理工程师和承包人共同计量　　D. 承包人计量,监理工程师确认

16. 工程计量中的主要文件有(　　)。

A. 中间支付计量表　　B. 工程分项开工申请批复单

C. 检验申请批复表　　D. 中间交工证书

17. 进度监理的作用是考虑了(　　)因素的同时,确保总的工期目标的实现。

A. 工、料、机等资源　　B. 施工管理工期

C. 施工质量　　D. 经济性

18. 在中标通知书发出后合同规定的时间内,监理工程师应要求承包人书面提交(　　)。

A. 工程总体进度计划及必要的各项关键工程的进度计划

B. 有关全部支付的现金流动估算

C. 有关施工方案和施工方法的总说明

D. 年度进度计划及现金流动估算

19. 进度计划的审查内容包括(　　)。

A. 工期和时间安排的合理性　　B. 施工顺序与材料和设备进场的协调性

C. 施工准备的可靠性　　D. 计划目标与施工能力的适应性

20. 以下影响工程进度的原因属于为主的原因的有(　　)。

A. 额外或附加工程的工程量

B. 承包人进入施工现场并开始施工,设计发生变更,变更图纸无法按时提交承包人

C. 监理工程师同意承包人提交的工程施工进度计划后,业主未有按施工进度计划随工程进展向承包人提供施工所需的现场和通道

D. 监理工程师的错误指令

21. 监理费用常用的计算方法有(　　)。

A. 按时计算费用法　　B. 费率法

C. 工资加一定比例的其他费用　　D. 固定价格

22. 监理工程师必须在确认(　　)条件满足后,受理工程延期。

A. 由于非承包人的责任,工程不能按原定工期完工

B. 延期情况发生后,承包人在合同规定期限内向监理工程师提交工程延期意向

C. 承包人承诺继续按合同规定向监理工程师提交有关延期的详细资料,并根据监理工程师的需求随时提供有关证明

D. 延期事件终止后,承包人在合同的期限内,向监理工程师提交正式的延期申请报告

23. 下列情况属于承包人严重违约的有(　　)。

A. 未经监理工程师同意,随意分包工程

B. 给公共利益带来伤害、妨碍和不良影响

C. 不严格执行监理工程师的指示

D. 无正当理由不开工或拖延工期

24. 缺陷责任期监理的工作内容包括(　　)。

A. 检查承包人剩余工程计划　　B. 检查已完工程

C. 确定缺陷责任及修复费用　　D. 督促承包人按合同规定完成交工资料

25. 施工项目的(　　)是工程建设的核心,是决定工程建设成败的关键。

A. 费用　　B. 质量　　C. 进度　　D. 安全

四、判断题

1. 监理工程师是工程费用监理的控制主体,处于工程计量与支付环节的关键地位。(　　)

2. 工程计量就是招标文件中工程量清单所列的工程数量。(　　)

3. 如果承包人收到通知后不参加或不派人参加实地量测计量工作,监理工程师自己量测或经监理工程师批准的量测结果,即为正确的计量,可作为支付的依据。(　　)

4. 支付不解除承包人合同内规定应尽的责任和义务。(　　)

5. 施工进度控制是保证施工项目按期完成,节约工程成本的重要措施。(　　)

6. 施工项目进度控制的总目标是在保证施工质量的条件下,缩短工期。(　　)

7. 监理工程师应通过《中期支付证书》,对分包人直接进行支付。(　　)

8. 缺陷责任期起算日期必须以签发的工程交接证书日期为准。(　　)

9. 总工期是指合同中规定从开工之日起到完工之日止所需工作日天数。(　　)

10. 公路工程的最终结算一般按签订合同价进行。(　　)

11. 监理工程师签发了《工程交工证书》后,即可签发最终支付证书。(　　)

12. 费用监理的核心是工程的计量与支付。(　　)

13. 文明施工和环境保护都是为了施工创造一个良好的环境,有利于提高工程施工的质量。(　　)

14. 监理工程师在项目管理工作中具有进行组织协调的作用。(　　)

15. 根据合同有关规定,在进行费用索赔时,业主或承包人通过监理工程师向对方索赔合同价格以外的费用。(　　)

16. 计量结果只须监理工程师签字同意,无需承包人的签字同意。(　　)

17. 工程计量时,是按常用的、习惯的计量方法进行计量。(　　)

18. 分项工程的质量控制程序就是指完工后监理人员的验收程序。(　　)

19. 结构物基坑若出现了超挖,应将超挖部分用挖出的原土回填并压实。(　　)

20. 监理单位和监理人员是独立的一方,不受各级公路质量监督部门的管理和监督检查。(　　)

21. 现场监理机构一般按工期、招标合同段设置基层监理单位,可视工程情况设置一级、二级或三级机构。(　　)

22. 由于公路工程项目的建设周期较长,当项目比较大时,除需编制工程的总体计划外,还需编制年度和月进度计划。(　　)

23. 监理工程师对施工进度的审批意见是强制的，承包人必须采纳。 (　　)

24. 以“工资加一定比例的其他费用”计算监理费用，该比例包括了间接成本和利润。 (　　)

25. 固定价法适用于小型规模的工程项目。 (　　)

五、综合分析题

1. 某公路采用国内招标形式，公路等级为四级，工程预算投资为 4 000 万元，试按费率计算报价法计算监理费用。

2. 已知下列条件：

①监理人员需要量定额(1 000 万/人)如下：

工程复杂程度	监理工程师	监理员	行政、文秘人员
简单工程	0. 20	0. 75	0. 10
一般工程	0. 25	1. 00	0. 10
较复杂工程	0. 35	1. 10	0. 25
复杂工程	0. 50	1. 50	0. 35
很复杂工程	> 0. 50	> 1. 50	> 0. 35

②某工程建安造价为 10 000 万元，属较复杂工程，工程期为 22 个月，监理工程师 5 000 元/月，监理员 3 000 元/月，行政、文秘 2 500 元/月。

试计算：(1)所需各类人员数；

(2)监理人员工资总额。

第四章 施 工 招 标

本章要点：公路工程施工招标文件的组成，施工招标的方式，招标的条件，招标的基本程序及组织机构与主要职能，标底的编制方法、原则、要求及管理，施工招标资格预审文件的编制，资格审查办法，施工招标文件的编制规定要求，招标文件的格式和开标、评标、定标的规定要求与方法及合同授予的规定要求。

中华人民共和国交通运输部于2009年5月11日发布了《关于发布公路工程标准施工招标资格预审文件和公路工程标准施工招标文件2009年版的通知》（交公路发[2009]221号）。

该通知明确指出：为加强公路工程施工招标管理，规范资格预审文件和招标文件编制工作，交通运输部在国家九部委联合编制的《标准施工招标资格预审文件》和《标准施工招标文件》（以下简称《标准文件》）基础上，结合公路工程施工招标特点和管理需要，组织制定了《公路工程标准施工招标资格预审文件》（2009年版）和《公路工程标准施工招标文件》（2009年版）（以下简称《公路工程标准文件》）。《公路工程标准文件》自2009年8月1日起施行，原《公路工程国内招标文件范本》（2003年版）同时废止。自施行之日起，必须进行招标的二级及二级以上公路工程应当使用《公路工程标准文件》，二级以下公路项目可参照执行，在具体项目招标过程中，招标人可根据项目实际情况，编制项目专用文件，与《公路工程标准文件》共同使用，但不得违反九部委56号令的规定。

本章依据上述通知精神和《公路工程标准施工招标文件》、《公路工程施工标准化文件》等其他国家法规的规定，结合公路工程施工招标投标工作的实际进行介绍和说明。

第一节 概 述

一、施工招标文件的组成文件

《公路工程标准文件》规定，施工招标文件共由四卷组成，具体如下：

第一卷 第一章 招标公告（未进行资格预审）；
第一章 投标邀请书（适用于邀请招标）
第一章 投标邀请书（代资格预审通过通知书）
第二章 投标人预知
第三章 评标办法（合理低价法）
第三章 评标办法（综合评估法）

第三章　评标办法(经评审的最低投标价法)
第四章　合同条款及格式
第五章　工程量清单
第二卷　第六章　图纸
第三卷　第七章　技术规范
第四卷　第八章　投标文件格式
附录　工程量清单固化方法说明

二、公路工程施工招标的方式

《公路工程施工招标投标管理办法》规定招标方式为公开招标和邀请招标(亦称议标)两种。

1. 公开招标

招标中投标单位的数量不受限制,凡符合规定条件的承包商均可自愿参加投标的方式称为公开招标,亦称为无限竞争性招标。

2. 邀请招标

招标中的投标单位数量要受到限制,且不发布招标公告。一般选择5~8家符合规定条件的承包商投标,但同一合同段不得少于3家,对其发出邀请参加投标,这种方式称为邀请招标,亦称有限竞争招标。

在招标中还有一种**排他性邀请招标**。被邀请的投标单位不是经过公开资格预审后选择的,而是处于排斥某些单位、地区保护、工程性质特殊(只有少数单位能胜任)或工程保密等考虑而由业主确定的。显然,这种方式限制了竞争,违反了机会均等原则,不利于建立统一、开放、竞争有序的公路建筑市场。这种方式在公路施工招标中不宜采用。

利用扶贫资金实行以工代赈需要使用农民工的工程应当由审批部门批准后,可不进行招标。

三、施工招标应具备的条件、基本程序及组织机构与主要职能

(一)施工招标应具备的条件

根据我国《公路工程施工招标投标管理办法》的规定并结合公路建设项目招标实际的要求,施工招标应具备的条件如下:

(1)初步设计和概算文件已被批准。

(2)工程已正式列入国家或地方公路建设计划,业主已办理工程项目报建手续。

(3)建设资金已经落实。

(4)征地拆迁工作已基本完成或落实,能保证分年度连续施工。

(5)施工图设计已完成或能满足招标(编制招标文件)的需要,并能满足工程开工后连续施工的要求。

(6)除上述5个基本条件外,公路施工招标之前,监理单位应已选定。

(二)施工招标的基本程序

施工招标的基本程序如图4-1所示。

(三)招标的组织机构及其职能

1. 决策机构及其职责

决策是指人们为了实现特定的目标，运用科学的理论和方法，系统地分析主客观条件，掌握有关信息，从若干预选方案中合理选择一个最佳方案的过程。因此成立招标的组织机构，特别是决策机构是有效地开展招标工作的先决条件。在评标过程中，参加评标委员会的评标专家一般应由主管部门聘请或从专家库中随机抽取。项目主管部门或行政监督部门人员、投标人与投标人主要负责人的近亲属及与投标人有经济利益关系的人不得担任评标委员会委员。

决策机构俗称招标领导小组，由业主领导（代表），政府主管机关领导、定额或工程造价管理部门的领导组成。要特别指出的是：在实行项目法人制的今天，应充分发挥业主的自主决策作用，政府应转变职能，由直接参与决策管理改革为依据法律和行政手段进行决策监督。

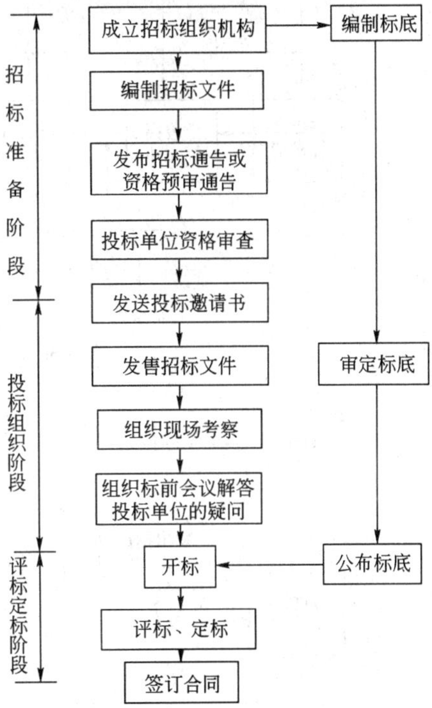

图 4-1　施工招标程序框图

招标领导小组的职能和工作主要是：

1）审定或编制招标工作计划

工作计划应明确各标段各项招标工作的内容、要求和时间安排。

公路工程施工招标工作按下列程序进行：

（1）确定招标方式，划分标段和确定工期。

（2）组织编制招标资格预审和招标文件。招标文件应按项目管理权限，报交通主管部门审批。

（3）发布招标广告（公开招标）或发出投标邀请书（邀请招标）。

（4）对投标者进行资格预审，其预审结果按项目管理权限报交通主管部门审批。

（5）向资格审查合格的投标人出售或发放招标文件。

（6）组织投标人考察工程现场，召开标前会议回答投标人对招标文件的询问。

（7）组织编制标底。

（8）接受投标人的投标书和公开开标。

（9）组建评标委员会评标，推荐中标候选人。

（10）招标人确定中标人，并将评标报告和评标结果报交通主管部门核备。

（11）招标人发出中标通知书。

（12）与中标者签订施工承包合同。

2）招标工作流程和招标工作计划

按照招标工作程序安排招标工作，必须为每道工作留有足够的时间间隔，以便招标人或投标人有合理的时间完成该项工作。有些工作涉及双方，应在招标须知或者合同条款中明确规定，并在工作安排中考虑进去。以下列出招标工作流程（图 4-2 和图 4-3），以供参考。

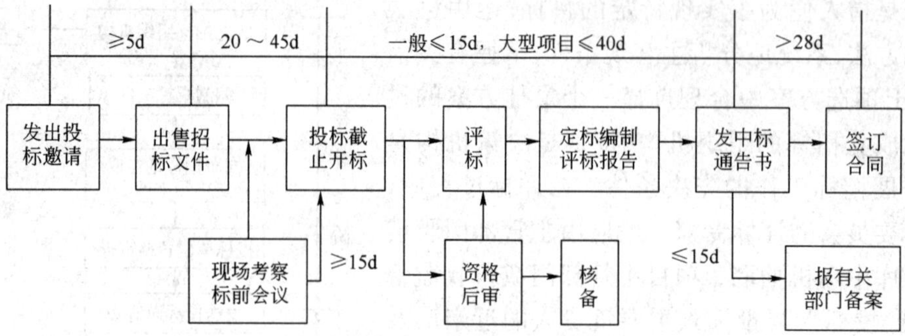

图4-2　公路工程施工邀请招标工作流程图

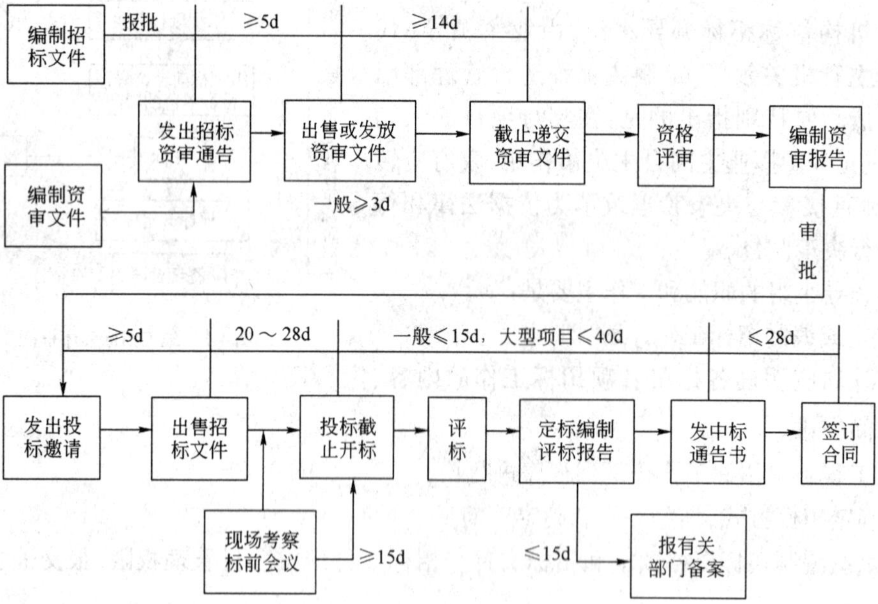

图4-3　公路工程施工公开招标工作流程图

按照以上流程，确定每项工作所需的时间和各项工作之间合理的时间间隔（考虑投标人所需工作时间），落实责任人员，做出招标工作计划，并遵照执行，避免工作混乱。

3）确定招标方式

采用哪种招标方式，由领导小组在招标单位推荐后予以确定。

4）选定承包方式

选定承包方式是十分重要的一项工作，因为通过招标和投标的工作，最重要的是业主与中标者按决定的承包方式签订承包合同，而其后的工程施工，竣工等一切工作均是按合同执行而开展的。按计价方式的不同，施工承包合同有以下多种类型：

（1）总价合同与适用的工程

①固定总价合同

按双方商定的总价承包工程的合同称为总价合同。其特点是以图纸和技术规范为依据，明确承包内容和计算承包价，签约时一次完成；在合同执行过程中，除非业主要求变更原定的承包内容，承包方一般不得要求变更承包价。这种方式简便，但双方均须承担一定的风险。对业主来说，管理工作量较少，结算简便，但对承包费用，特别是不可预见费难以掌握，则不利于降低造价。对承包人来说,如果图纸和规范要求不够详细,未知因素较多,或遇到材料等突然涨价以及恶劣的气候等意外情况,则必须承担风险,为此,往往采用加大不可预见费的方式,但毕竟增大有限,难以把握。

总价承包方式只适用于施工图纸明确、规模小、工期短、技术不太复杂的工程。

②变动(调值)总价合同

合同总承包价款随工程进展中的变更、违约索赔、材料涨价等因素变化而变动合同总价。显而易见这种承包方式比较客观、合理,但双方操作较复杂,往往会产生一些矛盾,加大管理工作量,因此,在选择本方式时,必须注意变动或调值要以公式法或文件证据法为依据。这种方式一般适用于公开招标、工期较长的大规模工程。

(2)单价合同与适用的工程

它是由业主开列出所有工程细目的工程清单,然后交投标方投标报价,再择其一家能胜任工程任务而总报价低的为中标方,双方签订合同,工程付款将根据所完成的工程数量按工程量清单中的单价结算,此即为单价合同方式。本方式具有更好的合同公平性,便于处理工程变更和施工索赔问题,避免工程变更给双方带来的风险而利于降低风险报价,因而被广泛采用。但本方式将增大业主的管理工作量,并对监理工程师的素质有很高的要求。这种方式适用于在没有详细的施工图及工程数量,对工程某些施工条件也不完全清楚的情况下就要开工的工程。

(3)成本补偿合同与适用的工程

按工程实际发生的成本(包括人工费、材料费、施工机械使用费、其他直接费和施工管理以及各项独立费,但不包括承包商的总管理费和应缴所得税),加上商定的总管理费和利润来确定工程总造价,此即为成本补偿合同方式。本方式一般适用于开工前对工程内容尚不十分清楚的工程,如边设计边施工的紧急工程,或遭受地震、战火等灾害破坏后的修复工程,以及保密工程或科学研究的工程等。

5)施工标段划分和工期确定

标段划分与工期确定是招标准备阶段的两件重要决策。应根据工程建设各方面条件和要求,综合考虑建设管理和技术、经济诸因素、论证后做出安排。否则,对工程实施将有不利影响。工程项目规模比较大的,可以划分几个施工标段进行招标。施工标段划分与工期有一定的联系。因此要求招标人合理划分标段,合理确定工期,明确要求。划分标段应当有利于承包人合理组织施工和合理投入。高速公路标段路基工程一般不少于10km,路面工程一般应不少于15km。其他等级公路标段工作量一般应不少于5 000万元,边远地区和特殊地段可视实际情况调整。施工工期应依据初步设计批复的建设期限,结合项目实际情况合理确定。以下就这两方面问题作进一步论述。

(1)合理划分标段

施工管理是一项比较繁杂的系统工程,标段划分是这一系统工程的一个环节,它要考虑技术、经济的因素,政府项目还往往要考虑政治因素。但在一般情况下,应当更多考虑技术、经济因素,因为从长远利益看,技术、经济上站住脚,政治上也是有利的。以下只从技术、经济的角度上进行阐述。

①标段划分要有利于采用现代化施工设备,并使其得到正常发挥。

现代化施工设备效率高,既便于管理,又能更好地保证工程质量,也可降低工程成本。我国地域辽阔,施工机械租赁市场发展尚未普遍,施工企业大多自己配备大型专业施工设备。由于公路工程各工序所用施工设备多有不同,在一个工程项目中,这些设备往往不能充分利用,利用周期也不长。标段短了,其效率发挥不出来,利用率就更低。对于这些设备,一般而言,施工地段愈长效率愈高。但考虑到工期要求,如果需要同时开辟若干作业面,即有若干套机组和施工队并行进行施工,就可酌情划分若干标段,但一个标段至少要能适应一个机组或一个施工队的工作。这样,就应考虑尽可能使各主要工序的施工设备都能得到合理利用,为此,需要进行一些分析和计算,必要时还要进行一定的论证。

②标段划分要考虑吸引更多的、实力强大的承包人。

如果工程等级高,需要实力强的施工单位,考虑到需要投入的施工设备要求相应提高,不妨把标段定得长些,或者允许投标人同时投两个以上的标段。特别是对于远来的施工队伍,这种措施对他们更具有吸引力。

③标段划分还要适当考虑工程性质和施工特点。

有的工程遇到特殊地段,如泥沼和软土等,划分标段时尽可能集中在一个或几个标段中,便于投入特殊设备,安排施工和控制工程质量。不同性质的工程一般宜分别招标。交通安全设施、交通管理和服务设施,一般也另行招标。特大桥的上下部构造的施工各有特点,也可考虑分别招标。

④标段划分还要考虑各标段工程量和难度。

要分析各标段的工程的难度及其总体工程量,使各标段大体同时完工,以便工程可以同时投入使用。

考虑上述因素,并参考国内外的实践经验,一般如设定工期为2~2.5年,估计标段长度为:双幅道路20~30km;二级公路40~60km;一般地区(施工条件较好)取高限,困难地区(如山区、水网地区、多雨地区等)取低限,工期也相应延长。因此,标段大小划分合适才能使标价最低。

(2)合理确定工期

工程建设工期应依据项目建设的社会、经济需要及其紧迫性,更要考虑项目实施的可能性和工程技术、经济的合理性,并以确保工程质量、生产、安全、环保,合理投入和可实现科学管理为前提条件,经过必要的论证后加以确定。

《公路工程施工招标投标管理办法》规定:"施工工期应当按批复的初步设计的建设工期,结合项目实际情况确定。"

合理工期应以合理的施工组织计划为基础,而合理的施工组织计划则应根据公路工程特点和施工条件而定。

①为保证各分项工程的施工质量,应保证各工序的正常施工条件和施工周期(包括正常的操作时间和必要的间隔,诸如必要的养生、养护,特别是软土的工后沉降期)。

②能按顺序进行施工,形成流水线,而不是齐头并进,以避免由于各工序交叉施工造成干扰和破坏。对不安全生产因素进行有效预防和控制。

③能保证主要施工机具的合理利用,即有经济合理的利用率和使用周期。

④考虑合理投入施工人力、物力和人员、设备的合理工作时间,加班加点要适量,并将额外补偿费列入工程预算中,确保施工人员安全与健康。

⑤与业主的资金供应相适应,使施工单位能合理安排资金投入和产出,保证必要的周转资金。

⑥考虑气候条件,特别是恶劣天气对施工的影响。

⑦考虑保证社会交通和环境保护的要求及其对施工和工期的影响。

以上因素是从正常施工安排的技术经济合理性考虑，如果根据社会、经济需求，确实有必要缩短工期，则须采取必要的增效措施，增加相应的人力物力投入，以确保工程质量不会因此而受到损害。所增加的费用应当列入工程预算之内。

2. 日常工作机构及其职责

日常工作机构即招标单位。其主要职责是：

(1)准备招标文件和资格预审文件；

(2)组织投标单位资格预审；

(3)发布招标广告或投标邀请书；

(4)发售招标文件；

(5)组织现场考察，组织标前会议；

(6)为评标、定标等做好各项准备工作。

3. 招标组织阶段的主要工作内容及注意事项

招标组织阶段的主要工作内容包括发售招标文件、组织现场考察、组织标前会议（标前答疑）、接受投标单位的标书等事项。现简述如下：

(1)发售招标文件：发售招标文件过程中，招标单位要查验投标单位代表的法人代表委托书（防止冒领文件）。收取招标文件工本费，在投标单位代表签字后方可将招标文件交投标单位清点。

(2)组织现场考察：在投标单位领取招标文件并进行了初步研究后，招标单位应组织投标单位进行现场踏勘，以便投标单位充分了解与投标报价有关的施工现场的地形、地质、水文、气象、交通运输、临时进出场道路及临时设施、施工干扰等方面的情况和风险。并在报价中对这些风险费用做出准确的估计考虑。为了达到现场考察的效果，现场考察的时间安排通常应考虑投标单位研究招标文件所需要的合理时间。现场踏勘过程中，业主应派比较熟悉现场情况的设计代表详细地介绍各标段的现场情况，现场考察的费用由投标单位自己负责。在此特别指出：招标人提供的本合同工程的水文、地质、气象和料场分布、取土场、弃土场位置等参考资料不构成合同文件的组成部分。投标人应对自己就上述资料的解释、推论和应用负责，招标人不对投标据此作出的判断和决策承担任何责任。

(3)组织标前会议：其目的是解答投标单位提出的问题。投标单位在研究招标文件、进行现场考察后，会对招标文件中的某些地方提出疑问，这些疑问有些是投标单位不理解招标文件产生的，有些是招标文件的遗漏和错误产生的。投标单位应在标前会议召开以前，以书面的形式将要求答复的问题提交招标单位。根据投标人须知中规定，投标单位的疑问应在标前会议7天前提出。招标单位应将各投标单位的疑问收集汇总，并逐一研究处理。如属于投标单位未理解招标文件而产生的疑问，可将这些问题放在“澄清书”中予以澄清或解释。如属于招标文件的错误或遗漏，则应编制“招标补遗”对招标文件进行补充和修正。总之，投标单位的问题应统一书面解答，当招标补遗很多且对招标文件的改动较大时，为使投标单位有合理的时间将“补遗书”的内容在编标时予以考虑，招标单位（或业主）可视情况延长投标截止日期。

(4)制备投标箱：为满足投标的需要，招标单位应制备投标箱（也有不设投标箱的做法），投标箱的钥匙由专人保管（可设双锁，分人保管钥匙），箱上加贴启封条，投标单位投标时将标书装入投标箱，招标单位随即将盖有日期的收据交给投标单位，以证明是在规定的投标截止日期前投入的。投标截止期限一到,即封闭投标箱,在此以后的投标概不受理(为无效标书)。投标截止日期在招标文件或投标邀请书中已列明,投标期(从发售招标文件到投标截止日期)的长短视标段大小、工程规模、技术复杂程度及进度要求而定。国际招标中由于标段很大,从满足投标的要求考虑,通常安排 90 ~ 120 天,甚至更长。国内招标中由于标段不大,投标期可适当缩短,但也不宜过于仓促(一般是 45 ~ 90 天左右)。一般对高速公路、一级公路、技术复杂的特大桥梁、特长隧道不得少于 28 天,其他公路工程不得少于 20 天。投标基准日期是指投标截止日前 28 天的当日。

第二节 标底的编制

2003 年 3 月颁布的《工程建设项目施工招标投标办法》中关于标底的规定是:

(1)招标人可根据项目特点决定是否编制标底;

(2)编制标底的,标底编制过程和标底必须保密;

(3)编制标底的项目,应根据批准的初步设计、投资概算,依据有关计价办法,参照有关工程定额,结合市场供求情况,综合考虑投资、工期和质量(安全与环保)等方面的因素合理确定;

(4)标底由招标人自行编制或委托中介机构编制,一个工程只能编制一个标底;

(5)任何单位和个人不得强制招标人编制或报审标底,或干预其确定标底;

(6)招标项目可以不设标底,进行无标底招标;

(7)招标人设有标底的,标底在评标中应当作为参考,但不得作为评标的唯一依据。

一、标底及其作用

标底是业主确定的招标项目的底价。标底有两种概念:一种是仅指总价,即相当于招标工程范围内的建筑安装费和合同条款规定的由承包人支付的其他费用或完成的其他工作的费用之和。也就是说,概算所列费用项目中除了由业主承办或开支的项目之外,都列入其中;另一种是既有总价也有相应的细目单价。前一种概念不完整,而后一种概念才是完整的。标底一般是由业主组织编制,并由招标人内部掌握的。标底的作用在于控制工程造价,并据以评价承包人标价的合理性。通过对承包人标价与标底进行比较,还可看出承包人的管理水平和对承包该项目工程内容和实施方法的理解程度和可靠性,从而决定把工程授予比较理想的承包人。

标底是工程项目的预期施工价格,是衡量投标报价是否合理的重要依据。科学地编制标底是搞好评标工作的前提。

二、标底编制的基本原则和要求

(1)标底的编制应遵循价值规律,即标底价格应反映公路建设项目的价值。

(2)标底的编制应反映供求规律,即应反映建筑市场的供求状况对标底价格的影响。

(3)所编制的标底应反映出一种平均先进的劳动生产力水平。

所以,在制订标底时,应根据设计图纸及招标文件中的其他有关资料,参照国家规定的有关技术经济标准、定额及规范来确定标底,一个标段只能编制一个标底。

三、标底编制的方法

标底的编制,可以由招标人自行组织编制,也可委托具有相应资格的造价工程师或咨询工程师编制。目前应按照部颁《公路工程标准文件》的工程量清单的细目编制标底。现将有关编制方法介绍如下。

1. 标准的概预算编制法(简称定额单价法)

目前编制标底采用的方法大都是在采用部颁《公路工程基本建设项目概预算编制办法》(JTG B06—2007)编制的概、预算的基础上加以调整。采用的定额和有关费用标准基本上也是根据部颁的或部门规定的。

标底编制方法实施的基本程序如下:

(1)资料收集。

(2)市场调查。

(3)现场考察。

(4)施工方案和施工方法的确定及施工进度计划的制订。

(5)编制施工图预算(或概算),计算建安费及其他费用。

(6)工程细目的单价分析。

(7)综合形成标底。

标底编制应注意的事项:

(1)按概算编制标底时,应在概算的基础上适当下浮,因为概算定额比预算定额有3% ~ 5%的富余。这是编制标底时一个指导性数据,应认真掌控。

(2)当合同中有价格调整的条款时标底中不应考虑物价上涨费。

(3)不考虑预备费,但应适当加计工程保险需发生的费用及其他预算中未包括的费用。

(4)对于那些概预算中明显偏高或偏低而与实际情况不符的现象,应据实予以调整。

(5)对按合同规定承包人实际需发生而在概预算中未计算的费用,应在调查的基础上如实考虑进去。

(6)在预算的基础上,根据建筑市场的供求情况及当前的劳动生产力水平乘以适当的修正系数。

(7)由于概预算的项目划分与工程量清单的项目划分不一致,且各自对应的计量方法不一定相同,因此,在编制工程细目的单价时,应在概预算的项目划分基础上,组合出与工程量清单中的工程细目相应的单价。这点应特别关注,以确保工程量清单中的工程细目为准。

总之,在编制标底时既要注意法规性的要求,又要结合市场的、客观的实际情况,使编制出的标底比较合理,适用,可行,以达到在合理的工程费用条件下,能确保工程质量、安全、环保和工期目标的实现,并利于管理。避免因标底与各投标报价之间出现大的差异而导致重新招标的情况。

2. 据实计算工程总价的方法(简称总价计算法)

本方法系根据项目具体施工条件、技术要求、采用的施工工艺和施工组织,并参照市场情况确定合理的费用和取费标准,计算工程总造价。其计算程序为:

(1)按照工期、工程细目及其工程量和技术要求,编制施工组织设计,确定施工程序及各工序持续时间,并选配各工序适用的机械和人员。

(2)根据各工序持续时间和所配机械效率确定所需机械、人工的数量及进退场计划,从而计算应当发生的机械和人工费用。机械的效率以主导机械为控制,可以参照实测的资料,如厂家、科研单位提供的或施工单位测定的机械作业周期和产量推算。辅助机械和人员则根据工序需要随主机配备。机械、人员的进退场计划不但要考虑某个工序本身的需要,而且要考虑整个工程的需要和安排的实际可能性制定。因此,应将由于不可避免的施工机械使用的间断性而造成的停驶、待工的费用也一并考虑进去。

(3)计算耗用材料及其费用,即据实计算所需材料,包括可能发生的场地、场外损耗、仓储等费用。

(4)逐项计算各种待摊费用,即工程数量表中没有计列的项目,但必然发生的间接费用,包括工地管理费、为保证或加快进度必须采取的组织及技术措施费,安全措施、环境保护费,以及工地以外发生的各种间接费,如上级管理费、营业税收、贷款利息(未计入直接费部分)、预留养护费,以及计划利润等。

(5)把上述所有费用加在一起,即得工程总价。用这种方法算出的总价,不但与工程实际情况紧密联系,而且与一个典型可靠的承包人根据自己装备情况为实施工程所需投入的物力、资金和将要发生的费用基本接近,可以作为该项工程预算的控制数。

至于各分项工程的单价,则可采取不同的方法进行估算:对于那些对工程造价起主要作用的工序,可采用工序法进行估算,即按各分项工序的工程性质,数量和因该分项工期要求配备必要的机械、人力,计算需要耗费的直接费,然后除以该分项数量求得;而对于其他分项工程则可采用定额法或经验比照法加以确定。当然,所得各分项工程直接费,还应控制在总价计算的直接费总额之内,否则还应适当调整。

待摊费则按上述实际计算结果,摊入各分项费用之中。然后进行综合调整,务使各分项费用总和,基本符合按总价计算的结果。

3. 经验单价比照法

即以同一地区、同样性质的分项工程近期实际发生(或中标项目的)单价为基础,通过分析施工条件的差异,适当调整,确定单价,然后按照预定工程量计算出总价。

此种方法,适用于工程项目较多,实际经验较多的地方。

除概预算编制法外,还可采用统计平均法编制标底,即在投标报价的基础上采用统计处理的方法来确定标底。这种方法已在许多地方试用,它能有效地解决标底保密的问题,而且符合标底编制的基本原则,具有较好的科学性。

四、标底的管理

标底的管理中应注意的要点是:

(1)标底审定:重点是标底制订方法的科学性、合理性,标底的价格应严格控制在初步设计概算甚至施工图预算所确定的各项费用之内;

(2)标底的保密;

(3)防止操作暗箱产生,开标前知道标底的人员(数量上)要严格控制。

五、无标底招标

所谓无标底招标，就是在业主招标过程中不设标底或者即使设标底也不作为评标标准，业主只需提出一个评价的标准和方法即可的一种招标方式。与现行招标方式相比，它具有不存在标底泄密，消除了暗箱操作；减小招标人和评标委员会对评标、中标的人为影响；鼓励了公平竞争，促进投标单位降低企业成本；降低工程造价等优点。无标底招标采用了量价分离的科学形式，更符合市场经济的要求，有利于加强招投标过程的竞争机制，也是适应我国与国际惯例接轨的需要。

在编制标底时，应严格执行国家建设部2005年6月发布的《建筑工程安全防护、文明施工措施费用及使用管理规定》，并注意下述要点：

（1）所称安全防护、文明施工措施费用，是指按照国家现行的建筑施工安全、施工现场环境与卫生标准和有关规定，购置和更新施工安全防护用具及设施、改善安全生产条件和作业环境所需要的费用。安全防护、文明施工措施项目清单详见附表。

建设单位对建筑工程安全防护、文明施工措施有其他要求的，所发生费用一并计入安全防护、文明施工措施费。

（2）建筑工程安全防护、文明施工措施费用是由《建筑安装工程费用项目组成》（建标［2003］206号）中所含的文明施工费，环境保护费，临时设施费，安全施工费组成。

其中安全施工费由临边、洞口、交叉、高处作业安全防护费，危险性较大工程安全措施费及其他费用组成。危险性较大工程安全措施费及其他费用项目组成由各地建设行政主管部门结合本地区实际自行确定。

（3）建设单位、设计单位在编制工程概（预）算时，应当依据工程所在地工程造价管理机构测定的相应费率，合理确定工程安全防护、文明施工措施费。

（4）依法进行工程招投标的项目，招标方或具有资质的中介机构编制招标文件时，应当按照有关规定并结合工程实际单独列出安全防护、文明施工措施项目清单。

投标方应当根据现行标准规范，结合工程特点、工期进度和作业环境要求，在施工组织设计文件中制定相应的安全防护、文明施工措施，并按照招标文件要求结合自身的施工技术水平、管理水平对工程安全防护、文明施工措施项目单独报价。投标方安全防护、文明施工措施的报价，不得低于依据工程所在地工程造价管理机构测定费率计算所需费用总额的90%。

（5）建设单位与施工单位应当在施工合同中明确安全防护、文明施工措施项目总费用，以及费用预付、支付计划，使用要求、调整方式等条款。

建设单位与施工单位在施工合同中对安全防护、文明施工措施费用预付、支付计划未作约定或约定不明的，合同工期在一年以内的，建设单位预付安全防护、文明施工措施项目费用不得低于该费用总额的50%；合同工期在一年以上的（含一年），预付安全防护、文明施工措施费用不得低于该费用总额的30%，其余费用应当按照施工进度支付。

实行工程总承包的，总承包单位依法将建筑工程分包给其他单位的，总承包单位与分包单位应当在分包合同中明确安全防护、文明施工措施费用由总承包单位统一管理。安全防护、文明施工措施由分包单位实施的，由分包单位提出专项安全防护措施及施工方案，经总承包单位批准后及时支付所需费用。

建设单位申请领取建筑工程施工许可证时，应当将施工合同中约定的安全防护、文明施工措施费用支付计划作为保证工程安全的具体措施提交建设行政主管部门。未提交的，建设行政主管部门不予核发施工许可证。

建设单位应当按照本规定及合同约定及时向施工单位支付安全防护、文明施工措施费，并督促施工企业落实安全防护、文明施工措施。

《公路工程基本建设项目概算预算编制办法》(JTG B06—2007)中明确规定，安全及文明施工措施费是指工程施工期间为满足安全生产、职工健康生活所发生的费用。列属建筑安装工程费中直接费的其他工程费。该费不包括施工期间为保证交通安全而设置的临时安全设施和标志、标牌的费用，需要时，应根据设计要求计算。安全及文明施工措施费以各类工程的直接工程费之和为基数，按表4-1的费率计算。在编制、审核概预算和编制标底及其他相关文件时，应按其实施。建设工程安全防护、文明施工措施项目清单见表4-2。

安全及文明施工措施费费率表 表4-1

工程类别	费率	工程类别	费率
人工土方	0.59	构造物 I	0.72
机械土方	0.59	构造物 II	0.78
汽车运输	0.21	构造物 III	1.57
人工石方	0.59	技术复杂大桥	0.68
机械石方	0.59	隧道	0.73
高级路面	1.00	钢材及钢结构	0.53
其他路面	1.02		

注：①设备安装工程按表中费率的50%计算。

②人工土方系指人工施工的路基、改河等土方工程，以及人工施工的砍树、挖根、除草、平整场地、挖盖山土等工程项目，并适用于无路面的便道工程。

③机械土方系指机械施工的路基、改河等土方工程以及机械施工的砍树、挖根、除草等工程项目。

④汽车运输系指汽车拖拉机、机动翻斗车等运送的路基，改河土(石)方、路面基层和面层混合料及水泥混凝土、预制构件，绿化苗木等。

⑤人工石方系指人工施工的路基、改河等土石方工程(机械打眼即属机械施工)。

⑥高级路面系指沥青混凝土路面、厂拌沥青碎石路面和水泥混凝土路面的面层。

⑦其他路面系指除高级路面以外的其他路面面层，各等级路面的基层、底基层、垫层、透层、黏层、封层，采用结合料稳定的路基和软土等特殊路基处理工程，以及有路面的便道工程。

⑧构造物 I 系指无夜间施工的桥梁、涵洞、防护(包括绿化)及其他工程，交通工程及沿线设施工程[设备安装及金属标志牌、防撞钢护栏，防眩板(网)、隔离栅、防护网除外]，以及临时工程中的便桥、电力电信线路、轨道铺设等工程项目。

⑨构造物 II 系指夜间施工的桥梁工程。

⑩构造物 III 系指商品混凝土(包括沥青混凝土和水泥混凝土)的浇筑和外购件及设备的安装工程。商品混凝土和外购构件及设备的费用不作为其他工程费和间接费的计算基数。

⑪技术复杂大桥系指单孔跨径在120m以上(含120m)和基础水深在10m以上(含10m)的大桥主桥部分的基础、下部和上部工程。

⑫隧道系指隧道工程的洞门及洞内土建工程。

⑬钢材及钢结构系指钢桥及钢索吊桥的上部构造，钢沉井，钢围堰，钢套箱及钢护筒等基础工程，钢索塔，钢锚箱，钢筋及预应力钢材，模数式及橡胶板式伸缩缝，钢盆式橡胶支座，四氟板式橡胶支座，金属标志板，防撞钢护栏，防眩板(网)、隔离栅，防护网等工程项目。

购买路基填料的费用不作为其他工程费用和间接费的计算基数。

建设工程安全防护、文明施工措施项目清单 表4-2

类别	项目名称		具体要求
文明施工与环境保护	安全警示标志牌		在易发伤亡事故(或危险)处设置明显的、符合国家标准要求的安全警示标志牌
	现场围挡		(1)现场采用封闭围挡,高度不小于1.8m; (2)围挡材料可采用彩色、定型钢板,砖、混凝土砌块等墙体
	五板一图		在进门处悬挂工程概况、管理人员名单及监督电话、安全生产、文明施工、消防保卫五板;施工现场总平面图
	企业标志		现场出入的大门应设有本企业标识或企业标识
	场容场貌		(1)道路畅通; (2)排水沟、排水设施通畅; (3)工地地面硬化处理; (4)绿化
	材料堆放		(1)材料、构件、料具等堆放时,悬挂有名称、品种、规格等标牌; (2)水泥和其他易飞扬细颗粒建筑材料应密闭存放或采取覆盖等措施; (3)易燃、易爆和有毒有害物品分类存放
	现场防火		消防器材配置合理,符合消防要求
	垃圾清运		施工现场应设置密闭式垃圾站,施工垃圾、生活垃圾应分类存放。施工垃圾必须采用相应容器或管道运输
临时设施	现场办公生活设施		(1)施工现场办公、生活区与作业区分开设置,保持安全距离; (2)工地办公室、现场宿舍、食堂、厕所、饮水、休息场所符合卫生和安全要求
	施工现场临时用电	配电线路	(1)按照TN-S系统要求配备五芯电缆、四芯电缆和三芯电缆; (2)按要求架设临时用电线路的电杆、横担、瓷夹、瓷瓶等,或电缆埋地的地沟; (3)对靠近施工现场的外电线路,设置木质、塑料等绝缘体的防护设施
		配电箱开关箱	(1)按三级配电要求,配备总配电箱、分配电箱、开关箱三类标准电箱。开关箱应符合一机、一箱、一闸、一漏。三类电箱中的各类电器应是合格品。 (2)按两级保护的要求,选取符合容量要求和质量合格的总配电箱和开关箱中的漏电保护器
		接地保护装置	施工现场保护零线的重复接地应不少于三处
安全施工	临边洞口交叉高处作业防护	楼板、屋面、阳台等临边防护	用密目式安全立网全封闭,作业层另加两边防护栏杆和18cm高的踢脚板
		通道口防护	设防护棚,防护棚应为不小于5cm厚的木板或两道相距50cm的竹笆。两侧应沿栏杆架用密目式安全网封闭
		预留洞口防护	用木板全封闭;短边超过1.5m长的洞口,除封闭外四周还应设有防护栏杆
		电梯井口防护	设置定型化、工具化、标准化的防护门;在电梯井内每隔两层(不大于10m)设置一道安全平网
		楼梯边防护	设1.2cm高的定型化、工具化、标准化的防护栏杆,18cm高的踢脚板
		垂直方向交叉作业防护	设置防护隔离棚或其他设施
		高空作业防护	有悬挂安全带的悬索或其他设施;有操作平台;有上下的梯子或其他形式的通道

续上表

类别	项目名称		具体要求
其他（由各地自定）			

注:本表所列建筑工程安全防护、文明施工措施项目,是依据现行法律法规及标准规范确定。如修订法律法规和标准规范,本表所列项目应按照修订后的法律法规和标准规范进行调整。

第三节　施工招标资格预审文件的编制

一、资格预审程序框图(图4-4)

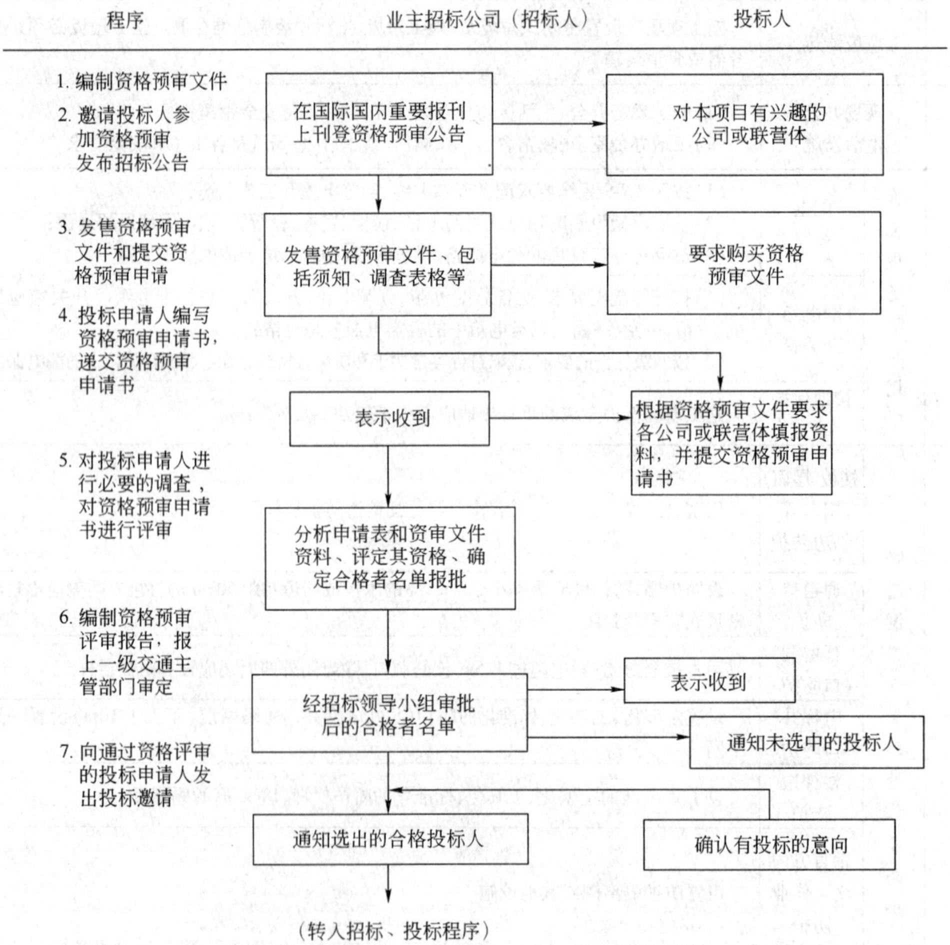

图4-4　资格预审程序及招标人与投标人联络关系框图

二、施工招标资格预审文件

施工招标资格预审文件包括:招标资格预审公告、申请人须知、资格审查办法、资格预审申请文件(含附表)格式、项目建设概况以及资格预审文件的澄清、修改等。

(一)资格预审文件的澄清与修改

当澄清或修改等在同一内容的表述上不一致时,以最后发出的书面文件为准。申请人如对资格预审文件存有疑问,应在招标人规定的时间以前以书面形式(包括信函,电报、传真等)要求招标人对其进行澄清,招标人则应在规定的时间前,以书面形式将澄清内容发给所有购买资格预审文件的申请人,但不指明澄清问题的来源。申请人收到澄清后,应在招标人规定的时间内以书面形式通知招标人确认已收到该澄清。招标人在"申请人须知"规定的时间前,可以书面形式通知申请人修改资格预审文件,在"申请人须知"规定的时间后修改资格预审文件的,招标人应相应顺延申请截止时间;申请人收到修改的内容后,应在"申请人须知"中规定的时间以内以书面形式通知招标人,确认已收到该修改。

对编制文件的语言文字要求除专用术语外,来往文件均使用中文,必要时专用术语应附有中文注解。

1. 资格预审公告

"资格预审公告"是《公路工程标准施工招标资格预审文件》的第一章,亦是《公路工程标准施工招标文件》中第一卷第一章。其格式规定有三种,分别如下:

(1)未进行资格预审的招标公告;

(2)适用于邀请招标;

(3)适用于代资格预审通过通知书。

在应用操作中应特别注意其相关的说明。

资格预审公告

__________(项目名称)__________**标段施工招标**

资格预审公告(代招标公告)

1. 招标条件

本招标项目______________(项目名称)已由__________________(项目审批、核准或备案机关名称)以_____________(批文名称及编号)批准建设,项目业主为____________,建设资金来自____________(资金来源),项目出资比例为____________,招标人为____________。项目已具备招标条件,现进行公开招标,特邀请有兴趣的潜在投标人(以下简称申请人)提出资格预审申请。

2. 项目概况与招标范围

____________(说明本次招标项目的建设地点、规模、计划工期、招标范围、标段划分等)。

3. 申请人资格要求

3.1　本次资格预审要求申请人具备____________资质,____________业绩,并在人员、设备、资金等方面具备相应的施工能力。

3.2　本次资格预审____________(接受或不接受)联合体资格预审申请。联合体申请资格预审的,应满足下列要求:__________________。

3.3 每个申请人最多可对______(具体数量)个标段提出资格预审申请,且允许中_____个标;被招标项目所在地省级交通主管部门评为最高信用等级的申请人,最多可对______(具体数量)个标段提出资格预审申请,且允许中______个标。

3.4 具有投资参股关系的关联企业,或具有直接管理和被管理关系的母子公司,或同一母公司的子公司,或法定代表人为同一人的两个及两个以上法人不得同时对同一标段提出资格预审申请。

4.资格预审方法

本次资格预审采用________(合格制/有限数量制)。

5.资格预审文件的获取

5.1 请申请人于______年_____月_____日至______年_____月_____日(法定公休日、法定节假日除外)每日上午_____时至_____时,下午_____时至_____时(北京时间,下同),在____________(详细地址)持企业法人营业执照副本原件、企业资质证书副本原件、企业安全生产许可证副本原件、单位介绍信、经办人身份证及上述资料复印件一套购买资格预审文件。参加多个标段资格预审的申请人必须分别购买相应标段的资格预审文件,并对每个标段单独递交资格预审申请文件。

5.2 资格预审文件每套售价____________元,售后不退。

6.资格预审申请文件的递交

6.1 递交资格预审申请文件截止时间(申请截止时间,下同)为______年_____月_____日_____时_____分,申请人应于当日_____时_____分至_____时_____分将资格预审申请文件递交至__________。

6.2 逾期送达或者未送达指定地点的资格预审申请文件,招标人不予受理。

7.发布公告的媒介

本次资格预审公告同时在____________(发布公告的媒介名称)上发布。

8.联系方式

招 标 人:__________________	招标代理机构:__________________
地 址:__________________	地 址:__________________
邮政编码:__________________	邮 政 编 码:__________________
联 系 人:__________________	联 系 人:__________________
电 话:__________________	电 话:__________________
传 真:__________________	传 真:__________________

______年_____月_____日

在按"资格预审公告"的格式发布资格预审公告后,应将实际发布的资格预审公告编入出售的资格预审文件中,作为资格预审邀请。资格预审公告应同时注明发布所在的所有媒介名称。

招标人可根据招标项目具体特点和实际需要选择规定的合格制或有限数量制之一,如无特殊情况,鼓励招标人采用合格制。《资格审查办法》前附表应按试行规定要求列明全部审查因素和审查标准,并在前附表及正文中标明申请人不满足其要求即不能通过资格预审的全部条款。

2.申请人须知

申请人须知是《公路工程标准施工招标文件》第一卷第三章。其主要内容如下:

申请人须知前附表。

(1)总则。包括:项目概况、资金来源和落实情况、招标范围与计划工期及质量要求、申请人资格要求、语言文字、费用承担等规定。

(2)资格预审文件。包括:资格预选文件的组成、资格预审文件的澄清和资格预审文件的修改等规定。

(3)资格预审文件的编制。包括:资格预审申请文件的组成、资格预审申请文件的编制要求、资格预审文件的装订、签字等规定。

(4)资格预审申请文件的递交。包括：资格预审申请文件的密封和标识等规定、资格预审申请文件的递交等规定。

(5)资格预审申请文件的审查。包括：审查委员会、资格审查等规定。

(6)通知和确认。包括：通知、解释和确认等规定。

(7)申请人的资格改变。

(8)纪律与监督。包括：严禁贿赂、不得干扰资格审查工作、保密及投诉等规定。

(9)须要补充的其他内容。包括：申请规定、资格预审文件的修改、招标人的权力等规定。

下面就其主要内容和运作中要注意的要点进行重点介绍说明。

1)申请人须知前附表

申请人须知前附表是“申请人须知”的重要组成部分。其作用在于进一步明确正文中的未尽事宜，由招标人根据下列格式和内容结合招标项目具体特点和实际需要编制和填写，必须全面、准确且务必做到与资格预审文件中的章节的衔接，并不得与申请人须知的正文内容相抵触。

“申请人须知前附表”中的附录表格同属附表内容具有同等效力。他们同样是资格预审的条件，因此在编制时要根据招标项目的具体特点和实际需要来进行编制，其内容应全面、具体、要求适当、明确、并附合相关法律法规的规定。

对于采用有限数量制进行资格审查的技术特别复杂的特大桥梁和长大隧道工程，招标人还应增加附录对申请人的其他主要管理人员和技术人员以及主要工程机械设备和试验检测设备提出要求。

在编制文件时，要特别注意各种格式、表格下面的注解和说明。这些注解和说明是相关的规定要求及运作方法。

申请人须知前附表

条款号	条款名称	编列内容
1.1.2	招标人	名　称： 地　址： 联系人： 电　话：
1.1.3	招标代理机构	名　称： 地　址： 联系人： 电　话：
1.1.4	项目名称	
1.1.5	建设地点	
1.2.1	资金来源	
1.2.2	出资比例	
1.2.3	资金落实情况	
1.3.1	招标范围	
1.3.2	计划工期	计划工期：_____日历天 计划开工日期：______年______月_____日 计划交工日期：______年______月_____日

注：表中“条款号”系《标准施工招标文件》(2007年版)“投标人须知”中的条款号(下同)。

续上表

条款号	条款名称	编列内容
1.3.3	质量要求	标段工程交工验收的质量评定:______ 竣工验收的质量评定:______
1.4.1	申请人资质条件、能力和信誉	资质条件:见附录1 财务要求:见附录2 业绩要求:见附录3 信誉要求:见附录4 项目经理和项目总工资格:见附录5 其他要求:
1.4.2	是否接受联合体资格预审申请	□不接受 □接受 但联合体所有成员数量不得超过______家;还应满足下列要求:
2.2.1	申请人要求澄清资格预审文件的截止时间	递交资格预审申请文件截止之日______天前
2.2.2	招标人澄清资格预审文件的截止时间	递交资格预审申请文件截止之日______天前
2.2.3	申请人确认收到资格预审文件澄清的时间	收到澄清后______小时内(以发出时间为准)
2.3.1	招标人修改资格预审文件的截止时间	递交资格预审申请文件截止之日______天前
2.3.2	申请人确认收到资格预审文件修改的时间	收到修改后______小时内(以发出时间为准)
3.1.1	申请人需补充的其他资料	
3.2.4	近年财务状况的年份要求	_______年—_______年
3.2.5	近年完成的类似项目的年份要求	_______年—_______年
3.2.7	近年发生的诉讼及仲裁情况的年份要求	_______年—_______年
3.3.1	签字或盖章要求	
3.3.2	资格预审申请文件副本份数	_______份,另加1份电子文件(光盘或U盘,如需要)
3.3.3	资格预审申请文件的装订要求	
4.1.2	封套上写明	招标人地址:______________ 招标人全称:______________ __________(项目名称)_______标段施工招标 资格预审申请文件 在_______年______月______日______时______分前不得开启 申请人地址:______________ 申请人全称:______________

续上表

条 款 号	条 款 名 称	编 列 内 容
4.2.1	申请截止时间	______年_____月_____日_____时_____分
4.2.2	递交资格预审申请文件的地点	
4.2.3	是否退还资格预审申请文件	□否 □是
5.1.2	审查委员会人数①	审查委员会构成:共_____人;其中招标人代表_____人,专家_____人;专家确定方式:从______专家库中随机抽取
5.2	资格审查方法	□合格制 □有限数量制
6.1	资格预审结果的通知时间	
6.3	资格预审结果的确认时间	收到投标邀请书后_____小时内(以发出时间为准)予以确认
8.4	监督部门	监督部门:__________ 地　　址:__________ 电　　话:__________ 传　　真:__________ 邮政编码:__________
9.1.1	申请人申请资格	每个申请人最多可对本项目的_____个标段提出资格预审申请,且允许中_____个标;被招标项目所在地省级交通主管部门评为最高信用等级的申请人最多可对本项目的_____个标段提出资格预审申请,且允许中_____个标②

需要补充的其他内容

注:①审查委员会应由招标人代表和有关方面的专家组成,人数为五人以上单数,其中技术、经济专家人数应不少于成员总数的三分之二。

②如果每个申请人只允许中一个标,则同一个申请人在不同标段资格预审申请文件中提供的项目经理(以及备选人)和项目总工(以及备选人)在满足资格要求的基础上可以重复。

附录1　资格审查条件（资质最低要求）

施工企业资质等级要求

附录2　资格审查条件（财务最低要求）

财 务 要 求

附录3　资格审查条件（业绩最低要求）

业 绩 要 求

附录4　资格审查条件（信誉最低要求）

信 誉 要 求

附录5　资格审查条件（项目经理和项目总工最低要求）

人　　员	数　　量	资 格 要 求
项目经理		
项目经理备选人		
项目总工		
项目总工备选人		

附录6　资格预审条件（其他主要管理人员和技术人员最低要求）

人　　员	数　　量	资 格 要 求

附录 7　资格预审条件(主要机械设备和试验检测设备最低要求)

设 备 名 称	规格、功率及容量	单　位	最低数量要求

在编制附录 1 ~ 附录 7 时,应分别遵循下述的规定要求:

对附录 1:具体资质要求由招标人在满足国家相关法律法规前提下,根据招标项目具体特点和实际情况确定。

对附录 2:具体财务要求由招标人在满足国家相关法律法规前提下,根据招标项目具体特点和实际情况确定。例如招标人可对投标人近三年的平均营业额、流动比率、投标能力等提出要求,其中投标能力应满足以下要求:$A \leqslant B - C$。其中:A——投标人所投的标段中标后平均每年应完成的合同金额;B——投标人近三年已实现的平均每年完成的合同金额;C——在本项目投标时,投标人正在施工和新承接的项目平均每年应完成的合同金额。

对附录 3:具体业绩要求由招标人在满足国家相关法律法规前提下,根据招标项目具体特点和实际情况确定,但不得设置过高的业绩资格条件。

对附录 4:具体信誉要求由招标人在满足国家相关法律法规前提下,根据招标项目具体特点和实际情况确定。

对附录 5:对项目经理(以及备选人)和项目总工(以及备选人)的具体资格要求,由招标人在满足国家相关法律法规前提下,根据招标项目具体特点和实际情况确定,但不得设置过高的资格条件。

对附录 6:本表仅适用于采用有限数量制进行资格审查的技术特别复杂的特大桥梁和长大隧道工程。对其他主要管理人员和技术人员的最低要求,由招标人在满足国家相关法律法规前提下,根据招标项目具体特点和实际情况确定,但不得设置过高的资格条件。

对附录 7:本表仅适用于采用有限数量制进行资格审查的技术特别复杂的特大桥梁和长大隧道工程。对主要机械设备和试验检测设备的最低要求,由招标人在满足国家相关法律法规前提下,根据招标项目具体特点和实际情况确定。

2)对申请人资格要求

(1)申请人应具备承担本标段施工的资质条件、能力和信誉(见本须知前附表附录 1 ~ 附录 7)。

(2)申请人须知前附表规定接受联合体申请资格预审的,联合体申请人除应符合上述(1)项和申请人须知前附表的要求外,还应遵守以下规定:

①联合体各方必须按资格预审文件提供的格式签订联合体协议书,明确联合体牵头人和各方的权利义务;

②由同一专业的单位组成的联合体,按照资质等级较低的单位确定资质等级;

③通过资格预审的联合体,其各方组成结构或职责,以及财务能力、信誉情况等资格条件不得改变;

④联合体各方不得再以自己名义单独或加入其他联合体在同一标段中参加资格预审;

⑤联合体所有成员数量不得超过申请人须知前附表规定的数量;

⑥联合体牵头人所承担的工程量必须超过总工程量的 50%;

⑦联合体各方应分别按照本资格预审文件的要求，填写资格预审申请文件中的相应表格，并由联合体牵头人负责对联合体各成员的资料进行统一汇总后一并提交给招标人；联合体牵头人所提交的资格预审申请文件应认为已代表了联合体各成员的真实情况；

⑧尽管委任了联合体牵头人，但联合体各成员在资格预审、投标、签约与履行合同过程中，仍负有连带的和各自的法律责任。

(3)申请人不得存在下列情形之一(以下简称"15项不得存在")：

①为招标人不具有独立法人资格的附属机构(单位)；

②为本标段前期准备提供设计或咨询服务的，但设计施工总承包的除外；

③为本标段的监理人；

④为本标段的代建人；

⑤为本标段提供招标代理服务的；

⑥与本标段的监理人或代建人或招标代理机构同为一个法定代表人的；

⑦与本标段的监理人或代建人或招标代理机构相互控股或参股的；

⑧与本标段的监理人或代建人或招标代理机构相互任职或工作的；

⑨被责令停业的；

⑩被暂停或取消投标资格的；

⑪财产被接管或冻结的；

⑫在最近三年内有骗取中标或严重违约或重大工程质量问题的；

⑬涉及正在诉讼的案件，或涉及正在诉讼的案件但经审查委员会认定不会对承担本项目造成重大影响；

⑭被省级及以上交通主管部门取消项目所在地的投标资格或禁止进入该区域公路建设市场且处于有效期内；

⑮为投资参股本项目的法人单位。

3)资格预审申请文件的编制要求

(1)资格预审申请文件应按"资格预审申请文件格式"进行编写，如有必要，可增加附页，并作为申请文件的组成部分。申请人须知附表规定接受联合体资格申请的，下述(3)和(7)的规定应包括联合体各方相关情况。

(2)法定代表人授权委托书必须由法定代表人签署。

①如果资格预审申请文件由委托代理人签署，则申请人需提交附有法定代表人身份证明的授权委托书，授权委托书应按规定的书面方式出具，并由法定代表人和委托代理人亲笔签名，不得使用印章、签名章或其他电子制版签名。经公证机关对授权委托书中申请人法定代表人的签名、委托代理人的签名、申请人的单位章的真实性作出有效公证后，原件应装订在资格预审申请文件的正本之中。申请人无须再对法定代表人身份证明进行公证。公证书出具的日期应与授权委托书出具的日期同日或在其之后。

②如果由申请人的法定代表人亲自签署资格预审申请文件，则不需提交授权委托书，但应经公证机关对法定代表人身份证明中法定代表人的签名、申请人的单位章的真实性作出有效公证后，将原件装订在资格预审申请文件的正本之中。公证书出具的日期应与法定代表人身份证明出具的日期同日或在其之后。

③以联合体形式申请资格预审的，法定代表人授权委托书(如有)须由联合体牵头人按上述①目的规定出具并公证。

(3)“申请人基本情况表”应附企业法人营业执照副本(全本)的复印件(并加盖单位章)、施工资质证书副本(全本)的复印件(并加盖单位章)、安全生产许可证副本(全本)的复印件(并加盖单位章)、基本账户开户许可证的复印件(并加盖单位章)。

“拟委任的项目经理和项目总工资历表”应附项目经理(以及备选人)和项目总工(以及备选人)的身份证、职称资格证书以及资格预审条件所要求的其他相关证书(如建造师注册证书、安全生产考核合格证书等)的复印件,并应提供其担任类似项目的项目经理和项目总工的相关业绩证明材料复印件,还应附申请人所属社保机构出具的拟委任的项目经理(以及备选人)和项目总工(以及备选人)的社保缴费证明(并加盖缴费证明专用章)或其他能够证明拟委任的项目经理(以及备选人)和项目总工(以及备选人)参加社保的有效证明材料(并加盖社保机构单位章)。对于采用有限数量制进行资格审查的技术特别复杂的特大桥梁和长大隧道工程,还应要求申请人按照第四章“资格预审申请文件格式”中“申请人基本情况表”的格式和要求填写相关表格并提交相关证明材料。

(4)“近年财务情况表”应附经会计师事务所或审计机构审计的财务会计报表,包括资产负债表、现金流量表、利润表和财务情况说明书的复印件,具体年份要求见申请人须知前附表。

(5)“近年完成的类似项目情况表”应附中标通知书和(或)合同协议书、工程接收证书(工程竣工验收证书)的复印件,具体年份要求见申请人须知前附表。每张表格只填写一个项目,并标明序号。

工程接收证书(工程竣工验收证书)可以是发包人出具的公路工程(标段)交工验收证书或竣工验收委员会出具的公路工程竣工验收鉴定书或质量监督机构对各参建单位签发的工作综合评价等级证书。

(6)“正在施工和新承接的项目情况表”应附中标通知书和(或)合同协议书复印件。每张表格只填写一个项目,并标明序号。

(7)“近年发生的诉讼及仲裁情况”应说明相关情况,并附法院或仲裁机构作出的判决、裁决等有关法律文件复印件,具体年份要求见申请人须知前附表。

4)对资格预审申请文件的装订、签字的规定要求

(1)申请人应按申请人须中的要求,编制完整的资格预审申请文件,用不褪色的材料书写或打印,并由申请人的法定代表人或其委托代理人逐页亲笔签署姓名(封面、扉页、目录和本页正文内容已由申请人的法定代表人或其委托代理人签署姓名的可不签署),不得使用印章、签名章或其他电子制版签名。以联合体形式申请资格预审的,资格预审申请文件由联合体牵头人的法定代表人或其委托代理人按上述规定签署。资格预审申请文件中的任何改动之处应加盖单位章或由申请人的法定代表人或其委托代理人签字确认。签字或盖章的其他要求见申请人须知前附表。

(2)资格预审申请文件正本一份,副本份数见申请人须知前附表。正本和副本的封面上应清楚地标记“正本”或“副本”字样。当正本和副本不一致时,以正本为准。

(3)资格预审申请文件正本与副本应分别装订成册(A4 纸幅),并编制目录、且逐页标注连续页码。资格预审申请文件不得采用活页夹装订,否则,招标人对由于资格预审申请文件装订松散而造成的丢失或其他后果不承担任何责任。装订的其他要求见申请人须知前附表。

5)通知和确认

(1)通知。招标人在申请人须知前附表规定的时间内以书面形式将资格预审结果通知申请人,并向通过资格预审的申请人发出投标邀请书。

(2)解释。应申请人书面要求,招标人应对资格预审结果作出解释,但不保证申请人对解释内容满意。

(3)确认。通过资格预审的申请人收到投标邀请书后,应在申请人须知前附表规定的时间内以书面形式明确表示是否参加投标。在申请人须知前附表规定时间内未表示是否参加投标或明确表示不参加投标的,不得再参加投标。因此造成潜在投标人数量不足3个的,招标人重新组织资格预审或不再组织资格预审而直接招标。

(注:直接招标是指直接采用资格后审方式招标)

6)需要补充的其他内容

(1)申请规定

①每个申请人可提出资格预审申请和允许中标的标段数应符合申请人须知前附表的规定。

②申请人提交的资格预审申请文件(初步施工组织计划除外)将作为施工合同文件的组成部分。除招标文件另有规定外,申请人在资格预审申请文件中填报的项目经理(以及备选人)和项目总工(以及备选人)不允许更换。

③自购买资格预审文件之日起,申请人应保证其提供的联系方式(电话、传真、电子邮件)一直有效,以保证往来函件(资格预审文件的澄清、修改等)能及时通知申请人,并能及时反馈信息,否则招标人不承担由此引起的一切后果。

(2)资格预审申请文件的修改

资格预审申请文件按要求送达后,在规定的递交截止时间前,申请人可以撤回申请文件或修改申请文件。如需修改申请文件,应当以正式函件提出并做出说明。

修改资格预审申请文件的正式函件是资格预审申请文件的组成部分,其形式要求、密封方式、送达时间,应符合资格预审文件的要求。

(3)招标人的权力

招标人有对资格预审申请文件进行核实和澄清的权力,若招标人在资格审查时或必要的调查过程中发现申请人有弄虚作假行为,将取消其资格预审资格,并将其弄虚作假行为上报省级交通主管部门,作为不良记录纳入公路建设市场信用信息管理系统。

需要补充的其他内容见申请人须知前附表。

三、资格审查办法

资格审查办法是《公路工程标准施工招标资格预审文件》第三章。规定了两种资格审查办法,在编制招标文件时应认真选择,并遵循其规定要求。

(一)合格制(即强制性条件审查法)

本方法是凡符合规定审查标准的申请人均通过预审。

1.审查标准

1)初步审查标准。

(1)申请人名称与营业执照、资质证书、安全生产许可证是否一致。

(2)资格预审申请函是否有法定代表人或其委托代理人签字并加盖单位公章。

(3)资格预审申请文件是否按照资格文件规定的格式内容填写,字迹清晰可辨。

(4)提交资格预审申请文件的标段必须与购买资格预审文件的标段一致。

(5)申请人的法定代表人身份证明或授权委托书以及所附公证书是否符合下述要求:资格预审申请文件正本一份,副本份数达到申请人须知中规定的数量,正本和副本的封面上应清楚标记"正本"或"副本"字样。当正本和副本不一致时,以正本为准。

(6)资格预审申请文件逐页签署情况是否符合下述规定:申请人应按上述(5)款要求及用不褪色的材料书写或打印,并由申请人的法定代表人或其委托代理人签字或盖单位章;申请文件中的任何改动之处应办盖单位章或由申请人的法定代表人或其委托代理人签字确认,并符合招标人的规定要求等编制完整的资格预审申请文件。

(7)资格预审申请文件正、副本份数是否符合规定要求。

(8)联合体申请人是否提交有联合体协议书,并明确了联合体牵头人(如有)。

(9)资格预审申请文件是否有对招标人的权利提出削弱性或限制性要求,是否有对申请人的责任和义务提出实质性修改。

(10)资格预审文件是否达到了招标文件中规定的其他要求。

2)详细审查标准

(1)申请人是否具备有效的营业执照、资质证书、安全生产许可证和基本账户许可证。

(2)申请人的资质等级是否符合"申请人须知"中的规定。

(3)申请人的财务状况是否符合"申请人须知"中的规定。

(4)申请人的类似项目业绩是否符合"申请人须知"中的规定。

(5)申请人的信誉是否符合"申请人须知"中的规定。

(6)申请人的项目经理(包括备选人)和项目总工(包括备选人资格)是否符合"申请人须知"中的规定。

(7)申请人的其他要求是否符合"申请人须知"中的规定。

(8)申请人在初步施工组织计划中承诺的质量目标,工期目标(包括工期;节点工期)、安全目标是否均满足本标段的施工要求:

(9)申请人是否存在有下述规定的不允许的任何一种情形:

①不按审查委员会要求澄清或说明的。

②有下列任何一种情形的:

a. 为招标人不具有独立法人资格的附属机构(单位);

b. 为本标段前期准备提供设计或咨询服务的,但设计总承包除外;

c. 为本标段的监理人;

d. 为本标段的代建人;

e. 为本标段提供招标代替服务的;

f. 与本标段的监理人或代建人或招标代替机构同为一个法定代表人的;

g. 与本标段的监理人或代建人或招标代替机构相互控股或参股的;

h. 与本标段的监理人或代建人或招标代理机构相互任职或工作的;

i. 被责令停业的;

j. 被暂停或取消投标资格的;

k. 财产被接管或冻结的;

l. 在最近三年内有骗取中标或严重违约或重大工程质量问题的。

③在资格审查过程中弄虚作假、行贿或有其他违规行为的。

审查委员会依上述详细审查标准，对通过初步审查的资格预审申请文件进行详细审查，有一项不符合审查标准的，不能通过资格预审。

2. 审查程序

1）初步审查

审查委员会依上述初步审查标准对资格预审申请文件进行初步审查，有一项不符合审查标准的，不能通过资格预审。在审查中，审查委员会可以要求申请人提交“申请人须知”中规定的有关证明和证件，以便核检。

2）详细审查

审查委员会依据上述详细审查标准，对通过初步审查的资格预审申请文件进行详细审查，有一项因素不符合审查标准的，不能通过资格预审。

3）资格预审申请文件的澄清、修改

在审查过程中，审查委员会可以书面形式（包括信函、电报、传真等），要求申请人对所提交的资格预审申请文件中不明确的内容进行必要的澄清说明，申请人的澄清或说明应采用书面形式，并不得改变资格预审申请文件的实质性内容。申请人的澄清和说明内容属于资格预审申请文件的组成部分，招标人和审查委员会不接受申请人主动提出的澄清或说明。

3. 审查结果

审查委员会按上述规定对资格预审申请文件完成审查后，确定通过资格预审的申请人名单，并向招标人提出书面审查报告；当通过资格预审申请人的数量不足3个的，招标人重新组织预审或不再组织资格预审而直接招标。

（二）有限数量制

本方法是对通过初步审查和详细审查的资格预审申请文件进行量化打分，按得分由高到低的顺序确定通过资格预审的申请人，通过资格预审的申请人不得超过招标人规定的数量。

审查标准亦为初步审查标准与详细审查标准其内容与合格制所述相同，但有一个评分标准，其评分因素和评分标准由招标人在有限数量制审查办法前附表中作出规定。

审查程序与合格制所述相同，但增加了评分程序，其规定是：通过详细审查的申请人不少于3个且没有超过规定数量的，均通过资格预审，不自行评分；通过详细审查的申请人数量超过规定数量的，审查委员会依据规定的评分标准进行评分，按得分由高到低的顺序进行排序，并决定选择几名申请人通过资格预审，其评分标准见表4-3。

审查结果的相关要求规定与合格制所述相同。

资格预审结果报交通主管部门审批后（进行贷款项目需译成英文后进行审批），即可对合格单位发送投标邀请书。

投标人在通过资格预审后，在送交投标文件时应按新情况更改或补充其在申请资格预审时提供的资料，以证实其仍能继续满足资审合格的最低标准。至少应更新以下资料（如有）：

（1）财务状况方面的变化，新近取得银行信贷额度（如有必要）的证明和/或获得其他资金来源的证据，以及现已接受（中标或签约）的新合同工程对财务状况的影响。

（2）资格预审之后新承包的工程名称、规模、进展程度和工程质量。

（3）资格预审后新交工的工程及评定的质量等级。

（4）最近的仲裁或诉讼介入情况。

（5）拟投入本工程所需关键施工设备的当前备有情况。

（6）投标人名称的变化及有关批件。

(7)拟投入本项目主要人员变化情况。

资格预审评分标准

表 4-3

<table>
<tr><th colspan="2">条 款 号</th><th colspan="2">条 款 名 称</th><th colspan="3">编 列 内 容</th></tr>
<tr><td rowspan="12">2.3</td><td rowspan="12">评分标准</td><td colspan="4">评分因素与权重分值①</td><td rowspan="2">评分标准③</td></tr>
<tr><td>评分因素②</td><td>评分因素权重分值</td><td>各评分因素细分项</td><td>分值</td></tr>
<tr><td rowspan="2">拟投入本标段的项目经理(包括备选人)和项目总工(包括备选人)资历</td><td rowspan="2">15～25</td><td></td><td></td><td></td></tr>
<tr><td></td><td></td><td></td></tr>
<tr><td rowspan="2">类似工程施工经验</td><td rowspan="2">20～30</td><td></td><td></td><td></td></tr>
<tr><td></td><td></td><td></td></tr>
<tr><td rowspan="2">履约信誉④</td><td rowspan="2">20～30</td><td></td><td></td><td></td></tr>
<tr><td></td><td></td><td></td></tr>
<tr><td rowspan="2">财务能力</td><td rowspan="2">10～20</td><td></td><td></td><td></td></tr>
<tr><td></td><td></td><td></td></tr>
<tr><td rowspan="2">初步施工组织计划</td><td rowspan="2">10～15</td><td></td><td></td><td></td></tr>
<tr><td></td><td></td><td></td></tr>
</table>

注:①招标人应根据项目具体情况确定各评分因素及评分因素权重分值,并对各评分因素进行细分(如有)(其细分方式可参阅本章第六节)、确定各评分因素细分项的分值,各评分因素权重分值合计应为100分。各评分因素得分均不应低于其权重分值的60%,且各评分因素得分应以审查委员会各成员的打分平均值确定,该平均值以去掉一个最高分和一个最低分后计算。

②对于采用有限数量制进行资格审查的技术特别复杂的特大桥梁和长大隧道工程,还应将其他主要管理人员和技术人员以及主要机械设备和试验检测设备列为评分因素进行评分。

③招标人应列明各评分因素或各评分因素细分项(如有)的评分标准并作为审查委员会进行评分的依据。

④招标人可结合招标项目所在地省级交通主管部门对申请人的信用评级对其履约信用进行评分,但不得任意设置歧视性条款并不得任意设立行政许可。

关于资格后审:

资格后审是在对投标文件的评价比较并得出第一中标单位之后再进行资格审查的方式。按投标人须知中的约定,对第一中标单位进行资格后审,如果认为资格合格,则报请有关主管机关审核,批准后立即发中标通知书。如果资格后审之后,认为第一中标单位的资格不能通过,或者未能获得上级主管机关批准,则依次对第二中标单位进行资格后审,以此类推……未列入评标委员会推荐名单的投标人,不得进入资格后审。经资格后审不合格的投标人的投标应作废标处理。

四、资格预审申请文件格式

资格预审申请文件格式是《公路工程标准施工招标资格预审文件》的第四章,在编制时要特别注意各种表式后面的注解。其目录和格式如下:

目　录

（一）资格预审申请函

____________________（招标人名称）：

1. 按照资格预审文件的要求，我方（申请人）递交的资格预审申请文件及有关资料，用于你方（招标人）审查我方参加____________________（项目名称）__________标段施工招标的投标资格。

2. 我方的资格预审申请文件包含第二章“申请人须知”第 3.1.1 项规定的全部内容。

3. 我方接受你方的授权代表进行调查，以审核我方提交的文件和资料，并通过我方的客户，澄清资格预审申请文件中有关财务和技术方面的情况。

4. 你方授权代表可通过____________________（联系人及联系方式）得到进一步的资料。

5. 我方在此声明，所递交的资格预审申请文件及有关资料内容完整、真实和准确，且不存在第二章“申请人须知”第 1.4.3 项规定的任何一种情形。

6. 我方在此承诺，资格预审申请文件（初步施工组织计划除外）作为施工合同文件的组成部分，对我方具有约束力。

申　请　人：＿＿＿＿＿＿＿＿＿＿＿＿＿＿（盖单位章）
法定代表人或其委托代理人：＿＿＿＿＿＿＿＿（签字）
电　　话：＿＿＿＿＿＿＿＿＿＿＿＿＿＿＿＿＿＿＿
传　　真：＿＿＿＿＿＿＿＿＿＿＿＿＿＿＿＿＿＿＿
申请人地址：＿＿＿＿＿＿＿＿＿＿＿＿＿＿＿＿＿＿
邮 政 编 码：＿＿＿＿＿＿＿＿＿＿＿＿＿＿＿＿＿＿
＿＿＿年＿＿＿月＿＿＿日

（二）法定代表人身份证明及授权委托书

2-1　法定代表人身份证明

申请人名称：＿＿＿＿＿＿＿＿＿＿＿＿＿＿＿
单位性质：＿＿＿＿＿＿＿＿＿＿＿＿＿＿＿＿
地址：＿＿＿＿＿＿＿＿＿＿＿＿＿＿＿＿＿＿
成立时间：＿＿＿年＿＿＿月＿＿＿日
经营期限：＿＿＿＿＿＿＿＿＿＿
姓名：（法定代表人签字）性别：＿＿＿＿＿年龄：＿＿＿＿＿职务：＿＿＿＿＿
系＿＿＿＿＿＿＿＿＿＿（申请人名称）的法定代表人。

特此证明。

申请人：＿＿＿＿＿＿＿＿＿＿（盖单位章）
＿＿＿年＿＿＿月＿＿＿日

2-2　授权委托书

本人＿＿＿（姓名）系＿＿＿（申请人名称）的法定代表人，现委托＿＿＿（姓名）为我方代理人。代理人根据授权，以我方名义签署、澄清、递交、撤回、修改＿＿＿（项目名称）＿＿＿＿＿标段施工招标资格预审申请文件，其法律后果由我方承担。

委托期限：＿＿＿＿＿。

代理人无转委托权。

附：法定代表人身份证明

申　请　人：＿＿＿＿＿（盖单位章）
法定代表人：＿＿＿＿＿＿（签字）
身份证号码：＿＿＿＿＿＿＿＿＿＿＿
委托代理人：＿＿＿＿＿＿（签字）
身份证号码：＿＿＿＿＿＿＿＿＿＿＿
＿＿＿年＿＿＿月＿＿＿日

（三）联合体协议书

__________（所有成员单位名称）自愿组成联合体，共同参加__________（项目名称）______标段施工招标资格预审和投标。现就联合体投标事宜订立如下协议。

1. __________（某成员单位名称）为牵头人。

2. 联合体牵头人合法代表联合体各成员负责本标段施工招标项目资格预审申请文件、投标文件编制和合同谈判活动，代表联合体提交和接收相关的资料、信息及指示，处理与之有关的一切事务，并负责合同实施阶段的主办、组织和协调工作。

3. 联合体将严格按照资格预审文件和招标文件的各项要求，递交资格预审申请文件和投标文件，履行合同，并对外承担连带责任。

4. 联合体牵头人代表联合体签署资格预审申请文件和投标文件，联合体牵头人的所有承诺均认为代表了联合体各成员。

5. 联合体各成员单位内部的职责分工如下：（牵头人名称）承担__________专业工程，占总工程量的__________%；（成员一名称）承担__________专业工程，占总工程量的__________%；……

6. 资格预审申请工作、投标工作和联合体在中标后工程实施过程中的有关费用按各自承担的工作量分摊。

7. 本协议书自签署之日起生效，合同履行完毕后自动生效。

8. 本协议书一式__________份，联合体成员和招标人各执一份。

牵头人名称：____________________（盖单位章）
法定代表人：________________________（签字）

成员一名称：____________________（盖单位章）
法定代表人：________________________（签字）

成员二名称：____________________（盖单位章）
法定代表人：________________________（签字）

______年______月______日

（四）申请人基本情况表

4-1 申请人基本情况表

<table>
<tr><td>申请人名称</td><td colspan="7"></td></tr>
<tr><td>注册地址</td><td colspan="4"></td><td>邮政编码</td><td colspan="2"></td></tr>
<tr><td rowspan="2">联系方式</td><td>联系人</td><td colspan="3"></td><td>电话</td><td colspan="2"></td></tr>
<tr><td>传真</td><td colspan="3"></td><td>电子邮件</td><td colspan="2"></td></tr>
<tr><td>法定代表人</td><td>姓名</td><td></td><td colspan="2">技术职称</td><td></td><td>电话</td><td></td></tr>
<tr><td>技术负责人</td><td>姓名</td><td></td><td colspan="2">技术职称</td><td></td><td>电话</td><td></td></tr>
<tr><td>成立时间</td><td colspan="2"></td><td colspan="5">员工总人数：</td></tr>
<tr><td>企业资质等级</td><td colspan="2"></td><td rowspan="5">其中</td><td colspan="2">项目经理</td><td colspan="2"></td></tr>
<tr><td>营业执照号</td><td colspan="2"></td><td colspan="2">高级职称人员</td><td colspan="2"></td></tr>
<tr><td>注册资金</td><td colspan="2"></td><td colspan="2">中级职称人员</td><td colspan="2"></td></tr>
<tr><td>基本账户开户银行</td><td colspan="2"></td><td colspan="2">初级职称人员</td><td colspan="2"></td></tr>
<tr><td>基本账户账号</td><td colspan="2"></td><td colspan="2">技工</td><td colspan="2"></td></tr>
<tr><td>经营范围</td><td colspan="7"></td></tr>
<tr><td>资产构成情况及投资参股的关联企业情况</td><td colspan="7"></td></tr>
<tr><td>备注</td><td colspan="7"></td></tr>
</table>

4-2 申请人企业组织机构框图

以框图方式表示。
说明

4-3 拟委任的项目经理和项目总工资历表

<table>
<tr><td>姓　　名</td><td></td><td>年　　龄</td><td></td><td>专　　业</td><td></td></tr>
<tr><td>职称</td><td></td><td>公司单位
职　　务</td><td></td><td>拟在本标段工
程担任职务</td><td></td></tr>
<tr><td>毕业学校</td><td colspan="5">_____年_____月毕业于_________学校_________专业，学制_____年</td></tr>
<tr><td colspan="6">经历</td></tr>
<tr><td>_____年～
_____年</td><td colspan="3">参加过的工程项目名称</td><td>担任何职</td><td>发包人及
联系电话</td></tr>
<tr><td></td><td colspan="3"></td><td></td><td></td></tr>
<tr><td></td><td colspan="3"></td><td></td><td></td></tr>
<tr><td></td><td colspan="3"></td><td></td><td></td></tr>
<tr><td></td><td colspan="3"></td><td></td><td></td></tr>
<tr><td colspan="2">获奖情况</td><td colspan="4"></td></tr>
<tr><td rowspan="3">目前任职
项目状况</td><td>项目名称</td><td colspan="4"></td></tr>
<tr><td>担任职位</td><td colspan="4"></td></tr>
<tr><td>可以调离日期</td><td colspan="4"></td></tr>
<tr><td colspan="2">备注</td><td colspan="4"></td></tr>
</table>

4-4　拟委任的其他主要管理人员和技术人员汇总表

姓名	年龄	拟在本项目中担任的职务	技术职称	工作年限	类似施工经验年限

4-5　拟委任的其他主要管理人员和技术人员资历表

<table>
<tr><td>姓　　名</td><td></td><td>年　　龄</td><td></td><td>专　　业</td><td></td></tr>
<tr><td>职称</td><td></td><td>公司单位
职　　务</td><td></td><td>拟在本标段工
程担任职务</td><td></td></tr>
<tr><td>毕业学校</td><td colspan="5">______年______月毕业于__________学校__________专业,学制______年</td></tr>
<tr><td colspan="6">经历</td></tr>
<tr><td>______年～
______年</td><td colspan="3">参加过的工程项目名称</td><td>担任何职</td><td>发包人及
联系电话</td></tr>
<tr><td></td><td colspan="3"></td><td></td><td></td></tr>
<tr><td></td><td colspan="3"></td><td></td><td></td></tr>
<tr><td></td><td colspan="3"></td><td></td><td></td></tr>
<tr><td></td><td colspan="3"></td><td></td><td></td></tr>
<tr><td colspan="2">获奖情况</td><td colspan="4"></td></tr>
<tr><td rowspan="3">目前任职
项目状况</td><td>项目名称</td><td colspan="4"></td></tr>
<tr><td>担任职位</td><td colspan="4"></td></tr>
<tr><td>可以调离日期</td><td colspan="4"></td></tr>
<tr><td colspan="2">备注</td><td colspan="4"></td></tr>
</table>

4-6　拟投入本标段的主要施工机械表

序号	设备名称	型号规格	国别产地	制造年份	额定功率(kW)	生产能力	数量(台)				预计进场时间
							小计	其中			
								自有	新购	租赁	

4-7　拟配备本标段的主要材料试验、测量、质检仪器设备表

序号	仪器设备名称	型号规格	数量	国别产地	制造年份	用途	备注

(五)近年财务状况表

5-1 财务状况表

项目或指标	单 位	______年	______年	______年
一、注册资金	万元			
二、净资产	万元			
三、总资产	万元			
四、固定资产	万元			
五、流动资产	万元			
六、流动负债	万元			
七、负债合计	万元			
八、营业收入	万元			
九、净利润	万元			
十、现金流量净额	万元			
十一、主要财务指标				
1. 净资产收益率	%			
2. 总资产报酬率	%			
3. 主营业务利润率	%			
4. 资产负债率	%			
5. 流动比率	%			
6. 速动比率	%			

5-2 银行信贷证明

银行名称:______________________

地　　址:______________________

日期:__________

致: (招标人全称)

兹开具最高限额为人民币____万元的银行信贷,供____________(申请人注册地点)______(申请人名称)于____年____月____日之前,在____________(项目名称)需要时使用。我行保证由________(申请人名称)提供的财务报表中所开列的作为流动资产的各项中无一项包含在上述提到的银行信贷中。

此项目若未中标,该信贷证明自动失效,无需退回我行。

银　　　　行(盖章):__________

银行主要负责人(签字):__________

银行主要负责人姓名、职务: (打印)

银　　行　　电　　话:__________

银　　行　　传　　真:__________

（六）近年完成的类似项目情况表

项 目 名 称	
项目所在地	
发包人名称	
发包人地址	
发包人电话	
合同价格	
开工日期	
交工日期	
承担的工作	
工程质量	
项目经理	
项目总工	
总监理工程师及电话	
项目描述	
备注	

（七）正在施工和新承接的项目情况表

项 目 名 称	
项目所在地	
发包人名称	
发包人地址	
发包人电话	
签约合同价	
开工日期	
计划交工日期	
承担的工作	
工程质量要求	
项目经理	
项目总工	
总监理工程师及电话	
项目描述	
备注	

（八）近年发生的诉讼及仲裁情况

项　　目	申请人情况说明

（九）初步施工组织计划（总字数控制在5 000字以内）

一、施工组织机构、施工总平面布置图、施工总体进度计划表

二、质量目标、工期目标（包括总工期、节点工期）、安全目标

三、对项目重点、难点工程的理解及施工方案、工艺流程

四、保证措施

1. 质量体系与保证措施

2. 工期保证措施

3. 人员安排与保证措施

4. 安全生产保证措施

5. 环境保护、水土保持、施工后期的场地恢复措施

6. 支付保障措施（有关民工工资、劳务分包、材料采购、设备租赁、工程分包等的按期支付保证措施）

（十）其他材料

项目建设概况

一、项目说明

1. 项目位置：公路的起讫地点、里程、等级、技术标准、主要控制点；或独立大桥的桥型、荷载、跨径、桥长、桥宽、基础、水深、引道长度等；或独立隧道的长度、宽度，防水排水、衬砌和设施等。

2. 主要工程内容

二、建设条件

1. 地形与地貌简况

2. 地质与地震简况

3. 水文与气象简况

4. 交通、电力、通信及其他条件

三、建设要求

1. 主要技术指标

2. 工程建设规模

3. 工期、质量、安全等要求

四、其他需要说明的情况

1. 招标范围及标段划分

2. 各标段主要工程量一览表

第四节　施工招标文件的编制

一、概　　述

编制招标文件必须按《公路工程标准施工招标文件》的规定要求进行，并作好相应的准备工作。

招标文件编制之前必须明确合同形式和招标方式（详见本章第一节），现以常用的单价合同形式和公开招标方式为例，说明需要做好的几项主要工作：

(1)确定合同有关事宜：明确总工期和开工起止时间；确定招标实施计划安排，确定各项工作完成的时限；研究确定合同专用条款需要填写的条款和对合同通用条件的更换、修改、补充条款，如：是否允许调价及调价方法；是否要求做选择性报价或允许提出选择性方案；是否鼓励提前工期；异常恶劣气候条件的界定和延长工期的评定条件和程序；确定拖期损失罚金费率、投标保证金和履约保证金金额、评标标准和方法等。

(2)完成施工总体安排：包括标段划分；在总工期期限内确定各标段工期和起止时间；确定施工现场管理体制和机构设置，界定各级机构的职责范围。

(3)研究施工特点和难点，提出本项目和各标段的特殊要求：包括特殊技术措施和施工安排，例如对于特殊地质条件（如软土路基施工、喀斯特地区地基处理、膨胀土处理等）和不利气候条件（如多雨季节、台风季节、高寒气候）下的施工措施等。

(4)做好文件编制的分工和协调管理：招标文件是一个整体，范本文件和自编文件，以及各个文件之间既有衔接又有交叉。为了做好衔接，并使前后一致，避免出现矛盾，在进行编制之前，必须事先认真研读，然后根据要求和项目具体情况和需要着手编制。此外，应有总负责人负责协调管理，各部分编写人员应加强联系和交流，特别是在部分文件委托外单位编制时更应注意此事。

(5)严格执行招标文件质量标准，确保招标文件的质量，是招标工作的重要条件。

①坚持编制的科学性，严格执行国家招投标的相关法律法规，特别是执行好《公路工程标准施工招标文件》的规定。

②坚持编制内容的合理性，并切合工程实际，对投标人的要求是公正的、公平的、可接受的和可行的，特别要重视对项目专用合同条款研究和编制。

③坚持要求编制招标文件的严密性、完善完整性，避免招标文件出现差错，前后内容矛盾和出现遗漏情况。

(6)坚持文件编制准备工作的充分性，除上述各项外，要注意为编制招标文件做好各项事务性的准备工作。

下面就一些主要内容进行介绍和说明。

二、投标邀请书的格式

投标邀请书是业主向经过资格预审合格的承包商正式发出的参加本项目投标的邀请，也是承包商具有参加投标资格的证明。

（一）投标邀请书（适用于邀请招标）

________（项目名称）______标段施工投标邀请书

________（被邀请单位名称）：

1. 招标条件

本招标项目________（项目名称）已由________（项目审批、核准或备案机关名称）以________（批文名称及编号）批准建设，项目业主为________，建设资金来自________（资金来源），出资比例为________，招标人为________。项目已具备招标条件，现邀请你单位参加________（项目名称）________标段施工投标。

2. 项目概况与招标范围

________（说明本次招标项目的建设地点、规模、计划工期、招标范围、标段划分等）。

3. 投标人资格要求

3.1 本次招标要求投标人具备______资质，______业绩，并在人员、设备、资金等方面具有承担本标段施工的能力。

3.2 你单位______（可以或不可以）组成联合体投标。联合体投标的，应满足下列要求：________。

4. 招标文件的获取

4.1 请于____年____月____日至____年____月____日（法定公休日、法定节假日除外），每日上午____时至____时，下午____时至____时（北京时间，下同），在________（详细地址）持本投标邀请书和企业法人营业执照副本原件、企业资质证书副本原件、企业安全生产许可证副本原件、单位介绍信、经办人身份证及上述资料复印件一套购买招标文件。

4.2 招标文件每套售价____元，图纸每套售价____元，招标人根据对本合同工程勘察所取得的水文、地质、气象和料场分布、取土场、弃土场位置等资料编制的参考资料每套售价____元，售后不退。

5. 投标文件的递交及相关事宜

5.1 招标人将于下列时间和地点组织进行工程现场踏勘并召开投标预备会。

踏勘现场时间：____年____月____日____时，集中地点：____________；

投标预备会时间：____年____月____日____时，地点：____________。

5.2 投标文件递交的截止时间（投标截止时间，下同）为____年____月____日____时____分，投标人应于当日____时____分至____时____分将投标文件递交至____________。

5.3 逾期送达的或者未送达指定地点的投标文件，招标人不予受理。

6. 确认

你单位收到本投标邀请书后，请于________（具体时间）前以传真或快递方式予以确认，并明确是否准备参与投标。

7. 联系方式

招 标 人：____________________　　招标代理机构：____________________

地 址：____________________　　地 址：____________________

邮政编码：____________________　　邮政编码：____________________

联 系 人：____________________　　联 系 人：____________________

电 话：____________________　　电 话：____________________

传 真：____________________　　传 真：____________________

____年____月____日

（二）投标邀请书（代资格预审通过通知书）

________（项目名称）____标段施工投标邀请书

________（被邀请单位名称）：

你单位已通过资格预审，现邀请你单位按招标文件规定的内容，参加________（项目名称）____标段施工投标。

请你单位于____年____月____日至____年____月____日（法定公休日、法定节假日除外），每日上午____时至____时，下午____时至____时（北京时间，下同），在____________（详细地址）持本投标邀请书、单位介绍信及经办人身份证购买招标文件。

招标文件每套售价____元，图纸每套售价____元，招标人根据对本合同工程勘察所取得的水文、地质、气象和料场分布、取土场、弃土场位置等资料编制的参考资料每套售价____元，售后不退。

招标人将于下列时间和地点组织进行工程现场踏勘并召开投标预备会。

踏勘现场时间：____年____月____日____时，集中地点：____________；

投标预备会时间：____年____月____日____时，地点：____________。

递交投标文件的截止时间（投标截止时间，下同）为____年____月____日____时____分，投标人应于当日____时____分至____时____分将投标文件递交至____________。

逾期送达的或者未送达指定地点的投标文件，招标人不予受理。

你单位收到本投标邀请书后，请于________（具体时间）前以传真或快递方式予以确认，并明确是否准备参与投标。

招　标　人：____________　　招标代理机构：____________

地　　　址：____________　　地　　　址：____________

邮政编码：____________　　邮政编码：____________

联　系　人：____________　　联　系　人：____________

电　　　话：____________　　电　　　话：____________

传　　　真：____________　　传　　　真：____________

____年____月____日

三、投标人须知

投标人须知是为了让投标单位了解招标项目的性质及其基本情况和在整个投标活动中所必须遵守的各项规定以及投标时应注意的事项，并给出了有关投标文件编制与投标、开标、评标直至签订合同的信息。简要地说，投标人须知是为了公开招标投标的程序，指导投标人正确编制投标文件的说明与规定要求。因此投标须知又称投标指南。

《公路工程标准施工招标文件》中第二章“投招人须知”包括以下几个大项的内容：

投标人须知前附表、1. 总则、2. 招标文件、3. 投标文件、4. 投标、5. 开标、6. 评标、7. 合同授予、8. 重新招标和不再招标、9. 纪律和监督、10. 需要补充的其他内容。

下面仅将附表及正文中的若干内容列出，其他内容将结合其他章节进行介绍。

（一）投标人须知前附表

投标人须知前附表附录共有 7 个，即：附录 1 资格审查条件（资质最低条件）；附录 2

资格审查条件（财务最低要求）；附录 3 资格审查条件（业绩最低要求）；附录 4 资格审查条件（信誉最低要求）；附录 5 资格审查条件（项目经理和项目总工最低要求）；附录 6 资格审查条件（其他主要管理人员和技术人员最低要求）；附录 7 资格审查条件（主要机械设备和试验检测设备最低要求）。其表式与第三节“资格审查文件”中所列相同，在此不再重述。

投标人须知前附表[①]

条款号	条 款 名 称	编 列 内 容
1.1.2	招标人	名　称： 地　址： 联系人： 电　话：
1.1.3	招标代理机构	名　称： 地　址： 联系人： 电　话：
1.1.4	项目名称	
1.1.5	建设地点	
1.2.1	资金来源	
1.2.2	出资比例	
1.2.3	资金落实情况	
1.3.1	招标范围	
1.3.2	计划工期	计划工期：____日历天 计划开工日期：____年____月____日 计划交工日期：____年____月____日[②]
1.3.3	质量要求	标段工程交工验收的质量评定：____； 竣工验收的质量评定：____。
1.4.1[③]	投标人资质条件、能力和信誉	资质条件： 财务要求： 业绩要求： 信誉要求： 项目经理和项目总工资格： 其他要求：[④]
1.4.2[③]	是否接受联合体投标	□不接受 □接受，但联合体所有成员数量不得超过____家； 还应满足下列要求：
1.9.1	踏勘现场	□不组织 □组织，踏勘时间： 踏勘集中地点：

续上表

条款号	条 款 名 称	编 列 内 容
1.10.1	投标预备会	□不召开 □召开，召开时间： 召开地点：
1.10.2	投标人提出问题的截止时间	递交投标文件截止之日____天前
1.10.3	招标人书面澄清的时间	递交投标文件截止之日____天前
1.11	分包	□不允许 □允许
1.12	偏离	□不允许 □允许
2.1	构成招标文件的其他材料	
2.2.1	投标人要求澄清招标文件的截止时间	递交投标文件截止之日____天前
2.2.2	投标截止时间	____年____月____日____时____分
2.2.3	投标人确认收到招标文件澄清的时间	收到澄清后____小时内（以发出时间为准）
2.3.2	投标人确认收到招标文件修改的时间	收到修改后____小时内（以发出时间为准）
3.1.1	构成投标文件的其他材料	
3.2.1	工程量清单的填写方式	□投标人按照招标人提供的工程量固化清单电子文件填写工程量清单 □投标人按照招标人提供的书面工程量清单填写工程量清单
3.2.5	是否接受调价函⑤	□是 □否
3.3.1	投标有效期	自投标人提交投标文件截止之日起计算____天
3.4.1	投标保证金	投标保证金的金额：____ 投标保证金的形式：____ 投标保证金的递交截止时间为：____年____月____日____时之前招标人的开户 银行及账号如下： 招 标 人：________ 开户银行：________ 账　　号：________
3.5.2③	近年财务状况的年份要求	____年～____年
3.5.3③	近年完成的类似项目的年份要求	____年～____年
3.5.5③	近年发生的诉讼及仲裁情况的年份要求	____年～____年
3.6	是否允许递交备选投标方案	□不允许 □允许

续上表

条款号	条款名称	编列内容
3.7.3	签字或盖章要求	
3.7.4	投标文件副本份数	____份，另加1份投标文件电子文件（光盘或U盘，如需要）
3.7.5	装订要求	
4.1.2	封套上写明	内层封套： 投标人邮政编码：__________ 投标人地址：__________ 投标人名称：__________ 投标人联系人：__________ 投标人联系电话：__________ 投标人地址及名称：__________（寄） 外层封套： 招标人地址：__________ 招标人名称：__________ __________（项目名称）______标段施工招标投标文件 在____年____月____日____时____分前不得开启
4.1.2[6]	封套上写明	投标文件第一个信封（商务及技术文件）内层封套： 投标人邮政编码：__________ 投标人地址：__________ 投标人名称：__________ 投标人联系人：__________ 投标人联系电话：__________ 招标人地址及名称：____________（寄） 投标文件第一个信封（商务及技术文件） 外层封套： 招标人地址：__________ 招标人名称：__________ ________（项目名称）________标段施工招标第一个信封（商务及技术文件）投标文件 在____年____月____日　时　分前不得开启 投标文件第二个信封（投标报价和工程量清单）内层封套： 投标人邮政编码：__________ 投标人地址：__________ 投标人名称：__________ 投标人联系人：__________ 投标人联系电话：__________ 招标人地址及名称：____________（寄） 投标文件第二个信封（投标报价和工程量清单） 外层封套： 招标人地址：__________ 招标人名称：__________ ________（项目名称）________标段施工招标第二个信封（投标报价和工程量清单）投标文件 在____年____月____日____时____分前不得开启

续上表

条款号	条 款 名 称	编 列 内 容
4.2.2	递交投标文件地点	
4.2.3	是否退还投标文件	□否 □是
4.2.6	招标人通知延后投标截止时间的时间	原定投标截止时间____天前
5.1	开标时间和地点	开标时间:同投标截止时间 开标地点:__________
5.1[⑥]	开标时间和地点	投标文件第一个信封(商务及技术文件) 开标时间:同投标截止时间 投标文件第一个信封(商务及技术文件) 开标地点:__________ 投标文件第二个信封(投标报价和工程量清单) 开标时间 投标文件第二个信封(投标报价和工程量清单) 开标地点:__________
5.2.1	开标程序	(4)密封情况检查:[⑦]__________ (5)开标顺序:__________
6.1.1	评标委员会的组建[⑧]	评标委员会构成:____人,其中招标人代表____人,专家____人; 评标专家确定方式:从____专家库中随机抽取
7.1	是否授权评标委员会确定中标人	□是 □否,推荐的中标候选人的人数为____名
7.3.1	履约担保	履约担保金额:____%签约合同价[⑨],被招标项目所在地省级交通主管部门评为最高信用等级的中标人,履约担保金额为____%签约合同价[⑩](适用于采用合理低价法或综合评估法确定的中标人) 履约担保形式: □银行保函 □银行保函+现金(电汇或银行汇票形式)[⑪] 采用银行保函时,出具履约担保的银行级别:____
9.5	监督部门	监督部门:__________ 地　　址:__________ 电　　话:__________ 传　　真:__________ 邮政编码:__________

续上表

条款号	条 款 名 称	编 列 内 容
需要补充的其他内容		

注：①a.“投标人须知前附表”用于进一步明确正文中的未尽事宜，由招标人根据招标项目具体特点和实际需要编制和填写，但务必做到与招标文件中其他章节的衔接，并不得与本章正文内容相抵触。

b.“投标人须知前附表”中的附录表格同属“投标人须知前附表”内容，具有同等效力。

②招标人如有阶段工期要求，请在此补充。

③本项适用于未进行资格预审的情况。

④对于技术特别复杂的特大桥梁和长大隧道工程，招标人还应增加附录6、附录7对投标人的其他主要管理人员和技术人员以及主要机械设备和试验检测设备提出要求。

⑤一般情况下建议招标人不接受调价函。

⑥本项适用于采用双信封形式的投标文件。

⑦投标文件的密封情况可由监标人或投标人代表检查。

⑧评标委员会应由招标人代表和有关方面的专家组成，人数为五人以上单数，其中技术、经济专家人数应不少于成员总数的三分之二。

⑨履约担保金额一般为10%签约合同价，如果采用经评审的最低投标价法评标，履约担保金额应符合本章“投标人须知”第7.3.1项的规定。

⑩对于被招标项目所在地省级交通主管部门评为最高信用等级的中标人，招标人可在履约担保方面约予一定的奖励，例如招标人可给予中标人1%～5%签约合同价履约担保金的优惠，具体优惠幅度由招标人自行确定。

⑪履约担保的现金比例一般不超过签约合同价的5%。

投标人须知前附表允许投标文件偏离招标文件某些要求，但偏离应当符合招标文件规定的偏离范围和幅度。

偏离即偏差，偏差分重大偏差和细微偏差。如由投标人按照招标人提供的工程量固化清单电子文件填写工程量清单，无须按照“评标办法”的规定对投标报价进行修正，则本款与之相关内容不适用。

1）投标文件不符合“评标办法”所列的初步评审标准以及按照“评标办法”的规定对投标价进行算术性错误修正及其他错误修正后，最终投标报价超过投标控制价上限（如有）的，属于重大偏差，视为对招标文件未作出实质性响应，按废标处理。

2）投标文件中的下列偏差为细微偏差：

（1）在按照“评标办法”的规定对投标价进行算术性错误修正及其他错误修正后，最终投标报价未超过投标控制价上限（如有）的情况下，出现“评标办法”所列的投标报价的算术性错误和所列的投标报价的其他错误；

（2）施工组织设计（含关键工程技术方案）和项目管理机构不够完善。

3）评标委员会对投标文件中的细微偏差按如下规定处理：

（1）对于上述（1）所述的细微偏差，按照“评标办法”的规定予以修正并要求投标人进行澄清；

（2）对于上述（2）所述的细微偏差，如果采用合理低价法或经评审的最低投标价法评标，应要求投标人对细微偏差进行澄清，只有投标人的澄清文件被评标委员会接受，投标人才能参加评标价的最终评比。如果采用综合评估法评标，评标委员会可在相关评分因素的评分中酌情扣分，但最多扣分不得超过各评分因素权重分值的40%。

（二）投标须知

1. 对投标人资格要求

1)对已进行资格预审的投标人资格要求与对投标申请人的资格要求相同(见本章第三节)。

2)对未进行资格预审的投标人资格要求：

(1)投标人应具备承担本标段施工的资质条件、能力和信誉。

包括：资质条件、财务要求、业绩要求、信誉要求，项目经理资格，其他要求详见投标人须知前附表。

(2)投标人须知前附表规定接受联合体投标的，除应符合投标人须知前附表的要求外，还应遵守以下规定：

①联合体各方应按招标文件提供的格式签订联合体协议书，明确联合体牵头人和各方权利义务；

②由同一专业的单位组成的联合体，按照资质等级较低的单位确定资质等级；

③联合体各方不得再以自己名义单独或参加其他联合体在同一标段中投标；

④联合体所有成员数量不得超过投标人须知前附表规定的数量；

⑤联合体牵头人所承担的工程量必须超过总工程量的50%；

⑥联合体各方应分别按照本招标文件的要求，填写投标文件中的相应表格，并由联合体牵头人负责对联合体各成员的资料进行统一汇总后一并提交给招标人；联合体牵头人所提交的投标文件应认为已代表了联合体各成员的真实情况；

⑦尽管委任了联合体牵头人，但联合体各成员在投标、签约与履行合同过程中，仍负有连带的和各自的法律责任。

(3)投标人不得存在本章第三节中的“15 项不得存在”。

2. 对分包的规定

本项目严禁转包和违规分包，且不得再次分包。投标人拟在中标后将中标项目的部分非主体、非关键性工作进行分包的，应符合以下规定：

分包内容要求：允许分包的工程范围仅限于非关键性工程或者适合专业化队伍施工的专业工程；

分包金额要求：专业工程分包的工程量累计不得超过总工程量的30%；

接受分包的第三人资质要求：分包人的资格能力应与其分包工程的标准和规模相适应，具备相应的专业承包资质或劳务分包资质；

其他要求：投标人如有分包计划，应按“投标文件格式”的要求填写“拟分包项目情况表”，且投标人中标后的分包应满足相关合同条款的要求。

3. 投标文件的规定要求

1)投标文件的组成

(1)投标文件应包括下列内容：

①投标函及投标函附录；

②法定代表人身份证明或附有法定代表人身份证明的授权委托书；

③联合体协议书；

④投标保证金；

⑤已标价工程量清单；

⑥施工组织设计；

⑦项目管理机构；

⑧拟分包项目情况表；

⑨资格审查资料；

⑩承诺函；

⑪调价函及调价后的工程量清单（如有）；

⑫投标人须知前附表规定的其他材料。

（2）若采用双信封形式，则采用以下条款：

投标文件应包括下列内容：

第一个信封（商务及技术文件）：

①投标函[①]及投标函附录；

②法定代表人身份证明或附有法定代表人身份证明的授权委托书；

③联合体协议书；

④投标保证金；

⑤施工组织设计；[②]

⑥项目管理机构；

⑦拟分包项目情况表；

⑧资格审查资料；

⑨承诺函；

⑩投标人须知前附表规定的其他材料。

第二个信封（投标报价和工程量清单）：

①投标函；

②已标价工程量清单；

③调价函及调价后的工程量清单（如有）。

（3）投标人须知前附表规定不接受联合体投标的，或投标人没有组成联合体的，投标文件不包括上述（1）中所指的联合体协议书。

2）对投标报价的规定

（1）投标人应按"工程量清单"的要求填写相应表格。

工程量清单的填写分下列两种方式。（编者注：如何将工程量清单 EXCEL 电子文件制作成工程量固化清单电子文件请参见《公路工程标准施工招标文件》附录，工程量清单固化方法是其推荐的方法。）投标人应按投标人须知前附表规定的方式填写工程量清单。

①若项目招标采用工程量固化清单[③]，招标人在出售招标文件的同时应向投标人提供工程量固化清单电子文件（光盘或 U 盘）。投标人填写工程量清单中的单价及总额价，即可完成投标工程量清单的编制，确定投标报价，并打印出投标工程量清单，编入投标文件。投标人未在工程量清单中填入单价或总额价的工程子目，将被认为其已包含在工程量清单其他子目的单价和总额价中，招标人将不予支付。

---

① 若采用双信封形式，招标人应修改"投标文件格式"中相关内容，并要求投标人在投标文件第一个信封（商务及技术文件）中提交不包含投标报价的投标函、在投标文件第二个信封（投标报价和工程量清单）中提交填写投标报价的投标函。

② 若采用双信封形式，招标人可将"投标文件格式"第六项施工组织设计附表九"合同用款估算表"放入第二个信封（投标报价和工程量清单）。

③ 为减少评标阶段对投标报价进行修正的工作量，建议招标人在出售招标文件时，同时提供"工程量固化清单"，清单的数据、格式及运算定义应保证投标人无法修改。投标人只需填写各子目单价或总额价，即可自动生成投标报价。

投标人必须严格遵循工程量固化清单电子文件中的数据、格式及运算定义，并将已填写完毕的投标工程量清单电子文件单独拷入招标人提供的光盘(或U盘)中，密封在投标文件正本内一并交回。严禁投标人修改工程量固化清单电子文件中的数据、格式及运算定义。

投标人根据招标人提供的工程量固化清单电子文件填报完成并打印的投标工程量清单中的投标报价和投标函大写金额报价应一致，如果报价金额出现差异时，则以投标函大写金额报价为准。

②本项目招标由招标人提供书面工程量清单，由投标人按照招标人提供的工程量清单填写本合同各工程子目的单价、合价和总额价。评标委员会将按照规定对投标价进行算术性错误修正及其他错误修正。

(2)投标人在投标截止时间前修改投标函中的投标总报价，应同时修改"工程量清单"中的相应报价。其修改须符合投标文件的修改的规定。

(3)投标人如果发现工程量清单中的数量与图纸中数量不一致时，应立即通知招标人核查，除非招标人以书面方式予以更正，否则，应以工程量清单中列出的数量为准。

(4)投标人应根据《公路水运工程安全生产监督管理办法》，在投标总价中计入安全生产费用，安全生产费用应符合合同条款的规定。工程量清单100章内列有上述安全生产费的支付子目，由投标人按招标文件的规定填写总额价。

(5)除投标人须知前附表另有规定外，招标人不接受调价函。若招标人接受调价函，则应在招标文件中给出调价函的格式。投标人若有调价函则应遵循如下规定：

①调价函必须采用招标文件规定的格式；调价函应说明调价后的最终报价，并以最终报价为准，而且投标人只能有一次调价的机会。

②工程量清单中招标人指定的报价不允许调价。

③调价函必须附有调价后的工程量清单；调价函必须粘贴或机械装订在投标文件正本首页，与投标文件一起密封提交。

若投标人未提交调价后的工程量清单，或调价函未装在投标文件正本首页，调价函均视为无效，仍以原报价作为最终报价。若投标人提交的调价函多于一个，或对不允许调价的内容进行了调价，或调价函有附加条件，投标文件作为废标处理。

④若招标人接受调价函，投标人调价后的工程量清单和有效调价函的大写金额报价应保持一致，如果报价金额出现差异时，则以有效调价函的大写金额报价为准。

(6)在合同实施期间，投标人填写的单价、合价和总额价是否由于物价波动进行价格调整按照合同条款相关的规定处理。如果按照合同条款相关的规定采用价格调整公式进行价格调整，由招标人根据项目实际情况测算确定价格调整公式中的变值权重范围，并在投标函附录价格指数和权重表中约定范围；投票人在此范围内填写各可调因子的权重，合同实施期间将按此权重进行调价。

3)对投标保证金的规定

(1)投标人在递交投标文件的同时，应按投标人须知前附表规定的金额[①]、担保形式和第八章"投标文件格式"规定的投标保证金格式递交投标保证金，并作为其投标文件的组成部分。联合体投标的，其投标保证金由牵头人递交，并应符合投标人须知前附表的规定。

投标保证金必须选择下列任一种形式：电汇、银行保函或招标人规定的其他形式。

①若采用电汇，投标人应在投标人须知前附表规定的投标保证金递交截止时间之前，将投

---

① 投标保证金一般为投标总价的1%～2%，招标人应据此测算出具体金额。投标保证金的金额应符合国家有关规定。

标保证金由投标人的基本账户一次性汇入招标人指定账户，否则视为投标保证金无效。招标人的开户银行及账号见投标人须知前附表。

②若采用银行保函，则应由投标人开立基本账户的银行开具，银行保函应采用招标文件提供的格式，且应在投标有效期满后30天内保持有效，招标人如果按相关规定延长了投标有效期，则投标保证金的有效期也相应延长。银行保函原件应装订在投标文件的正本之中。

(2)投标人不按规定要求提交投标保证金的，其投标文件作废标处理。

(3)招标人与中标人签订合同后5个工作日内，向未中标的投标人和中标人退还投标保证金。

(4)有下列情形之一的，投标保证金将不予退还：

①投标人在规定的投标有效期内撤销或修改其投标文件；

②中标人在收到中标通知书后，无正当理由拒签合同协议书或未按招标文件规定提交履约担保；

③投标人不接受依据评标办法的规定对其投标文件中细微偏差进行澄清和补正；

④投标人提交了虚假资料。

4)资格审查资料(适用于已进行资格预审的)的规定

(1)投标人在编制投标文件时，应按新情况更新或补充其在申请资格预审时提供的资料，以证实其各项资格条件仍能继续满足资格预审文件的要求，具备承担本标段施工的资质条件、能力和信誉。投标人至少应更新以下资料(如有)：

①财务状况方面的变化，新近取得银行信贷额度(如有必要)的证明和/或获得其他资金来源的证据，以及现已接受(中标或签约)的新合同工程对财务状况的影响；

②资格预审之后新承包的工程名称、规模、进展程度和工程质量；

③资格预审后新交工的工程及评定的质量等级；

④最近的仲裁或诉讼介入情况；

⑤投标人名称的变化及有关批件。

(2)如果投标人在送交投标文件时，其财务状况发生变化，或发生重大安全或质量事故，或发生法人合法变更或重组，或由于其他任何情况，导致投标人不能满足资格预审的各项条件时，投标人必须在其投标文件中对上述情况进行如实说明，否则，招标人一经查实，将视为投标人弄虚作假，其投标文件按废标处理。

(3)招标人将进一步核查投标人在资格预审申请文件中提供的材料，若在评标期间发现投标人提供了虚假资料，招标人有权对投标人的投标文件作废标处理，并没收其投标担保；若在评标结果公示期间发现作为中标候选人的投标人提供了虚假资料，招标人有权取消其中标资格并没收其投标担保；若在合同实施期间发现投标人提供了虚假资料，招标人有权从工程支付款或履约保证金中扣除不超过合同总价10%的金额作为违约金。同时招标人将投标人上述弄虚作假行为上报省级交通主管部门，作为不良记录纳入公路建设市场信用信息管理系统。

5)资格审查资料(适用于未进行资格预审的)的规定

(1)"招标人基本情况表"应附企业法人营业执照副本(全本)的复印件(并加盖单位章)、施工资质证书副本(全本)的复印件(并加盖单位章)、安全生产许可证副本(全本)的复印件(并加盖单位章)、基本账户开户许可证的复印件(并加盖单位章)。

"拟委任的项目经理和项目总工资历表"应附项目经理(以及备选人)和项目总工(以及备

选人）的身份证、职称资格证书以及资格审查条件所要求的其他相关证书（如建造师注册证书、安全生产考核合格证书等）的复印件，并应提供其担任类似项目的项目经理和项目总工的相关业绩证明材料复印件，并应附投标人所属社保机构出具的拟委任的项目经理和项目总工的社保缴费证明（并加盖缴费证明专用章）或其他能够证明拟委任的项目经理和项目总工参加社保的有效证明材料（并加盖社保机构单位章）。①

（2）"近年财务情况表"应附会计事务所或审计机构审计的财务会计报表，包括资产负债表、现金流量表、利润表和财务说明书的复印件，具体年份要求见投标人须知前附表。

（3）"近年完成的类似项目情况表"应附中标通知书和（或）合同协议书、工程接收证书（工程竣工验收证书）的复印件，具体年份要求见投标人须知前附表。每张表格只填写一个项目，并标明序号。

工程接收证书（工程竣工验收证书）可以是发包人出具的公路工程（标段）交工验收证书或竣工验收委员会出具的公路工程竣工验收鉴定书或质量监督机构对各参建单位签发的工作综合评价等级证书。

（4）"正在施工和新承接的项目情况表"应附中标通知书和（或）合同协议书复印件。每张表格只填写一个项目，并标明序号。

（5）"近年发生的诉讼及仲裁情况"应说明相关情况，并附法院或仲裁机构作出的判决、裁决等有关法律文书复印件，具体年份要求见投标人须知前附表。

（6）投标人须知前附表规定接受联合体投标的，上述（1）～（5）项规定的表格和资料应包括联合体各方相关情况。

（7）投标人在投标文件中填报的项目经理（以及备选人）和项目总工（以及备选人）不允许更换。

（8）招标人将进一步核查投标人在投标文件中提供的材料，若在评标期间发现投标人提供了虚假资料，招标人有权对投标人的投标文件作废标处理，并没收其投标担保；若在评标结果公示期间发现作为中标候选人的投标人提供了虚假资料，招标人有权取消其中标资格并没收其投标担保；若在合同实施期间发现投标人提供了虚假资料，招标人有权从工程支付款或履约保证金中扣除不超过10%签约合同价的金额作为违约金。同时招标人将投标人以上弄虚作假行为上报省级交通主管部门，作为不良记录纳入公路建设市场信用信息管理系统。

6）投标文件的编制规定要求

（1）投标文件应按前述"投标文件格式"进行编写。如有必要，可增加附页，作为投标文件的组成部分。其中投标函附录在满足招标文件实质性要求的基础上，可以提出比招标文件要求更有利于招标人的承诺。

（2）投标文件应对招标文件有关工期、投标有效期、质量要求、技术标准和要求、招标范围等实质性内容作出响应。

（3）投标文件应用不褪色的材料书写或打印，投标函及投标函附录、承诺函、已标价工程量清单（包括工程量清单说明、投标报价说明、计日工说明、其他说明及工程量清单各项表格）、调价函及调价后的工程量清单（如有）的内容应由投标人的法定代表人或其委托代理人逐页签署姓名（本页正文内容已由投标人的法定代表人或其委托代理人签署姓名的可不签署）并逐页加盖投标

---

① 对于采用综合评估法评标的技术特别复杂的特大桥梁和长大隧道工程，还应要求投标人按照《标准施工招标文件》（2007年版）"资格审查资料"中表（八）～表（十一）的格式和要求填写相关表格并提交相关证明材料。

人单位章(本页正文内容已加盖单位章的除外)。

如果投标文件由委托代理人签署,则投标人需提交附有法定代表人身份证明的授权委托书,授权委托书应按规定的书面方式出具,并由法定代表人和委托代理人亲笔签名,不得使用印章、签名章或其他电子制版签名。经公证机关对授权委托书中投标人法定代表人的签名、委托代理人的签名、投标人的单位章的真实性做出有效公证后,原件应装订在投标文件的正本之中。投标人无须再对法定代表人身份证明进行公证。公证书出具的日期应与授权委托书出具的日期同日或在其之后。

如果由投标人的法定代表人亲自签署投标文件,则不需提交授权委托书,但应经公证机关对法定代表人身份证明中法定代表人的签名、投标人的单位章的真实性做出有效公证后,将原件装订在投标文件的正本之中。公证书出具的日期应与法定代表人身份证明出具的日期同日或在其之后。

以联合体形式参与投标的,投标文件由联合体牵头人的法定代表人或其委托代理人按上述规定签署并加盖联合体牵头人单位章。法定代表人授权委托书(如有)须由联合体牵头人按上述规定出具并公证。

投标文件应尽量避免涂改、行间插字或删除。如果出现上述情况,改动之处应加盖单位章或由投标人的法定代表人或其授权的代理人签字确认。

签字或盖章的其他要求见投标人须知前附表。

(4)投标文件正本一份、副本份数见须知前附表,正、副本封面上应清楚地标记"正本"、"副本"字样。当副本和正本不一致时,以正本为准。

(5)投标文件的正本与副本应分别装订成册(A4 纸幅),并编制目录、且逐页标注连续页码。投标文件不得采用活页夹装订,否则,招标人对由于投标文件装订松散而造成的丢失或其他后果不能担任何责任。装订的其他要求见投标人须知前附表。

4. 投标的规定要求

1)投标文件的密封和标识

(1)投标文件的正本与副本应分别包装在内层封套里,投标文件电子文件(如需要)以及填写完毕的工程量固化清单电子文件(若采用工程量固化清单形式)应与正本包在同一个内层封套里,然后统一密封在一个外层封套中。内层和外层封套均应加贴封条,内层封套的封口处应加盖投标人单位章。外层封套上不应有任何投标人的识别标志。

(2)投标文件的内层封套上应清楚地标记"正本"或"副本"这样,内、外层封套上应写明的其他内容见投标人须知前附表。

若采用双信封形式,则采用以下条款:

(1)本次招标采用双信封形式,投标文件第一个信封(商务及技术文件)以及第二个信封(投标报价和工程量清单)应单独密封包装。第一个信封(商务及技术文件)的正本与副本应分别包装在相应的内层封套里,然后统一密封在一个外层封套中。第二个信封(投标报价和工程量清单)的正本与副本应分别包装在相应的内层封套里,投标文件电子文件(如需要)以及填写完毕的工程量固化清单电子文件(若采用工程量固化清单形式)应与第二个信封(投标报价和工程量清单)正本包在同一个内层封套里,然后统一密封在一个外层封套中。内层和外层封套均应加贴封条,内层封套的封口处应加盖投标人单位章。外层封套上不应有任何投标人的识别标志。

(2)投标文件的内层封套上应清楚地标记"正本"或"副本"字样,投标文件第一个信封(商务及技术文件)以及第二个信封(投标报价和工程量清单)封套上应写明的其他内容见投标人须知前附表。

(3)未按上述(1)或(2)项要求密封和加写标记的招标文件,招标人不予受理。

四、评 标 办 法

评标办法是《公路工程标准施工招标文件》第一卷中的第三章。

下面将单独列节进行介绍和说明。

五、合同条款、格式及合同附件格式

(一)合同条款和格式

1. 通用合同条款

在《公路工程标准施工招标文件》中第一卷第四章“合同条款及格式”中第一节为“通用合同条款”而未列出条款的内容。但明确规定“通用合同条款”采用《标准施工招标文件》的“通用条款”。这一规定既体现了保证合同条款的合法性、公平性、严谨性、指导性和可操作性,又可节省编制招标文件的时间和精力及经费,同时更有利于投标单位能更好地熟悉和研究招投标文件的内容。我们在编制项目招标文件中只按规定要求列出“通用合同条款”,并可作如下表述:本项目的通用合同条款采用《标准施工招标文件》的“通用合同条款”执行即可。

2. 专用合同条款

1)公路工程专用合同条款

公路工程专用合同条款是以《标准施工招标文件》为依据,结合公路工程施工的行业特点和实际,对通用合同条款作了公路工程专业规范性的细化和补充,用以更加具有针对性、规范性、指导性和可操作性制定的公路工程专用合同条款。例如:对《标准施工招标文件》中的通用合同条款中的“一般约定”中的词语定义“1.1.1 合同”的第 1.1.1.6 目细化为技术规范:指本合同所约定的技术标准和要求,是合同文件的组成部分。通用合同条款中“技术标准和要求”一词具有相同意义。

2)项目专用合同条款

由于每个工程项目的特点和需要不同,为更好地具体地规范和指导招投标工作,制订了项目专用合同条款,使招标人能根据招标项目的特点和实际需要来编制项目招标文件。编制项目专用合同条款,必须依照下述的说明进行:

(1)招标人在根据《公路工程标准施工招标文件》编制项目招标文件中的“项目专用合同条款”时,可根据招标项目的具体特点和实际需要,对“通用合同条款”及“公路工程专用合同条款”进行补充和细化,除“通用合同条款”明确“专用合同条款”可作出不同约定以及“公路工程专用合同条款”明确“项目专用合同条款”可作出不同约定外,补充和细化的内容不得与“通用合同条款”及“公路工程专用合同条款”强制性规定相抵触。同时,补充、细化或约定的不同内容,不得违反法律、行政法规的强制性规定和平等、自愿、公平和诚实信用原则。

(2)项目专用合同条款的编号应与通用合同条款和公路工程专用合同条款一致。

(3)项目专用合同条款可对下列内容进行补充和细化:

①“通用合同条款”中明确指出“专用合同条款”可对“通用合同条款”进行修改的内容(在“通用合同条款”中用“应按合同约定”、“应按专用合同条款约定”“除合同另有约定外”、“除专用合同条款另有约定外”、“在专用合同条款中约定”等多种文字形式表达);

②“公路工程专用合同条款”中明确指出“项目专用合同条款”可对“公路工程专用合同条款”进行修改的内容（在“公路工程专用合同条款”中用“除项目专用合同条款另有约定外”，“项目专用合同条款可能约定的”，“项目专用合同条款约定的其他情形”等多种文字形式表达）；

③其他需要补充、细化的内容。

项目专用合同条款由项目专用合同条款数据表和项目专用合同条款两部分组成。

（1）项目专用合同条款数据表的编制

编制的数据表是项目专用合同条款中适用于本项目的信息和数据的归纳与提示，其内容应明确、具体。它是项目专用合同条款的组成部分。

编制数据表时，要特别注意：在“投标文件格式”的投标函附录中的数据（供投标人确认）与本数据表所列有重复。因此，编写招标文件时应仔细校核，不使数据出现差错或不一致的情况。

项目专用合同条款数据表的规定格式与填写内容如表4-4所示。

项目专用合同条款数据表 表4-4

序号	条目号	信息或数据
1	1.1.2.2	发包人： 地　址：　　　　　　　邮政编码：
2	1.1.2.6	监理人： 地　址：　　　　　　　邮政编码：
3	1.1.4.5	缺陷责任期：自实际交工日期起计算____年①
4	1.6.3	图纸需要修改和补充的，应由监理人取得发包人同意后，在该工程或工程相应部位施工前____天签发图纸修改图给承包人
5	3.1.1	监理人在行使下列权力前需要经发包人事先批准： (6)根据第15.3款发出的变更指示，其单项工程变更涉及的金额超过了该单项工程签约时合同价的____%或累计变更超过了签约合同价的____%
6	5.2.1	发包人是否提供材料或工程设备：是或否 如发包人负责提供部分材料或工程设备，相关规定如下：____
7	6.2	发包人是否提供施工设备和临时设施：是或否 如发包人负责提供部分施工设备和临时设施，相关规定如下：____
8	8.1.1	发包人提供测量基准点、基准线和水准点及其书面资料的期限：____ 承包人将施工控制网资料报送监理人审批的期限：____
9	11.5	逾期交工违约金：____元/天
10	11.5	逾期交工违约金限额：____%签约合同价②
11	11.6	提前交工的奖金：____元/天
12	11.6	提前交工的奖金限额：____%签约合同价
13	15.5.2	承包人提出的合理化建议降低了合同价格或者提高了工程经济效益的，发包人按所节约成本的____%或增加收益的____%给予奖励

续上表

序号	条 目 号	信 息 或 数 据
14	16.1	□因物价波动引起的价格调整按照第 16.1.1 或第 16.1.2 项约定的原则处理 若按第 16.1.1 项的约定采用价格调整公式进行调价，每半年或一年按价格调整公式进行一次调整 □合同期内不调价③
15	17.2.1	开工预付款金额：____%签约合同价④
16	17.2.1	材料、设备预付款比例：____等主要材料、设备单据所列费用的____%⑤
17	17.3.2	承包人在每个付款周期末向监理人提交进度付款申请单的份数：____份
18	17.3.3(1)	进度付款证书最低限额：____%签约合同价⑥或____万元
19	17.3.3.(2)	逾期付款违约金的利率：____‰/天⑦
20	17.4.1	质量保证金百分比：月支付额的____%
21	17.4.1	质量保证金限额：____%合同价格⑧，若交工验收时承包人具备被招标项目所在地省级交通主管部门评定的最高信用等级，发包人给予____%合同价格质量保证金的优惠，并在交工验收时向承包人返还质量保证金优惠的金额。⑨
22	17.5.1	承包人向监理人提交交工付款申请单（包括相关证明材料）的份数：____份
23	17.6.1	承包人向监理人提交最终结清申请单（包括相关证明材料）的份数：____份
24	18.2	竣工资料的份数：____份
25	18.5.1	单位工程或工程设备是否需投入施工期运行：是或否 如单位工程或工程设备需要进行施工期运行，需要施工期运行的单位工程或工程设备规定如下：____________
26	18.6.1	本工程及工程设备是否进行试运行：是或否 如本工程及工程设备需要进行试运行，试运行的具体规定如下：____
27	19.7	保修期：自实际交工日期起计算____年⑩
28	20.1	建筑工程一切险的保险费率：____‰
28	20.4.2	第三者责任险的最低投保金额：____万元，事故次数不限（不计免赔额） 保险费率：____‰
30	24.1	争议的最终解决方式：仲裁或诉讼 如采用仲裁，仲裁委员会名称：____________

注：①缺陷责任期一般应为自实际交工日期起计算 2 年。

②逾期交工违约金限额一般应为 10%签约合同价。

③对于工程规模不大、工期较短的工程（例如工期不超过 12 个月的），可以不进行调价。

④开工预付款金额一般应为 10%签约合同价。

⑤指主要材料，一般应为 70%～75%，最低不少于 60%

⑥国际上一般按月平均支付额的 0.3～0.5 计算，我国可按 0.2～0.3 计，以利承包人资金周转。

⑦相当于中国人民银行短期贷款利率加手续费。招标人不能自行取消本项内容或降低利率。

⑧质量保证金一般不超过合同价格的 5%。

⑨若交工验收时承包人具备被招标项目所在地省级交通主管部门评定的最高信用等级，发包人可在质量保证金方面给予一定的奖励，例如发包人可给予承包人 2%合同价格质量保证金的优惠，并在交工验收时向承包人返还质量保证金优惠的金额，具体优惠幅度由发包人自行确定。

⑩保修期一般应为自实际交工日期起计算 5 年。

(2)项目专用合同条款

下列项目专用合同条款是对"公路工程专用合同条款"中规定必须在项目专用合同条款中明确的内容的集中,招标人编制的"项目专用合同条款"不限于下面所列的内容,因此,招标人应认真分析研究项目工程的特点和实际需要,编制出适合本项目的项目专用合同条款。

(二)合同附件格式

合同附件格式是《公路工程标准施工招标文件》第一卷中第四章的第三节。其格式九个,如下所示。

附件一　合同协议书

________(发包人名称,以下简称"发包人")为实施________(项目名称),已接受________(承包人名称,以下简称"承包人")对该项目____标段施工的投标。发包人和承包人共同达成如下协议。

1. 第____标段由 K____+____至 K____+____,长约____km,公路等级为____,设计时速为____,____路面,有____立交____处;特大桥____座,计长____m;大中桥____座,计长____m;隧道____座,计长____m 以及其他构造物工程等。

2. 下列文件应视为构成合同文件的组成部分:

(1)本协议书及各种合同附件(含评标期间和合同谈判过程中的澄清文件和补充资料);

(2)中标通知书;

(3)投标函及投标函附录;

(4)项目专用合同条款;

(5)公路工程专用合同条款;

(6)通用合同条款;

(7)技术规范;

(8)图纸;

(9)已标价工程量清单;

(10)承包人有关人员、设备投入的承诺及投标文件中的施工组织设计;

(11)其他合同文件。

3. 上述文件互相补充和解释,如有不明确或不一致之处,以合同约定次序在先者为准。

4. 根据工程量清单所列的预计数量和单价或总额价计算的签约合同价:人民币(大写)____元(￥____)。

5. 承包人项目经理:____。承包人项目总工:____。

6. 工程质量符合____标准。

7. 承包人承诺按合同约定承担工程的实施、完成及缺陷修复。

8. 发包人承诺按合同约定的条件、时间和方式向承包人支付合同价款。

9. 承包人应按照监理人指示开工,开期为____日历天。

10. 本协议书在承包人提供履约担保后,由双方法定代表人或其委托代理人签署并加盖单位章后生效。全部工程完工后经交工验收合格、缺陷责任期满签发缺陷责任终止证书后失效。

11. 本协议书正本二份、副本____份,合同双方各执正本一份,副本____份,当正本与副本的内容不一致时,以正本为准。

12. 合同未尽事宜,双方另行签订补充协议。补充协议是合同的组成部分。

发包人:________________(盖单位章)　　承包人:________________(盖单位盖)

法定代表人或其委托代理人:________(签字)　　法定代表人或其委托代理人:________(签字)

____年____月____日　　____年____月____日

附件二　廉政合同

根据《关于在交通基础设施建设中加强廉政建设的若干意见》以及有关工程建设、廉政建设的规定，为做好工程建设中的党风廉政建设，保证工程建设高效优质，保证建设资金的安全和有效使用以及投资效益，____________（项目名称）的项目法人________（项目法人名称，以下简称“发包人”）与该项目____标段的施工单位________（施工单位名称，以下简称“承包人”），特订立如下合同。

1. 发包人和承包人双方的权利和义务

（1）严格遵守党的政策规定和国家有关法律法规及交通运输部的有关规定。

（2）严格执行________（项目名称）________标段施工合同文件，自觉按合同办事。

（3）双方的业务活动坚持公开、公正、诚信、透明的原则（法律认定的商业秘密和合同文件另有规定除外），不得损害国家和集体利益，不得违反工程建设管理规章制度。

（4）建立健全廉政制度，开展廉政教育，设立廉政告示牌，公布举报电话，监督并认真查处违法违纪行为。

（5）发现对方在业务活动中有违反廉政规定的行为，有及时提醒对方纠正的权利和义务。

（6）发现对方严重违反本合同义务条款的行为，有向其上级有关部门举报、建议给予处理并要求告知处理结果的权利。

2. 发包人的义务

（1）发包人及其工作人员不得索要或接受承包人的礼金、有价证券和贵重物品，不得让承包人报销任何应由发包人或发包人工作人员个人支付的费用等。

（2）发包人工作人员不得参加承包人安排的超标准宴请和娱乐活动；不得接受承包人提供的通讯工具、交通工具和高档办公用品等。

（3）发包人及其工作人员不得要求或者接受承包人为其住房装修、婚丧嫁娶活动、配偶子女的工作安排以及出国出境、旅游等提供方便等。

（4）发包人工作人员及其配偶、子女不得从事与发包人工程有关的材料设备供应、工程分包、劳务等经济活动等。

（5）发包人及其工作人员不得以任何理由向承包人推荐分包单位或推销材料，不得要求承包人购买合同规定外的材料和设备。

（6）发包人工作人员要秉公办事，不准营私舞弊，不准利用职权从事各种个人有偿中介活动和安排个人施工队伍。

3. 承包人的义务

（1）承包人不得以任何理由向发包人及其工作人员行贿或馈赠礼金、有价证券、贵重礼品。

（2）承包人不得以任何名义为发包人及其工作人员报销应由发包人单位或个人支付的任何费用。

（3）承包人不得以任何理由安排发包人工作人员参加超标准宴请及娱乐活动。

（4）承包人不得为发包人单位和个人购置或提供通讯工具、交通工具和高档办公用品等。

4. 违约责任

（1）发包人及其工作人员违反本合同第1、2条，按管理权限，依据有关规定给予党纪、政纪或组织处理；涉嫌犯罪的，移交司法机关追究刑事责任；给承包人单位造成经济损失的，应予以赔偿。

（2）承包人及其工作人员违反本合同第1、3条，按管理权限，依据有关规定给予党纪、政纪或组织处理；给发包人单位造成经济损失的，应予以赔偿；情节严重的，发包人建议交通主管部门给予承包人一至三年内不得进入其主管的公路建设市场的处罚。

5. 双方约定：本合同由双方或双方上级单位的纪检监察部门负责监督执行。由发包人或发包人上级单位的纪检监察部门约请承包人或承包人上级单位纪检监察部门对本合同执行情况进行检查，提出在本合同规定范围内的裁定意见。

6. 本合同有效期为发包人和承包人签署之日起至该工程项目竣工验收后止。

7. 本合同作为________(项目名称)____标段施工合同的附件,与工程施工合同具有同等的法律效力,经合同双方签署后立即生效。

8. 本合同一式四份,由发包人和承包人各执一份,送交发包人和承包人的监督单位各一份。

发包人:__________________(盖单位章)
法定代表人或其委托代理人:____(签字)
____年____月____日
发包人监督单位:(全称) (盖单位章)

承包人:_________________(盖单位章)
法定代表人或其委托代理人:____(签字)
____年____月____日
承包人监督单位:(全称) (盖单位章)

附件三 安全生产合同

为在___________(项目名称)________标段施工合同的实施过程中创造安全、高效的施工环境,切实搞好本项目的安全管理工作,本项目发包人________(发包人名称,以下简称“发包人”)与承包人________(承包人名称,以下简称“承包人”)特此签订安全生产合同:

1. 发包人职责

(1)严格遵守国家有关安全生产的法律法规,认真执行工程承包合同中的有关安全要求。

(2)按照“安全第一、预防为主”和坚持“管生产必须管安全”的原则进行安全生产管理,做到生产与安全工作同时计划、布置、检查、总结和评比。

(3)重要的安全设施必须坚持与主体工程“三同时”的原则,即:同时设计、审批,同时施工同时验收,投入使用。

(4)定期召开安全生产调度会,及时传达中央及地方有关安全生产的精神。

(5)组织对承包人施工现场进行安全生产检查,监督承包人及时处理发现的各种安全隐患。

2. 承包人职责

(1)严格遵守《中华人民共和国安全生产法》、《建设工程安全生产管理条例》等国家有关安全生产的法律法规、《公路水运工程安全生产监督管理办法》、《公路工程施工安全技术规程》和《公路筑养路机械操作规程》等有关安全生产的规定。认真执行工程承包合同中的有关安全要求。

(2)坚持“安全第一、预防为主”和“管生产必须管安全”的原则,加强安全生产宣传教育,增强全员安全生产意识,建立健全各项安全生产的管理机构和安全生产管理制度,配备专职及兼职安全检查人员,有组织有领导地开展安全生产活动。各级领导、工程技术人员、生产管理人员和具体操作人员,必须熟悉和遵守本合同的各项规定,做到生产与安全工作同时计划、布置、检查、总结和评比。

(3)建立健全安全生产责任制。从派往项目实施的项目经理到生产工人(包括临时雇请的民工)的安全生产管理系统必须做到纵向到底,一环不漏;各职能部门、人员的安全生产责任制做到横向到边,人人有责。项目经理是安全生产的第一责任人。现场设置的安全机构,应按《公路水运工程安全生产监督管理办法》规定的最低数量和资质条件配备专职安全生产管理人员,专职负责所有员工的安全和治安保卫工作及预防事故的发生。安全机构人员有权按有关规定发布指令,并采取保护性措施防止事故发生。

(4)承包人在任何时候都应采取各种合理的预防措施,防止其员工发生任何违法、违禁、暴力或妨碍治安的行为。

(5)承包人必须具有劳动安全管理部门颁发的安全生产考核合格证书,参加施工的人员,必须接受安全技术教育,熟知和遵守本工种的各项安全技术操作规程,定期进行安全技术考核,合格者方准上岗操作。对于从事电气、起重、建筑登高架设作业、锅炉、压力容器、焊接、机动车船艇驾驶、爆破、潜水、瓦斯检验等特殊工种的人员,经过专业培训,获得《安全操作合格证》后,方准持证上岗。施工现场如出现特种作业无证操作现象时,项目经理必须承担管理责任。

(6)对于易燃易爆的材料除应专门妥善保管之外，还应配备有足够的消防设施，所有施工人员都应熟悉消防设备的性能和使用方法；承包人不得将任何种类的爆炸物给予、易货或以其他方式转让给任何其他人，或允许、容忍上述同样行为。

(7)操作人员上岗，必须按规定穿戴防护用品。施工负责人和安全检查员应随时检查劳动防护用品的穿戴情况，不按规定穿戴防护用品的人员不得上岗。

(8)所有施工机具设备和高空作业的设备均应定期检查，并有安全员的签字记录，保证其经常处于完好状态；不合格的机具、设备和劳动保护用品严禁使用。

(9)施工中采用新技术、新工艺、新设备、新材料时，必须制定相应的安全技术措施，施工现场必须具有相关的安全标志牌。

(10)承包人必须按照本工程项目特点，组织制定本工程实施中的生产安全事故应急救援预案；如果发生安全事故，应按照《国务院关于特大安全事故行政责任追究的规定》以及其他有关规定，及时上报有关部门，并坚持“四不放过”的原则，严肃处理相关责任人。

(11)安全生产费用按照《公路水运工程安全生产监督管理办法》的相关规定使用和管理。

3. 违约责任

如因发包人或承包人违约造成安全事故，将依法追究责任。

4. 本合同由双方法定代表人或其授权的代理人签署并加盖单位章后生效，全部工程竣工验收后失效。

5. 本合同正本二份、副本____份，合同双方各执正本一份，副本____份，当正本与副本的内容不一致时，以正本为准。

发包人：________________(盖单位章)　　　　承包人：________________(盖单位章)

法定代表人或其委托代理人：____(签字　)　　　　法定代表人或其委托代理人：____(签字)

____年____月____日　　　　____年____月____日

附件四　其他主要管理人员和技术人员最低要求

人　员	数　量	资格要求

注：a. 招标人应在招标文件中规定若投标人在所投标段中标需派驻的其他主要管理人员和技术人员。招标人将在发出中标通知书之前要求中标人按照本表的最低要求填报派驻本标段的其他主要管理人员和技术人员，在经招标人审批后作为派驻本标段的项目管理机构主要人员且不允许更换。

b. 本表不适用于已按资格预审文件或招标文件要求提供了其他主要管理人员和技术人员的技术特别复杂的特大桥梁和长大隧道工程。

附件五　主要机械设备和试验检测设备最低要求

设 备 名 称	规格、功率及容量	单　位	最低数量要求

注：a. 招标人应在招标文件中规定若投标人在所投标段中标需提供的主要机械设备和试验检测设备。招标人将在发出中标通知书之前要求中标人按照本表的最低要求填报为本标段配备的主要设备，在经招标人审批后作为投标人本标段的主要设备且不允许更换。

b. 本表不适用于已按资格预审文件或招标文件要求提供了主要机械设备和试验检测设备的技术特别复杂的特大桥梁和长大隧道工程。

附件六　项目经理委任书

致：(发包人全称)

(承包人全称)法定代表人(职务、姓名)代表本单位委任(职务、姓名)为(合同工程名称)的项目经理。凡本合同执行中的有关技术、工程进度、现场管理、质量检验、结算与支付等方面工作，由(姓名)代表本单位全面负责。

承包人：__________(盖单位章)

法定代表人：___(职务)___

___(姓名)___

___(签字)___

____年____月____日

抄送：(监理人)

附件七　履约担保格式

________(发包人名称)：

鉴于__________(发包人名称，以下简称"发包人")接受________(承包人名称)(以下称"承包人")于____年____月____日参加________(项目名称)____标段施工的投标。我方愿意无条件地、不可撤销地就承包人履行与你方订立的合同，向你方提供担保。

1. 担保金额人民币(大写)________元(￥________)。

2. 担保有效期自发包人与承包人签订的合同生效之日起至发包人签发交工验收证书之日止。

3. 在本担保有效期内，因承包人违反合同约定的义务给你方造成经济损失时，我方在收到你方以书面形式提出的在担保金额内的赔偿要求后，在7天内无条件支付，无须你方出具证明或陈述理由。

4. 发包人和承包人按合同条款第15条变更合同时，我方承担本担保规定的义务不变。

担 保 人：__________(盖单位章)

法定代表人或其委托代理人：____(签字)

地　　址：________________

邮政编码：________________

电　　话：________________

传　　真：________________

______年______月______日

附件八　预付款担保格式

________（发包人名称）：

根据________（承包人名称）（以下称“承包人”）与________（发包人名称）（以下简称“发包人”）于____年____月____日签订的________（项目名称）____标段施工承包合同，承包人按约定的金额向发包人提交一份预付款担保，即有权得到发包人支付相等金额的预付款。我方愿意就你方提供给承包人的预付款提供担保。

1. 担保金额人民币（大写）________元（￥________）。

2. 担保有效期自预付款支付给承包人起生效，至发包人签发的进度付款证书说明已完全扣清止。

3. 在本保函有效期内，因承包人违反合同约定的义务而要求收回预付款时，我方在收到你方的书面通知后，在 7 天内无条件支付，无须你方出具证明或陈述理由。但本保函的担保金额，在任何时候不应超过预付款金额减去发包人按合同约定在向承包人签发的进度付款证书中扣除的金额。

4. 发包人和承包人按合同条款第 15 条变更合同时，我方承担本保函规定的义务不变。

担　保　人：______________（盖单位章）
法定代表人或其委托代理人：_____（签字）
地　　　址：__________________________
邮 政 编 码：__________________________
电　　　话：__________________________
传　　　真：__________________________
______年______月______日

附件九　工程资金监管协议格式

（发包人与承包人签订合同协议书时应与发包人指定的银行签署工程资金监管协议，工程资金监管协议内容在保证本项目资金有效监管的前提下由三方共同商定）

发 包 人：________（以下简称“甲方”）
承 包 人：________（以下简称“乙方”）
经办银行：________（以下简称“丙方”）

为了促进____（项目名称）的顺利实施，管好用好建设资金，确保工程资金专款专用，同时为承包人提供便捷有效的银行业务服务，根据____（项目名称）合同条款有关规定，经甲、乙、丙三方协商，达成协议如下：

1. 资金管理的内容

（1）乙方为完成____（项目名称）工程成立的项目经理部在丙方开设基本结算户；

（2）甲方应按合同规定将工程款（质量保证金除外）汇入乙方在丙方开设的账户；

（3）乙方应将流动资金及甲方所拨付资金专项用于________（项目名称）；

(4)丙方应为乙方提供便捷有效的银行业务服务，并接受甲方委托对乙方在丙方开设的基本结算户资金使用情况进行监督。

2. 甲方的权责

(1)按照____(项目名称)合同有关条款规定的时间和方式，向乙方支付工程款；

(2)在发现乙方将本项目资金挪用、转移时，甲方有权中止工程支付，直至乙方改正为止；

(3)不定期审查丙方对乙方的资金使用监督情况，如丙方不能履行其责任，甲方有权随时终止本协议；

(4)在乙、丙双方发生争议时，甲方应负责协调、解决。

3. 乙方的权责

(1)项目经理部成立以后，乙方应尽快在丙方开设基本结算户；

(2)确保本项目奖金专款专用，不发生挪用、转移资金的现象；保证不通过权益转让、抵押、担保承担债务等任何其他方式使用基本结算户的资金；

(3)办理材料、设备等采购业务金额在____万元以上的，应出示购货合同、协议和发票；在办理总额超过____万元以上的采购业务时，应将合同、协议和发票复印件送丙方备案；购买应急材料、设备时可先办理支付手续，但事后必须补备有关资料；

(4)用银行转账支票办理支付款项时，必须将转账支票送交丙方，由丙方负责办理支票转付手续；

(5)向分包单位支付工程进度款时，应附甲方批准分包的文件；

(6)向上级单位缴纳管理费、机械设备及周转材料租赁摊销费等款项时，应附上级单位出具的转账通知等有关资料，以确保资金专款专用。

4. 丙方的权责

(1)成立____(项目名称)工程资金管理服务小组，明确业务流程，提高工作效率，杜绝"压票"现象；

(2)根据乙方提供的购货合同、协议和发票，检查其所购材料、设备是否用于(项目名称)工程建设，对本标段以外的购货款项，有权拒绝办理，并及时报告甲方；

(3)根据乙方与分包单位签订的合同及支付文件，检查其支付款项是否符合有关条件，向分包单位以外单位的支付有权拒绝办理，并及时报告甲方；

(4)根据乙方提供的上级单位出具的转账通知等有关资料，办理管理费、机械设备及周转材料租赁摊销费等款项的支付；对超出转账通知等有关资料以外的支付，有权拒绝办理，并及时报告甲方；

(5)定期将乙方前一个周期的支付情况，整理后书面报送甲方；乙方复印备案的材料一并送甲方。

5. 甲、乙、丙三方都应履行保密责任，不得将其他两方的业务情况透露给三方以外的其他单位或个人。

6. 本协议有效期自乙方在丙方开户起，至工程交工验收甲方向乙方颁发交工验收证书后结束。

7. 本协议未尽事宜，由甲方牵头，三方协商解决。

8. 本协议正本三份、副本____份。合同三方各执正本一份、副本____份，当正本与副本内容不 致时，以正本为准。

发 包 人：____________________(盖单位章)
法定代表人或其委托代理人：________(签字)
____年____月____日

承 包 人：____________________(盖单位章)
法定代表人或其委托代理人：________(签字)
____年____月____日

经办银行：____________________(盖单位章)
法定代表人或其委托代理人：________(签字)
____年____月____日

六、工程量清单

工程量清单是招标人根据设计文件预估的工程量明细表,其作用是:为投标人提出报价提供依据,投标人根据合同条款、图纸、技术规范以及拟订的施工技术方案,根据本企业的条件、经验及通过单价分析,对工程量清单中的各项报价,以逐项汇总为各章和整个工程的投标报价。同时,在合同执行过程中支付时可按已实施项目的数量、单价、价格来计算应付给承包人的款项。

工程量清单由招标人根据《公路工程标准施工招标文件》、招标项目具体特点和实际需要编制,并与"投标人须知","通用合同条款"、"专用合同条款"、"技术规范"、"图纸"相衔接。

在此着重指出:对工程量清单的"说明"必须精细地阅读和理解其中所列各条的涵义。

工程量清单应列出各单位工程的子目号、名称、计量单位、数量、单价和合价。表的格式、章节划分以及其中子目号、名称、计量单位都是标准化的,不得变动。数量则由招标人根据设计文件估算数量填入,单价与合价在编制标底时,由招标人组织估算,作为内部标底,不填入招标文件中。有些工作可能发生,但难于预计发生的数量,清单中列入一笔费用,以"金额"表示,如"暂定金额"计入总标价,但不计入投标价。工程量清单对于投标价的构成起着决定性作用,招标人编制工程量清单时应当考虑以下因素:

1)工程量清单应足以涵盖招标工程范围内的建筑安装费和合同条款规定的由承包人支付的其他费用或完成的其他工作。也就是说,概算所列费用项目中除了由业主承办或开支的项目之外,都列入其中。在编制清单时应注意检查,避免遗漏。

2)为便于编标、评标和积累资料等工作,标准化的范本所列工程子目的编号不得改变。本工程项目不发生的工作项目可以空缺(注明不需报价)或删除;范本未涵盖的工作项目可以在相应之处增列,为此,必须增列该项工作相应的技术要求和计量方法。

3)工程量清单与投标须知、合同条款、技术规范及图纸等招标文件要互相对应,不能前后矛盾。

4)有关工程量清单和报价应在清单表前加以说明,该说明可以在工程量清单说明的原文基础上进行增补。

5)在此指出:凡投标人在工程量清单中增加填入的子目(招标文件中未予说明的),其单价、合价,应按"(1)对所增加子目的报价,业主将不予接受,(2)严重的,将视为非符合标而遭到拒绝"的办法处理。

工程量清单的内容包括:1. 工程量清单说明;2. 投标报价说明;3. 计日工说明;4. 其他说明;5. 工程量清单:(1)工程量清单表:第100章总则、第200章路基、第300章路面、第400章桥梁、涵洞、第500章隧道、第600章安全设施及预埋管线、第700章绿化及环境保护设施;(2)计日工表;材料;施工机械;计日工汇总表;(3)暂估价表:材料暂估价表;工程设备暂估价表;专业工程暂估价表;(4)投标报价汇总表;(5)工程量清单单价分析表。在招投标文件编制中,招投标单位相关人员必须仔细认真阅读研究其中的说明(详见《公路工程标准招标文件》第五章),结合项目工程实际,认真编制。

七、图　　纸

1. 图纸的提供

监理人应在发出中标通知书之后42天内,向承包人免费提供由发包人或其委托的设计单位设计的施工图纸，技术规范和其他技术资料2份，并向承包人进行技术交底，承包人需要更多的份数时，应自费复制。由于发包人未按时提供图纸而造成工期延误的，按发包人延误工期按规定办理。

2. 承包人提供的文件

有下列情形之一的，承包人应免费向监理人员提交相关部分的施工图纸3份，并附必要的计算书、技术资料，或施工工艺图、设备安装图及安装设备的使用和维护手册各2份供监理人批准。

(1)为使上述1所述的施工图纸适合于经施工测量后的纵、横断面；

(2)为使上述1所述的施工图纸适合于现场具体地形；

(3)为使上述1所述的施工图纸适合于因尺寸与位置变化而引起局部变更；

(4)由于合同要求与施工需要。

此类图纸应按监理人规定的格式和图幅绘制。监理人在收到由承包人绘制的上述工程、工艺图纸、计算书和技术资料后14天内应予批准或提出修改要求，承包人应按监理人提出的要求做出修改，重新向监理人提交，监理人应在7天内批准或提出进一步的修改意见。

3. 图纸的错误

当承包人在查阅合同文件或在本工程实施过程中，发现有关的工程设计、技术规范、图纸或其他资料中的任何差错、遗漏或缺陷后，应及时通知监理人。监理人接到该通知后，应立即就此作出决定，并通知承包人和发包人。

八、技 术 规 范

技术规范是招标文件和合同文件的非常重要的组成部分，是招、投标书编写中不可缺少的资料，是为其进行工程估价和确定报价的重要依据，也是施工过程中承包人控制质量和监理工程师检查验收施工质量的主要依据。

技术规范共计96万余字，在此不进行详细介绍。在编制招标文件时，一般可按以下方式表示："第三卷第七章技术规范采用《公路工程标准施工招标文件》第三卷第七章中符合本招标工程的相应条款，修改部分见《补充技术规范》。"

在编制文件中应注意：《补充技术规范》应结合本工程的具体情况与特点进行编写，但各项技术标准应符合国家强制性标准。

合同文件的技术规范是根据现行的通用技术规范结合项目工程具体情况择要选编的，其内容主要是技术要求，有些条义只是指示性的，即要求按照特定的标准和规范办埋，所以必须与各种现行标准和规范配合使用。此外，合同文件中的技术规范还包括了质量检验、计量与支付办法等工程管理内容。

《公路工程标准施工招标文件》中的技术规范，是集中了许多富有实践经验的专家编制而成的。内容涵盖了公路工程各个方面。在编制招标文件时，可以原文采用，同时，对于某些未被涵盖的工程内容，或者对某些工作有特殊要求，以及颁布了新的规范时，可以在原有规范条文的基础上提出修改和补充条文，作为项目专用技术条款，项目专用技术条款的编号仍应与技术规范一致，以便使用。

第五节　投标文件格式

投标文件格式为《公路工程标准施工招标文件》第四卷，列为"第八章"，其目录如下。招标人可结合招标项目具体特点和需要，对其内容进行补充、细化。

目　　录

因受篇幅限制,下面仅列出投标函及其附录的格式,其他格式请详见《公路工程标准施工招标文件》。

(一)投标函

________(招标人名称):

1. 我方已仔细研究________(项目名称)_____标段施工招标文件的全部内容(含补遗书第___号至第___号),在考察工程现场后,愿意以人民币(大写)_____元(¥_____)的投标总报价(或根据招标文件规定修正核实后确定的另一金额),工期___日历天,按合同约定实施和完成承包工程,修补工程中的任何缺陷,工程质量达到________。

2. 我方承诺在投标有效期内不修改、撤销投标文件。

3. 随同本投标函提交投标保证金一份,金额为人民币(大写)_____元(¥_____)。

4 如我方中标:

(1)我方承诺在收到中标通知书后,在中标通知书规定的期限内与你方签订合同。

(2)随同本投标函递交的投标函附录属于合同文件的组成部分。

(3)我方承诺按照招标文件规定向你方递交履约担保。

(4)我方承诺在合同约定的期限内完成并移交全部合同工程。

5. 我方在此声明,所递交的投标文件及有关资料内容完整、真实和准确,且不存在第二章"投标人须知"第1.4.3项规定的任何一种情形。

6. 在合同协议书正式签署生效之前,本投标函连同你方的中标通知书将构成我们双方之间共同遵守的文件,对双方具有约束力。

7. ________________________(其他补充说明)。

投标人:__________________(盖单位章)

法定代表人或其委托代理人:________(签字)

地址:________________________

网址:________________________

电话:________________________

传真:________________________

邮政编码:______________________

_____年____月____日

（二）投标函附录

序号	条款名称	合同条目号	约定内容	备注
1	缺陷责任期	1.1.4.5	自实际交工日期起计算______年	
2	逾期交工违约金	11.5	______元/天	
3	逾期交工违约金限额	11.5	______%签约合同价	
4	提前交工的奖金	11.6	______元/天	
5	提前交工的奖金限额	11.6	______%签约合同价	
6	价格调整的差额计算	16.1.1	见价格指数和权重表	
7	开工预付款金额	17.2.1	______%签约合同价	
8	材料、设备预付款比例	17.2.1	______等主要材料、设备单据所列费用的______%	
9	进度付款证书最低限额	17.3.3(1)	______%签约合同价或______万元	
10	逾期付款违约金的利率	17.3.3(2)	______‰/天	
11	质量保证金百分比	17.4.1	月支付额的______%	
12	质量保证金限额	17.4.1	______%合同价格，若交工验收时承包人具备被招标项目所在地省级交通主管部门评定的最高信用等级，发包人给予______%合同价格质量保证金的优惠，并在交工验收时向承包人返还质量保证金优惠的金额	
13	保修期	19.7	自实际交工日期起计算______年	

投标人：______________（盖单位章）

投标文件签署人签名：______________

价格指数和权重表

名称		基本价格指数		权重			价格指数来源
		代号	指数值	代号	允许范围	投标人建议值	
定值部分				A			
变值部分	人工费	F_{01}		B_1	______至______		
	钢材	F_{02}		B_2	______至______		
	水泥	F_{03}		B_1	______至______		
	……	……		……	……		
合计					1.00		

投标人：______________（盖单位章）

投标文件签署人签名：______________

第六节 施工招标评标与合同授予

一、评标的实施

（一）评标工作的组织与准备

1）评标工作应按以下程序进行：

（1）组建清标工作组；

（2）组建评标委员会；

（3）初步评审；

（4）详细评审；

（5）撰写评标报告。

2）清标工作组由招标人选派熟悉招标工作、政治素质高的人员组成，协助评标委员会工作。

评标委员会由评标专家和招标人代表共同组成，人数为五人以上单数。其中，评标专家人数不得少于成员总数的三分之二。评标专家按照交通部有关规定从评标专家库中抽取。

清标工作组和评标委员会人员的具体数量由招标人视评标工作量确定。

3）清标工作组和评标委员会成员应实行回避制度。

属于下列情况之一的人员，不得进入清标工作组和评标委员会：

（1）本地交通主管部门或者其他行政监督部门的人员；

（2）与投标人法定代表人或者授权代理人有近亲属关系的人员；

（3）与投标人有利害关系的，可能影响公正评标的人员；

（4）在与招标投标有关的活动中有过违法违规行为、五年内曾受过行政或党纪处分的人员。

4）清标工作组应在评标委员会开始工作之前进行评标的准备工作，主要内容包括：

（1）根据招标文件，制定评标工作所需各种表格；

（2）根据招标文件，汇总评标标准、对投标文件的合格性要求，以及影响工程质量、工期和投资的全部因素；

（3）对投标文件响应招标文件规定的情况进行摘录，列出相对于招标文件的所有偏差；

（4）对所有投标报价进行算术性校核。

评价工作使用的表格和评标内容必须注明依据和出处，招标文件未规定的事项不得作为评标依据。

5）清标工作应全面、客观、准确，不得营私舞弊、歪曲事实，不得对投标文件作出任何评价。

6）评标委员会应民主推荐一名主任委员，负责组织协调评标委员会成员开展评标工作。评标委员会应根据评标工作量和工程特点，制订工作计划，明确分工，交叉审核，确保评标质量。

（二）初步评审应掌握的原则

1）对投标文件的初步评审包含符合性审查和算术性修正。只有通过初步评审的投标文件才能参加详细评审。

2)评标委员会开始评标工作之前,首先要听取招标人或者其委托的招标代理机构及清标工作组关于工程情况和清标工作的说明,并认真研读招标文件,获取评标所需的重要信息和数据,主要包括以下内容:

(1)招标项目建设规模、标准和工程特点;

(2)招标文件规定的评标标准和评标方法;

(3)工程的主要技术要求、质量标准及其他与评标有关的内容。

3)评标委员会应根据招标文件规定,对清标工作组提供的评标工作用表和评标内容进行认真核对,对与招标文件不一致的内容要进行修正。

对招标文件中规定的评标标准和方法,评标委员会认为不符合国家有关法律、法规,或其中含有限制、排斥投标人进行有效竞争的,评标委员会有权按规定对其进行修改,并在评标报告说明修改的内容和修改原因。

4)投标文件若满足符合性审查条件,但在其他方面存在细微偏差,评标委员会可要求投标人进行书面澄清、补正或者依据招标文件规定对投标文件进行不利于该投标人的评标量化,但不得对该投标文件作废标处理。

5)符合性审查工作完成后,评标委员会应按照招标文件规定对投标人报价进行算术性修正。清标工作组做出的算术性校核结果必须经评标委员会复核后方可采用。算术性修正后,投标人的报价排序与开标时不一致的,评标委员会应对修正的内容作详细说明。

6)对算术性修正结果,评标委员会应通过招标人向投标人进行书面澄清。投标人对修正结果进行书面确认的,其投标文件可参加详细评审。

投标人对修正结果存有不同意见或未做书面确认的,评标委员会应重新复核算术性修正结果。如果确认算术性修正无误,应对该投标文件作废标处理;如果发现算术性修正存在差错,应作出及时调整并重新进行书面澄清。

7)评标委员会对通过初步评审的投标文件进行详细评审前,发现有效投标文件不足三个,投标明显缺乏竞争的,评标委员会可以否决投标,招标人应当依法重新招标。

(三)详细评审应掌握的原则

1)初步评审工作结束后,评标委员会应对投标文件从合同条件、投标报价、财务能力、技术能力、管理水平以及投标人以往施工业绩及履约信誉等方面进行详细评审。

2)投标人通过合同条件评审的主要条件:

(1)投标人接受招标文件规定的风险划分原则,未提出新的风险划分办法;

(2)投标人未增加业主的责任范围,也未减少投标人义务;

(3)投标人未提出不同的工程验收、计量、支付办法;

(4)投标人未对合同纠纷、事故处理办法提出异议;

(5)投标人在投标活动中没有欺诈行为;

(6)投标人对合同条款没有重要保留。

投标文件不符合以上条件之一的,评标委员会应对其作废标处理。

3)评标委员会对投标报价的评审,应在算术性修正和扣除非竞争性因素后,以计算出的评标价进行评审。

评标委员会对投标报价进行评审前,发现投标人的投标价或主要单项工程报价明显低于其他投标人报价或者在设有标底时明显低于标底(一般控制在低于标底15%左右),应当要求该投标人对相应投标报价作出单价构成说明,并提供相关证明材料。

如果投标人不能提供有关证明材料,证明该报价可以按招标文件规定的质量标准和工期完成招标工程,评标委员会应当认定该投标人以低于成本价竞标,并作废标处理。

如果评标委员会发现所有投标人的报价均高于标底或相应工程概算投资,评标委员会可以否决所有投标,并建议招标人重新招标。

4)评标委员会要对投标人的财务能力、技术能力、管理水平和以往施工业绩及履约信誉进行详细评审。如发现投标文件有以下情况之一的,评标委员会应对其作废标处理。

(1)相对资格预审时,其施工能力和财务能力有实质性降低,且不能满足本工程实施的最低要求;

(2)承诺的质量标准低于招标文件或国家强制性标准要求;

(3)关键工程技术方案不可行;

(4)施工业绩及履约信誉证明材料虚假。

投标文件存在的其他问题应视为细微偏差,评标委员会可要求投标人进行澄清,或对投标文件进行不利于该投标人的评标量化,但不得作废标处理。

5)评标委员会不得接受投标人主动提出的澄清。投标人的澄清不得改变投标文件的实质性内容。

投标人的澄清内容将视为投标文件的组成部分。

6)评标方法包括综合评分法、最低评标价法,或者法律、行政法规允许的其他评标方法。

7)综合评分法是按照招标文件设定的不同分值权重对投标人的评标价、财务能力、技术能力、管理水平和以往施工履约信誉进行评分,按照得分高低推荐中标候选人。综合评分采用百分制。

8)采用综合评分法评标的,对各项内容的评分方法如下:

(1)按照招标文件规定的方法计算评标价得分,一般采用直线内插法计算;

(2)以投标人拟投入的财力资源情况,包括投标人的财务报表和相关证明材料,评价投标人的财务能力;

(3)以投标人承诺的拟投入本工程的技术人员、设备的配置情况,以及投标人制定的关键工序技术方案是否严密、可靠、有效评价投标人的技术能力;

(4)以投标人编制的施工组织设计、主要管理人员素质和安全生产保障措施与招标文件规定的质量与进度要求的符合程度评价投标人的管理水平;

(5)以投标人近五年完成类似公路工程的质量、工期和履约表现评价投标人以往施工业绩和履约信誉情况。

评标委员会应在充分讨论、沟通情况的基础上,分别对投标文件进行打分。除评标价得分外,投标文件各项得分均不应低于其权重分的60%,且各项得分应以评标委员会的打分平均值确定,该平均值以去掉一个最高和一个最低分后计算。

9)采用综合评分法评标的工作步骤:

(1)对通过初步评审的投标文件进行列表;

(2)对在符合性评审过程中拒绝澄清的,按照招标文件规定对其进行不利于该投标人的量化评分;

(3)对不能满足上述(三)第2)条要求的投标文件作废标处理;

(4)计算投标文件的评标价,并按照招标文件规定进行评分,其中以低于成本价竞标的,应作废标处理;

(5)对投标文件财务能力、技术能力、管理水平和投标人以往施工履约信誉进行评分，对不能满足上述(三)第4)条要求的作废标处理，对存在细微偏差的投标文件应进行澄清或量化评分；

(6)对各项评分进行汇总，拟定"综合评分排序表"，按评分从高到低进行排序，推荐得分最高的投标人为中标候选人，得分排名第二和第三的为后备的中标候选人。

10)最低评标价法是对通过初步评审和详细评审的投标人按照评标价由低到高排序，推荐评标价最低的投标人为中标候选人。

11)采用最低评标价法评标的工作步骤：

(1)对通过初步评审的投标文件报价进行列表；

(2)对在符合性评审过程中拒绝澄清的，按照招标文件规定对其进行不利于该投标人的评标量化；

(3)按照招标文件规定扣除非竞争性因素，计算出评标价，其中以低于成本价竞标的，作废标处理；

(4)对投标文件的合同条件、财务能力、技术能力、管理水平和投标人以往施工履约信誉进行评审，对不符合上述(三)第2)条、第4)条要求的作废标处理，对存在细微偏差的投标文件进行澄清或者按招标文件规定对其进行不利于该投标人的评标量化；

(5)拟定"标价排序表"，按评标价由低到高进行排序，推荐评标价最低的投标人为中标候选人，评标价排第二和第三的为后备的中标候选人。

12)对于划分有多个标段进行招标的项目，招标文件如果允许投标人为获得一个以上合同而提出优惠，评标委员会应考虑投标人提出的优惠，并按照招标文件规定的评标标准和方法进行审查，以最有利于招标人利益为原则推荐中标候选人。

13)评标委员会在评标过程中应充分评议，发扬民主，实行少数服从多数的原则。

(四)评标报告

1)评标工作完成后，评标委员会主任委员应组织编写评标报告(格式见附件)，提交给招标人，并抄报交通主管部门。

2)评标报告应当记录以下内容：

(1)项目概况(包括招标项目基本情况和数据)；

(2)招标过程(包括资格预审和开标记录)

(3)评标工作(包括评标委员会组成、评标标准与办法、初步评审、详细评审，以及废标说明)；

(4)评标结果；

(5)评标附表及有关澄清资料。

3)评标委员会所有成员应在2)规定的评标报告(3)、(4)、(5)项的每一页上签字。招标人和由招标人组织成立的清标工作组应对其所提供的评标信息签字负责。

4)评标委员会成员对评标结论持有异议的，可保留意见，但应以书面方式在评标报告中阐述理由。评标委员会成员拒绝在评标报告上签字且不陈述理由的，视为同意评标结论。

5)评标工作结束后，如发现招标人提供给评标委员会的信息、数据有误或不完整，或者由于评标委员会的原因导致评标结果出现重大偏差，有关交通主管部门应及时通知招标人，由招标人邀请原评标委员会成员重新评标，修正评标报告和评标结论。

（五）纪律

1）评标委员会应当严谨、客观、公正地履行职责，遵守职业道德，对所提出的评审意见承担个人责任。

2）评标委员会向招标人提交书面评标报告后自动解散。评标工作中使用的文件、表格以及其他资料应当同时归还招标人。

3）评标委员会成员和其他参加评标活动的人员不得与任何投标人，或者与投标人有利害关系的人进行私下接触，不得收受投标人和其他与投标有利害关系的人的财物或者其他好处。

4）评标委员会成员和其他参加评标活动的人员，不得向他人透露对投标文件的评审、中标候选人的推荐情况以及与评标有关的其他情况。

利用国际金融组织贷款和外国政府贷款的项目，贷款方对评标工作有特殊规定的，可适用其规定，但违背中华人民共和国社会公共利益的除外。

二、评标委员会评标报告格式

中华人民共和国

________省（自治区、直辖市）

公路________工程

评 标 报 告

招标人：

年　　月　　日

一、项目概况

1. 项目范围
2. 建设标准、规模和施工标段划分情况
3. 资金来源
4. 项目批复

二、招标过程

1. 招标代理（可选择内容）
2. 资格预审结果
3. 标书出售
4. 开标记录（如果有标底，标底应为开标内容之一）

三、评标工作

1. 采用的标准、办法及依据
2. 评标委员会和清标工作组人员组成（见表1）
3. 初步评审

（1）符合性审查（见表2）

(2)资格复核

(3)算术性修正(见表3)

(4)澄清及有关情况说明

4. 详细评审

(1)合同条件审查(见表4)

(2)评标价计算与评审(见表5)

(3)技术评审(见表6)

(4)澄清情况说明

(5)综合评价(见表7)

四、评标结果

(1)评价排序并推荐中标候选人(见表8)

(2)有关不同意见(如果有)

(3)合同签署前建议招标人应处理的有关事宜

五、附表及有关澄清资料

评标委员会和清标工作组人员组成 表1

项目名称:

评标委员会	姓名	现(原)工作单位	职务或职称	签字
主任委员				
委员				

清标工作组人员	姓名	工作单位	职务或职称	签字
组长				
成员 1				
2				
3				
4				

符合性审查表 表2

项目名称：

合 同 段：

	审查内容 \ 投标人名称	1.	2.	3.	4.	5.	6.	7.	8.
1	投标文件(含投标书)按照招标文件规定的格式和内容填写,字迹清晰								
2	投标人法定代表人或法定代表人授权代理人的签字(含小签)齐全,符合招标文件的规定								
3	与申请资格预审时比较,除法人名称发生合法变更外未发现投标法人变化或重组,其资格没有实质性下降								
4	投标人按照招标文件规定的格式、时效、内容和要求提供了投标担保								
5	投标人法定代表人的授权代理人,其授权书符合招标文件规定								
6	投标人以联合体形式投标时,提交了符合招标文件规定的联合体协议,此协议不应与申请资格预审时发生实质性变化								
7	投标人如有分包计划应提交分包协议,分包工作量不应超过投标价的30%								
8	一份投标文件应只有一个投标报价,在招标文件没有规定的情况下,不得提交选择性报价								
9	投标人提交的调价函符合招标文件要求								
10	投标文件载明的招标项目完成期限不得超过招标文件规定的时限								
11	投标文件不应附有招标人不能接受的其他条件								
	结论								

说明：

1. 上述各项中用"√"表示通过,"×"表示不通过;
2. 上述各项中如有一项为"×",则结论为"×",表示该投标文件中存在重大偏差,不能通过符合性审查;
3. 上述各项中如有一项为"×",必须单独说明,附有关附件。

主任委员： 委员： 行政监督人：

投标价算术性修正表 表3

项目名称：

合 同 段：

章节	内容 \ 投标单位	1			2			3		
		最终投标报价	修正后报价	修正率	最终投标报价	修正后报价	修正率	最终投标报价	修正后报价	修正率
第100章	总则									
第200章	路基									

续上表

章节	投标单位 / 内容	1			2			3		
		最终投标报价	修正后报价	修正率	最终投标报价	修正后报价	修正率	最终投标报价	修正后报价	修正率
第300章	路面									
第400章	桥梁、通道、涵洞									
第500章	隧道									
第600章	安全设施及预埋管线									
第700章	绿化及环境保护									
(1)	工程量清单									
(2)	计日工									
(3)	暂定金及其他非竞争性因素									
(4)	报价(1)+(2)+(3)									

主任委员：　　　　委员：　　　　行政监督人：

合同条件审查表

表4

项目名称：

合 同 段：

	投标人名称 / 审查内容	1.	2.	3.	4.	5.	6.	7.	8
1	投标人接受招标文件规定的风险划分原则，未提出新的风险划分办法								
2	投标人未增加业主的责任范围，也未减少投标人义务								
3	投标人未提出不同的工程验收、计量、支付办法								
4	投标人未对合同纠纷、事故处理办法提出异议								
5	投标人在投标活动中没有欺诈行为								
6	投标人对合同条款没有重要保留								
	结论								

说明：

1. 上述各项中用“√”表示通过，“×”表示不通过；
2. 上述各项中如有一项为“×”，则结论为“×”，表示该投标文件中存在重大偏差，不能通过审查；
3. 上述各项中如有一项为“×”，必须单独说明，附有关附件。

主任委员：　　　　委员：　　　　行政监督人：

评标价计算与评审表 表5

项目名称:

合 同 段:

	1.	2.	3.	4.	5.	6.	7.	8.
最终投标报价								
算术性修正结果								
评标价								
依招标文件规定计算的投标人评标价的算术平均								
招标人标底(如果有)								
评标价/招标人标底(%)								
复合标底计算结果								
评标价/复合标底(%)								
计算各投标人评标价得分								
确定投标人排名顺序								

说明:

1. 应说明招标人标底编制与概算相应内容之间的关系;
2. 应给出复合标底计算原则和计算公式;
3. 应明示打分方法和依据。

主任委员: 委员: 行政监督人:

技术评审表(汇总表) 表6

项目名称:

合 同 段:

评 价 内 容	招标文件要求	投标文件主要情况	权重分	1.	2.	3.	4.	5.	6.	7.
投标人财务能力和投入本工程的财力资源										
投标人承诺的质量检测设备完备情况和拟投入本工程的技术人员、设备的配置情况,以及投标人制定的关键工序技术方案是否严密、可靠、有效										
投标人编制的施工组织设计、主要管理人员素质和安全生产保障措施与招标文件规定的质量与进度要求的符合程度										
投标人近五年完成的公路工程项目的质量、工期,以及履约表现,评价投标人以往施工履约信誉情况										
得分汇总										

说明:

1. 应给出招标文件规定的各项内容评分或评价依据;
2. 投标人资格与能力相对资格预审时发生退化,如为实质性的,应按规定进行废标;否则,应按标准扣减得分;
3. 对技术评审各项内容的评分结果不应小于该项权重最高得分的60%。

主任委员: 委员: 行政监督人:

技术评审表(个人打分表)　　表6(续)

项目名称:

合 同 段:

评 价 内 容	招标文件要求	投标文件主要情况	权重分	1.	2.	3.	4.	5.	6.	7.
投标人财务能力和投入本工程的财力资源										
投标人承诺的质量检测设备完备情况和拟投入本工程的技术人员、设备的配置情况,以及投标人制定的关键工序技术方案是否严密、可靠、有效										
投标人编制的施工组织设计、主要管理人员素质和安全生产保障措施与招标文件规定的质量与进度要求的符合程度										
投标人近五年完成的公路工程项目的质量、工期,以及履约表现,评价投标人以往施工履约信誉情况										
得分汇总										

说明:

1. 应给出招标文件规定的各项内容评分或评价依据;
2. 投标人资格与能力相对资格预审时发生退化,如为实质性的,应按规定进行废标;否则,应按标准扣减得分;
3. 对技术评审各项内容的评分结果不应小于该项权重最高得分的60%。

评标委员签字:

综合评价汇总表　　表7

项目名称:

标段	投标人名称	评标价得分	技术评审得分	总 分	排 序
1					1
					2
					3
					4
					5
					6
					7
					8
2					1
					2
					3
					4
					5
					6

综合评价汇总表 表7(续)

项目名称：

标段	投标人名称	评标价得分	技术评审得分	总　分	排　序
2					7
					8

主任委员：　　委员：　　行政监督人：

推荐中标候选人名单 表8

项目名称：

合同段	推荐中标候选人		预期中标价	备　注
1	1			
	2			
	3			
2	1			
	2			
	3			

说明：

1. 有关情况说明；
2. 不同意见(如果有)。

主任委员：　　委员：　　行政监督人：

三、评 标 办 法

《公路工程标准施工招标文件》规定了三种评标办法。

(一)合理低价法

1. 评标方法

当评标采用合理低价法时，评标委员会对满足招标文件实质性要求的投标文件，按照下述规定的评分标准进行打分，并按得分由高到低顺序推荐中标候选人，或根据招标人授权直接确定中标人，但投标报价低于其成本的除外。综合评分相等时，以投标报价低的优先；投标报价也相等的，招标人可采用被招标项目所在地省级交通主管部门评为较高信用等级的投标人优先或递交投标文件时间较前的投标人优先或其他方法确定第一中标候选人。

合理低价法是综合评估法的评分因素中评标价得分为100分，其他评分因素分值为0分的特例，因而有相当部分与综合评估法相关的内容。

如果项目招标采用由投标人按照招标人提供的工程量清单填写本合同各工程子目的单价、合价和总额价方式（见《标准施工招标文件》第二章有关规定），则评标委员会按照下述初步评审中的相关规定对投标人的投标报价进行修正。如果是采用投标人按照招标人提供的工程量固化清单电子文件填写工程量清单的，则无须对投标报价进行修正。

招标人应根据招标项目具体特点和实际需要，详细地列明全部评审因素、标准，没有列明的因素和标准不得作为评标的依据。

2. 评审标准

（1）形式评审与响应性评审因素与标准

①投标文件按照招标文件规定的格式、内容填写，字迹清晰可辨：

a. 投标函按招标文件规定填报了投标价、工期及工程质量目标；

b. 投标函附录的所有数据均符合招标文件规定；

c. 已标价工程量清单说明及承诺函文字与招标文件规定一致，未进行修改和删减；

d. 按照招标文件规定的格式、内容编制了施工组织设计及项目管理机构相关图表；

e. 投标文件组成齐全完整，内容均按规定填写。

②投标文件上法定代表人或其授权代理人的签字、投标人的单位章盖齐全，符合招标文件规定：

投标函及投标函附录、承诺函、已标价工程量清单（包括工程量清单说明、投标报价说明、计日工说明、其他说明及工程量清单各项表格）、调价函及调价后的工程量清单（如有）的内容，应由投标人的法定代表人或其委托代理人逐页签署姓名（本页正文内容已由投标人的法定代表人或其委托代理人签署姓名的可不签署）并逐页加盖投标人单位章（本页正文内容已加盖单位章的除外）。

③与申请资格预审时比较，投标人资格没有实质性下降：

a. 通过资格预审后法人名称变更时，应提供相关部门的合法批件及企业法人营业执照和资质证书的副本变更记录复印件；

b. 资格没有实质性下降，指投标人仍然满足资格预审中的最低要求（业绩、人员、财务等）。

④投标人按照招标文件规定的金额、形式、时效和内容提供了投标担保：

a. 投标担保金额符合招标文件规定的金额；

b. 若采用电汇，投标人在投标人须知前附表规定的时间之前，将投标保证金由投标人的基本账户一次性汇入招标人指定账户；

c. 若采用银行保函，银行保函的格式、开具保函的银行、银行保函的有效期均满足招标文件要求，且银行保函原件装订在投标文件的正本之中。

⑤投标人法定代表人的授权代理人，需提交附有法定代表人身份证明的授权委托书，并符合下列要求：

a. 授权人和被授权人均在授权书上签名，未使用印章、签名章或其他电子制版签名；

b. 附有公证机关出具的加盖钢印、单位章并盖有公证员签名章的公证书，钢印应清晰可辨，同时公证内容完全满足招标文件规定；

c. 公证书出具的日期与授权书出具的日期同日或在其之后。

⑥投标人法定代表人若亲自签署投标文件的，提供了法定代表人身份证明，并符合下列要求：

a. 法定代表人在法定代表人身份证明上签名，未使用印章、签名章或其他电子制版签名；

b. 附有公证机关出具的加盖钢印、单位章并盖有公证员签名章的公证书，钢印应清晰可辨，同时公证内容完全满足招标文件规定；

c. 公证书出具的日期与法定代表人身份证明出具的日期同日或在其之后。

⑦投标人以联合体形式投标时，联合体协议书满足招标文件的要求：

a. 未进行资格预审的，投标人按照招标文件提供的格式签订了联合体协议书，并明确了联合体牵头人；

b. 进行资格预审的，投标人提供了资格预审申请文件中所附的联合体协议书复印件。

⑧投标人如有分包计划，应按“投标文件格式”的要求填写“拟分包项目情况表”，且专业分包的工程量累计未超过总工程量的30%。

⑨一份投标文件应只有一个投标报价，在招标文件没有规定的情况下，未提交选择性报价。

⑩投标人若提交调价函，调价函符合招标文件要求。

⑪投标人若填写工程量固化清单，填写完毕的工程量固化清单未对工程量固化清单电子文件中的数据、格式和运算定义进行修改。

⑫投标文件载明的招标项目完成期限未超过招标文件规定的时限。

⑬投标文件未附有招标人不能接受的条件。

⑭权利义务符合招标文件规定：

a. 投标人应接受招标文件规定的风险划分原则，未提出新的风险划分办法；

b. 投标人未增加发包人的责任范围，或减少投标人义务；

c. 投标人未提出不同的工程验收、计量、支付办法；

d. 投标人对合同纠纷、事故处理办法未提出异议；

e. 投标人在投标活动中无欺诈行为；

f. 投标人未对合同条款有重要保留。

……

(2)资格评审因素与标准(适用于未进行资格预审的情况)

①投标人具备有效的营业执照、资质证书和安全生产许可证和基本账户开户许可证；

②投标人的资质等级符合招标文件规定；

③投标人的财务状况符合招标文件规定；

④投标人的类似项目业绩符合招标文件规定；

⑤投标人的信誉符合招标文件规定；

⑥投标人的项目经理(包括备选人)和项目总工(包括备选人)资格符合招标文件规定；

⑦投标人的其他要求符合招标文件规定；

⑧投标人不存在本章第三节中“15 项不得存在”规定的任何一种情形；

……

(3)分值构成(总分 100 分)

评标价：100 分；其他因素分值均为 0 分。

(4)评标基准价计算方法

评标基准价的计算：

在开标现场，招标人将当场计算并宣布评标基准价。

①评标价的确定：

方法一：评标价＝投标函文字报价。

方法二：评标价＝投标函文字报价－暂估价－暂列金额（不含计日工总额）。

②评标价平均值的计算：

除按“投标人须知”“开标程序”中规定开标现场被宣布为废标的投标报价之外，所有投标人的评标价去掉一个最高值和一个最低值后的算术平均值即为评标价平均值（如果参与评标价平均值计算的有效投标人少于5家时，则计算评标价平均值时不去掉最高值和最低值）。

③评标基准价的确定：

方法一：将评标价平均值直接作为评标基准价。

方法二：将评标价平均值下浮_____%，作为评标基准价。

方法三：招标人设置评标基准价系数，由投标人代表或监标人现场抽取，评标价平均值乘以现场抽取的评标基准价系数作为评标基准价。

方法四：……

如果投标人认为某一标段的评标基准价计算有误，有权在开标现场提出，经监标人当场核实确认之后，可重新宣布评标基准价。确认后的评标基准价在整个评标期间保持不变，不随通过初步评审和详细评审的投标人的数量发生变化。

招标人可依据招标项目特点和实际需要，选择或制定适合项目的评标基准价方法。

(5)评标价的偏差率计算公式

偏差率＝100%×(投标人评标价－评标基准价)/评标基准价

(6)评分标准

①施工组织设计　0分

②项目管理机构　0分

③评标价　　　100分

④其他因素　　　0分

评标价得分计算公式示例：

(1)如果投标人的评标价＞评标基准价，则评标价得分＝100－偏差率×100×E_1；

(2)如果投标人的评标价≤评标基准价，则评标价得分＝100＋偏差率×100×E_2。

其中：E_1是评标价每高于评标基准价一个百分点的扣分值；E_2是评标价每低于评标基准价一个百分点的扣分值。招标人可依据招标项目具体特点和实际需要设置E_1、E_2，但E_1应大于E_2。

3. 评标程序

1)初步评审

(1)评标委员会可以要求投标人提交“投标人须知”规定的有关证明和证件的原件，以便检核。评标委员会依据初步评审标准对投标文件进行初步评审。有一项不符合评审标准的作废标处理。（适用于未进行资格预审的）

评标委员会依据规定的标准[见上述“评审标准”之(1)、(2)]对投标文件进行初步评审。有一项不符合标准的，作废标处理。当投标人资格预审申请文件的内容发生重大变化时，评标

委员会根据资格评审标准的规定对其更新资料进行评审。(适用于已进行资格预审的)

(2)投标人有以下情形之一的,其投标作废标处理:

①“投标人须知”中所规定的15种不得存在的情形之一的;

②串通投标或弄虚作假或有其他违法行为的;

③不按评标委员会要求澄清、说明或补正的。

(3)投标报价有算术错误的,评标委员会按以下原则对投标报价进行修正,修正的价格经投标人书面确认后具有约束力。投标人不接受修正价格的,其投标作废标处理,并没收其投标担保。

①投标文件中的大写金额与小写金额不一致的,以大写金额为准;

②总价金额与依据单价计算出的结果不一致的,以单价金额为准修正总价,但单价金额小数点有明显错误的除外;

③当单价与数量相乘不等于合价时,以单价计算为准,如果单价有明显的小数点位置差错,应以标出的合价为准,同时对单价予以修正;

④当各子目的合价累计不等于总价时,应以各子目合价累计数为准,修正总价。

(4)工程量清单中的投标报价有其他错误的,评标委员会按以下原则对投标报价进行修正,修正的价格经投标人书面确认后具有约束力。投标人不接受修正价格的,其投标作废标处理,并没收其投标担保。

①在招标人给定的工程量清单中漏报了某个工程子目的单价、合价或总额价,或所报单价、合价或总额价减少了报价范围,则漏报的工程子目单价、合价和总额价或单价、合价和总额价中减少的报价内容视为已含入其他工程子目的单价、合价或总额价之中。

②在招标人给定的工程量清单中多报了某个工程子目的单价、合价或总额价,或所报单价、合价或总额价增加了报价范围,则从投标报价中扣除多报的工程子目报价或工程子目报价中增加了报价范围的部分报价。

③当单价与数量的乘积与合价(金额)虽然一致,但投标人修改了该子目的工程数量,则其合价按招标人给定的工程数量乘以投标人所报单价予以修正。

(5)修正后的最终投标报价若超过投标控制价上限(如有),投标人的投标文件作废标处理。

(6)修正后的最终投标报价仅作为签订合同的一个依据,不参与评标价得分的计算。

2)详细评审

(1)评标委员会按上述评审标准规定的量化因素和标准进行价格折算,计算出评标价,并编制价格比较一览表。

(2)评标委员会发现投标人的报价明显低于其他投标报价,或者在设有标底时明显低于标底,使得其投标报价可能低于其成本的,应当要求该投标人作出书面说明并提供相应的证明材料。投标人不能合理说明或者不能提供相应证明材料的,由评标委员会认定该投标人以低于成本报价竞标,其投标作废标处理。

3)投标文件的澄清和补正

(1)在评标过程中,评标委员会可以书面形式要求投标人对所提交的投标文件中不明确的内容进行书面澄清或说明,或者对细微偏差进行补正。评标委员会不接受投标人主动提出的澄清、说明或补正。

(2)澄清、说明和补正不得改变投标文件的实质性内容(算术性错误修正的除外)。投标人的书面澄清、说明和补正属于投标文件的组成部分。

(3)评标委员会对投标人提交的澄清、说明或补正有疑问的，可以要求投标人进一步澄清、说明或补正，直至满足评标委员会的要求。

4)评标结果

(1)除"投标人须知"前附表授权直接确定中标人外，评标委员会按照经评审的价格由低到高的顺序推荐中标候选人。

(2)评标委员会完成评标后，应当向招标人提交书面评标报告。

注：招标人采用合理低价法时，也可采用双信封形式，即：投标文件应采用双信封密封，第一个信封内为商务及技术文件，第二个信封内为投标报价和工程量清单，在开标前同时提交给招标人。

招标评标程序简介如下：

(1)招标人按照后文中"四、开标、评标和定标"中(一)-2-1)～3)的规定对投标文件第一个信封(商务及技术文件)进行开标。

(2)评标委员会首先对投标文件第一个信封(商务及技术文件)进行评审，确定通过投标文件第一个信封(商务及技术文件)评审的投标人名单。

(3)招标人按照后文中"四、开标、评标和定标"中(一)-3-3)-4)～6)的规定对通过投标文件第一个信封(商务及技术文件)评审的投标文件第二个信封(投标报价和工程量清单)进行开标。

(4)评标委员会对投标文件第二个信封(投标报价和工程量清单)进行评审并推荐中标候选人。

需要注意的问题：

(1)招标人采用双信封形式的合理低价法时，应使用"投标人须知"中有关采用双信封形式的相关条款。招标人不得修改"投标人须知"正文及"评标办法"正文，但可修改"投标人须知"前附表、"评标办法"前附表、招标公告/投标邀请书、开标记录表、投标文件格式等与双信封形式有关的内容。

(2)投标文件第一个信封(商务及技术文件)不得出现有关投标报价的内容，否则评标委员会将对投标文件第一个信封(商务及技术文件)作废标处理。

(二)综合评估法

"综合评估法"即《公路工程施工招标投标管理办法》中规定的"综合评估法"。本法仅适用于技术特别复杂的特大桥和长大隧道工程。下面所述用以明确评标的方法、因素、标准和程序。招标人应根据招标项目具体特点和实际需要，详细列明全部评审因素、标准，没有列明的因素和标准不得作为评标的依据。

1. 评标方法

当评标采用综合评估法时，评标委员会对满足招标文件实质性要求的投标文件，按照下述规定的评分标准进行打分，并按得分由高到低顺序推荐中标候选人，或根据招标人授权直接确定中标人，但投标报价低于其成本的除外。综合评分相等时，以投标报价低的优先；投标报价也相等的，招标人可采用被招标项目所在地省级交通主管部门评为较高信用等级的投标人优先或递交投标文件时间较前的投标人优先或其他方法确定第 中标候选人。

2. 评审标准

(1)形式评审与响应性评审因素与标准(同"合理低价法")

(2)资格评审因素与标准(适用于未进行资格预审的情况)

同"合理低价法"对技术特别复杂的特大桥梁和长大隧道工程,还应对其他主要管理人员和技术人员以及主要机械设备和试验检测设备进行资格评审。

(3)分值构成

(总分100分)

施工组织设计:________分

项目管理机构:________分

评标价:________分

财务能力:________分

业绩:________分

履约信誉:________分

其他:________分

(4)评标基准计算方法(同"合理低价法")

(5)评标价的偏差率计算公式(同"合理低价法")

(6)评标因素(表4-5)与权重分值

在实际运作中,要注意掌握下述规定要求:

①招标人应根据项目具体情况确定各评分因素及评分因素权重分值,并对各评分因素进行细分(如有)、确定各评分因素细分项的分值,各评分因素权重分值合计应为100分。各评分因素(评标价除外)得分均不应低于其权重分值的60%,且各评分因素得分应以评标委员会各成员的打分平均值确定,该平均值以去掉一个最高和一个最低分后计算。

②招标人应列明各评分因素或各评分因素细分项(如有)的评分标准并作为评标委员会进行评分的依据。

③对于采用综合评估法进行评标的技术特别复杂的特大桥梁和长大隧道工程,还应将其他主要管理人员和技术人员列为项目管理机构的评分因素进行评分。

④评标价所占权重不应低于50%。

评标因素 表4-5

评分因素与权重分值				评分标准
评分因素	评分因素权重分值	各评分因素细分项	分值	
施工组织设计	______分	总体施工组织布置及规划	______分	……
		主要工程项目的施工方案、方法与技术措施	______分	……
		工期保证体系及保证措施	______分	……
		工程质量管理体系及保证措施	______分	……
		安全生产管理体系及保证措施	______分	……
		环境保护、水土保持保证体系及保证措施	______分	……
		文明施工、文物保护保证体系及保证措施	______分	……
		项目风险预测与防范,事故应急预案	______分	……
		……	______分	……
项目管理机构	______分	项目经理任职资格与业绩	______分	……
		项目总工任职资格与业绩	______分	……
		……	______分	……

续上表

<table>
<tr><th colspan="5">评分因素与权重分值</th><th rowspan="2">评分标准</th></tr>
<tr><th colspan="2">评分因素</th><th>评分因素权重分值</th><th>各评分因素细分项</th><th>分值</th></tr>
<tr><td colspan="2">评标价</td><td>______分</td><td colspan="3">评标价得分计算公式示例：
(1)如果投标人的评标价>评标基准价，则评标价得分 $=F-$ 偏差率 $\times 100\times E_1$；
(2)如果投标人的评标价≤评标基准价，则评标价得分 $=F+$ 偏差率 $\times 100\times E_2$。
其中：F 是评标价所占的权重分值；E_1 是评标价每高于评标基准价一个百分点的扣分值；E_2 是评标价每低于评标基准价一个百分点的扣分值。招标人可依据招标项目具体特点和实际需要设置 E_1、E_2，但 E_1 应大于 E_2</td></tr>
<tr><td rowspan="10">其他因素</td><td rowspan="2">财务能力</td><td rowspan="2">______分</td><td>……</td><td>______分</td><td>……</td></tr>
<tr><td>……</td><td>______分</td><td>……</td></tr>
<tr><td rowspan="2">设备配置</td><td rowspan="2">______分</td><td>……</td><td>______分</td><td>……</td></tr>
<tr><td>……</td><td>______分</td><td>……</td></tr>
<tr><td rowspan="2">业绩</td><td rowspan="2">______分</td><td>……</td><td>______分</td><td>……</td></tr>
<tr><td>……</td><td>______分</td><td>……</td></tr>
<tr><td rowspan="2">履约信誉</td><td rowspan="2">______分</td><td>……</td><td>______分</td><td>……</td></tr>
<tr><td>……</td><td>______分</td><td>……</td></tr>
<tr><td rowspan="2">……</td><td rowspan="2">______分</td><td>……</td><td>______分</td><td>……</td></tr>
<tr><td>……</td><td>______分</td><td>……</td></tr>
<tr><td colspan="6">其他内容：</td></tr>
</table>

3. 评标程序

1)初步评审(同"合理低价法")

2)详细评审

评标委员会按规定的量化因素和分值进行打分，并计算出综合评估得分。

(1)按规定的评审因素和分值对施工组织设计计算出得分 A；

(2)按规定的评审因素和分值对项目管理机构计算出得分 B；

(3)按规定的评审因素和分值对投标报价计算出得分 C；

(4)按规定的评审因素和分值对其他部分计算出得分 D。

评分分值计算保留小数点后两位，小数点后第三位"四舍五入"。

投标人得分 $=A+B+C+D$。

评标委员会发现投标人的报价明显低于其他投标报价，或者在设有标底时明显低于标底，使得其投标报价可能低于其个别成本的，应当要求该投标人作出书面说明并提供相应的证明材料。投标人不能合理说明或者不能提供相应证明材料的，由评标委员会认定该投标人以低于成本报价竞标，其投标作废标处理。

3)投标文件的澄清和补正的规定(同"合理低价法")

4. 评标结果

(1)除"投标人须知"前附表授权直接确定中标人外，评标委员会按照得分由高到低的顺序推荐中标候选人。

(2)评标委员会完成评标后，应当向招标人提交书面评标报告。

注:招标人采用综合评估法时,也可采用双信封形式,即:投标文件应采用双信封密封,第一个信封内为商务及技术文件,第二个信封内为投标报价和工程量清单,在开标前同时提交给招标人。

招标评标程序简介如下:

(1)招标人按照“投标人须知”的规定对投标文件第一个信封(商务及技术文件)进行开标。

(2)评标委员会首先对投标文件第一个信封(商务及技术文件)进行评审,确定通过投标文件第一个信封(商务及技术文件)评审的投标人名单,并对通过评审的投标文件第一个信封(商务及技术文件)进行综合评分。

(3)招标人按照“投标人须知”的规定对通过投标文件第一个信封(商务及技术文件)评审的投标文件第二个信封(投标报价和工程量清单)进行开标。

(4)评标委员会对投标文件第二个信封(投标报价和工程量清单)进行评审及综合评分,并推荐中标候选人。

需要注意的问题同“合理低价法”。

(三)经评审的最低投标价法

1.评标方法

评标采用经评审的最低投标价法时,评标委员会对满足招标文件实质要求的投标文件,根据后文“详细评审标准”规定的量化因素及量化标准进行价格折算,按照经评审的投标价由低到高的顺序推荐中标候选人,或根据招标人授权直接确定中标人,但投标报价低于其成本的除外。经评审的投标价相等时,投标报价低的优先;投标报价也相等的,招标人可采用被招标项目所在地省级交通主管部门评为较高信用等级的投标人优先或递交投标文件时间较前的投标人优先或其他方法确定第一中标候选人。在实际运作中要注意:

(1)“经评审的最低投标价法”即《公路工程施工招标投标管理办法》中规定的“最低评标价法”。使用世界银行、亚洲开发银行等国际金融组织贷款的项目和工程规模较小、技术含量较低的工程采用经评审的最低投标价法进行评标。

(2)“评标办法前附表”用于明确评标的方法、因素、标准和程序。招标人应根据招标项目具体特点和实际需要,详细列明全部评审因素、标准,没有列明的因素和标准不得作为评标的依据。

2.评审标准

1)初步评审标准

(1)形式评审与响应性评审因素与标准(同“合理低价法”)

(2)资格评审因素与标准(适用于未进行资格预审的情况)(同“合理低价法”)

(3)施工组织设计和项目管理机构评审因素与标准

2)详细评审因素与标准

量化因素:评标价计算。

量化标准:经评审的投标价(评标价)=修正后的投标报价-修正后的暂估价-修正后的暂列金额(不含计日工总额)

注:如本项目招标采用“投标人须知”规定的投标人按照招标人提供的工程量固化清单电子文件填写工程量清单的,无须对投标报价进行修正,经评审的投标价(评标价)=投标函文字报价-暂估价-暂列金额(不含计日工总额)。

3)需要补充的其他内容:……

3. 评标程序

1)初步评审

(1)与“合理低价法”同;

(2)与“合理低价法”同;

(3)当单价与数量相乘不等于合价时,以单价计算为准,如果单价有明显的小数点位置差错,应以标出的合价为准,同时对单价予以修正;

(4)当各子目的合价累计不等于总价时,应以各子目合价累计数为准,修正总价。

(5)工程量清单中的投标报价有其他错误的,评标委员会按以下原则对投标报价进行修正,修正的价格经投标人书面确认后具有约束力。投标人不接受修正价格的,其投标作废标处理,并没收其投标担保。

①在招标人给定的工程量清单中漏报了某个工程子目的单位、合价或总额价,或所报单价、合价或总额价减少了报价范围,则漏报的工程子目单价、合价和总额价或单价、合价和总额价中减少的报价内容视为已含入其他工程子目的单价、合价和总额价之中。

②在招标人给定的工程量清单中多报了某个工程子目的单价、合价或总额价,或所报单价、合价或总额价增加了报价范围,则从投标报价中扣除多报的工程子目报价或工程子目报价中增加了报价范围的部分报价。

③当单价与数量的乘积与合价(金额)虽然一致,但投标人修改了该子目的工程数量,则其合价按招标人给定的工程数量乘以投标人所报单价予以修正。

(6)修正后的最终投标报价若超过投标控制价上限(如有),投标人的投标文件作废标处理。

2)详细评审(同“合理低价法”)

3)投标文件的澄清和补正

(1)与“合理低价法”同;

(2)与“合理低价法”同;

(3)与“合理低价法”同;

(4)凡超出招标文件规定的或给发包人带来未曾要求的利益的变化、偏差或其他因素在评标时不予考虑。

4. 评标结果(同“合理低价法”)

招标评标程序及需要注意的问题同“合理低价法”。

四、开标、评标和定标

(一)开标

招标人按照《投标邀请书》和《投标人须知》预定的时间、地点公开进行开标。开标的工作内容和程序。

1. 开标时间和地点

招标人在规定的投标截止时间(开标时间)和投标人须知前附表规定的地点公开开标,并邀请所有投标人的法定代表人或其委托代理人准时参加。

投标人若未派法定代表人或委托代理人出席开标活动,视为该投标人默认开标结果。

若采用双信封形式,则采用以下条款:

招标人在规定的投标截止时间(开标时间)和投标人须知前附表规定的地点对收到的投

标文件第一个信封(商务及技术文件)公开开标,并邀请所有投标人的法定代表人或其委托代理人准时参加。

招标人在投标人须知前附表规定的时间和地点对投标文件第二个信封(投标报价和工程量清单)进行开标,并邀请所有投标人的法定代表人或其委托代理人准时参加。

投标人若未派法定代表人或委托代理人出席开标活动,视为该投标人默认开标结果。

2. 开标程序

1)主持人按下列程序进行开标:

(1)宣布开标纪律;

(2)公布在投标截止时间前递交投标文件的投标人名称,并点名确认投标人是否派人到场;

(3)宣布开标人、唱标人、记录人、监标人(监标人可由监督部门或公证机构的人员组成)等有关人员姓名;

(4)按照投标人须知前附表规定检查投标文件的密封情况;

(5)按照投标人须知前附表的规定确定并宣布投标文件开标顺序;

(6)设有标底的,公布标底;

(7)按照宣布的开标顺序当众开标,公布投标人名称、标段名称、投标保证金的递交情况、投标报价、质量目标、工期及其他内容,并记录在案;看投标函中的投标价大小写金额不一致时,应以大写金额为准。

(8)投标人代表、招标人代表、监标人、记录人等有关人员在开标记录上签字确认;

(9)开标会议结束。

2)开标过程中,若招标人发现投标文件出现以下任一情况,经监标人确认后当场宣布为废标:

(1)未在投标函上填写投标总价;

(2)投标报价或调价函中的报价超出招标人公布的投标控制价上限(如有)(若招标人没有投标控制价上限,应在招标文件中提前公布投标价控制上限)。

3)若招标人宣读的内容与投标文件不符时,投标人有权在开标现场提出异议,经监标人当场核查确认之后,可重新宣读其投标文件。若投标人现场未提出异议,则认为投标人已确认招标人宣读的内容。

3. 开标程序(采用双信封形式时适用)

(1)主持人按下列程序对投标文件第一个信封(商务及技术文件)进行开标:

①宣布开标纪律;

②公布在投标截止时间前递交投标文件的投标人名称,并点名确认投标人是否派人到场;

③宣布开标人、唱标人、记录人、监标人等有关人员姓名;

④按照投标人须知前附表规定检查投标文件的密封情况;

⑤按照投标人须知前附表的规定确定并宣布投标文件开标顺序;

⑥按照宣布的开标顺序当众开标,公布投标人名称、标段名称、投标保证金的递交情况、质量目标、工期及其他内容,并记录在案;

⑦投标人代表、招标人代表、监标人、记录人等有关人员在开标记录上签字确认;

⑧开标会议结束。

(2)若招标人宣读的内容与投标文件不符时,投标人有权在开标现场提出异议,经监标人当场核查确认之后，可重新宣读其投标文件。若投标人现场未提出异议，则认为投标人已确认招标人宣读的内容。

(3)投标文件第二个信封(投标报价和工程量清单)不予开封，并交监标人密封保存。

(4)招标人将按照前面所述规定的时间和地点对投标文件第二个信封(投标报价和工程量清单)进行开标。主持人按下列程序进行开标：

①宣布开标纪律；

②当众拆开投标文件第一个信封(商务及技术文件)评审结果的密封袋，宣布通过投标文件第一个信封(商务及技术文件)评审的投标人名单，并点名确认投标人是否派人到场；

③宣布开标人、唱标人、记录人、监标人等有关人员姓名；

④按照投标人须知前附表规定检查投标文件的密封情况；

⑤按照投标人须知前附表的规定确定并宣布投标文件开标顺序；

⑥设有标底的，公布标底；

⑦按照宣布的开标顺序当众开标，开标人在拆封投标文件第二个信封(投标报价和工程量清单)外层封套后，按照内层封套上写明的投标人名称公布通过投标文件第一个信封(商务及技术文件)评审的投标文件第二个信封(投标报价和工程量清单)的投标人名称、标段名称、投标报价(若投标函中的投标价大小写金额不一致，应以大写金额为准)及其他内容，并记录在案，将未通过投标文件第一个信封(商务及技术文件)评审的投标文件第二个信封(投标报价和工程量清单)退还给投标人；

⑧投标人代表、招标人代表、监标人、记录人等有关人员在开标记录上签字确认；

⑨开标会议结束。

(5)第二个信封(投标报价和工程量清单)开标过程中，若招标人发现投标文件出现以下情况，经监标人确认并当场宣布为废标：

①未在投标函上填写投标总价；

②投标报价或调价函中的报价超出中标人公布的投标控制价上限(如有)。

(6)若招标人宣读的内容与投标文件不符时，投标人有权在开标现场提出异议，经监标人当场核查确认之后，可重新宣读其投标文件。若投标人现场未提出异议，则认为投标人已确认招标人宣读的内容。

(二)评标

1. 评标委员会

(1)评标由招标人依法组建的评标委员会负责。评标委员会由招标人或其委托的招标代理机构熟悉相关业务的代表，以及有关技术，经济等方面的专家组成。其组成人数以及技术、经济等方面专家的确定方式由招标人决定，并明确于投标人须知前附表。

(2)评标委员会或有下列情形之一的，应当回避：

①招标或投标人的主要负责人的近亲属；

②项目主管部门或者行政监督部门的人员；

③与投标人有经济利益关系，可能影响对投标公正评审的；

④曾因在招标，评标以及其他与招标投标有关活动中从事违法行为而受过行政处罚或刑事处罚的。

2. 评标原则

评标活动遵循公平、公正、科学和择优的原则。

3. 评标

评标委员会按照规定的“评标办法”的方法、评审因素，标准和程序对投标文件进行评审。“评标办法”没有规定的方法、评审因素和标准，不作为评标依据。

（三）合同授予

1. 定标方式

除投标人须知规定评标委员会直接确定中标人外，招标人依据评标委员会推荐的中标候选人确定中标人。

2. 中标通知

在规定的投标有效期内，招标人以书面形式向中标人发出中标通知书，同时将中标结果通知未中标的投标人。

3. 履约担保

（1）在签订合同前，中标人应按投标人须知前附表规定的金额、担保形式和招标文件第四章“合同条款及格式”规定的履约担保格式向招标人提交履约担保。联合体中标的，其履约担保由牵头人递交，并应符合投标人须知前附表规定的金额、担保形式和招标文件第四章“合同条款及格式”规定的履约担保格式要求。

①采用银行保函时，出具银行保函的银行级别在投标人须知前附表中说明，所需的费用由中标人承担，中标人应保证银行保函有效。

②若采用经评审的最低投标价法评标，当$(A-B)/A>15\%$时，履约担保为10%签约合同价的银行保函加5%签约合同价的现金（电汇或银行汇票形式）。

其中：A为招标人标底或所有投标人评标价的平均值（除在开标现场被宣布为废标的投标报价之外）；B为中标候选人的评标价。

（2）中标人不能按要求提交履约担保的，视为放弃中标，其投标保证金不予退还，给招标人造成的损失超过投标保证金数额的，中标人还应当对超过部分予以赔偿。

4. 签订合同

（1）招标人和中标人应当在中标通知书发出之日起30天内，根据招标文件和中标人的投标文件订立书面合同。中标人无正当理由拒签合同的，招标人取消其中标资格，其投标保证金不予退还；给招标人造成的损失超过投标保证金数额的，中标人还应当对超过部分予以赔偿。

（2）发出中标通知后，招标人无正当理由拒签合同的，招标人向中标人退还投标保证金，给中标人造成损失的，还应当赔偿损失。

（3）签约合同价的确定原则如下：

①按照评标办法规定对投标报价进行修改后，若修正后的最终投标报价小于开标时的投标函文字报价，则签订合同时以修正后的最终投标报价为准；

②按照评标办法规定对投标报价进行修正后，若修正后的最终投标报价大于开标时的投标函文字报价，则签订合同时以开标时的投标函文字报价为准，同时按比例修正相应子目的单价或合价。

（4）合同协议书经双方法定代表人或其授权的代理人签署并加盖单位章后生效。若为联合体投标，则联合体各成员的法定代表人或其授权的代理人都应在合同协议书上签署并加盖单位章。发包人和中标人在签订合同协议书的同时需按照本招标文件规定的格式和要求签订廉政合同及安全生产合同，明确双方在廉政建设和安全生产方面的权利和义务以及应承担的违约责任。

(5)如果根据本章第四节中“(二)投标须知”“4)资格审查材料(适用于已进行资格预审的)的规定”第(3)项、“5)资格审查材料(适用于未进行资格预审的)的规定”第(8)项、《标准施工招标文件》(2007版)第7.3.2项或第7.4.1项规定,招标人取消了中标人的中标资格,在此情况下,招标人可将合同授予下一个中标候选人,或者按规定重新组织招标。

注:如由投标人按照招标人提供的工程量固化清单电子文件填写工程量清单,无须按照“评标办法”的规定对投标报价进行修正,则本项不适用。

(四)重新招标和不再招标

1.重新招标

有下列情形之一的,招标人将重新招标:

(1)投标截止时间止,投标人少于3个的;

(2)经评标委员会评审后否决所有投标的;

(3)中标候选人均未与招标人签订合同的;

(4)法律规定的其他情形。

2.不再招标

重新招标后投标人仍少于3个或者所有投标被否决的,属于必须审批或核准的工程建设项目,经原审批或核准部门批准后不再进行招标。

(五)纪律和监督

1.对招标人的纪律要求

招标人不得泄漏招投标活动中应当保密的情况和资料,不得与投标人串通损害国家利益、社会公共利益或者他人合法权益。

2.对投标人的纪律要求

投标人不得相互串通投标或者与招标人串通投标,不得向招标人或者评标委员会成员行贿谋取中标,不得以他人名义投标或者以其他方式弄虚作假骗取中标;投标人不得以任何方式干扰、影响评标工作。

3.对评标委员会成员的纪律要求

评标委员会的成员不得收受他人的财物或者其他好处,不得向他人透漏对投标文件的评审和比较,中标候选人的推荐情况以及评标的其他有关情况。在评标活动中,评标委员会成员不得擅离职守,影响评标程序正常进行,不得使用“评标办法”中没有规定的评审因素和标准进行评标。

4.对与评标活动有关的工作人员的纪律要求

与评标活动有关的工作人员不得收受他人的财物或其他好处,不得向他人透漏对投标文件的评审和比较、中标候选人的推荐情况以及评标有关的其他情况。在评标活动中,与评标活动有关的工作人员不得擅离职守,影响评标程序正常进行。

5.投诉

投标人和其他利害关系人认为本次招标活动违反法律、法规和规章规定的,有权向有关行政监督部门投诉。

监督部门的联系方式见投标人须知前附表。

五、需要补充的其他内容

自购买招标文件之日起,投标人应保证其提供的联系方式(电话、传真、电子邮件)一直有效，以保证往来函件（招标文件的澄清、修改等）能及时通知投标人，并能及时反馈信息，否则招标人不承担由此引起的一切后果。

需要补充的其他内容见投标人须知前附表。

理解应用实训思考题

一、问答题

1.《公路工程招标投标管理办法》规定有哪几种招标方式？各有什么优缺点？
2. 施工招标应具备哪些条件？
3. 施工招标的程序如何？
4. 施工工期以什么为依据来确定？
5. 合理划分标段主要应考虑哪些因素？
6. 为什么要召开标前会议？
7. 何谓标底？编制标底应遵循什么规定？
8. 标底编制的原则是什么？
9. 编制标底有哪些方法？《公路工程标准施工招标文件》规定要求采用什么方法？
10. 编制施工招标资格预审文件的程序如何？
11. 资格预审须知主要包括哪些内容？
12. 投标人资格应符合哪些条件？
13. 资格评审的程序如何？开标的程序如何？
14. 编制投标人须知的目的是什么？
15. 施工组织设计建议书的格式如何？
16. 开标工作主要包括哪些内容？
17. 在评标、定标过程中主要有哪三种方法？
18. 通过初步评审（符合性审查）有哪些条件？
19. 详细评审主要包括哪些内容？
20. 评标的原则是什么？
21. 重大偏差包括哪些情况？评标中如何处理？
22. 细微偏差包括哪些情况？评标中如何处理？
23. 标价评定有哪几种方法？
24. 业主与承包人（中标者）应签订哪几个合同？

二、单项选择题

1.《中华人民共和国招标投标法》规定，采用邀请招标方式的，必须向(　　)以潜在投标人发出邀请。

A. 2 个　　B. 3 个　　C. 4 个　　D. 5 个

2. 评标委员会的评标报告应由(　　)签字。

A. 全体成员　　B. 评委会主任　　C. 业主的法定代表　　D. B + A；B + C

3. 评标委员会应由(　　)负责组建。

A. 项目主管部门　　B. 建筑市场的主管部门

C. 招标人　　　　　　　　　　　D. 工程监理单位

4.《工程建筑项目招标投标办法》对招标人编制标底的规定是(　　)

A. 必须编制标底　　　　　　　　B. 不承认“标底”对评标工作有法律约束力

C. 根据项目的特点决定是否编制标底　D. 对一个工程可以编报两个标底

5. 评标委员会在评标时的评标依据是(　　)。

A. 只有招标文件中已经公开的评标办法、评标标准、合同授予标准才是唯一的依据

B. 主要依据招标文件中已经公开的评标办法、评标标准、合同授予标准,遇到特殊情况时,虽然招标文件中没有规定,只要对评标有利,评标委员会也可以采用招标文件中没有规定的办法、标准

C. 主要依据招标文件中已经公开的评标办法、评标标准、合同授予标准,遇到特殊情况时,虽然招标文件中没有规定,只要对各方是公平的,评标委员会也可以采用招标文件中没有规定的办法、标准

D. 主要依据招标文件中已经公开的评标办法、评标标准、合同授予标准,遇到特殊情况时,也可以参照以往的经验处理

6. 我国的法律规定:投标人不得以低于成本的报价竞标,其中的成本价是指(　　)。

A. 社会平均成本价　　　　　　　B. 投标人的个别成本价

C. 合同标底的价格　　　　　　　D. 本行业的行业平均成本价

7. 按 FIDIC 条款,下列做法中(　　)更合适。

A. 先签订监理合同,再进行施工招标

B. 先施工招标,再签订监理合同

C. 谁先谁后都可以

D. 施工合同与监理合同同时进行招标

8. 投标有效期是指(　　)。

A. 从开始发售招标文件之日起到投标截止日止之间的一段时间

B. 从开标之日起到签发中标通知书之日止之间的一段时间

C. 从购买资格预审文件之日起到签发投标邀请信之日止之间的一段时间

D. 从中标人收到中标通知书之日起到签署合同协议书之日止之间的一段时间

9.《公路工程标准施工招标文件》规定在投标截止日前(　　)可以用“补遗书”的方法修改招标文件。

A. 15 天　　　　B. 21 天　　　　C. 28 天　　　　D. 30 天

10. 投标基准日期是指(　　)。

A. 投标截止日前 28 天的当日　　　B. 开始发售招标文件的当日

C. 投标截止日的当日　　　　　　　D. 开始发售招标文件后的第 28 天

11. 投标人必须对本合同的全部工程报投标价,并以投标人在工程量清单中提出的“单价”或“总额价”为依据;如果只填报了其中的部分工程,则其投标将属于(　　)。

A. 该投标有效,在合同实施过程中,未报价的部分,按合同出现“漏洞”的原则处理

B. 允许只对合同中的部分工程报价,并且只授予投标人已经填有报价的那部分工程,其余的应另择中标人

C. 该投标属于不符合标,予以拒绝

D. 视为非实质性的偏离,可以在评标时通过对投标文件的质疑澄清进行补报,补报后

就可以参加响应性审查与评标中的评标价的评比

12. 利用扶贫资金实行以工代赈需要使用农民工的工程应采用(　　)方式选择实施单位。

A. 公开招标　　B. 邀请招标

C. 议标　　D. 由审批部门批准后可以不进行招标

13. 当出现招标文件中的某项规定与招标人对投标人质疑问题的书面解答澄清不一致时,应以(　)为准。

A. 招标文件的规定　　B. 现场考察时招标单位的口头解释

C. 招标单位在会议上的口头解答　　D. 发给每个投标人的书面澄清文件

14. 公开招标与邀请招标在招标程序上的主要差异表现为(　　)。

A. 是否发布招标公告　　B. 是否组织现场考察

C. 是否解答投标单位的质疑　　D. 是否公开开标

15. 招标文件中的投标人须知是为了(　　)。

A. 指导投标人正确报价

B. 避免投标人中标后拒签合同

C. 避免泄漏标底

D. 公开招标投标的程序、评标办法、合同授予标准,并指导投标人正确编写投标文件与正确报价

16. 在招标过程中,评标委员会中的经济技术专家应当采取(　　)方法产生。

A. 项目的主管部门聘请

B. 由项目的主管部门从有资格的专家中指定

C. 由从主或招标单位聘请

D. 从已经建立起来的专家库中随机抽取

E. 由业主或招标单位从已经建立起来的合法专家库中随机抽取,并根据抽取结果聘请

17. 下列文件中(　　)不是合同文件的组成部分。

A. 投标书及其附件　　B. 中标通知书

C. 招标补遗书　　D. 勘查资料

18. 对于施工招标而言,评标委员会推荐的中标候选人限定在(　　)人之内,并标明排列的中标先后顺序。

A. 10 人　　B. 8 人　　C. 5 人以上　　D. 3 ~ 5 人　　E. 1 ~ 3 人

19. 在划分标段的过程中,一般规律是(　　)。

A. 标段越大项目的造价越低

B. 标段越小项目的造价越低

C. 标段大小划分合适才能使标价最低

D. 项目的造价与划分的标段大小无关

20.《中华人民共和国招标投标法》规定,采用邀请招标方式的,招标人必须向(　　)的潜在投标人发出投标邀请。

A. 1 ~ 3 个　　B. 3 个以上　　C. 3 ~ 5 个　　D. 5 个以上

21.《公路工程标准施工招标文件》规定,招标人和投标人应当自中标通知书发出之日起(　　)内,按照招标文件和中标人的投标文件订立书面合同。

A. 10 天　　B. 15 天　　C. 14 天　　D. 28 天　　E. 30 天

22. 招标人采用公开招标的方式应当在规定的报刊上刊登“公告”邀请(　　)参加投标。

A. 不特定的法人　　B. 特定的法人

C. 潜在投标人　　D. 自己熟悉 3 ~5 家合格的法人

23. 评标委员会在完成,评标后,应向招标人提出评标报告,评标委员会在评标报告中应当(　　)。

A. 只能推荐 1 ~3 名中标候选人

B. 有权直接确定中标人

C. 可以推荐 1 ~3 名中标候选人,但要标明中标先后顺序

D. 无权直接确定中标人

E. 一般情况下只能推荐 1 ~3 名中标候选人并标明中标先后顺序;但只要招标人授权,也可以直接确定中标人

三、多项选择题

1. 在评标过程中,参加评标委员会的评标专家一般应由(　　)。

A. 主管部门聘请　　B. 由主管部门指定

C. 由业主或招标单位聘请　　D. 从专家库中随机抽取

2. 根据《中华人民共和国招标投标法》,评标委员会人员组成中应满足(　　)。

A. 总人数为 5 人以上的单数

B. 必须有政府主管部门的人员参加评标

C. 技术经济专家不得少于总人数的三分之二

D. 技术经济专家不得少于三人

3. 下列的(　　)是投标担保应保证的作用。

A. 投标人投标后不能变更或撤销投标文件

B. 接到招标人要求延长投标有效期的通知后,必须同意延长

C. 投标人必须在接到中标通知书后的 28 天之内与业主签署合同协议书

D. 投标人中标后必须要履行合同

E. 投标人必须在接到中标通知书后的 28 天之内提交履约保证金(或履约保证金保函)

4. 从投标截止日起到发出中标通知书为止的一段时间称之为投标有效期。如果需要,项目业主可以在原定有效期届满之前,要求延长投标有效期,投标人有权同意或拒绝;如果同意延长,则投标人应当(　　)。

A. 在延长后的有效期内不得修改、撤销其投标文件

B. 同意增加投标保证金

C. 保证投标保证金在延长期内继续有效

D. 具有优先中标的特权

5. 在资格预审文件中应当规定的强制性标准中必须包含有(　　)。

A. 经验标准

B. 财务能力强制性标准

C. 现场管理人员强制性标准

D. 资质标准

E. 分包限制的强制性标准

F. 拟投入到本合同工程中的施工机具的强制性标准

6. 根据《工程建设项目招标范围和规模标准规定》的规定，有权批准采用邀请招标的单位是(　　)。

A. 国家重点建设项目的邀请招标，应由国务院发展计划部门批准

B. 地方重点建设项目的邀请招标，应当经省、自治区、直辖市人民政府批准

C. 使用国有资金或国有资金投资占主导地位需要审批的工程建设项目的邀请招标，由该项目的立项单位审批

7. 下面的哪些情形可以经过批准后进行邀请招标(　　)。

A. 涉及国家安全、国家机密或者抢险救灾，适宜招标但不适宜公开招标的

B. 受自然地域环境限制的

C. 项目技术复杂或有特殊要求，只有少数几家投标人可供挑选的

D. 拟公开招标的费用与项目的价值比较，不值得的

8. 凡投标人在工程量清单中增加填报的细目，其单价、总额价，应按(　　)的办法处理。

A. 对所增加细目的报价，业主将不予接受

B. 所增加细目的报价业主应当予以接受

C. 严重的，将视为"非符合标"，而遭到拒绝

D. 投标人可以通过澄清主动改正

9. 中标通知书的作用是(　　)。

A. 通知中标单位来进一步协商价格，签订协议

B. 中标通知书到达投标人时合同的承诺生效

C. 从中标通知书到达时起，合同对双方已有约束力

D. 向投标单位表明签约的意向

10. 交通部《公路工程标准施工招标文件》规定的合同授予标准可以归纳成为(　　)。

A. 投标人的资格要足够　　B. 投标文件对招标文件做出了全面的响应

C. 评标价最低　　D. 合理低标价

11. 以下哪些内容是《公路工程标准施工招标文件》规定在响应性审查中可以允许的轻微偏离(　　)。

A. 投标人对招标文件中关于风险划分原则的修改

B. 提出与招标文件不同的工程计量、验收、支付办法

C. 投标报价的算术误差偏差不超过 1% 的报价

D. 施工组织设计不够完善

12. 评标时，以下哪些符合对投标报价的算术修正的原则(　　)。

A. 当以数字表示的金额与以文字表示的金额有差异时，以数字表示的金额为准

B. 当以数字表示的金额与以文字表示的金额有差异时，以文字表示的金额为准

C. 各细目"总额价"的实际累计值，若不等于投标总价时，以各细目价累计的数为准，修正总价。

13. 有下列情形的人不得担任评标委员会成员，已以担任的应当主动提出回避(　　)。

A. 项目主管部门或者行政监督部门的人员

B. 业主单位的人员

C. 投标人与投标人主要负责人的近亲属

D. 与投标人有经济利益关系的人

14. 以下哪些是招标人有权不予受理的投标文件(　　)。

A. 逾期送达的或者未送达指定地点的

B. 未按招标文件的规定格式填写,内容不全,字迹模糊无法辨认的

C. 开标以前递交了“降价信”的

D. 投标人的名称、组织结构与资格预审时不一致的

15. 以下哪些是招标人在开标时应当当场宣布为“废标”的投标文件(　　)

A. 投标人没有提交投标担保的

B. 所递交的投标信(或称投标书)上没有按规定签字并加盖公章的

C. 没有在投标文件上填写投标总价的

D. 投标人没有参加开标会的

16. 关于投标有效期有如下(　　)的规定。

A. 投标有效期是从投标截止日起到发出中标通知书之日为止的一段时间

B. 在投标有效期内投标人不得修改、撤销其投标

C. 招标人不得要求投标人延长投标有效期

D. 招标人有权在原定投标有效期届满时要求延长投标有效期,投标人不得拒绝

17. 符合《中华人民共和国招标投标法》的规定,可以参加投标的是(　　)。

A. 法人　　B. 自然人

C. 上级主管机关推荐的人　　D. 经政府审核批准的人

E. 其他社会组织

18. “投标预备会”又称“标前会”与现场调查常常安排在同一时间进行,召开投标预备会的目的是(　　)。

A. 由招标人统一带领所有购买了招标文件的投标人“领看现场”

B. 进行合同谈判

C. 对设计文件进行技术交底

D. 针对投标人提出的,关于招标文件的问题,进行一次集中的口头澄清

19. 交通运输部规定业主或业主委托的设计单位应根据对本合同工程的勘察所取得水文、地质、气象和料场分布等资料汇编成“参考资料”,作为招标文件的附卷,随招标文件一起发行,但参考资料的性质是(　　)。

A. 构成招标文件的组成部分

B. 不构成招标文件的组成部分,但是要构成全同文件的组成部分

C. 不构成招标文件的组成部分,也不构成合同文件的组成部分,但对投标有重大的参考意义

D. 仅供投标人在投标时参考,所以称其中“参考资料”,对投标没有任何约束力

E. 业主和委托勘察设计单位应对其提供的参考资料的真实性负责,承包人则应对他自己就上述参考资料所做出的解释或推论负责

F. 业主和委托勘察设计单位应当对参考资料承担一切责任

20. 以下哪几种工程建设项目,必须按《中华人民共和国招标投标法》的规定进行招标(　　)。

A. 大型基础设施、公用事业等关系社会公共利益、公共安全的

B. 企业职工集资建设的

C. 全部或部分使用国有资金投资或国家融资的

D. 使用国际金融组织或外国政府贷款、援助基金的

21. 如果投标人在投标有效期内撤回或修改其投标文件，则他将承担(　　)后果。

A. 继续参加投标竞争　　B. 取消他的投标资格

C. 不得以此为由没收其投标保证金　　D. 没收其投标保证金

22. 在评标的详细评审中，如果投标文件中出现了以下哪种情形，可以认为该投标属于有重大偏离(　　)。

A. 投标文件中承诺的质量检验标准低于招标文件或国家强制性标准的

B. 关键工程的技术方案不可行的

C. 施工业绩及履约信誉证明材料虚假的

D. 在工程量清单中漏报了个别细目的单价的

E. 投标文件所列报的投入施工的施工机具、人力资源不足的

23. 根据有关法律法规的规定，公路工程施工企业要取得施工投标资格应具备(　　)条件。

A. 有法人资格　　B. 有相应的技术资质等级

C. 属于本系统的单位　　D. 已办理资信登记

24. 施工单位的投标报价(　　)。

A. 不能修改

B. 开标之前可以修改，但修改的通知应不迟于投标截止时间前到达招标人

C. 投标截止时间以后不能修改

D. 签发中标通知书以前都可以修改

25. 2003 年 3 月颁布的《工程建设项目施工招标投标办法》中关于标底的规定有：

A. 招标人可根据项目特点决定是否编制标底

B. 编制标底的，标底编制过程和标底必须保密

C. 招标项目编制标底的，应根据批准的初步设计、投资概算，依据有关计价办法，参照有关工程定额，结合市场供求状况，综合考虑投资、工期和质量等方面的因素合理确定

D. 标底由招标人自行编制或委托中介机构编制。一个工程只能编制一个标底

E. 任何单位和个人不得强制招标人编制或报审标底，或干预其确定标底

F. 招标项目可以不设标底，进行无标底招标

G. 招标人设有标底的，标底在评标中应当作为参考，但不得作为评标的唯一依据

四、判断题

1. 项目主管单位有权要求招标人编制标底，并可以强制招标人报审其所编制的标底。(　　)

2. "任何单位或个人不得强制招标人编制或报审标底，或干预招标人确定标底"。(　　)

3. 业主可以视情况要求延长投标有效期，投标人对延长的要求，可以表示同意，也可以表示拒绝。表示拒绝的，则被视为自动退出投标，业主可以此为理由，没收投标保证金。(　　)

4. 招标投标法规定不得以低于成本价参与投标竞争，其中成本价指的是行业平均成本价。(　　)

5. 招标人采用邀请招标是指招标人可以不公开发布招标公告，用招标邀请书邀请特定的法人或其他组织参加投标的方式。招标人是不是采取邀请招标，完全由招标人自主确定，“任何单位”或“任何个人”均不得干涉。（　）

6. 在编制招标文件时，业主的风险责任越小越好。（　）

7. 投标人在填报工程量清单时，如果发现工程量清单中的工程量与图纸中的工程量不一致时，应当通知业主核查，在报价时按照对招标文件的质疑与澄清的办法处理，如确有错误，招标人应当采用“补遗书”的方式予以更正，并应当以“补遗书”更正后的工程量为准；若招标人未予更正，则应以图纸列出的数量为准。（　）

8. 不管是投标人单独投标或是作为联营体的成员参与投标，每个投标人只能提交一份投标文件，凡是参与了两份或两份以上投标文件的投标人，将导致其单独投标的文件无效。但以联营体名义投标的应不受到影响。（　）

9. 投标人必须对本合同的全部工程报投标价，并以投标人在工程量清单中提出的单价或“总额价”为依据；如果只填报了其中的部分工程，其投标不应遭到拒绝。（　）

10. 除非在招标资料表或合同专用条款中另有规定，不管合同工期长短，在合同执行期间如果遇到物价波动，可以按调价公式对投标人填报的单价和价格进行调价。（　）

11. 由招标人主持开标。出席开标的应有全体投标人的代表、业主各职能部门负责人、项目主管单位领导，政府主管招标机构、审计机关等的代表。如果投标人不参加或不派代表参加开标会，将构成“废标”的理由。（　）

12. 开标时，必须注意将拆封、朗读过程放在众目睽睽之下进行。允许参加开标会的投标人代表做记录、录音、录像、照相，但不允许任何投标人在会场来回走动、插话；更不许任何投标人与“唱标的人员”有近距离接触，投标人代表如对开标的进程有任何疑问时，可以在宣读完毕后举手提问或澄清。（　）

13. 中标通知书是业主在订立合同过程中的承诺，它意味着合同订立过程的终结，从此时起，合同中约定的权利、义务已经对双方有约束力，并将成为合同文件的组成部分。（　）

第五章 施工投标

本章要点：施工投标的准备工作及其程序，其中对投标资格及其预审程序作了相应的介绍；对成立专业投标机构、信息收集、投标项目选择、投标决策作了详细说明；对投标策略、报价技巧、方法及应用作了详细的介绍；对施工投标的基本程序及其精读、分析招标文件，现场考察，核实工程数量等主要环节的内容、要点作了详细说明，并重点对投标报价及标价分析作了详细介绍；还就投标书的编制要点、要求作了介绍和示例说明。

第一节 施工投标准备工作

施工投标是施工单位对招标的响应，是通过竞争获得工程任务的过程，是企业在公路建设市场竞争中承接任务的一种经营手段。

施工投标与招标一样有其自身的运行规律，有与招标程序相适应的程序。参加投标的施工企业应在认真掌握招标信息、研究招标文件的基础上，根据招标文件的要求，并全面响应，在规定的期限内向招标单位递交投标文件，提出合理报价，以争取获胜中标。

一、申请资格预审文件的准备

投标人应当按招标资格预审文件的要求（参见第四章第三节），向招标人提交申请资格预审文件。

在准备预审申请文件过程中，要特别注意以下几点，如有其情况之一者，申请资格预审文件将被视为无效。

（1）未按期送达的申请资格预审文件；

（2）未经法定代表人或其他的授权代理人签字，或未加盖投标人印章的申请资格预审文件；

（3）不符合《公路工程招标投标管理办法》要求的申请资格预审文件；

（4）内容虚假的申请资格预审文件；

（5）投资参股招标项目的施工单位提交的申请资格预审文件。

二、成立专业投标机构

在获得招标人发送的“投标邀请书”后，投标人开始展开投标的各项准备工作。

为了在投标竞争中获胜，施工企业应设置专门的投标机构，配备专职人员。投标机构的主要任务是：平时掌握市场的信息和动态，搜集投标的有关信息，积累有关资料，遇有招标项目时，对招标项目进行分析，评估然后决定是否参加。对于确定参加投标的项目，则应研究投标和报价编制策略，在认真分析历次投标中失败的教训和成功经验的基础上编制标书，争取中标。

1. 人员要求

对参与投标的人员的业务素质要求较高。要求有丰富工程经验的施工工程师和具有设计经验的设计工程师，还要求有精通业务的经济师和熟悉物资供应的人员等。这些人员应熟悉各类招标文件和合同条件；如果是国际投标，这些人员则除了具备上述条件外，最好还应具有较高的外语水平和国际投标的相关知识。

2. 人员组成

投标机构通常由下列人员组成：

(1)经理或业务副经理作为投标负责人和决策人，其职责是决定最终是否参加投标及参加投标项目的报价金额；

(2)总工程师或主任工程师，其职责是决定施工组织设计方案、技术措施及技术问题；

(3)公路工程造价工程师负责编制计划及投标报价工作；

(4)机械管理部门工程师负责根据本投标项目工程特点选择配套供应本项目施工设备；

(5)材料部门人员了解提供当地材料供应及运输能力情况；

(6)财务部门人员提供企业工资管理费、利润等有关成本资料；

(7)生产技术部门人员负责安排施工作业计划等。

(8)有经验的质检工程师负责提供质保体系和控制措施。

三、收集投标的信息资料

工程承包市场的投标竞争是一件十分复杂且充满风险的工作，因此，投标前投标人应当进行大量的准备工作，对承包市场进行详尽的调查研究，广泛收集项目的信息及与投标有关的其他信息并进行认真的分析，为我所用。

1. 对信息的要求

投标信息内容包括来自企业内外的与投标有关的一切经济、技术和社会等方面的信息。对这些信息的要求，可以用"快、全、准、用"四个字来归纳。"快"为迅速及时。"全"则为多多益善，对信息应系统积累。"准"是要求信息的准确性，要善于辨别信息的真伪。"用"就是要善于利用信息，为正确的投标决策服务。

2. 需要掌握的信息内容

投标中需要掌握的信息大体可以分为招标信息、投标信息及投标的历史资料三类。

1)招标信息

招标信息即把握建设市场的动向，不能只是等待招标公告发布而获得信息，而是要尽可能先行了解近期有些什么项目将要招标。如收集各省市公路建设规划、计划信息等。招标信息对投标是非常重要的，获取了招标信息之后，可以及早通过各种途径搜集投标信息，以争取更多的时间充分准备选标和投标，从而达到中标的目的。

2)投标信息

所谓投标信息，即在掌握了招标信息之后，决定参加投标所需了解的情况。这些情况主要包括如下内容：

①当地建筑市场信息及投标建设项目的工程情况。如项目规模有多大？公路有多少公

里？分几个标段？资金来源、招标单位、名称、招标时间、项目是否列入国家计划等市场信息。

②当地建筑材料和设备能否供应？价格怎样？交通运输情况如何？当地税种、税率、银行贷款利率，地方法规等。

③材料与施工技术发展动态。如招标项目有无新结构、新技术、新材料，需要采购的新设备和新工艺等情况。

④招标单位的倾向性（即招标单位倾向让哪个或哪类层次施工单位来承包工程）和困难。如工期要提前、投资不足、材料供应困难等。应探明建设单位（或业主）的主要困难是什么。

⑤各竞争对手的基本情况。如有多少单位参加投标？每个投标各有几个单位投标？他们的名称、资质、技术水平高低、装备能力、管理水平、队伍作风、是否急于想中标、投标报价动向与业主之间的人际关系等。

⑥设计及其他协作单位的情况。

⑦类似工程的施工方案、报价、工期等。本企业有否承担过类似的工程，其报价、施工方案、施工工期等情况。

⑧本企业内部今年和明年任务是否饱满，是否有力量投入新的投标项目。

⑨本企业欲完成本项目投标工程和同类已完工程的技术经济指标。如形象进度、成本降低率，单位面积人工、材料耗用定额和造价、劳动定额执行情况等。

⑩本企业为本投标项目购置新设备、采用新技术的可能性。

⑪工程所在地的自然地理气候情况、施工条件情况等。

⑫收集新设备、新工艺、新技术、新材料等的资料，以备投标时应用。

3）投标的历史资料

3. 信息渠道

（1）通过报刊、信息网络或其他媒介获得信息。

（2）通过发挥公共关系的作用获得信息。

承包人可以利用自己新建的或已有的公共关系网，通过与不同类型的各种人物的交往，包括官方、非官方的朋友等，进行信息变流，不仅能得到有关的项目信息，还可以了解当地的政治、经济等其他方面的情况。

（3）国际工程项目可通过驻外使馆和有关其他驻外机构及国外驻我国机构获得信息。

四、施工投标项目的选择

从众多工程项目信息中选择投标环境良好，基本符合本公司的经营策略、经营能力和经营特长的项目。投标项目选得准不准，将直接影响到中标后企业的利益、生存和发展，因此每个企业都应认真研究这个问题。

1. 选择投标项目时应考虑的原则

国内外几乎每天都有工程在进行招标，承包人不能见招标就决定投标，而应综合考虑各种因素，正确地决定投哪些标、不投哪些标以及投一个什么样的标，这是提高中标概率，获得较好经济效益的首要环节。一般来说，有利的项目应当满足以下原则。

1）有一定利润

承包企业在确定投标前，除必须弄清招标文件内容和要求外，尚需通过工程技术和经济效益的分析，测算出工程中标后可能获得的利润。无利可图的项目理所当然不应去投标。

2)投标环境良好

投标环境是指工程项目所在地的政治、经济、法律、社会、自然条件等对投标和中标后履行合同有影响的各种宏观因素。

3)符合公司的目标和经营宗旨

这要求考虑该项目是否在公司确定要发展的地区,如果首次进入该市场,则要调查市场的开拓前景如何。

4)符合公司的自身条件

所谓公司自身的条件是指企业本身的专业范围、经济实力、管理水平和实际工程经验。

5)考虑工程实现的可靠性

承包人在对投标项目进行分析时,应考虑该工程实现的可靠性,如建设条件、资金落实情况、施工条件、工程难度、业主资信等因素。

6)考虑自身竞争的优势

由于招标的公开竞争性,承包人在筛选项目时应考虑项目的竞争激烈程度,自身是否有战胜对手的优势。对于毫无中标把握的项目不要参与投标,以免浪费资源。

7)考虑风险情况

应根据所获得的各种信息,全面进行风险分析评价。

2. 选择投标项目的方法

选择投标项目的方法可分为两类:定性决策法和定量决策法。

1)定性决策法

定性决策法即从考虑本企业的优势和劣势以及招标项目的整体特点出发确定是否参与投标。一般可根据下列10项指标来判断:

①管理的条件;指能否抽出足够的、水平相应的管理工程人员(包括工地项目经理和组织施工的工程师)参加该工程建设;

②工人的条件;指工人的技术水平和工人的工种、人数能否满足该工程建设的要求;

③设计人员条件;要视该工程对设计及出图的要求而定;

④机械设备条件;指能否满足该工程对施工机械设备的品种、数量的要求;

⑤工程项目条件;指对该项目有关情况的熟悉程度,包括对项目本身、业主和监理情况、当地市场情况、工期要求和交工条件等;

⑥以往实施同类工程的经验;

⑦业主的资金是否落实;

⑧合同条件是否苛刻;

⑨竞争对手的情况,包括竞争对手的多少和实力等;

⑩对公司今后在该地区带来的影响和机会。

按照上述10条,可用专家评分比较法(企业内的专家)来分析,其步骤如下:

第一步,按照10项指标各自对企业完成该招标项目的相对重要性,分别确定权重(W)。

第二步,用10项指标对投标项目进行衡量,将各标准划分为好、较好、一般、较差、差五个等级(C),各等级赋予定量数值,如按1.0、0.8、0.6、0.4、0.2打分。例如,企业的劳动条件足以完成本工程便将标准打1.0分,而竞争对手愈多则分愈低。

第三步,将每项指标权数与等级分相乘,求出该指标得分。10项指标得分之和即为此工程投标机会总分。

第四步，将总得分与过去其他投标情况进行比较或与公司事先确定的准备接受的最低分数相比较，来决定是否参加投标。

这种方法可以用于以下两种情况：

一是对某一个招标项目投标机会作出评价，即利用本公司过去的经验，确定一个$\sum WC$值。例如在0.60以上可以投标，则属于可投标的范畴；但也不能单纯看$\sum WC$值，还要分析一下权数大的几个指标，也就是要分析重要指标的等级，如果太低，也不宜投标。

二是可用以比较若干个同时可以考虑投标的项目，看哪一个$\sum WC$最高，即可考虑优先投标。

2）定量决策法

定量决策法即对影响项目选择的各种因素应用系统分析方法进行定量分析，以进行合理的选择。这类决策方法主要分为两类，一是选择投标项目的定量方法，包括线性规划法和决策树法；二是投标报价的概率分析方法，包括获胜报价法、具体对手法和平均对手法。定量决策法参见其他书籍，这里不详细介绍。

五、投标决策时注意事项

1. 提高经营管理水平

主要做好施工组织设计，采取合理的施工技术和施工机械搭配，精心采购材料、合理安排设备、安排紧凑的施工、节省管理费用等，从而有效地降低工程成本而获得企望的利润。

2. 改进设计和缩短工期

仔细研究原设计图纸，若发现有不够合理之处，提出能降低造价的修改设计建议，以提高对业主的吸引力。另外，靠缩短工期取胜，即比规定的工期有所缩短，达到早投产、早收益，有时甚至标价稍高，对业主也是有吸引力的。

3. 降低利润

主要适用于承包任务不足时，与其坐吃山空，不如以低利润承包到一些工程，还是有利的。在投标时，许诺优惠条件，如主动提前工期、低息贷款、创优质工程等，以吸引业主，争取中标。

4. 加强变更条件

采取较低报价，着眼于变更设计，仔细研究设计，根据实际情况，提出合理的对己方有利的设计变更。

5. 着眼于发展

为争取将来发展的优势，而宁愿目前少赢利。承包人为了掌握某种发展前途的工程技术或为了在某一发展前景较大的地区打开市场、创立信誉，为进一步承揽工程打基础，就可以采用这种策略。这是一种较有远见的策略。

6. 优势联合投标

在投标过程中，选择和当地施工企业或与业主关系密切的施工单位联合投标，取长补短，提高竞争能力，以分享当地施工企业的优惠待遇。

7. 做好公共关系及业务招揽工作

把本单位的发展简史、工程业绩等资料汇编成精美图册，赠送给设计单位及有关人员；也可邀请业主及有关人员考察本单位过去完成的优良工程项目以及目前正在施工的施工现场，主动向业主及有关人员介绍施工管理、工程质量、机械设备、人员文化技术素质等各方面情况，取得业主的信任及有关人员的理解和好评。

第二节　投标策略与报价技巧

一、投 标 策 略

投标策略是投标人在激烈竞争的环境下,为了企业的生存与发展而可能使用的策略。投标策略运用是否恰当,对投标人是否中标并获得利润影响很大。常用的投标策略大致有如下几种。

1. 以获得高额利润为投标策略

施工企业的经营业务近期比较饱和,该企业施工设备和施工水平又较高,而投标的项目施工难度较大、工期短、竞争对手少,非我莫属。在这种情况下所投标的标价,可以比一般市场价格高一些以获得较大利润。

2. 以获得微利为投标策略

施工企业的经营业务近期不饱满,或预测市场工程项目因资金不足开工较少,为防止职工"窝工",按标策略往往是多抓几个项目,标价以微利为主。

要确保一个低而适度的报价,首先要编制出先进合理的施工方案。在此基础上计算出能够确保合同工期要求和质量标准的最低预算成本。降低公路工程预算成本要降低直接费、现场经费和间接费着手,其具体做法和技巧如下:

1)发挥本施工企业优势,降低成本

每个施工企业都有自身的长处和优势。如果发挥这些优势来降低成本,从而降低报价,这种优势才会在投标竞争中起到实质作用,即把企业管理优势转化为价值优势。

一个施工企业的优势一般可以从下列几个方面来表示。

①职工素质高:技术人员云集 、施工经验丰富、工人技术水平高、劳动态度好、工作效率高;

②技术装备强:本企业设备新、性能先进、成套齐全、使用效率高、运转劳务费低、耗油低;

③材料供应:有一定的周转材料,有稳定的来源渠道、价格合理、运输方便、运距矩、费用低;

④施工技术设计:施工人员经验丰富,提出了先进的施工组织设计,方案切实可行、组织合理、经济效益好;

⑤管理体制:劳动组合精干、管理机构精炼、管理费开支低。

⑥缩短工期:在不增投资、确保质量、安全、环保的条件下,以发挥自身优势加强提高管理水平,大倡节约等措施来缩短工期。

当投标人具体有某些优势时,在计算报价的过程中就不必照搬统一的公路工程预算定额和费率,而是结合本企业实际情况将优势转化为较低的报价。另外,投标人可以利用优势降低成本进而降低报价,发挥优势报价。

2)运用其他方法降低预算成本

有些投标者采用预算定额不变,而在现场经费、间接费和利润等方面适当降低 ,利用降低现场经费、间接费和利润的策略降低标价争取中标。

3. 以保本为投标策略

有些施工企业为了参加市场竞争，打入其他新的地区、开辟新的业务，并想在这个地区占据一定的位置，往往在第一次参加投标时，用最大限度低的报价、保本价、无利润价，进行投标。中标后在施工中充分发挥本企业专长，在质量上、工期上（出乎业主估计的短工期），创优质工程、创立新的信誉，缩短工期，使业主早得益，并且使自己也取得立足之地，同时取得业主的信任和同情，以提前奖的形式给予补助，致使总价不亏本。

4. 亏损报价策略

在激烈的建筑市场竞争中，有的投标企业报出超常规的低标，令业主和竞争对手吃惊。超常规的报价方法，常用于施工企业面临生存危机或者竞争对手较强，为了保住施工地盘或急于解决本企业人员"窝工"现象。一旦中标，除解决职工"窝工"的危机，同时保住地区市场并且又促进企业加强管理，精兵简政，优化组合，采取合理的施工方法，采取新工艺，降低消耗和成本来完成此项目，力争减少亏损或不亏损。

二、报价技巧

具体计算标价时，总的来说是要贯彻总的投标策略意图。例如，整个投标工程采用"低利政策"，则利润要定得较低或很低，甚至管理费率也定得较低，这样才能使标价降低。除此以外，计算标价中还有一定的技巧，即在工程成本不变的情况下，设法把对外标价报得低一些，中标后再按既定办法争取获得较多的收益。报价中这两方面必须相辅相成，以提高战胜竞争对手的可能性。以下介绍一些投标中经常采用的报价技巧与思路，可供参考。

1. 不平衡单价法

不平衡单价法是投标报价中最常用的一种方法。所谓不平衡单价法，即在保持总价格水平的前提下，将某些项目的单价定得比正常水平高些，而另外一些项目的单价则可以比正常水平低些，但这种提高和降低又应保持在一定限度内，避免工程单价的明显不合理而导致废标。常采用的"不平衡单价法"有下列几种。

1）为了将初期投入的资金尽早回收，以减少资金占用时间和贷款利息，而将待摊入单价中的各项费用多摊入早收款的项目（如施工动员费、基础工程、土方工程等）中，使这些项目的单价提高，而将后期的项目单价适当降低。这样，可以提前回收资金，既有利于资金周转，存款也有利息。

2）对在工程实施中可能增加工程量的项目或实施的可能性较大的项目适当提高单价，而对在实施中可能减少工程量的项目或实施的可能性较小的项目则适当降低单价。这样处理，虽然表面上维持总报价不变，但在今后实施过程中，承包人将会得到更多的工程付款。这种做法在公路、铁路、水坝以及各类难以准确计算工程量的室外工程项目的投标中常被采用。这一方法的成功与否取决于承包人在投标复核工程量时，对今后增减某些分项工程量所作的估计是否正确。

3）图纸不明确或有错误的，估计今后有可能修改的项目单价可提高，工程内容说明不清的单价可降低，这样做有利于以后的索赔。

4）工程量清单中无工程量而只填单价的项目（如土方工程中的挖淤泥、岩石等备用单价），其单价可高。因为这样做不会影响总标价，而一旦发生时可以多获利。

5）对于暂定金额（或工程），分析其将来要做的可能性大的，价格可定高些；估计不一定发生的，价格可定低些，以增加中标机会。

6）零星用工（计日工作）一般可稍高于工程单价中的工资单价，因它不属于承包价的范围,发生时实报实销,也可多获利。但有的招标文件为了限制投标者随意提高计日工价,对零星用工给一个“名义工程量”而计入总价,此时则不必提高零星用工单价了。

2. 利用可谈判的“无形标价”

在投标文件中,某些不以价格形式表达的“无形价格”,在开标后有谈判的余地,承包人可利用条件争取收益。如一些发展中国家货币对世界主要外币的兑换率均逐年贬值,在这些国家投标时,投标文件填报的外汇比率可以提高些。因为投标时一般是规定采用投标截止日前30天官方公布的固定外汇兑换率。承包人在多得到多填的外汇付款后再陆续换成当地货币使用时,就可以由其兑换率的差值而得到额外收益。但外汇比率不能超过投标文件中规定的最高限度。

3. 利用调价系数

多数施工承包合同中都包括有关价格调整的条款,并给出利用物价指数计算调价系数的公式,付款时承包人可根据该系数得到由于物价上涨的补偿,投标者在投标阶段就应对该条款进行仔细研究,以便利用该条款得到最大的补偿。对此,可参考如下几种情况:

1)有的合同提供的计算调价系数的公式中各项系数未定,标书中只给出一个系数取值范围,要求承包人自己确定系数的具体值,此时,投标者应在掌握全部物价趋势的基础上,对于价格增长较快的项目取较高的系数,价格较稳定的项目取较低的系数。这样,最终计算出的调价系数较高,因而可得到较高的补偿。

2)在各项费用指数或系数已确定的情况下,计算各分项工程的调价指数并预测公式中各项费用的变化趋势。在保持总报价不变的情况下,利用上述不平衡报价的原理,对计算出的调价指数较大的工程项目报较高的单价,可获较大的收益。

3)公式中外籍劳务和施工机械两项,一般要求承包人提供承包人本国或相应来源国的有关当局发布的官方费用指数。有的招标文件还规定,在投标人不能提供这类指数时,则采用工程所在国的相应指数。利用这一规定,就可以在本国的指数和工程所在国的指数间选择。国际工程施工机械常可能来源于多个国家,在主要来源国不明确的条件下,投标者可在充分调查研究的基础上,选用费用上涨可能较大的国家的指教。这样,计算出的调价系数值较大。

4. 附加优惠条件

附加优惠条件,如延期付款、缩短工期,或留赠施工设备等,可以吸引业主,提高中标的可能性。在得知业主资金紧张或者“三大材”供应有一定困难,可附带地向业主提出减免预付款甚至垫付工资等优惠条件来增大中标的机会,当然,这种策略只有在投标者资金雄厚的情况下才考虑使用。

5. 增加建议方案

有时招标方件中规定,可以提一个建议方案,即是可以修改原设计方案,提出投标者的方案。投标人这时应抓住机会,组织一批有经验的设计和施工工程师,对原招标文件的设计和施工方案仔细研究,提出更合理的方案以吸引业主,促成自己的方案中标。这种新的建议方案可以降低总造价或提前竣工或使工程运用更合理,但要注意的是对原招标方案一定也要报价,以供业主比较。增加建议方案时,不要将方案写得太具体,保留方案的技术关键,防止业主将此方案交给其他承包商,同时要强调的是,建议方案一定要比较成熟,或过去有实践经验,因为投标时间不长,如果仅为中标而匆忙提出一些没有把握的方案,可能引起后患。

6. 其他手法

国际上还有一些报价手法,我们也可了解以资借鉴,现择要介绍如下:

1)扩大标价法

这种方法比较常用,即除了按正常的已知条件编制价格外,对工程中变化较大或没有把握的工程工作,采用扩大单价,增加"不可预见费"的方法来减少风险。但是这种做标方法,往往因为总价过高而不易中标。

2)活口升级报价法

这种方法是报价时把工程中的一些难题,如特殊基础等造价最多的部分搬开作为活口,将标价降至无法与之竞争的数额(在报价中应加以说明)。利用这种"最低标价"来吸引业主,从而取得与业主商谈的机会,利用活口进行升级加价,以达到最后赢利的目的。

3)多方案报价法

这是利用工程说明书或合同条款不够明确之处,以争取达到修改工程说明书和合同为目的的一种报价方法。当工程说明书和合同条款中有某些不够明确之处时,承包人往往要承担很大的风险。为了减少风险就须扩大工程单价,增加"不可预见费",但这样做又会因报价高而增加被淘汰的可能性。多方案报价法就是为对付这种两难局面而出现的,其具体做法有四种情况:

第一种情况,有些工程项目,业主要求按某一招标方案报价后,投标者可以再提出几种可供业主参考与选择的报价方法。

第二种情况,由于业主拟定的合同要求过于苛刻,为使业主修改合同要求,可提出两个报价,并阐明,按原合同要求规定,投标报价为一数值,若合同要求做某些修改,可降低报价一定百分比,以此来吸引对方,增加中标的可能性。当然,这种建议不是要求业主降低某技术要求和标准,而是应当通过改进工艺流程或工艺方法来降低成本,降低报价。

第三种情况,若自己的技术和设备满足不了原设计的要求,但在修改设计以适应自己的施工能力的前提下仍希望中标,则可以报一个按原设计施工的投标报价(投高标),另一个按修改设计施工的比原设计的标价低得多的投标报价,以诱导和影响业主。值得注意的是,修改的设计施工方案一定要能使业主相信是能满足工程质量和工期要求的。

第四种情况,对工程中一部分没有把握的工作注明按成本加若干酬金结算的办法。但有些国家规定政府工程合同文字是不准改动的,经过改动的报价单即为无效时,这个办法就不能用。

4)突然降价法

突然降价法是用降低系数调整报价,降价系数是指投标人在投标报价时,预先考虑的一个未来可能降低报价比率,如果考虑在报价方面增加竞争能力是必要时,则应在投标截止日期以来,在投递的投标补充文件内写明降低报价的最终决定。采用这种报价的好处是:

①可以根据最后的信息,在递交投标文件的最后时刻,提出自己的竞争价格,给竞争对手以措手不及。

②在最后审查已编好的投标文件时,如发现某些个别失误或计算错误,可以采用调整系数来进行弥补,而不必全部重新计算和修改。

③由于最终的降低价格是由少数人在最后时刻决定的,可以避免自己真实的报价向外泄露,而导致投标竞争失利。降低投标价格可以从两方面入手:①降低计划利润;②降低经营管理费。

采用这种方法时,一定要在准备投标报价的过程中考虑好降价的幅度,在临近投标截止日期前,根据情报信息与分析判断,再做最后决策。如果由于采用突然降价法而中标,因为开标只降总价，在签订合同后可采用不平衡报价的思想调整工程量表内的各项单价或价格，以期取得更高的效益。

5)拼命法

拼命法即先亏后盈法。采用这种方法必须要有十分雄厚的实力，或有国家或大财团作后盾，即为了想占领某一市场时或想在某一地区打开局面，而采取的一种不惜代价、只求中标的手段。但这次中标承包的结果必然是亏本，而今后能否盈利赚回来还难说，因此，这种方法实际上是一种冒险办法。

6)无利润算标

缺乏竞争优势的承包商，在不得已的情况下，只好在算标中根本不考虑利润去夺标。这种办法一般是处于以下条件时采用：

①有可能在得标后，将大部分工程分包给索价较低的一些分包商；

②对于分期建设的项目，先以低价获得首期工程，而后赢得机会创造第二期工程中的竞争优势，并在以后的实施中赚得利润；

③较长时间内，承包商没有在建的工程项目，如果再不得标，就难以维持生存。因此，虽然本工程无利可图，只要能有一定的管理费维持公司的日常运转，就可设法度过暂时困难，以图将来东山再起。

第三节　投标程序及工作内容

一、投 标 程 序

公路工程投标工作业务流程，一般可用如图5-1所示的流程图来表示。

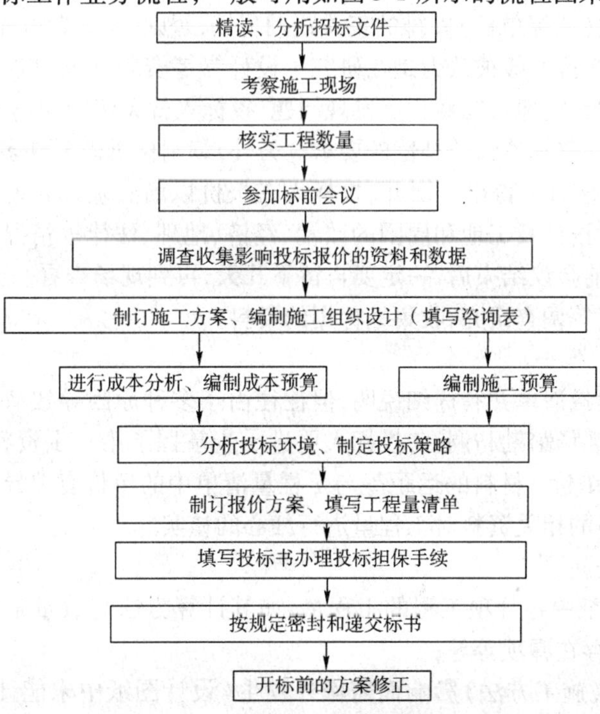

图5-1　投标程序框图

二、投标程序中几个重要环节

(一)研究招标文件

通过资格预审后,就应按投标邀请书规定的日期和地点购买招标文件。招标文件规定了承包人的职责和权利、对投标的各项规定以及对工程的各项要求,必须予以高度重视。因此,购得招标文件后,应组织得力的设计、施工预算等人员对招标文件进行研究,其要点与目的如下:

(1)全面了解承包商在合同中的权利和义务。

(2)深入分析施工承包中所面临的和需要承担的风险。研究避免和化解风险的措施。

(3)缜密研究招标文件中的漏洞和疏忽,为制定投标策略、寻找依据、创造条件。

(4)注意投标的时间安排及招标书中的投标须知中对投标所作的规定和有关事项的要求及招标文件中的"通用合同条款"、"公路工程专用合同条款"、"项目专用合同条款"、"技术规范"等的规定。国内在施工招标过程中,投标时间是紧张的,有时甚至比较仓促,投标要做的工作很多,而且要求较细,掌握不好,易给招标者带来投标失误甚至是无法弥补的损失。

(5)高度保密,特别是不要轻易让竞争对手从自己谈话或提出的问题中探究出你的设想、施工方案等;而对于竞争对手的谈话或透露出的情况,也不要轻信,善辨真伪,以免被假情况所惑而导致判断错误。

(6)在研究和分析招标文件的过程中,有时会发现一些漏洞、疏忽和疑问,则需要业主在标前会议上说明和澄清。

(二)现场考察

现场考察通常与标前会议同时进行,招标人会组织所有投标人进行踏勘现场并就相关的题作说明。投标人应准备好现场考察提纲并积极参加这一活动。

投标者应参加由业主(招标单位)安排的正式踏勘现场,否则,投标者可能会被拒绝投标 。按照规定,投标人提出的报价一般被认为是在研究了设计参考资料并通过现场考察的基础上编制的,一旦标书交出,如在投标日期截止后发现问题,投标人就无法因现场考察不周,情况不了解而提出修改标书,或调整标价给予补偿的要求。另外,编制标书需要许多数据和了解有关情况,也要从现场调查和核对中得出。因此,投标人在报价以前必须认真地进行工程现场踏勘,全面、细致地了解核对设计及工地和周围的政治、经济、地理、法律等情况。如果考察时间不够,参加编标人员在标前会议结束后,一定要再留下几天,再到现场查看一遍,或重点补充踏勘,并在当地作材料、物资等调查研究,收集编标用的资料。

(三)核实工程数量

招标文件中列有工程量清单并有详细说明,但往往由于多种原因导致清单中的数量和图纸中的数量不一致,通过现场踏勘与调查,投标人更进一步掌握了第一手资料,也会发现相关的问题,例如某些材料的单价、材料的运距等与工程量清单中的单价有差异,因此,必须根据现场考察调查核对所获得的相关资料对工程量进行细心的核实。

核实时注意以下几个问题。

(1)全面核实设计图纸中各分项工程的工程量,如其计算方法与数量是否合理、准确、土石方划分是否恰当,是否存在漏项等等;

(2)计算受施工方案(施工方法)影响而需额外发生(设计图纸中未能计算进去的)的和消耗的工程量;

(3)根据技术规范中计量支付的规定折算出新的工程量(在折算中有时需对设计图纸中的工程量进行分解或合并);

(4)如发现工程量清单中的数量与图纸中数量不一致时,应立即通知招标人核查,除非招标人以补遗书予以更正,应以工程量清单中数量为准。

通过核算,全面掌握本项目工程量清单中关于各分项工程的数量,从而达到准确计算报价的目的;其次,通过核算,发现工程量清单中关于工程量的错误和漏洞,为制定投标策略和投标决策提供依据;再次,通过核算来促进对规范中的计量支付规定做进一步的研究,便于更好地编写各工程细目的单价。

(四)投标预备会

凡是想参加投标并希望获得成功的投标人,都应认真准备和积极参加投标预备。标前会议的内容和相关规定见第四章第一节中相关的说明。在参加标前会议时应注意以下几点:

(1)对工程内容范围不清的问题,应提前解释、说明,但不要提出任何修改设计方案的要求。

(2)如招标文件中的图纸、技术规范存在相互矛盾之处,可请求说明以何者为准,但不要轻易提出修改技术要求。

(3)对含糊不清、容易产生理解上歧义的合同条款,可以请求给予澄清、解释,但不要提出任何改变合同条件的要求。

(4)应注意提问的技巧,注意不使竞争对手从自己的提问中获悉本公司的投标设想和施工方案。

(5)招标人或咨询工程师在标前会议上对所有问题的答复均应发出书面文件,并作为招标文件的组成部分,投标人不能仅凭口头答复来编制自己的投标文件。

(五)填写工程量清单

投标人的投标价,是本工程所投合同段的全部工程的投标价,是以投标人在工程量清单中提出的单价或总额价为根据。故投标人应认真填写工程量清单中所列的本合同各工程细目的单价和总额价。投标人没有填人单价或总额价的工程细目业主将不予支付,并认为该细目的价款已包括在工程量清单其他细目的单价或总额价中。投标人在工程量清单中多报的细目或单价、总额价业主将不予接受,严重者将视为不符合性投标,其投标将被拒绝。

(六)编制施工组织设计

在进行计算标价之前,首先应编制施工组织设计(又称标前施工组织设计)。编制一个好的施工组织设计可以大大降低标价,提高竞争力,也是提高中标率的一个重要条件。施工组织设计应按照《公路工程标准施工招标文件》中关于“施工组织设计建议书格式”的规定要求进行编制。

编制施工组织设计的总要求是全面响应招标文件的规定要求,从施工组织设计上确保工程质量、施工安全、环境保护、施工进度和节省费用等合同目标的实现。因此,在编制施工组织设计时,应注意如下事项:

(1)充分满足技术上的先进性和可靠性,以最大限度地提高劳动生产率,降低施工成本;

(2)充分利用现有的施工机械设备,提高施工机械的使用率以降低机械施工成本;

(3)采用先进的进度管理手段,优化施工进度计划,选择最优施工排序,均衡安排施工,尽量避免施工高峰的赶工现象和施工低谷中的窝工现象,机动安排非关键线路上的剩余资源,从非关键线路上要效益;

(4)适当聘用当地员工或临时工,降低施工队伍调遣费,减少窝工现象。

投标竞争是比技术、比管理的竞争,技术和管理的先进性应充分体现在施工组织设计中,先进的施工组织设计可以达到降低成本缩短工期的目的。

(七)编制报价方案与报价决策

1.编制标价的依据

为了使标价符合现场施工条件和企业的实际水平,能适合投标决策的要求,能控制成本来编制标价,其主要依据是:

(1)工程量清单及其说明

工程量清单是工程结算的依据。它将工程及其费用按照工程内容分成了细目,将某些"间接费用"已单独列出(如清单中第四章分项目和暂定工程等)。同时明确了各分项目所包含的全部内容和费用,凡是未单独列出分项目的费用(如其他现场费、上级管理费、风险和企业利润)均须分摊到列出的各分项目费用之中。而其说明则清楚说明了填写工程量清单的各项规定和要求,必须认真精读体会。所以,标价的编制应按照清单所列分项目和说明的规定要求,逐项计算费用,同时逐项计算待摊费用。

(2)合适的工程定额

所用定额应切合施工现场的实际情况并符合施工拟用设备的功能、效率和施工现场管理方法及其水平。这种定额应当是企业根据企业自身经验自身编制或参考机械使用说明书推荐资料以及我国通用定额(如部颁定额等),并根据具体情况进行调整、确定。同时要注意留有余地,并体现于定额之中,亦可作为不可预见因素产生的费用,在待摊费中考虑。

(3)实际发生的管理费用

条用施工定额,对各种间接费用就要考虑周到一些。为切合实际各项间接费用应采取逐项实际计算,再作为待摊费用摊入各细目单价中。但要注意,清单中已单独开列的项目不在待摊费之列,以免重复。

(4)施工组织设计

施工组织设计中的施工组织方案和施工计划和相关技术措施如安全措施、环保措施等应涉及机械设备、材料、人员及工作效率和时间安排,因而他也是编制标价的重要依据。

2.编制投价方案

一个项目的投标报价由施工成本、利润和税金及风险费用三部分组成。

投标报价中,要通过标价的计算科学地编制以上三项费用,使总报价即有竞争力,又有利可图,这是件相当复杂的工作。为了便于直接计算工程量清单中各个分项的价格,进而汇总整个工程标价。标价的计算可以按照定额或市场的价格,逐项计算每个分项的单价和合价,分别填入招标人提供的工程量清单中。

(1)人工、材料、机械单价

投标时采用的人工、材料、机械单价,应根据本企业自身的情况以及建设市场情况和劳动力、施工机械租赁市场状况综合确定。

(2)其他直接费、间接费、利润、税金的计算

在计算出直接费的基础上,依据企业自身情况确定各项费率及法定税率,依次计算出其他直接费、间接费、利润和税金。

(3)风险费的计算

风险费指工程承包过程中由于各种不可预见的风险因素发生而增加的费用。通常由投标

人经过对具体工程项目的风险因素分析之后,确定一个比较合理的工程总价的百分比数为风险费。

3. 标价分析与分析示例

初步计算出标价之后,应对标价进行多方面的分析与评估,其目的是探讨标价的经济合理性,从而作出最终报价决策。标价分析评估可从以下几个方面进行。

1)标价的宏观审核

标价的宏观审核是依据长期的工程实践中积累的大量的经验数据,用类比的方法,从宏观上判断初步计算标价的合理性。可采用下列宏观指标和评审方法:

(1)首先分项统计计算书中的汇总数据,并计算其比例指标。

(2)通过对各类指标及其比例关系的分析,从宏观上分析标价结构的合理性。例如,分析直接费和总的管理费比例关系;劳务费和材料费的比例关系;临时设施和机具设备费与总直接费用的比例关系;利润、流动资金及其利息与总标价的比例关系等。

(3)探讨上述平均人月产值和人年产值的合理性和实现的可能性。如果从本公司的实践经验角度判断这些指标过高或过低,就应当考虑所采用定额的合理性。

(4)参照同类工程的经验,扣除不可比因素后,分析单位工程价格及用工、用料量的合理性。

(5)从上述宏观分析得出初步印象后,对明显不合理的标价构成部分进行微观方面的分析检查。重点是在提高工效、改变施工方案、降低材料设备价格和节约管理费用等方面提出可行的措施,并修正初步计算标价。

2)标价的动态分析

标价的动态分析是假定某些因素发生变化,测算标价的变化幅度,特别是这些变化对计划利润的影响。

(1)工期延误的影响

由于承包人自身的原因,如材料设备交货拖延、管理不善造成工程延误、质量问题导致返工等,承包人可能会增大管理费、劳务费、机械使用费以及占用的资金及利息,这些费用的增加不可能通过索赔得到补偿,而且还会导致误期赔偿。一般情况下,可以测算工期延长某一段时间,上述各种费用增大的数额及其占总标价的比率。这种增大的开支部分只能用风险费和计划利润来弥补。因此,可以通过多次测算,得知工期拖延多久,利润将全部丧失。

(2)物价和工资上涨的影响

通过调整标价计算中材料设备和工资上涨系数,测算其对工程计划利润的影响。同时切实调查工程物资和工资的升降趋势和幅度,以便作出恰当判断。通过这一分析,可以得知投标计划利润对物价和工资上涨因素的承受能力。

(3)其他可变因素影响

影响标价的可变因素很多,而有些是投标人无法控制的,如贷款利率的变化、政策法规的变化等。通过分析这些可变因素的变化,可以了解投标项目计划利润的受影响程度。

3)标价的盈亏分析

初步计算标价经过客观审核与进一步分析检查,可能对某些分项的单价作必要的调整,然后形成基础的标价,再经盈亏分析,提出可能的低标价和高标价,供投标报价决策时选择。盈亏分析包括盈余分析和亏损分析两个方面。

(1)盈余分析

盈余分析是从标价组成的各个方面挖掘潜力、节约开支，计算出基础标价可能降低的数额，即所谓“挖潜盈余”，进而算出低标价。盈余分析主要从下列几个方面进行：

①定额和效率，即工、料、机械台班消耗定额以及人工、机械效率分析；

②价格分析，即对劳务、材料设备、施工机械台班(时)价格三方面进行分析；

③费用分析，即对管理费、临时设施费等方面逐项分析；

④其他方面，如流动资金与贷款利息，保险费、维修费等方面逐项复核，找出有潜可挖之处。

考虑到挖潜不可能百分之百实现，尚需乘以一定的修正系数(一般取0.5～0.7)，据此求出可能的低标价，即：

$$低标价 = 基础标价 - (挖潜盈余 \times 修正系数)$$

(2)亏损分析

亏损分析是分析在算标时由于对未来施工过程中可能出现的不利因素考虑不周和估计不足，可能产生的费用增加和损失。主要从以下几个方面分析：

①人工、材料、机械设备价格；

②自然条件；

③管理不善造成质量、工作效率等问题；

④建设单位、监理工程师方面的问题；

⑤管理费失控。

以上分析估计出的亏损额，同样乘以修正系数(0.5～0.7)，并据此求出可能的高标价。即：

$$高标价 = 基础标价 + (估计亏损 \times 修正系数)$$

关于单价分析有一点还应特别加以说明，即有的招标文件要求投标人对部分项目要递交单价分析表，而一般招标文件不要求递交单价分析表。但是对于投标人自己来说，除了非常有经验和把握的分项之外，都应进行单价分析，使投标报价建立在有充分依据、计算较为准确的基础上。

应该指出，招标投标中的标价计算不像编制概、预算，有一个统一的编制办法，因此，计算标价首先要按照合同要求并结合本单位的经验和习惯，去确定计算办法、程序和报价策略。常用方法有单价分析法、系数法、类比法。具体应用时最好不要用单一的计算办法，而要用几种方法进行复核和综合分析。

4. 报价决策

报价决策是投标人招集算标人员和本公司有关领导或高级咨询人员共同研究，就上述初步计算结果、标价宏观审核、动态分析及盈亏分析进行讨论，作出有关投标报价的最后决定。

(1)作为决策的主要资料依据，应当是本公司算标人员的计算书和分析指标。报价决策不是干预算标人员的具体计算，而是由决策人员同算标人员一起，对各种影响报价的因素进行分析，并作出果断和正确的决策。

(2)各公司算标人员获得的基础价格资料是相近的，因此从理论上分析，各投标人报价同标底价格都应当相差不远，之所以出现差异，主要是由于以下原因：

①各公司期望盈余(计划利润和风险费)有高低；

②各自拥有不同优势；

③选择的施工方案不同；

④管理费用有差别等等。

鉴于以上情况，在进行投标决策研究时，应当正确分析本公司和竞争对手情况，并实事求是地进行对比评估。

(3)报价决策也应考虑招标项目的特点，一般来说，对于下列情况报价可高一些：

①施工条件差、工程量小的工程；

②专业水平要求高的技术密集型工程，而本公司在这方面有专长、声望高；

③支付条件不理想的工程等。

(4)寻求一个好的报价的技巧。报价的技巧研究，其实是在保证工程质量与工期条件下，为了中标并获得期望的效益，投标程序全过程几乎都要研究投标报价技巧问题。

5. 编制和递交投标文件

工程报价最后确定后，就可按照招标文件中各项要求完成整套投标文件。

全部投标文件编好之后，经校核无误，由负责人签署、盖章(公司公章)，按投标人须知的规定分装，然后密封，派专人在投标截止期之前送到招标单位指定地点，并取得收据。如必须邮寄，则应充分考虑邮件在途时间，避免迟到作废。如投标人在递交标书后希望更改标书，则投标人同样应将更改要求以书面形式密封后并在投标截止日期前递交。其规定要求参见第四章。

6. 授标与签约

投标方件递交后，投标人应按规定日期参加开标会。按我国现行招标投标法，开标时间应为投标文件截止时间的同一时间。

开标后，经过评标委员会评审确定中标人，业主将向中标人发出中标通知书。收到中标通知书的投标人即获得工程承建权，此时，中标人应按规定办好各种手续，按时与业主签订承包合同。投标过程至此全部完成。

第四节　投标书的编制

一、投标文件的组成

工程投标方件是工程投标人单方面阐述自己响应招标文件要求，旨在向招标人提出愿意订立合同的意思表示，是投标人确定、修改和解释有关投标事项的各种书面表达形式的统称。

投标人必须使用招标方件提供的投标文件表格格式，未编制投标文件。

二、编制投标文件的步骤

投标人在领取招标文件以后，就要进行投标文件的编制工作。编制投标文件的一般步骤是：

(1)熟悉招标文件、图纸、资料，对图纸、资料有不清楚、不理解的地方，可以用书面或口头方式向招标人询问、澄清；

(2)参加施工现场情况踏勘和投标人预备会；

(3)调查当地材料供应和价格情况；

(4)了解交通运输条件和有关事项;

(5)编制施工组织设计,复查、计算图纸工程量;

(6)编制或套用投标单价;

(7)计算取费标准或确定采用取费标准;

(8)计算投标造价;

(9)核对调整投标造价;

(10)确定投标报价。

三、编制投标书应注意的事项

1. 关于投标书及投标担保

(1)必须按投标书的格式填写,做到完全满足招标文件的规定要求。

(2)必须对招标文件中的"投标书附页"作出完全的签署确认。

(3)经公证的投标书才有效(只有相关文件和法人代表授权书才需出让)。

2. 关于工程量清单

必须按规定格式准确填写清单第100章及其他清单章目中的数据,并注意进行校核。

3. 关于专项暂定金额汇总表

必须根据工程的需要确定项目和合理地评估其金额。

4. 关于投标书附表、附录

(1)必须求实地编制拟为承包本合同工程设立的组织机构图及其他附表、附录。

(2)必须求实地填写拟在本合同工程任职的主要人员汇总表及简历表,附有的复印件必须清晰可认,更不得伪造篡改。

(3)必须按照招标文件的规定要求填报拟投入本合同工程的主要施工机械表及其他的仪器设备表,附有的复印件必须清晰可认,无虚假现象。

5. 关于施工组织设计

施工组织设计文字应简练,内容应具体,在编写过程中特别要注意其科学性、先进性、重点性、针对性、可行性、精练性、有效性的要求。字数尽量控制在30 000字以内。

其内容应按国家法律法规和招标文件中"投标文件格式"中"施工组织设计"的规定的要点编制施工组织设计。

施工工艺框图包括的项目甚多,应视合同工程的项目内容及本公司的条件进行编制,其工艺框图应体现科学性、可行性、逻辑性和衔接的合理性。

6. 关于近五年内已完工程业绩汇总表,在建工程项目汇总表及其附件,业绩证明材料及荣誉证书的编写,并保证所编写的内容真实。

7. 在编制投标书的过程中,还应注意以下细节问题:

(1)填写标书时,一般先将标书装订好,另附一份报价调整函表,以便随时修改,也便于最终调整报价。只有当最终报价确定下来之后,才将其与装订好的标书一同包封,这样既方便又快捷。

(2)要防止丢项和漏页,应进行仔细复核。

(3)不可改变标书格式,当原有表格不能表达投标意图时,可另附补充说明。

(4)字迹要清晰工整,不应有涂改和留有空格现象;

(5)必须按投标须知规定对投标书做好签字盖章工作,防止因签字盖章遗漏而产生废标。

一般来说,授权人应逐页签字,同时还要做好标书的密封工作。投标书要双层密封,内层必须加盖投标单位密封章,外层只做密封,不得加盖任何印章及留下任何标识。在投标实践中,投标单位一般都备有专门的包装或包装袋来密封投标书,具体做法应严格按投标须知办理。

(6)必须按投标须知规定投标期限、地点和方法投标,防止迟交投标书而发生无效投标。

综上所述,认真落实好投标各阶段的注意事项,各项问题不出纰漏,同时采取适宜的投标策略,提出高水平的报价,将使投标工作顺利进行。

8.关于预审更新资料可参照下述目录方式进行编制:

表1　财务状况方面的变化

表2　资格预审后新承包的工程

表3　资格预审后新交工的工程

表4　最近的仲裁或诉讼介入情况

表5　拟投入本合同工程的关键施工设备目前备用情况表

表6　投标人的名称变化及有关批件

表7　近五年内已完工程业绩汇总表(附件:业绩证明材料及荣誉证书)

表8　在建工程项目汇总表

表9　最近三年经审计的财务报表

表10　可从投标人开户银行获得有关资料的授权书

表11　其他资料

第五节　施工组织设计编制示例(文字部分)

施工组织设计应按规定的格式和要求进行编制。因受篇幅限制本节仅以文字部分的编制作为示例介绍一般编制的内容和方式方法,以供学习参考。

一、总体施工组织布置及规划

1.施工现场规划

(1)施工现场布置

考虑该地区属江汉平原盆地边缘地带,地势平坦开阔,水网密布,为了材料进出场方便,拟将项目经理部设在K49+700左侧,靠近莲湖莞高架桥旁布置。项目部下设4个桥工区和两个路工区。路一工区和桥一工区设于K46+100右侧50m,桥二工区设于K47+200右侧50m,桥三工区设于K52+800右侧50m,桥四工区、路二工区设于项目部附近。每个桥工区均设一座拌和场,第Ⅴ号拌和场和第Ⅴ号设于内荆河特大桥南岸桥头右侧50m。

(2)临时房屋

项目经理部、施工区办公及职工生活用房、试验室和配电房采用砖混结构修建;路基土方施工队租用当地闲置民房;小型结构物施工队、民工宿舍、钢筋加工棚、木工棚、值班室、料库等其他临时房屋采用楠竹和石棉瓦搭设。

(3)施工便道、便桥

拟在路线右侧修筑施工便道,便道宽5m,便道填筑基层填土高度为40cm,面层填毛渣高度为20cm。在北娄高架桥、新分河大桥和内荆河大桥桥位右侧搭设便桥,其余便道跨水域时采用埋设涵管的方案。

2. 施工进度计划

本合同段路基合同工期30个月，计划27个半月完成。桥梁工程合同工期24个月，计划23个月完成。

路基填筑：2004年11月中旬~2006年12月底，共历时25个半月；其中2005年11月~2006年10月为堆载预压期，历时12个月。

二、设备、人员动员周期和设备、人员、材料进场办法

1. 设备、人员动员周期

（1）人员动员周期

如果我公司中标，我们将以最快的速度分三批调遣施工人员进场。首批为项目经理部的主要人员，包括项目经理、项目总工程师、项目副经理、结构工程师、测量工程师、试验工程师、计划统计负责人、财务负责人等，将在接到中标通知书3天内进驻施工现场，再次进行现场详细踏勘，并投入施工前的筹备工作。合同签订后10天内，第二批人员包括项目部各业务科室所有成员和各工区负责人、技术负责人、工区所有工程技术人员以及部分机械操作人员共90人进场，项目经理部正式挂牌办公，着手进行前期技术准备、"四通一平"和驻地建设，为工程正式开工做好铺垫。合同签订30天内，第三批人员进场，完善施工准备工作，全面展开施工。

（2）设备动员周期

拟为本合同段配备的主要施工机械设备、测量仪器、材料试验和质检仪器见相关附表。前期施工准备用的推土机、平地机、压路机、挖掘机、装载机、吊车、灰土拌和机、水泥混凝土集中拌和站、同旋钻机和自卸汽车及测量仪器、试验设备和行政办公用品随第二批人员到达现场，并立即投入"四通一平"、原材料标准试验、导致点和水准点复测、恢复中线、中平和横断面复测等前期准备工作。其他施工设备将在合同签订30天内根据工作安排陆续到达施工现场，形成生产能力。

2. 设备、人员和材料运到施工现场的方法

（1）人员到达施工现场的方法

首批项目经理部的主要人员自带车辆从总部到达施工现场。第二批和第三批部分人员押运设备和仪器到达，剩余人员从调遣地乘汽车到达工地。

（2）设备运到施工现场的方法

运输设备由公路自行行驶到工地，测量、试验、检测等精密仪器由专车、专人护送。推土机、平地机、压路机、装载机、挖掘机以及其他非自行设备用平板拖车运到工地。

（3）材料的采购和运到施工现场的方法

涵管在指定厂家采购，钢材、水泥、钢绞线等根据施工需要按计划到经确定的厂家采购，由厂家组织车辆运至工地。主要砂料场为洞庭湖黄砂毛市码头，石场为湖北省马良农场石料场，生石灰在武汉市蔡甸区侏儒镇采购，普通材料到监利县城或附近城镇采购、以上材料由厂家或组织社会运输车辆运到各工点。施工用柴油与当地油料供应公司取得联系，由供应公司运到工地并用油灌存储。车辆用汽油由汽车直接到附近加油站加油。

（4）本合同段的施工组织机构

如果我公司能够中标，我们将充分利用整体优势，抽调优秀的管理人员、专业技术人员和精良的桥梁专业施工队、路基专业施工队，组成精干高效、运转自如、经验丰富、技术过硬等强有力施工力量的项目经理部。严格按合同条款安全、优质、高效地完成本合同段施工任务。

项目经理部设项目经理1人,项目副经理2人,总工程师1人,经理部下设工程技术部、合同部、质检部、财务部、物资供应部、设备部、安全环保部、政治监察部、综合办公室等"八部一室",工程技术部下设中心试验室和测量队。质量管理科下设试验室。

三、主要工程项目的施工方案、方法与技术措施

1. 路基土石方

(1)总体施工方案

路基土方全部采用机械化施工,表土用推土机推除、集推、装载机配合自卸汽车运到指定地点,淤泥直接用挖掘机开挖,自卸汽车运输。塑料排水板采用门架式插板机施工;粉喷桩采用粉喷式深层搅拌机施工。线外借土用挖掘机开挖,自卸汽车运输。路堤严格按路线纵坡分层填筑,土料用推土机摊铺,平地机精平,压路机碾压密实。石灰改善土采用先在取土场掺灰闷堆再用路拌法施工。涵洞两侧、桥台台背及挡墙背后等狭窄地点,用小型打夯机配合手扶式振动压路机夯实。

软基处理是路基施工中很重要的环节,如处理不力、工艺不当常导致路基不均匀沉降和桥头跳车等通病。为保证软基处理施工质量,应严格施工顺序,保证材料质量,安排专业队伍施工,质量保证措施有力。

(2)施工准备

(3)场地清理、清淤换填处理

(4)路堤填筑

(5)路床土石混填

(6)沉降与稳定性观测

(7)路基修整

限于篇幅上述(2)~(7)部分内容省略。

2. 排水工程

边沟、排水沟、渗沟及其他引排水设施,应满足纵横向排水的要求。除按设计要求外,施工阶段临时排水沟其纵坡亦不应小于0.3%,其出口位置应设在桥涵出入水口或自然沟渠处,严禁临时边沟出口设在填方或弃土场的坡脚处,给路基稳定造成隐患。

开挖各种排水沟渠时,应预先测量放线,自下游向上游开挖。所有排水设施施工时,应满足以下要求:

(1)沟基应置于稳定地层上,当基底为松散土层时,应翻挖后分层回填夯实,严禁将排水沟挖筑在未加处理的弃土上。

(2)沟槽应平顺整齐,沟内无淤积,无松散杂土,尺寸准确。在曲线地段,边沟应随道路中线圆顺。

(3)截水沟不应设在地面凹处通过,必须通过的应按填方要求填平,压实后开挖。截水沟弃土时,要在路堑与截水沟之间筑土台,并分层夯实,土台顶设2%倾向截水沟的横坡,土台边缘坡脚距路堑顶的距离不小于设计规定。

(4)沟槽开挖质量经监理工程师检验合格后,方可进行水沟浆砌片石或预制块砌筑。

(5)浆砌片石所用石料抗压强度不得小于30MPa,砂浆强度不得小于设计强度。砌体应砂浆饱满、勾缝牢固美观、线形平顺、尺寸符合图纸要求,不得有水分下渗和排水不畅现象。

(6)所有排水工程只要具备施工条件,应立即安排施工,避免因水分下渗降低路基强度。

3. 挡护工程

本标段主要挡护工程有三维土工网喷播草皮护坡、预制块护坡和挡土墙。所有挡护工程只要具备施工条件,应立即安排防护,对成型边坡进行封闭。施工方法如下:

(1)三维土工网植草护坡

路基施工完毕后,测量放线,由挖掘机配合人工精修坡面,保证坡面平顺。在坡顶及坡脚处分别开挖宽 20cm、深 30cm 的沟槽,将土工网铺设于沟内,用方木桩固定并填土夯实,再从坡顶自上而下铺设土工网,土工网要紧贴边坡面,不允许出现皱折、波浪和卷须现象,其纵横向搭接长度 20cm,搭接部位每间隔 100cm 用竹钉固定。土工网铺设好后,在土工网上均匀撒土,厚度至土工网深度的一半。在雨后或用喷雾器均匀喷水后,再用液压机械将草籽及营养液以适当的压力,均匀喷射于三维土工网内。喷播植草完成后须在边坡表面覆盖无纺布,以保持坡面水分并减少降雨对种子的冲刷。为提高植草效果,植草完成后应定期进行养护,待植草生长高度 50mm 左右时,应揭开无纺布以免阻止植物生长。

(2)预制块护坡

混凝土预制块在预制场集中预制。为保证工期和质量,应提前做好预制,严格按配合比施工,冬季施工时采取保温措施,预制混凝土块在强度未达到设计强度的 70% 以上时不得搬动。

首先测量放线、刷坡,再开挖基槽,砌筑基础圬工,砌体应咬口紧密、错缝、砂浆饱满,不得有通缝、叠砌、贴砌和浮塞。基础砌筑完毕后,挂线安装混凝土预制块,并按设计要求铺设砂砾垫层,安装好后要保证坡面平顺。

(3)浆砌片石挡土墙

施工时,先测量放样,开挖基槽,如基底承载力达不到设计要求,须根据实际情况进行处理。砌筑前,将片石表面用水浸湿,并打掉尖角。砌筑时,采用双面挂线或样板控制,砌体按设计设置沉降缝,分段分层坐浆砌筑,墙体处露面用较整齐的大块石砌筑,砌筑上层时,不得振动下层,砌筑工作中断后再进行砌筑时,应将砌层表面加以清扫和湿润。现场人员随时检查结构尺寸、砂浆配合比和砌筑工艺,不能出现砌体通缝、砂浆不饱满等通病,出现问题及时纠正,杜绝质量隐患。挡土墙顶面设置预留槽,以便于防撞钢板立柱的埋设,并且墙体上部 50cm 高度内用 C20 混凝土现浇。墙体圬工强度达到 70% 后,方可采用设计指定的材料用小型机具分层回填夯实,以确保墙体稳定。

4. 路面工程

本合同段路面工程包括泥灰结碎石路面、水泥稳定石屑路面基层、水泥混凝土路面面层,为通道和天桥的接线路面。

(1)泥灰结碎石

泥灰结碎石路面,采用拌和法施工,拌和法的施工程序为:摊铺碎石→铺石灰土→拌和整型→碾压。碎石采用自卸汽车运输,自行式平地机摊铺整平;在摊铺完成后的碎石表层上摊铺规定用量的石灰土;拌和整型利用人工完成,拌和一遍后,边拌边洒水,一般翻拌 3 ~ 4 遍,以石灰土成浆与碎石黏结一起为度,拌和完成后采用平地机将路面整平,并符合路拱要求;整型后采用 8t 压路机洒水碾压,使泥灰浆上冒,至表层石缝中有一层泥灰浆,即停止碾压,稍干后再用 12t 压路机进行收浆碾压 1 遍,随即撒嵌缝料,再碾压 2 ~ 3 遍,至表面无明显轮迹为止。

(2)水泥稳定石屑基层

基层的水泥稳定混合料的拌和采用集中厂拌法,配备厂拌设备一套。采用自卸汽车运输集料,人工配合推土机整平,据规范要求混合料一层的最小压实厚度为 15cm,当压实厚度大于

20cm 时应分层铺筑，因此应本路面工程基层作一层铺筑。混合料应采用摊铺机摊铺，在摊铺机无法工作的路段经监理工程师批准后采用人工摊铺。混合料碾压应按实验段确认的方法施工，施工中，从加水拌和到碾压终了的时间不得超过水泥终凝时间，按试验段确定的合适的延迟时间严格施工。检查合格的基层应进行洒水养生，一般养生期不少于 7 天，并在养生期间进行交通管制。

(3)水泥混凝土路面施工

水泥混凝土面层用混凝土由拌和场供应，混凝土搅拌车运至工点。混凝土采用摊铺机摊铺，应用插入式振捣器沿模板各表面在模板整个长度内及所有胀缝两边加以充分振捣。混凝土振捣完成后，刮平表面混凝土，采用拉毛机进行拉毛处理，对混凝土的表面进行进一步修整，直到表面达到要求的横坡度和平整度后。最后进行拆模养生。

5. 通道、涵洞

1)总体施工方案

基坑采用挖掘机配合人工开挖，基础和台身模板用大面积组合钢模板拼装，模板内部用对拉螺杆和木撑组成固定体系，外部用斜撑和缆风定位并调整垂直度。利用钢管脚手架作为施工平台，混凝土由拌和站集中供料，混凝土搅拌运输车运输。盖板及空心板在工区预制场集中预制，汽车吊吊装上平板车，运到施工现场后，再用汽车吊吊装就位。圆管涵的管节在指定厂家购买后运至各工点，待基础浇筑完毕并达到一定的强度后，由汽车吊吊装就位。

2)施工方法

(1)通道、盖板涵施工

①基础施工

基坑采用挖掘机配合人工开挖，基坑底预留工作宽度，并视土质情况适当放坡。基坑开挖至接近基底高程时，预留 20cm 一层，在基础施工前，人工突击挖除。开挖前和开挖过程中应加强排水，防止基底受水浸泡软化。基坑开挖完成后，严格进行验槽，检测基底高程和地基承载力是否符合设计要求。如地基承载力不能满足设计要求，须及时报请监理现场检测，并根据现场情况拟定地基处理方案。如各项指标符合设计要求，应尽快进行基础混凝土浇筑，避免基坑长期暴露，降低地基承载力。基础混凝土施工按设计沉降缝位置设置沉降缝，分节浇筑完成，施工时应注意预埋件的埋设。

②台身施工

台身采用钢管支架配合大平面模板立模，模板用对拉螺杆和内木撑组成固定体系。模板外侧采用斜撑和缆风校正固定。运输路道用脚手架钢管和竹跳板搭设，混凝土由拌和站供料，人力翻斗车运输，串筒配合入模。台身混凝土施工时按基础沉降缝位置设置沉降缝，预埋板的位置要准确，固定要牢固，确保沉降缝线条顺直。

③钢筋混凝土板的施工

钢筋混凝土板在预制场集中预制，平板车装运，吊车安装就位。预制前注意底座基础要严格碾压夯实，以防底座的不均匀沉降引起钢筋混凝土板的断裂。另外，底座模板要光滑平顺，确保预制板外观质量。盖板安装完毕后，应快速回填封闭，严禁雨水等浸泡，降低地基承载力。

(2)圆管涵施工

基槽开挖如地基承载力符合设计要求，应立即进行砂砾垫层铺设，其垫层压实度在 90% 以上。管节安装前注意检查基础的轴线是否正确、坡度是否顺直，以及流水坡度是否符合设计要求。管节用汽车吊或挖掘机从下游向上游安装就位。在接缝施工前，必须将管端清洗干净并吹干后，方能进行沥青麻絮填塞、油毛毡抱缠和抹带施工。

6. 桥梁工程

本合同段桥梁共有大小桥梁13座，其中大型、特大型桥梁5座，中桥5座，小桥3座。结构形式为包括30m先简支后连续T梁，40m先简支后连续T梁，20m（13m、10m）空心板梁以及30m+50m+30m的变截面箱梁等，桥梁长度4 490.56m。下部结构为双柱式墩、薄壁式墩、双柱式台，钻孔灌注桩基础。钢管板桩加工方案见图5-2。各工程项目施工方案和方法如下：

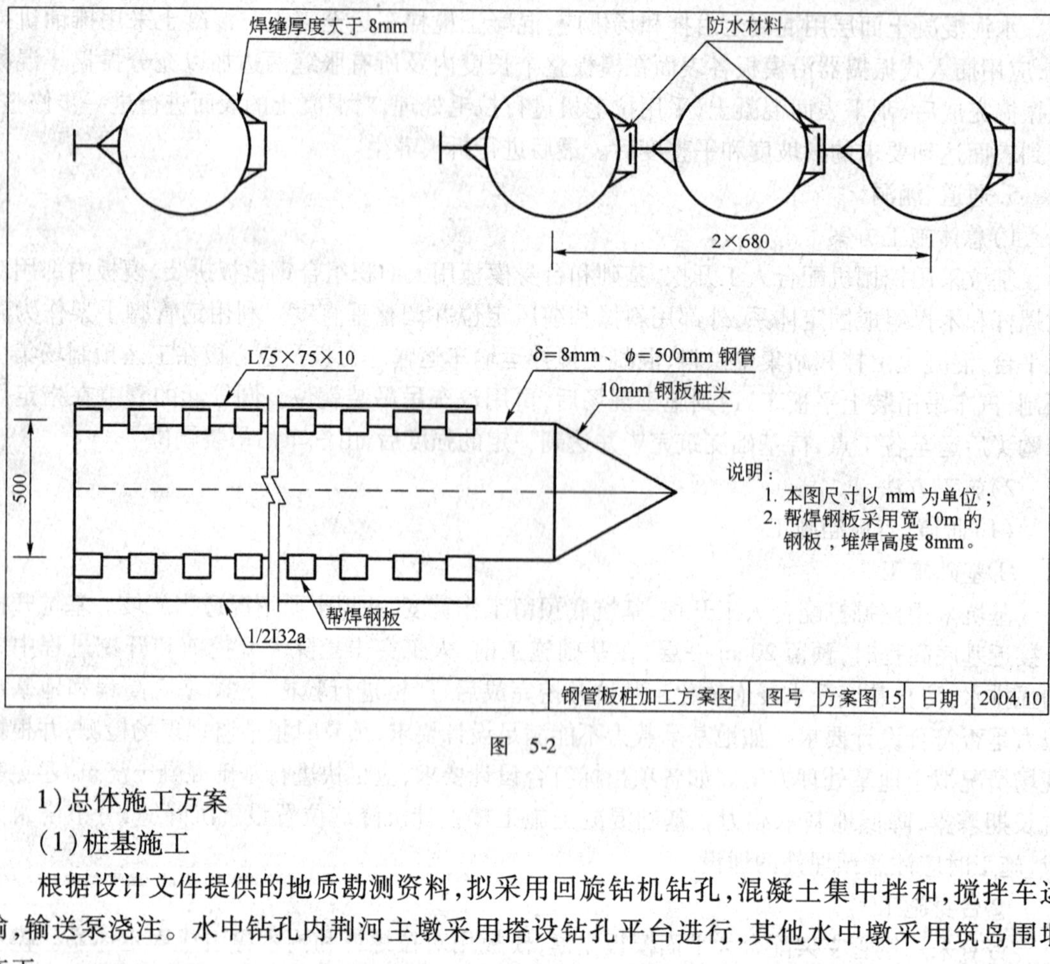

图 5-2

1）总体施工方案

（1）桩基施工

根据设计文件提供的地质勘测资料，拟采用回旋钻机钻孔，混凝土集中拌和，搅拌车运输，输送泵浇注。水中钻孔内荆河主墩采用搭设钻孔平台进行，其他水中墩采用筑岛围堰施工。

（2）系梁、承台施工

对于陆地上系梁基坑采用挖掘机配合人工开挖，排水整平基底后，安装钢筋，支立侧模，混凝土采用集中拌和，搅拌车或输送泵运输，串筒或溜槽引导入模浇筑。水中的承台采用钢板桩围堰施工。围堰后进行封底施工，再进行承台内钢筋、模板混凝土的施工。

（3）墩台身、墩帽施工

墩台身用精加工钢模板，混凝土采用集中拌和，搅拌车运输，混凝土泵车输送入模灌注；墩帽采用抱箍支承的现浇托架施工。

（4）30m（40m）T梁、20m（13m、10m）空心板梁施工

T梁、空心板梁在预制场集中预制，T梁架设采用预制场龙门配合EBG130架桥机逐孔安装，空心板梁采用吊车直接架设。

(5)30m + 50m + 30m 箱梁施工

箱梁0号块和边跨现浇段采用现浇支架施工，其他节段采用挂篮施工。

2)水中墩施工

本合同段的内荆河特大桥和新分河大桥分别跨越四湖总干渠和新分河，根据文件要求，施工期间河道保持通航。内荆河特大桥四排水中墩施工拟采用钢围堰施工，新分河大桥水中墩采用筑岛施工。老皇河大桥、跃北河中桥、电排河中桥、建设河中桥采用筑岛围堰施工。筑岛形式为人工编织袋围堰配合机械填土压实，筑岛岛面要高出常水位1m，平均填筑高度为2m。因河床底为多年沉积的淤质土，为使筑岛岛面稳定，拟采用抛石挤淤的方法进行处理。因受河水水位的影响，内荆河特大桥水中钻孔灌注桩为桥工区的关键性控制工程。

钻孔桩施工完成后，即进入承台施工的开挖作业阶段，承台施工拟采用钢板套箱施工。待墩台施工出水面后，随即拆除套箱及岛面，进入下一墩台的施工。

3)桩基施工

(1)场地准备

(2)护筒铺设

(3)泥浆循环系统设置及泥浆配制

(4)钻孔

(5)清孔

(6)钢筋笼制作安装

(7)水下混凝土灌注

(8)钻孔灌注桩施工事故预防与处理

4)系梁施工

桩基施工完毕后，测量放样，确定开挖线，开挖基坑，清除桩头泥沙和残渣并凿毛至设计高程，申请桩检，合格后方可进行系梁施工。

系梁钢筋先在加工棚制作成散料，运到现场绑扎，并垫好混凝土垫块。如墩身高度小于8m，直接预埋墩身钢筋，墩身高度大于8m，预埋墩台身连接钢筋。

模板采用定型平面钢模直接以螺栓连接，加固时可利用基坑壁对称支撑和对拉螺杆组合使用。混凝土由拌和站供应，混凝土搅拌车或输送泵运输，串筒或溜槽引导入模，水平分层浇筑，每层30cm左右，用ϕ50mm插入式振动棒振捣密实，浇筑完成后采用保湿法进行养护。

5)墩台身、台帽、盖梁施工

(1)施工前将基顶冲洗干净，修整好搭接钢筋，然后在基底测设墩柱(台身)平面设置。根据设计图布设墩柱钢筋。

立柱模板采用装拼式大块整体钢模，模板用螺栓连接，内夹橡皮(或泡沫)以防漏浆，每75cm间距设对拉螺杆一道，模板外使用ϕ42.8钢管或槽钢作夹具以保证模板的整体性和牢固。模板安装使用汽车吊配合安装，安装前涂刷一层养生脱模剂。在模板外侧用钢管脚手架搭工作平台，周边附设安全网，以确保安全施工。

(2)混凝土采用自动计量拌和站供应，混凝土浇筑采用吊车配吊斗。混凝土浇筑采用分层法连续进行，当自有倾落高度大于2m时采用串筒，以防止混凝土离析。浇筑过程中注意保护未灌部分的模板，以免受混凝土污染而影响外观质量。

(3)墩台帽施工采用“抱箍”支承的现浇托架施工，抱箍与墩柱之间设置无纺布夹层，保护墩柱混凝土，同时可增大摩擦力。支架施工应满足强度、稳定要求，对于现浇支架还应满足变形方面的要求，混凝土在拌和站拌和，吊车配吊斗浇筑。

6）预应力T梁施工

（1）预制场施工

底座施工前，应先实地放样、平整场地、分层填筑和碾压密实，要求地基承载力达到100kPa。底座扩大基础厚60cm，用C20混凝土浇筑，两端部3m范围内加深到90cm，并敷设4层钢筋网。底座厚30cm，用C25混凝土浇筑，施工时应按设计要求设置反拱，并设置活动块用于穿索兜底吊梁，底座内应根据模板加劲脚埋设对拉螺栓孔。底座上口用∠50×50×4mm角钢包边，底板采用$\delta=3$mm钢板与角钢铆焊后磨平，两侧粘贴止水橡胶皮，防止漏浆。底座间用水泥砂浆罩面，并考虑汇水坡度，设置水泥砂浆排水沟，施工期间严禁泡水。

根据施工需要及设备条件，各预制场设置2台跨墩龙门和2台小型场地龙门，并铺设其行走轨道。用跨墩龙门提升预制好的梁至桥上运梁轨道由架桥机安装梁。

（2）梁体预制

①钢筋、波纹管和预埋件安装

②模板制作安装

③梁体混凝土浇筑

④梁体混凝土养护

⑤张拉、压浆、封锚

限于篇幅上①~⑤部分内容省略。

（3）梁体架设

采用跨墩龙门吊起梁到桥面T梁运输轨道的平车上，通过卷扬机拉动平车到落梁桥墩，由架桥机安装到位。

（4）梁连续和体系转换

一联梁吊装完成后，将梁体端部、横隔板侧面拉毛并清洗干净，连接梁端伸出钢筋及横隔板钢筋，布置墩顶部位的负弯矩区预应力钢束。安装墩顶现浇连续段模板，安放永久支座及其上钢板于帽梁支座垫石上，并布置连续段钢筋及桥面板钢筋，然后逐孔浇筑现浇连续段混凝土及墩顶负弯矩区桥面板混凝土，浇筑桥面板混凝土时预留二次张拉千斤顶工作槽，混凝土浇筑完毕后，进行养生，待混凝土达到设计强度95%时，二次张拉桥面负弯矩区预应力钢束及管道压浆，然后通电熔化临时支座，使整个连续段支承于永久支座上，形成结构连续体系，连续顺序由中间向两边。

7）预制预应力混凝土空心板施工

①底座施工

预制场地应整平、碾压密实，并用8~10cm混凝土加以硬化。底座施工前应先实地放样，底座基础采用C20扩大基础，厚度为30cm，每侧襟边为20cm。两端加大开挖深度和平面尺寸，并配钢筋网。底座采用C20混凝土条形座，底部根据模板加劲脚留设对拉螺栓孔，上口以∠50×50×4角钢包边，底板采用$\delta=4$mm钢板与角钢铆焊后磨平，底座两侧粘贴止水橡胶皮。

②空心板梁施工

空心板梁钢筋、波纹管和预埋件安装以及模板制作安装方法类似T梁施工。

浇筑混凝土前由质检员检查模板平面尺寸、接缝、钢筋质量以及各种预埋件等，自检合格后，请监理工程师检查签证方可浇筑。混凝土由拌和站供应，轻型龙门配吊罐或输送泵入模，插入式振捣器振捣。空心板按底板、腹板和顶板水平分层浇筑，尤其是底板要注意振捣的质量，锚下钢筋密集处、底板梁端等为振捣的重点和关键部位。为确保空心板底板混凝土的厚度和密实度，应在底板浇筑并振捣密实后再安放芯模。混凝土浇筑完毕后，顶面混凝土应整平、搓毛，做好混凝土养生。

预制空心板梁预应力施工类似T梁施工。

③空心板安装

空心板安装采用平板车运梁至各桥跨、吊车直接吊装的方法

8）内荆河主桥施工

（1）桩基础施工

待钢管板桩和钢护筒施打完成后，在钢管板桩上搭设钻孔平台。

①钢护筒制作

②钢护筒安设

③钻孔平台

限于篇幅上①～③部分内容省略。

（2）下构施工

①围堰承台施工

②墩身施工

限于篇幅上①～②部分内容省略。

（3）箱梁0号块施工

①箱梁0号块施工

a. 支架安装

预埋钢板，焊接工字钢蝴蝶架作为0号块支架。支架形式见相关施工方案图。

b. 底板安装

测量放样，定出底板平面位置，根据高程安装底板，底模用 $\delta=16\text{mm}$ 钢板作模板，底模两边与侧模接触部分安装一条20cm宽木模板，调整轴线偏差。

c. 箱梁模板制作安装

芯模、侧模使用钢模，钢板厚 $\delta=6\text{mm}$，劲性桁架结构作支撑，桁架与钢模间用联结板联成整体，模板制作精度须满足规范要求，模板安装使用吊车配合施工。

d. 钢筋制作安装

钢筋在钢筋棚内制作半成品，运到主墩下，利用吊车上墩、人工安装，若普通钢筋与预应力筋冲突，普通钢筋让位。

e. 预应力制孔器的安装

竖向预应力钢筋安装时先在预应力钢筋上，外套硬塑管并在管底部预埋通气孔，预应力钢筋张拉后，用砂浆灌浆。纵、横向预应力钢绞线采用波纹管制孔，混凝土浇筑完毕后向波纹管内通水检查其是否漏浆以便及时处理。

f. 混凝土施工

箱梁混凝土采用集中拌和站拌和，输送泵输送。0号块拟分两层两次浇筑，第一次浇至1.2m高处，第二次浇至顶板。每次混凝土浇筑控制在8h内完成。

g. 预应力张拉

箱梁混凝土达到设计张拉强度后，可进行预应力张拉。按行腹板、后顶板，先中间后两边，对称张拉的原则进行，张拉顺序为：0—初拉力→$1.05f_k$→持荷5min→锚固（f_k 为张拉控制力），

预应力张拉采用张拉力和伸长量进行双控。

h. 压浆

张拉完成后24h内进行孔道压浆，压浆用水泥与箱梁水泥相同。

②箱梁1号~6号节段施工

箱梁1号~6号节段采用挂篮施工，对称一次性浇筑，施工方法如下：

a. 挂篮结构

挂篮采用斜拉式挂篮，该挂篮使用液压油缸升降吊带提升，用梢栓加铁楔作安全保护，底板后端中间利用先浇段预留孔用螺栓锚固，两边利用油缸及吊带定位。

挂篮行走系统：挂篮走船下为加工槽钢轨道，内涂黄油以减少阻力，行走时使用液压油缸顶推，两边对称均匀行走，并随时注意纠正偏位，每节行走到位后轴线偏不得差超过5cm，小偏差可在底板两侧用木模调整。

b. 挂篮预压

挂篮预压采用分级加载的方式进行，加载前测量人员在纵梁上做好观测点并读出初始值，每级加载完成后测量高程，并在卸载完毕后再观测一次。对加载观测记录数据进行整理分析。

c. 挂篮分体接长

浇1号节段时，两个挂篮用联结板联在一起，设活动锚固系统，2号节段完成后，拆除挂篮联结螺栓及联结板，分别前移并接长挂篮。

d. 挂篮悬浇混凝土

箱梁悬浇混凝土一次浇筑完毕，其模板、钢筋混凝土及预应力张拉要求同0号节段。施工时应遵循平衡施工原则，挂篮两端对称施工，尽量减小两端荷载差，并及时调整、纠正挂篮轴线偏差。

③箱梁合龙施工

a. 箱梁合龙施工顺序

先施工中跨合龙段，然后浇筑边跨现浇段，再进行边跨合龙，最后完成体系转换。

b. 中跨合龙施工

采用挂篮施工，在合龙段两端焊接劲性刚支撑，安装模板、钢筋，浇筑中跨合龙段混凝土。中跨合龙混凝土浇筑应在设计要求的气温范围内进行，合龙端高程高于设计高程时，在合龙段附近加压，反之则在边跨合龙段附近加压，并尽可能减小中跨荷载。待混凝土达到设计张拉强度后，张拉中跨剩余预应力束，完成中跨合龙。

c. 边跨现浇段及合龙段施工

边跨现浇段采用现浇支架施工，支架形式见相关方案图。模板均采用挂篮悬浇时的模板。

边跨合龙时，将合龙段底模平台与已浇的6号节段进行锚固，混凝土浇筑应在设计要求的气温范围内进行，悬浇段高程高于现浇段时，用水箱注水加压，并尽量减少中孔荷载使合龙段两端高程一致，反之则向相反方向加压，合龙段方向减载使之平衡。待混凝土达到设计张拉强度后，两边跨对称同步张拉。

9）桥面系施工

①桥面铺装

桥面板和桥面铺装的施工间隔时间应尽量缩短，以免两者之间产生过大的收缩差。首先凿毛桥面，并将桥面混凝土及杂质清洗干净。桥面铺装按行车道数分成2幅，逐幅施工。施工前做好测量放样，严格控制高程。混凝土采用输送泵运送，人工大致整平，振动梁纵向移动振捣密实，提浆棒提浆、整平，人工进一步修饰局部缺陷，拉毛器拉毛，麻袋覆盖洒水保湿养生。

②防撞护栏施工

防撞护栏采用专业制作厂家定制的异形钢模。为确保防撞护栏外观平顺光洁，除严格控制混凝土水灰比、坍落度外，混凝土浇筑时，采用水平分层斜向浇筑。第一层顺向浇筑至防撞墙转折处后，再回头浇筑第二层至设计高程。混凝土浇筑时要注意浇筑振捣厚度控制在30cm以内。

7. 重点（关键）和难点工程的施工方案、方法及其措施

本合同段的软基处理施工、石灰土填筑和构造物两侧缺口填筑作为重点工程和难点工程，其施工方案、方法如下：

1）软土地基处理

（1）塑料排水板施工

①施工准备；

②摊铺下层砂砾垫层；

③机具就位；

④施打塑料排水板；

⑤摊铺上层砂砾垫层。

上层砂砾垫层采用机械分堆摊铺法施工，采用轻型压实机具碾压密实。

（2）粉喷桩施工

①施工准备；

②试桩；

③钻机就位；

④钻杆下沉钻进；

⑤上提喷灰强制搅拌；

⑥复拌；

⑦钻机移位及桩体养护。

（3）铺设土工格栅

①土工格栅下的路基应平整，在铺设前应清扫路基顶面，严禁有碎、块石等坚硬凸出物。

②铺设时，应将强度高的方向置于路堤横断面方向，一端用$\phi6$钢筋制作的U形钉按1.5m间距固定在路基上后，在另一端沿路线中线方向人工张拉至格栅产生1%～2%的伸长率后，再用U形钉固定（间距为1.5m），不得出现皱折或波浪，中间部分用U形钉按1.5m×1.5m间距加密。土工格栅横向按30cm宽搭接，搭接面和自由端均用U形钉锚固。

③铺设土工格栅时，应在路堤两边各留2m的回折锚固长度，回折覆裹在压实的填料面上，应平整顺适，外侧用土覆盖。

④土工格栅铺设后应及时填筑填料，以避免受阳光过长时间的暴晒，防止老化，铺设完毕尚未填土前，应禁止车辆和机械通行。

⑤土工格栅上第一层填料铺筑时，首先用自卸汽车沿土工格栅两侧边缘后退卸料，并用装载机人致摊铺、整平，形成运土的交通便道，然后在已摊铺完毕的土面上卸料，卸十后应立即用装载机向中部摊铺推进。填料用平地机整平，轻型压实机具碾压密实。只有填筑压实的垫层厚度大于0.6m后，才能用重型压实机械压实。

（4）铺设土工布

土工布应横向铺设，可不必绷紧，但也不要折皱、扭曲。土工布沿路线方向的搭接方向应与其下填料的推进方向相反，相邻土工布间的搭接长度不应小于30cm。为避免已铺好的土工布长期曝晒，土工布铺设好应尽快填筑第一层填料，间隔时间不宜过长。如必须延长时间时，土工布上应铺30cm土保护，同时禁止施工车辆在土工布上行驶。

(5)CFG桩施工

①CFG桩施工前进行试桩、工艺试验和桩位放样。通过试桩确定材料配比，工艺试验结合工程桩进行，试验过程中注意观测新打桩对未硬结和已硬结的已打桩的影响。

②CFG桩钻机就位，钻进过程中应随时校正位置，使沉管垂直对准桩心，保证CFG桩垂直度容许偏差不大于1%，平面差不大于15cm。沉管过程中作好记录，激振电流每米记录一次，对土层变化应特别说明，直至沉管至设计高程。

③待沉管至设计高程后尽快投料，直至管内混合料面与钢管投料口平齐。混合料应严格按设计配比配制，投入搅拌机加水拌和，加水量由坍落度控制，坍落度为30～50mm，碎石和石屑含杂质应小于5%。成桩后桩顶浮浆不超过500mm。

料投完后，沉管应原地留振10s左右，然后边振边拔管。拔管速度应控制在1.2～1.5m/min左右，在淤泥层中应放慢速度。施工桩顶高程宜高于设计高程0.5m。

④桩施工时应隔行隔桩跳打，相邻桩施工时间间隔大于7天。采用从中心向外或从边向另一边推进的方案 。为防止缩颈、断桩及桩身强度不均，CFG桩沉管时间宜短，控制拔管速度，不允许反插。

⑤施工过程中，注意地面隆起及桩顶浮浆情况，必要时进行桩体静压。

⑥CFG桩地基加固完成7天后，开挖至设计高程，截去保护桩长(加固小型结构物地基时，桩顶设50cm保护桩长)后铺设褥垫层。褥垫层铺设时先铺设20cm厚碎石，再沿路基纵向铺设一层双向土工格栅，最后再铺设一层10cm厚碎石，褥垫层两侧以片石护砌。CFG桩施工完成28天后，方可填筑路基。

2)石灰土填筑

(1)加强石灰剂量控制。在施工前根据计划填筑量按质量比计算出石灰用量，施工中严格按计算用量进行掺配，并充分拌和均匀，在碾压前应按规范规定的频率进行石灰剂量检查，对剂量不足的地方应补灰，并拌和均匀。

(2)加强土的粉碎和拌和的均匀性。用推土机推、耙、压破碎土块，控制土块粒径在5cm以下。采用路拌机进一步破碎和全面拌和，保证石灰与土拌和均匀，避免出现素土夹层和大块集中区。

(3)加强碾压厚度控制。碾压厚度控制在路拌机拌和深度以内，同时碾压厚度不得大于25cm，保证石灰土在厚度方向的均匀性和密实度。

(4)加强排水设施的维护，减少水分的浸泡。由于雨水的侵入，路基会出现表面隆起、膨胀，因此雨后要及时复压，对保证路基密实度也很有必要。

(5)加强石灰土路堤的养护。各层碾压完毕后，应适当洒水养护，以利强度增长和减少收缩裂缝。

(6)膨胀土路堤各层必须全断面一次性填筑，避免产生裂缝。对于路堤不均匀沉降或缩裂等原因在填筑层表面产生的裂缝，应及时采用灌浆处理，防止水分浸入路堤。

3)构造物两侧缺口填筑

桥涵及其他构造物处的填筑是路基施工中关键工作之一，为了保证填筑质量，我们将在各道路工区组建台背回填专班，采用专门的机具，严格按以下要点挂牌施工：

(1)在回填前，彻底清除台背回填区的建筑垃圾，检查基础回填质量，如存在问题，应进行处理，保证给回填料提供坚实的支撑。

(2)桥涵台背采用7%石灰改良土填筑，本合同段肋式桥台软土地段填土应在预压完成后反开挖。

(3)结构物回填处顺路线方向应按设计或规范规定的长度挖成台阶，经监理工程师检查后分层回填，分层松铺厚度控制在15cm左右，并在桥台背墙或明显地方标明高度逐层填筑、逐层碾压，密实度应符合招标文件或规范要求。

(4)回填材料尽量采用压路机进行压实，压路机碾压不到的地方采用手扶式振动夯夯实。

(5)回填处如有泄水孔或其他构造时，一定要按照设计要求设置碎石、粗砂或砾料层，以便达到泄水孔处过滤作用。

(6)回填钢筋混凝土圆管涵时，必须注意两边对称同时进行，直至管顶，特别夯实区要特别注意夯实质量，要做到无漏压、无死角。

(7)回填钢筋混凝土盖板涵时，只有在盖板安装完毕后才能两侧对称回填。

(8)对于圆柱式或肋板式桥台的台背回填，应内侧、外侧和锥坡同时分层填筑。重力式桥台台背和锥坡填土应同时进行，并严格按设计做好排水设施。

(9)桥头锥坡应在引道地基沉降基本稳定或预压结束后进行，以避免由于沉降导致锥坡裂缝变形。

(10)对于肋式台台尾处，台背回填需按设计设计高度铺设5层双向土工格栅。土工格栅与台背用M12膨胀螺钉及扁钢联结，桥台砌筑时应使台背及翼墙内侧表面规则平整。

8. 冬季和雨季的施工安排

1)总则

(1)整个项目的施工计划实行宏观调控，不适宜在冬季、雨季施工的项目安排提前或滞后施工，以避开不利季节，因工程需要必须在冬季、雨季施工的项目采取必要的防冻、防洪措施，以保证施工的连续性。

(2)积极与当地气象部门取得联系，随时掌握气候变化情况，及时对施工的工程采取必要的防护措施，做好备料工作。

(3)冬季施工要注意结构圬工的养护，必要时加防冻剂和采取保温措施，保证施工生产的正常进行。

(4)对职工的休假进行宏观控制，统筹安排，分期分批休假，保证施工现场有足够的人力投入施工。

(5)冬雨季施工体系见图5-3。

2)冬季施工技术组织措施

虽然一般的工程在低温施工时，会增加工程成本，但也有些工程的成本受季节性影响较小，甚至在低温施工，还可改善施工条件，节省投资。施工安排应根据工程特点，尽可能把不同特性的项目，分别安排在最适宜的季节施工。为了保证工程质量和施工进度，减少冬季对施工的影响，项目部特成立冬季施工领导小组，并编制指导冬季施工的实施性施工组织设计。

3)雨季施工技术组织措施及方案

(1)施工项目安排

①大规模土方施工尽量不安排在雨季施工。

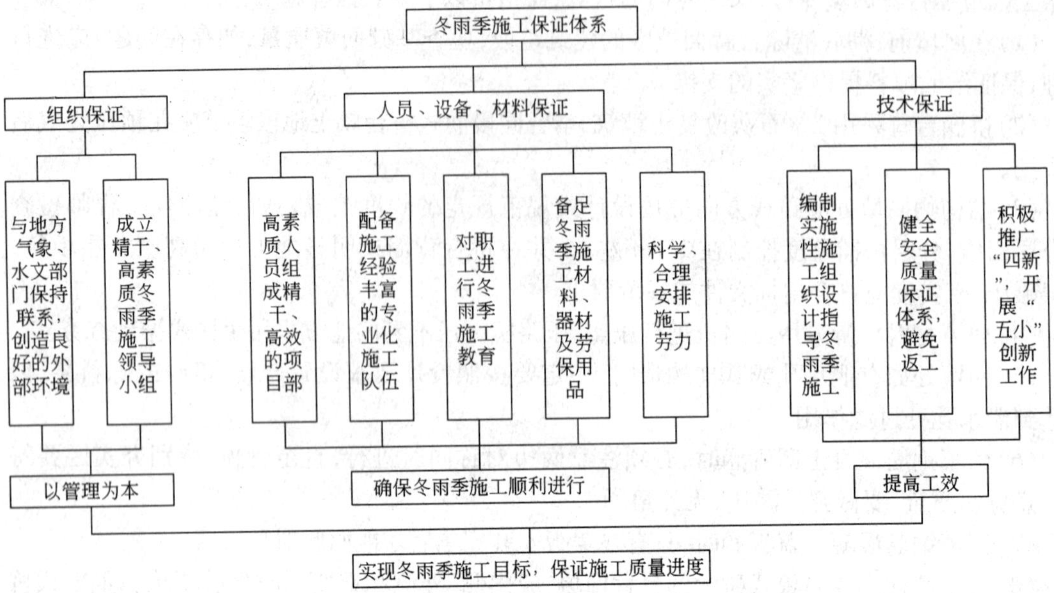

图 5-3　冬雨季施工保证体系框图

②雨季可安排结构物施工。

(2)施工注意事项

①详细调查并掌握气象、水文资料，随时检查已施工的结构物安全。出现险情隐患及时采取强有力的措施消灭，并做好施工中的临时防护措施。

②已开工地段在雨季来临前做好防排水工作，涵洞、边沟、截水沟、排水沟有条件的必须在雨季前施工完毕，保持现场排水设施的畅通。

③雨季填筑路堤时，应随挖、随运、随填、随压，每层填土表面应做成4%双向排水横坡，并在雨前和收工前将铺填的松土碾压密实。

④对影响施工的运输道路，进行必要的改善、整修和加固。

⑤对主要材料工具要估计在雨季期间的储备量，并增建必要的防雨防洪设施。

⑥在标段内河流洪水位以下的材料、活动房屋及机械设备，雨季前均搬移到最高洪水位以上的处所。

⑦雨季前对职工进行雨季施工和防洪抢险的教育。

4)防汛排涝措施

本工程沿线为蜂窝盒蝶状的典型的江汉平原，湖垸微地貌地形，每年梅雨季节垸内河满，同时又是外江汛期，因此在施工过程中应认真做好防汛排涝工作。

(1)制订各种详细的防汛排涝预案，制订切实可行的措施，包括组织机构设置、设备器材和物资准备，紧急状态下的行动措施等。

(2)在施工期内与湖北省及当地气象、水利、防汛等有关部门建立并保持经常性的联系，接受和严格执行有关规定和指示。

(3)防汛排涝物资与相应设备储备充足，不得挪用，抽水机等设备保证配件数量，并有备用抽水机。

(4)防汛排涝实施统一领导、统一调度。

四、各分项工程施工顺序

各分项工程施工顺序应遵循的原则如下：

①各分项工程施工顺序的安排必须满足总工期的要求。

②对影响重点工程施工的工程，先行突击施工，同时加强质量的管理与控制。

③先行工程的施工进度应满足后续工程作业的要求。

(1)路基土石方

进场后，首先拉通主线施工便道和取土场的运输道路，然后全面进行地面附着物清除、场地清理、软土地基处理。基底检验合格后，即可安排路基填土作业。

总的施工顺序为：测量放线→开挖临时排水设施→排水→场地清理→清淤和软基处理→填前碾压→水平分层填筑→刷坡→防护→排水沟。

(2)防护及排水工程

浆砌和混凝土圬工先行安排施工，喷播草籽护坡待适宜草籽生长季节全面安排施工。

防护与排水工程按照路基施工进度安排施工，防护工程在分段路基施工完后及时施工，并及时完善排水设施，其施工顺序是：施工测量放样→清理坡面或开挖基槽→检验→浆砌(或其他形势的防护与排水)→养护→检查验收。

(3)桥梁工程

首先安排桥梁拌和场和预制场的修建，以及大桥基础部分施工，桥梁墩台、盖梁根据基础完成情况紧跟施工；梁体预制、安装、结构连续根据墩台身完成情况逐步进行；桥面铺装及附属工程待梁体安装、结构连续完成后再进行施工。

(4)涵洞工程

在本项目开工后，应全面展开低洼地段的圆管涵施工，保证施工排水和农田灌溉。有计划的安排其他段落的通道和涵洞施工，确保填方作业面不被正在施工的人工构造物分割得太碎而影响土方机械化施工。

盖板在预制场集中预制，用平板车运到各工点吊装。通道和盖板涵背后回填在盖板安装和洞内工程完后进行；圆管涵的回填在管节两端基础混凝土和端墙施工完后进行。

按照弹性变形值确定挂篮施工过程中弹性变形预留值。

五、工期保证体系及保证措施

充分发挥我公司各专业工种配套齐全、机械化施工水平高及现代化科学管理的优势，在合理布局、统筹安排、突出重点、全面展开的原则下，抓住有利季节不断掀起施工高潮，高质量、高标准地严格按施工组织设计的工期全面完成本标段的施工任务，详见图5-4工期保证体系框图，具体措施如下：

(1)成立精干、高效的项目部，配足经验丰富的专业化施工队伍和精良的设备，提高组织管理水平和施工能力。

(2)合同签订后，立即组织队伍、设备进场，做好开工前的准备工作。

(3)采用网络技术，搞好计划管理，在工、料、机安排上做到保证重点、兼顾一般，协调好各项目的顺序衔接，保持均衡生产。

(4)施工过程中，加强工作指挥与协调，定期召开工程分析会，依据存在的问题及时调剂劳动力、设备和器材，保证施工顺利进行。

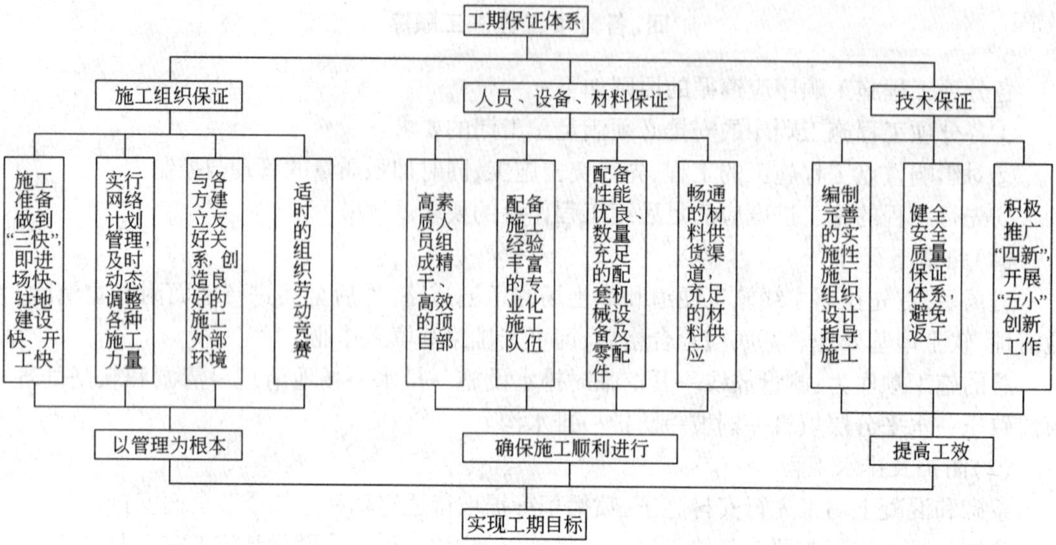

图5-4　工期保证体系框图

(5)加强材料采购管理,备足雨季、节假日施工用料,特殊材料提前订购,保证施工生产需要。

(6)采用先进设备和技术,加快施工进度。

(7)处理好质量、进度和安全的关系,开展全面质量、安全管理,提高工程质量,减少事故,避免窝工。

(8)开展目标管理,搞好经济承包:包任务、包成本目标、包工期、包安全、包工程质量、包环境保护,落实政策,奖惩兑现,提高全体职工的主动性和创造性。

(9)适时地组织劳动竞赛,不断掀起施工高潮。

(10)创造良好的施工环境,确保施工顺利进行。

六、工程质量管理体系及保证措施

1. 质量管理体系

建立健全质量保证体系,项目经理部成立质量管理领导小组,由项目经理任组长,总工程师任副组长,负责全项目质量领导工作;项目经理部设质检部负责全项目日常质量管理工作,质检部配2名专职质检工程师,各工区各设2名专职质检员,负责质量监督、检查和各项检验工作,配备数量够、精度高的质检仪器和设备,并配备质检专用车。质量检查体系独立工作,质量检查人员有质量否决权和验工签证权。定期召开质量分析会,虚心听取设计人员、监理人员的意见,发现问题及时纠正,并制定改进措施,推动和改进质量管理,做到"横向到边、纵向到底、控制有效"。施工中加强自检、互检和交接检工作,并将质量管理工作与内部经济效益挂钩,确保创优目标的实现。详见图5-5质量保证体系框图和图5-6技术工作管理体系框图。

质量保证体系中主要人员职责如下:

(1)项目经理

①项目经理是第一质量负责人,负责制定质量方针、质量目标,建立质量保证体系。

②与下属各质量责任部门和工区签订质量目标责任状,制定奖罚条例。

(2)项目总工程师

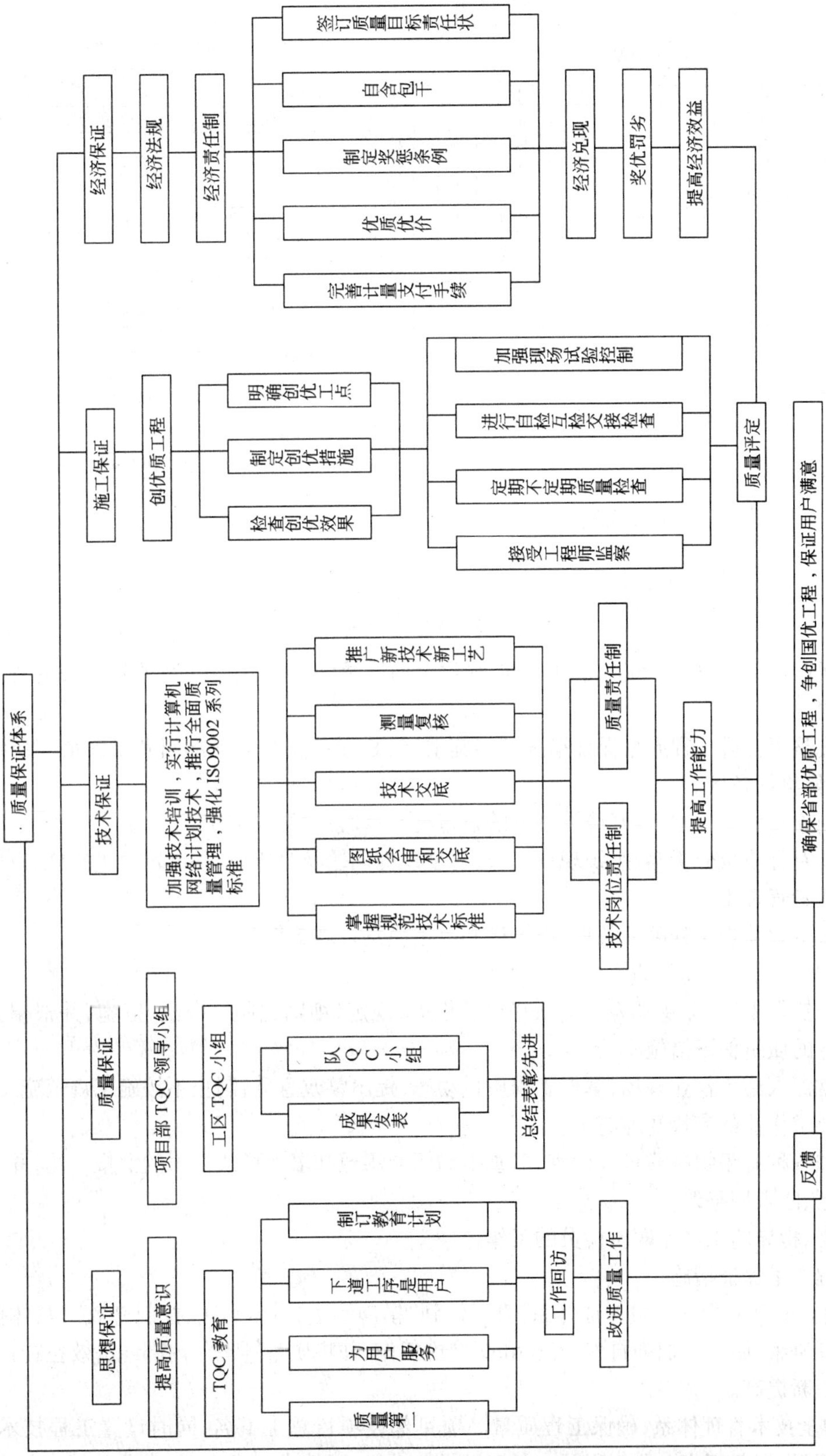

图 5-5　质量保证体系框图

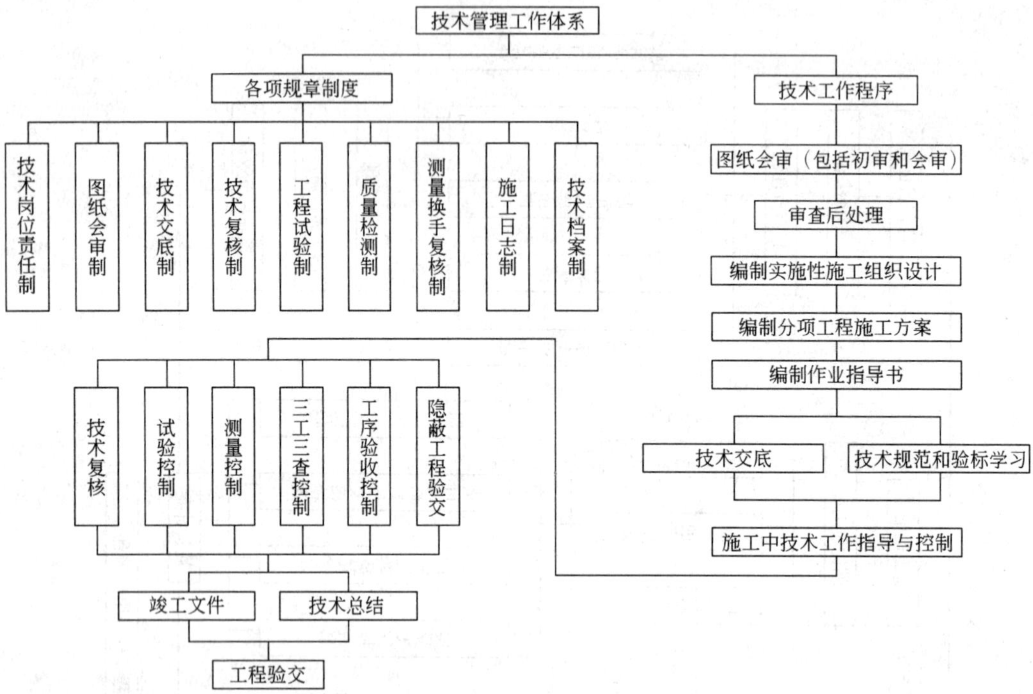

图5-6　技术工作管理体系框图

①全面推行ISO9002—2000系列标准，强化全面质量管理，制订与工程质量有关的各业务部门工作职责。

②负责整个标段工程质量保证措施的实施情况，督促各质量责任部门和工区落实质量措施，执行质量奖惩条例。

③编制项目质量计划，做好设计图纸的自审、会审和技术交底工作。

④定期召开质量分析会，组织现场检查，对发现的问题及时研究，并制定改进措施，以此推进和改进质量管理工作。

⑤虚心听取监理工程师的意见，以推进和改进质量管理工作。

(3)专职质检工程师职责

①贯彻执行上级、业主颁发的有关条例 、规则、规定、细则、制度、办法、措施，并根据其要求制定详尽的质量保证措施。

②经常深入施工作业现场，掌握工程质量动态，提出整改意见，制止不按施工规范施工，对不按质量要求作业的有权暂停施工。

③参加各种有组织的质量大检查，对查出的问题用通知书等形式及时的上报下达，并要求违章施工区、队限期整改。

④监督、指导施工区专职质检员的工作。

2.工程质量保证措施

(1)建立健全完善的质量保证体系，真正做到“横向到边、纵向到底、控制有效”，具体措施真正落实到班组，施工中加强自检、互检和交接检工作，并将质量管理与内部经济效益挂钩，促进质量的不断提高。

(2)健全技术管理体系，确保工程质量。项目部设项目总工1名，同时设置工程技术、质检等业务部门，配备相应专业工程师。各工区设技术组，配技术负责1名，专业技术人员2～4

名。实行技术工作统一领导，分级管理，划分各级技术管理权限，明确各级技术负责人的职责。

(3)加强技术管理，做好设计文件审核，认真进行施工调查和现场核对，编制实施性施工组织设计，并在施工中不断优化，对重点、难点工程编制作业指导书指导施工。加强技术培训，做好技术交底，推行标准化、程序化作业，把工程质量建立在科学可靠的基础上。

(4)提高全员质量意识。坚持"百年大计，质量第一"的方针，强化各种形式宣传教育；队伍进场后，实行分项分工序专项质量意识教育，做到人人明白质量目标，个个清楚质量标准。

(5)根据质量目标提出的各项指标，从项目部到工区、队、班组步步分解成工作指标、管理指标、各项保证指标和操作指标，层层抓落实，保证各项指标的实现，确保质量总目标。

(6)严格执行各种技术管理制度，如"技术岗位责任制"、"图纸会审制"、"技术交底制"、"技术复核制"、"技术档案制"和"测量换手复测制"等，使技术管理标准化、规范化，确保工程质量。

(7)建立健全各项质量管理制度：实行"三工三查"制，任何分项工程都要进行工前交底、工中检查指导和工后总结评比，并做到自查、互查、交接检查。坚持施工过程中的"五不施工"和"三不交接"，"五不施工"即未进行技术交底不施工、材料无合格证和试验不合格不施工、建筑物未经复测不施工、隐蔽工程未经监理工程师检查签证不施工、图纸和技术要求不清楚不施工。"三不交接"是无自检记录不交接、未经质检人员验收不交接、施工记录不全不交接，详见图5-7工程质量检验流程图。

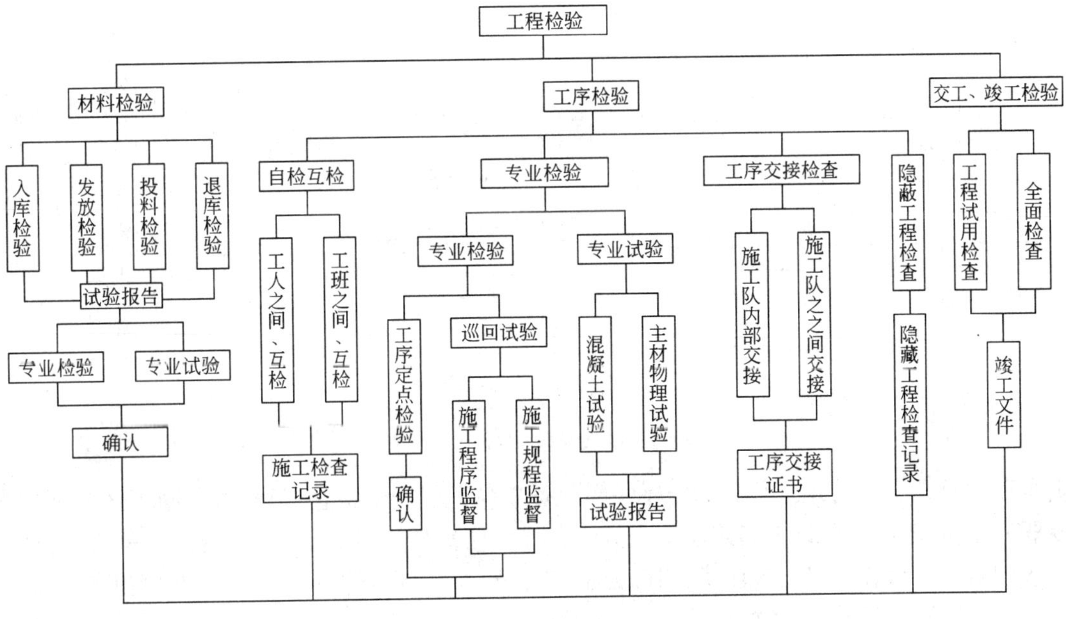

图5-7 工程质量检验流程图

(8)严格实行质量终身责任制。认真贯彻国务院办公厅国办发[1999]16号《国务院办公厅关于加强基础设施工程质量管理的通知》精神，严格实行质量负责制和质量终身责任制，实行企业法人代表、项目负责人、各级技术人员及工班负责人对工程质量负相应责任，层层签订质量责任书，做到责任落实到位，使各级指挥人员在实施组织指挥中始终坚持"质量第一"的方针，确保工程质量。

(9)实行物资、设备采购供应责任制，把好进货和验收质量关，收货时对材料和设备进行严格的质量检查验收,拒绝接收不符合要求的材料和设备。

(10)严格计量测试工作,坚持测量复核制度和换手复核制度,严把材料关,按规定对原材料、半成品、成品进行检验和试验,杜绝不合格产品进场。所有工点混凝土、砂浆均采用重量比计量,机械拌和,各预制场均采用自动计量拌和站拌制混凝土。

(11)以人为本,遵规守纪,使各项质量管理制度转化为各级管理人员和全体职工的自觉行动,使本工程真正形成"开工必优、一次成优、全面创优"的好局面。

(12)虚心接受业主、监理的意见,积极改进质检工作。

(13)建立实施奖惩制度。

七、安全生产管理体系及保证措施

1. 安全管理体系

施工安全是各项工程顺利进行的保障。为了确保安全目标的实现,我们建立了强有力的安全生产管理体系(详见图 5-8 安全管理体系框图),项目部成立安全管理领导小组,由项目经理任组长,项目副经理任副组长,负责全项目安全领导工作;项目经理部设安全环保部负

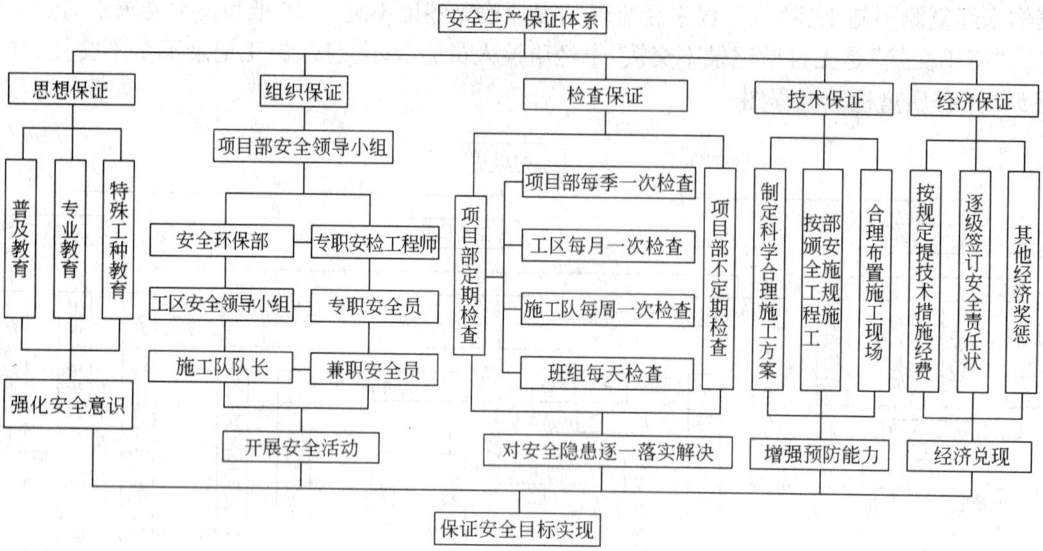

图 5-8 安全生产管理体系框图

责全项目日常安全管理工作,安全环保部配备 2 名专职安全检查工程师,各施工区各设 2 名专职安全员,各施工队设 1 名兼职安全员。实行岗位责任制,把安全生产纳入竞争机制,纳入承包内容。逐级签订安全责任状,明确分工,责任到人,做到齐抓共管,抓管理、抓制度、抓队伍素质,盯住现场,跟班作业,抓住关键,超前预防。

2. 安全生产保证措施

1)落实安全生产管理体系主要人员职责

安全保证体系主要人员职责如下:

(1)项目经理

①在总公司的领导下,全面负责本标段的日常安全作。

②制定安全保障组织机构,制定安全措施及奖惩制度。

(2)项目副经理

①在项目经理的领导下，全面落实本标段的日常安全工作。

②监督检查项目部贯彻执行国家安全生产的政策、法规以及上级和业主颁发的条例、规则、规定、细则、制度、办法、措施以及开展安全活动等情况。

(3)专职安全检查工程师职责

①根据业主要求，制定详尽的安全施工措施，并监督检查执行情况；

②经常深入施工作业现场，掌握安全动态，提出整改意见，制止违章作业和违章指挥，遇到险情或危及人身安全时，有权暂停生产或指挥作业人员撤离险区，并立即报告给有关领导处理。

③参加各种有组织的安全生产检查，对查出的问题用通知书等形式及时的上报下达，并要求违章施工区、队限期整改。

④监督、指导施工区专职安全员的工作。

⑤总结安全生产经验教训并推广落实。

2)加强安全生产教育，提高员工安全意识，组织好安全培养；

3)严格执行安全生产的有关法律法规，特别强调严格执行《公路工程施工安全技术规程》的规定要求；

4)结合工程实际和需要制定安全技术措施、劳动卫生技术措施、个人保护措施等，并分层次进行交底；特别要注意抓好各项“操作规程”的实施，严格督检；

5)制定安全生产应急预案；

6)制定安全生产奖惩制度。

八、环境保护、水土保持保证体系及保证措施

1. 环境保护

根据国家“全面规划、合理布局、综合利用、化害为利、依靠群众、大家动手、保护环境、造福人民”的环境保护工作方针，施工期间严格遵守国家和地方所有关于控制环境污染的法律和法规，采取有效的措施防止施工中的燃料、油、沥青、化学物质、污水、废料、垃圾和弃方等有害物质对河流、水库的污染，防止扬尘、噪声和汽油等物质对大气的污染，在居民生活区的施工，一般情况下把作业时间限定在6:00~22:00时，避免深夜间作业。

1)环境保护体系

详见图5-9环境保护体系框图

2)环境保护技术组织措施及方案

(1)制定本项目环境保护计划，严格施工管理，创标准化施工现场。施工前做到全员教育，全面规划，合理布局，为当地居民创造和保持一个清洁适宜的生活和生产环境。

(2)项目经理部安全环保部设环保工程师负责日常环境保护工作，与当地有关部门经常联系，针对工程特点，对工区提出施工过程中环保要求，定期进行环保检查，对出现的问题逐一落实解决。

(3)防止大气污染措施

①现场临时道路采用泥结碎石路面，并注意及时洒水，防止道路扬尘。对学校、医院、居民集中区等敏感地点，在干旱大风天气加强洒水，每隔2h洒水一次。

②水泥等粉细散装材料，采取室内存放，运至工点后用篷布遮盖，卸运时采取必要措施，减少扬尘。

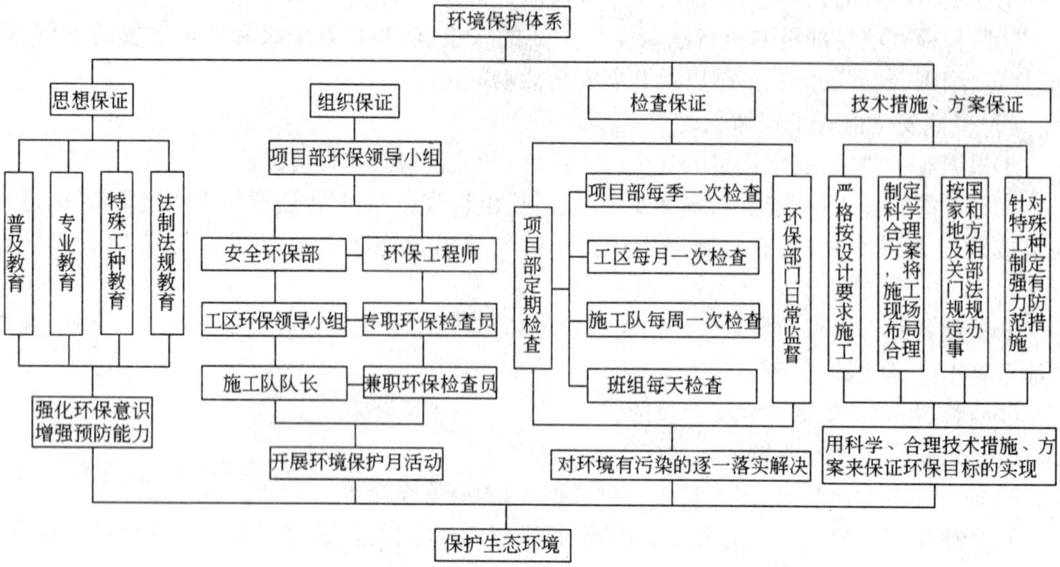

图 5-9　环境保护体系框图

③施工现场设置搅拌设备时,安设除尘装置。

④施工垃圾及时清运,适量洒水,减少扬尘。

(4)防止水质污染措施

①凡需进行混凝土、砂浆等搅拌作业的现场,必须设置沉淀池,使清洗机械和混凝土输送泵、管的废水经过沉淀后,方可排入污水管线,亦可回收用于洒水降尘。

②凡施工、生活产生的污水,必须控制污水流向,防止蔓延,并在合理的位置集中处理,不可直接排入水中。

③现场存放油料的库房,必须进行防渗处理,储存和使用都要采取措施,防止跑、冒、滴、漏,污染水源。

④施工营地设置化粪池,并对其进行定期的清理。

⑤桥梁施工机械和船只要严格排查,防止油料泄漏,严禁将废油排入水中。

⑥油料和化学品不得堆放在民用水井及河流湖泊附近,且用帆布遮盖,防止暴雨冲刷而进入河、湖水中。

(5)施工中生态保护措施

①对施工工人进行保护动植物的教育和培训,明确保护责任。

②根据要求,对施工场地内的特殊意义的树木及野生动物生长环境进行保护。

③按照设计要求认真做好绿化工作。永久用地范围内裸露地表用植被覆盖,临时用地要进行复耕,裸露部分要植草或种树。施工过程中,对管内的树木、农田、果林注意保护。

④在本工程施工中和完工后,对破坏的环境要及时整治,防止水土流失 和适时进行路线两侧的植被恢复,接受各级环保部门对本工程环境保护工作的日常监督管理。

2. 水土保持措施

1)水土保持体系

详见图 5-10 水土保持体系框图。

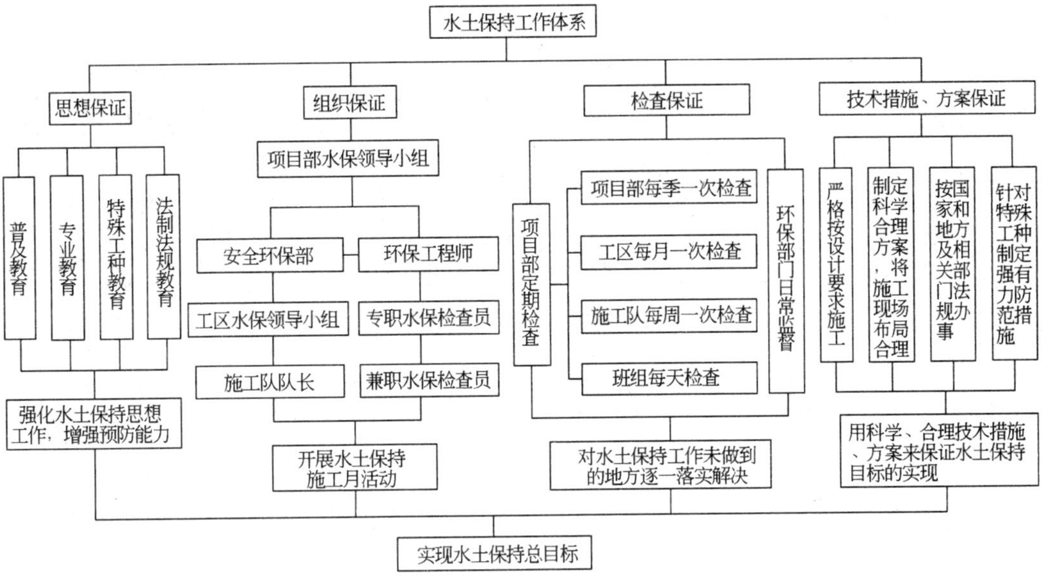

图 5-10　水土保持工作体系框图

2）水土保持工作的组织措施及方案

（1）遵照国家《水土保持法》和本标段水土保持的要求，制定本项目水土保持计划，严格施工管理，开展文明施工，创标准化施工现场。施工前做到全员教育，全面规划，合理布局。

（2）施工期间始终保持工地的良好排水状况，修建一些临时排水设施，并与永久性排水设施相结合。

（3）采取必要措施防止工地及河流、水道或排灌系统的堤坡底岸的土壤受到冲刷，并保证在河流、渠道和排灌系统中不产生淤积。

（4）路基填筑取土按设计指定的位置、面积、取土深度进行施工，所形成的取土坑要求坑底平顺，坑的边坡稳定。在水田取土应据地形控制挖深，以利于平整恢复水田复耕，取土量较大时应扩大取土场面积，减少取土深度，保证取土后平整恢复成水田。

3. 缺陷责任期内对工程的修复及维护方案

在缺陷责任期内，一旦接到需修复与维护的通知，我公司将根据工程的情况立即组织相应人员，机械设备与材料进场对有缺陷的工程进行维修，直到满足规范要求为止。

九、文明施工、文物保护保证体系及保证措施

1. 文明施工体系

文明施工保证体系框图见图 5-11。

2. 文明施工措施

（1）加强宣传活动，统一思想，使广大干部职工认识到文明施工是企业形象、队伍素质的反映，是安全生产的保证，是工程优良、快速施工的前提，增强文明施工和加强现场管理的自觉性。

（2）项目经理部内由一名副经理专门负责文明施工管理工作，与当地有关部门经常联系，针对工程特点，对工区提出施工过程中文明施工要求，定期进行检查，查纠不足，严格奖惩。

（3）深入了解当地的风俗民情、民风、民俗，爱护群众，保护群众利益。坚持互助互利的原则，充分调动地方群众的积极性，发挥地方人力、物力的优势，带动当地经济发展。

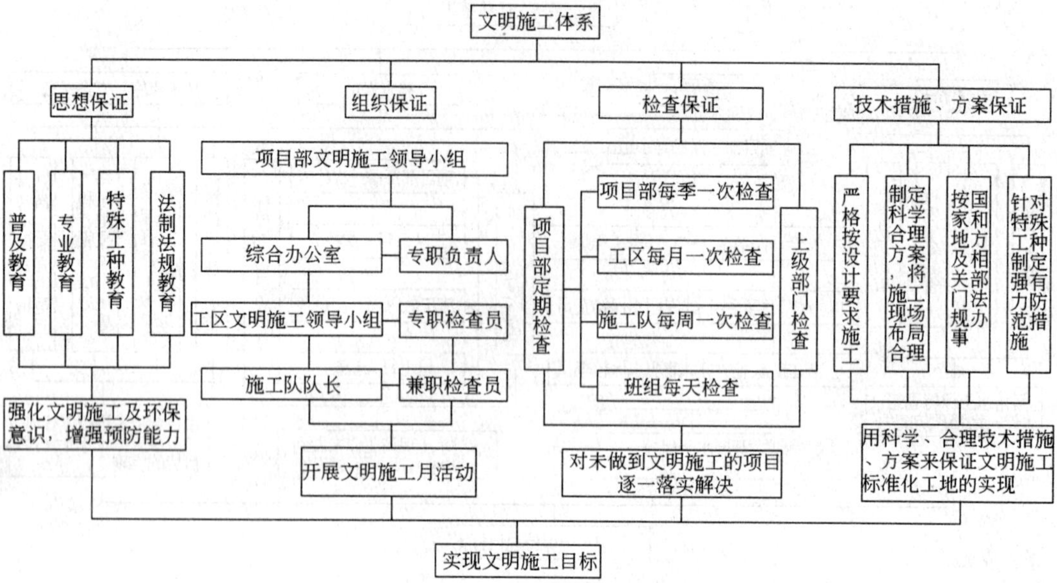

图 5-11 文明施工保证体系框图

(4)严格施工管理,开展文明施工,创标准化施工现场。施工前做到全员教育,全面规划,合理布局,化害为利,为当地居民创造和保持一个清洁适宜的生活和生产环境。

(5)施工现场做到布局合理,材料定位堆置,机具进出场有序,路沟畅通,管线齐全,生活设施清洁文明,施工安全有序。

(6)施工现场各类标牌、安全警示牌和宣传标语齐全,所有进入工地的施工人员必须挂牌上岗,并配带安全保护用品。

(7)机械设备停放有序、保持清洁,施工机运车辆在道路上行驶要遵章守纪,文明驾驶,礼让三先,保证交通安全和施工安全。

(8)施工营地建设按批准的布置图进行施工,使其符合消防、环保和卫生要求,做到排水畅通,生活用电符合规定,生活垃圾按规定及时处理。各种娱乐设施,文化活动场所设置简朴齐全,并设专人管理,使施工人员有良好的生活环境。

(9)经常对工人进行法律和文明施工教育,严禁在施工现场打架斗殴及进行黄、毒、赌等非法活动。

(10)积极配合业主搞好地方关系,决不出现施工内容以外的纠纷。

(11)工程竣工后,及时拆除一切临时设施,并将工地及周围环境清理整洁,对临时用地及时复耕。

3. 文物保护

(1)文物保护保证体系(图 5-12)

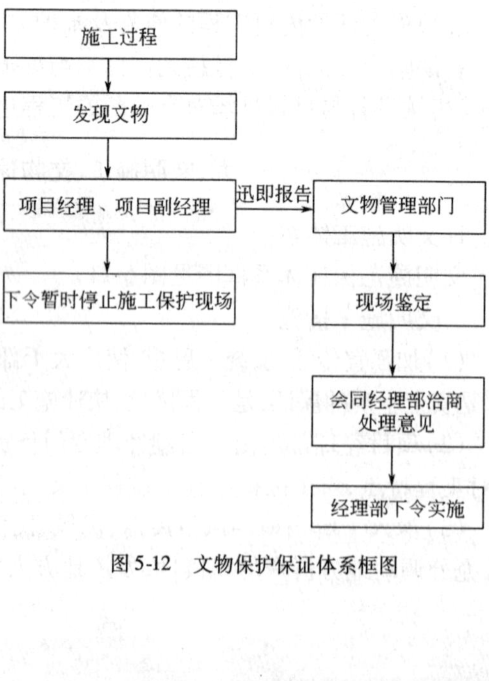

图 5-12 文物保护保证体系框图

(2)文物保护保证措施

①对施工人员加强文物保护教育,提高文物保护意识;

②执行国家有关文物保护的法律法规;

③调查研究,收集资料,了解施工现场是否可能出现文物的情况;

④对施工现场现有文物如因施工将受到危及时,应征求文物管理部门的意见,争取有效保护措施;

⑤建立施工过程中发现地下文物的暂停施工与迅急报告制度,并按国家有关文物保护的相关规定报告文物管理部门,并妥善处理。

十、项目风险预测与防范,事故应急预案(略)

十一、其他事项的说明(略)

理解应用实训思考题

一、问答题

1. 投标前需要掌握信息的主要内容是哪些?
2. 选择投标项目应考虑的原则是什么?
3. 建立投标工作机构的主要任务是什么?
4. 投标中可以采用哪些策略? 它们各自的适用条件如何?
5. 什么叫不平衡报价? 哪些情况下采用此方法?
6. 业主对投标单位进行资格预审应包括哪些内容?
7. 对招标文件的研究主要包括哪些内容?
8. 在哪些情况下可以采用多方案报价?
9. 施工投标的基本程序如何?
10. 简要叙述报价编制的程序与步骤。

二、单项选择题

1. 投标资格的取得形式一般有(   )。

A. 资格预审和资格后审　　B. 资格免审和资格必审

C. 资格全审和资格部分审　　D. 资格审查

2. 成立专业投标机构一般要做到三落实,即组织落实、成员落实和(   )。

A. 政策落实　　B. 经费落实

C. 分工落实　　D. 纪律落实

3. 下列(   )不属于报价技巧。

A. 扩大标价法　　B. 多方案报价法

C. 突然袭击法　　D. 冒险投标法

4. 投标按性质分可分为(   )。

A. 风险标和盈利标　　B. 保险标和保本标

C. 盈利标和保本标　　D. 风险标和保险标

5. 承包人采用“以廉取胜”的投标策略时，其前提条件是(　　)。

A. 具有良好的社会信誉　　B. 缩短施工工期

C. 提出对设计的改进建议　　D. 保证施工质量

6. 投标文件一般情况下(　　)附带条件。

A. 都带　　B. 不能带

C. 上级批准可带　　D. 部分可带

7. 在公路建设工程招标中，承包商现场考察的费用由(　　)承担。

A. 业主　　B. 承包商

C. 监理单位　　D. 业主和承包商共同

8. 某省高速公路扩建工程，有甲、乙、丙、丁、戊五家单位参与投标，根据招标投标法的有关规定，下列说法正确的是(　　)。

A. 招标人有可能直接决定中标单位

B. 开标时由不同的投标人拆封自己的标书

C. 开标应由招标人主持

D. 开标时发现乙的投标文件没有密封，但若有三家投标单位同意，则该投标文件有效

9. 根据《中华人民共和国招标投标法》的有关规定，评标委员会完成评标后，应当(　　)。

A. 向招标人提出口头评标报告，并推荐合格的中标候选人

B. 向招标人提出书面评标报告，并决定合格的中标候选人

C. 向招标人提出口头评标报告，并决定合格的中标候选人

D. 向招标人提出书面评标报告，并推荐合格的中标候选人

10. 公路建筑安装工程费包括建筑工程费和安装工程费，其中安装工程费是指为安装(　　)的费用。

A. 混凝土预制构件　　B. 钢结构工程构件

C. 营运、养护、管理所需设备　　D. 施工机械、设备

11. 按我国现行规定，公路工程各项费用中的直接费由(　　)组成。

A. 人工费、施工管理费、施工机械使用费

B. 人工费、材料费、计划利润

C. 人工费、材料费、施工机械使用费

D. 人工费、材料费、施工管理费

12. 工程实际造价是在(　　)阶段确立的。

A. 施工图设计　　B. 竣工验收

C. 招标投标　　D. 签订合同

13.《公路工程施工招标投标管理办法》中规定，对于报价低于标底(　　)的投标书，如无充分理由证明能够保证降低造价的，评标时可不予考虑。

A. 5%　　B. 10%

C. 15%　　D. 20%

14. 施工企业在投标报价时，下列说法中是错误的是(　　)。

A. 工程单价可以同国家颁布的定额单价不一致

B. 应掌握工程现场情况

C. 发现工程量清单有误，可自行更正后报价

D. 投标报价规定税率进行报价

15. 当发现招标文件有不明确之处并有可能据此索赔时，可报低价争取先中标，再寻找索赔机会。这种投标策略称之为(　　)。

A. 谋求长远发展战略　　B. 以廉取胜

C. 以改进设计取胜　　D. 以退为进

16. 任何一个项目的投标报价编制都是一个系统工程，必须遵循一定的程序。再研究招标文件后，接下来要进行(　　)。

A. 确定投标策略　　B. 投标报价计算

C. 办理资格审查　　D. 调查投标环境

17. 当投标文件中出现总价金额与单价金额不一致的错误时，应以(　　)为准(小数点有明显错误的除外)。

A. 单价　　B. 两者均可

C. 总价　　D. 重新编制的价格

18. 当投标人在编制投标报价过程中，发现工程量清单中的工程量与施工图设计图纸中的工程量不符而招标文件中明确规定不允许对工程量进行调整时，应按(　　)。

A. 清单数量与施工图数量的平均值计算报价

B. 施工图设计时的数量计算报价

C. 清单中的数量通过调整单价的方法报价

D. 清单中的数量计算报价

19. 对工程中变化较大或没有把握的工程工作，采用扩大单价，增加"不可预见费"的方法来减少风险，这种方法称为(　　)。

A. 活口升级报价法　　B. 扩大标价法

C. 拼命法　　D. 无利润算标

20. 在使用突然降价法的报价技巧时，是指(　　)。

A. 投标截止日期以前　　B. 递送投标文件时

C. 开标时　　D. 投标截止日期以后

三、多项选择题

1. 施工投标的信息管理，一般要求做到(　　)。

A. 快　　B. 全　　C. 准　　D. 用

2. 选择投标项目的方法有两类，它们分别是(　　)。

A. 对比决策法　　B. 定性决策法　　C. 调查决策法　　D. 定量决策法

3. 投资机构的人员一般包括哪些方面的人员(　　)。

A. 有丰富工程经验的施工工程师

B. 具有设计经验的设计工程师

C. 精通业务的经济师

D. 熟悉物资供应的人员

4. 赢利策略一般在(　　)和情况下可使用。

A. 技术上有垄断优势　　B. 竞争对手少

C. 项目施工难度大　　D. 建筑市场供不应求

5. 一般在(　　)的情况下可使用亏损报价策略。

A. 为解决企业窝工现象　　B. 竞争对手较强

C. 项目施工难度大　　D. 建筑市场供不应求

6. 以下(　　)属于报价技巧。

A. 以获得微利为投标策略　　B. 不平衡单价法

C. 调价系数的利用　　D. 多方案报价法

7. 标价分析一般包括三种分析,分别是(　　)。

A. 标价的宏观审核　　B. 标价的静态分析

C. 标价的动态分析　　D. 标价的盈亏分析

8. 投标报价的费用构成主要有(　　)。

A. 直接费　　B. 间接费　　C. 计划利润　　D. 税金及不可预见费

9. 编制施工组织设计的原则是(　　)。

A. 保证工期　　B. 保证工程质量

C. 使工程成本最低　　D. 投标价格合理

10. 施工组织设计的内容主要包括(　　)。

A. 施工规范　　B. 工程进度计划　　C. 施工方案　　D. 设计方案

11. 现场考察的主要内容有(　　)。

A. 地理、地貌、气象方面　　B. 法律、法规方面

C. 工程施工条件　　D. 经济方面

12. 标价的动态分析一般分析(　　)。

A. 工期延误的影响　　B. 物价上涨的影响

C. 工资上涨的影响　　D. 政策法规变化的影响

13. 报价决策时,对于下列情况可报高一些(　　)。

A. 施工条件差的工程　　B. 工程量小的工程

C. 公司任务不饱满时　　D. 支付条件不理想的工程

14. 核实工程数量的主要内容有(　　)。

A. 可能会增加或减少的工程量

B. 计算需额外发生和消耗的工程量

C. 核实设计图纸中各分项工程的工程量

D. 根据技术规范中计量支付的规定折算出新的工程量

15. 在不平衡报价中,(　　)可采用递减摊入法。

A. 履约保函手续费　　B. 工程保险费

C. 管理费　　D. 业务费

16. 承包商在采用不平衡投标报价时,在报价总价不变的情况下,适当提高(　　)项目的单价是有利的。

A. 工程后期才能结账收款的　　B. 能够早日结账收款的

C. 预计今后工程量会增加的　　D. 工程内容说不清楚的

17. 设备、材料国际采购合同中,常用的价格条件有(　　)。

A. 成本加运费价格　　B. 到岸价格

C. 成本加利润价格　　D. 离岸价格

18. FIDIC 招标程序中，编制资格预审文件的内容包括(　　)。

A. 承包商资格预审资料的提交时间　　B. 申请资格预审须知

C. 资格预审申请程序介绍　　D. 资格预审的最低要求

19. 下面(　　)是编制施工组织设计的原则。

A. 连续性原则　　B. 协调性原则

C. 均衡性原则　　D. 经济性原则

20. 投标文件包括(　　)

A. 投标书及投标书附录　　B. 资格预审的资料

C. 标价的工程量清单与报价表　　D. 施工组织设计

四、判断题

1. 投标是承包单位以提报标价的形式争取承包建设工程项目的经济活动，是目前承包商取得工程项目的一种最常见的行之有效的活动。(　　)

2. 没有得到投标邀请书的承包商，无权参加该项目的投标。(　　)

3. 根据《中华人民共和国招标投标法》的规定，投标人不得互相串标。(　　)

4. 根据《中华人民共和国招标投标法》的规定，招标人修改招标文件，必须在规定的投标文件提交的截止时间前 15 天进行。(　　)

5. 在报价中不考虑风险费用的策略称谓冒险投标策略。(　　)

6. 在不平衡报价中，对暂定项目要报高价。(　　)

7. 在考虑投标报价时应遵循“既能够中标，又有利可图”的原则。(　　)

8. 投标是施工企业在建设市场竞争中承接工程的一种手段，因此，企业中标项目越多越好。(　　)

9. 标书一旦递交，就不能再更改。(　　)

10. 承包商向其他单位和个人转让和分包所签订合同的全部或其中任何部分，都必须征得业主事先同意或批准。(　　)

11. 投标报价等于预算造价。(　　)

12. 投标报价越低越容易中标。(　　)

13. 投标者对招标文件有疑问时，可在开标前向招标单位询问，经招标单位允许后，投标单位可以变动或修改招标文件的有关内容。(　　)

14. 投标过程中，招标单位都要召开一次标前会议，所有投标者都必须参加。(　　)

15. 招标文件工程量清单中所列的工程数量是设计的预算数量不能作为最终结算和支付的依据。竣工后的工程量是建设工程的实际数量。(　　)

五、综合分析题

某施工企业，因经营不善，加上任务不足，亏损严重，预计今年因窝工，需支出人工费，机械设备费，办公费，利息等费用五百万元，现有一标可投，该企业的经营者为确保中标，决定投一亏损标，如中标，企业将亏损一百万，试分析，该企业该不该投亏损标，为什么？

实训作业　招标投标文件编制

一、总　说　明

《公路工程建设招标与投标》应在专业课结束后开设授课。它是一门道路桥梁工程技术专业的全面综合性课程。特别是要完成相关的大型作业，必须要有全面的专业基础和专业知识。因此，其大型作业亦可作为毕业设计的课题。

下面所提供的资料也不是全面和完整的，任课老师或指导老师，可以其为基础进行补充或做修改，特别是作为毕业设计课题，应注意完整性的要求，大体可分为路基路面工程、桥梁工程、隧道工程几部分进行。下述资料，只不过是一个示例，例如，桥梁施工方案亦可改为其他施工方案；路面工程亦可不采用滑模施工，亦可改为沥青混凝土路面等。完成编制文件的作业，均须较多的时间，既可采用分散分段完成，亦可集中时间完成，其作业分量的大小，亦可由老师视情况酌定。

二、招、投标文件编制作业

编制资料　××大桥

(一)桥型方案

预应力混凝土斜拉桥(双面索)。

总体布置为：

(24×20m)预应力混凝土简支箱梁+(10×50m)预应力混凝土顶推连续梁+(130m+2×310m+130m)预应力混凝土双索面斜拉桥+(10×50m)预应力混凝土简支T梁+(114×30m)预应力混凝土简支T梁。桥梁全长5 783.5m，其中主桥长1 880m。该桥结构示意图见实训作业图1。

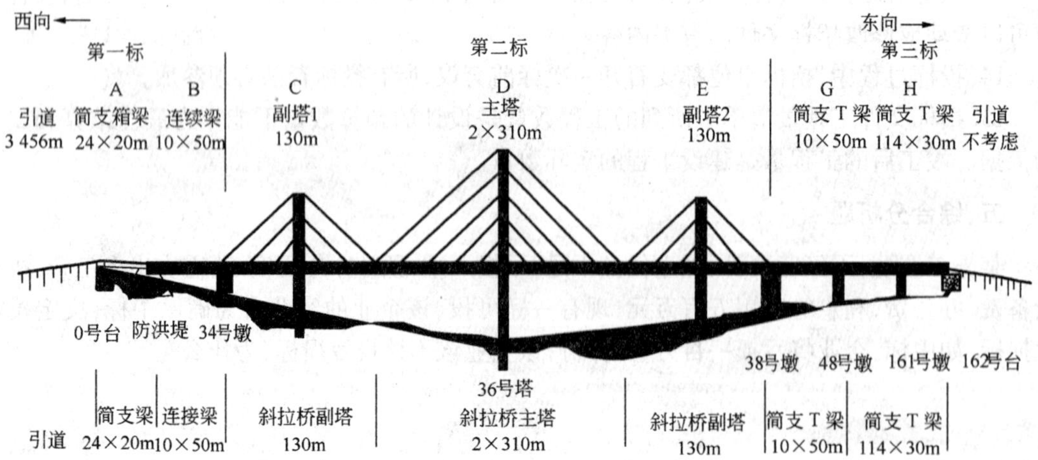

实训作业图1

(二)技术标准

1. 荷载等级:原汽车—超 20 级,挂车—120(即现在的公路—I 级),人群 3.5kN/m^2;

2. 桥面宽度:2 × 1.75m + 2 × 0.5m + 4 × 3.75m = 19.5m

3. 通航等级:一级,通航净空 $B \times H = 125m \times 18m$;

4. 地震烈度:7 度,按 8 度设防;

5. 桥头接线:河东、河西岸接线长度分别为 330m 和 3 540m,高速公路标准,设计车速 120km,路面宽 23m。横断面图见实训作业图 2。

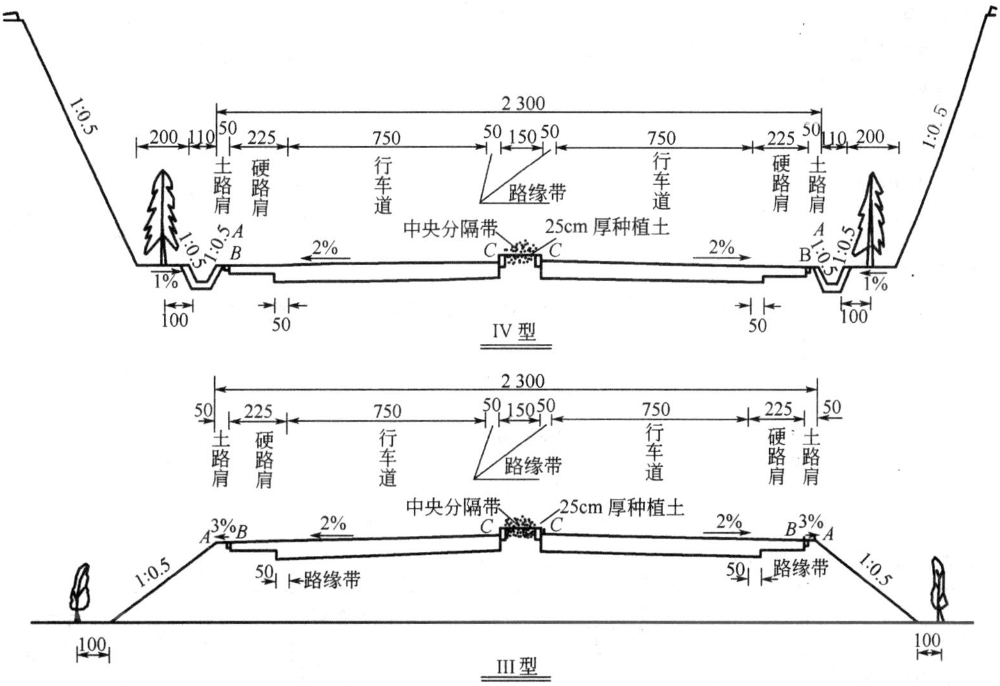

实训作业图 2　路基标准横断面图(单位尺寸:cm)

(三)施工方案

主桥主孔(130m + 2 × 310m + 130m)斜拉桥。基础采用钻孔灌注桩施工工艺,索塔承台拟利用钻孔施工平台悬挂大型套箱进行浇筑,索塔混凝土采用裸塔法索塔追爬模工艺进行浇筑。斜拉桥主梁则采用大节距全断面整体浇筑及自行式前支点挂篮进行悬浇施工。

主桥副孔基础均采用大直径钻孔灌注桩施工工艺,变截面桩帽则利用护筒直接浇筑。下部结构双柱式墩身考虑提升模板施工。东岸副孔(10 × 50m)顶推梁上部结构利用沿湖架设顶推预制平台,采用多点柔性顶推工艺施工。西岸副孔(10 × 50m)筒支梁上部结构则可采用架桥机架设。

路面施工要求与主线相同,均采用滑模施工工艺,并可安排与之一并连续施工。护栏采用波形护栏,其他均按《公路工程技术标准》(JTG B01—2003)进行。路面结构组合图见实训作业图 3 及实训作业图 4。

(四)工程量清单

1. 桥头引道

路线西线长 3 540m,高速公路标准。东线长 330m,高速公路标准。填筑路堤土方 12 万 m^3,平均运距 6km。排水边沟与公路排水沟砌筑圬工体积 1 552m^3,软土处理 3 880m。天然砂砾垫基层25cm，二灰碎石基层20cm，面积42 552m^2；水泥混凝土面板厚24cm，面积42 552m^2，涵洞16道，其中圆管涵13道，盖板涵3道。

2. 大桥

主桥的主塔部分钻孔灌注桩基础混凝土计18 245m^3，水深8m。主桥副孔部分计2 554m^3，水深4m。桥墩采用柱式墩，混凝土体积计2 471m^3，索塔混凝土体积计8 610m^3。斜拉桥上部结构采用三塔斜拉结构(130m + 310m + 310m + 130m)，但是在《指标》中，所采用的斜拉桥结构没有三塔斜拉结构，而只有独塔结构与双塔结构，因此作近似处理，将这个三塔斜拉结构分成一个独塔2×310m和一个双塔2×130m斜拉桥，按面宽度按20m计算面积。

副孔连续梁桥部分(10×50m)混凝土体积6 540m^3；副孔简支T梁部分(10×50m)混凝土体积4 898m^3。

3. 引桥

24×20m引桥桩基混凝土3 446m^3，桥墩混凝土731m^3，其上部简支箱梁混凝土3 880m^3，114×30m预应力简支T梁引桥桩基混凝土34 106m^3，桥墩7 357m^3，T梁混凝土28 363m^3。

4. 调治工程

大桥左右500m以内，在沿湖堤岸铺筑M5水泥浆砌片石护坡，按单向护坡2km计算，圬工体积8 000m^3。

(五)总概算表

下面列出的是索塔及斜拉桥主塔的总概算表。

总 概 算 表

建设名称：××市××大桥

编制范围：三塔斜拉桥方案

项	目	节	工程或费用名称	单位	数量	概算金额(元)	技术经济指标	各项费用比重	备注
			第一部分 建筑安装工程	**桥长米**	5 783.500	384 889 212	66 549.531	76.12	
一			桥头引道	桥长米	5 783.500	23 521 084	4 066.929	4.65	
	1		桥头引道	m	3 880.000	23 521 084	6 062.135		
二			基础	桥长米	5 783.500	85 275 850	14 744.679	16.86	
	1		桩基础	m^3/座	64 243.00/163	85 275 850	1 327.395/523 165		
		1	引桥24×20m连续梁桩基	m^3/座	3 446.000/24	3 591 563	1 042.241/149 648		
		2	主桥副孔114×30mT梁桩基	m^3/座	34 106.00/114	34 809 835	1 020.637/305 349		
		3	主桥副孔10×50mT梁桩基	m^3/座	3 723.000/10	3 806 645	1 020.001/380 665		
		4	主桥副孔10×50m顶推梁桩基	m^3/座	2 554.000/10	5 210 869	2043.801/521 987		
		5	主桥主孔斜拉桥桩基	m^3/座	18 245.00/5	36 705 838	2 011.830/7 341 168		
		6	大体积混凝土冷却管	m	8 460.000	1 142 100	135.000		

续上表

项	目	节	工程或费用名称	单位	、 数量	概算金额（元）	技术经济指标	各项费用比重	备注
三			下部构造	桥长米	5 783.500	33 663 452	5 820.602	6.66	
	1		桥台	m^3/座	306.000/2	307 830	1 005.980/153 915		
		1	混凝土桥台	m^3/座	306.000/2	307 830	1005.980/153 915		
	2		桥墩	m^3/座	20 953.00/161	33 355 622	1 591.926/207 178		
		1	引桥 24×20m 连续梁桥墩	m^3/座	731.000/23	592 720	810.834/25 770		
		2	主桥副孔 114×30mT 梁桥墩	m^3/座	7 357.000/113	8 915 009	1 211.772/78 894		
		3	主桥副孔 10×50m 顶推梁桥墩	m^3/座	1 297.000/10	1 518 604	1 170.859/151 860		
		4	主桥副孔 10×50mT 梁桥墩	m^3/座	1 784.000/10	2 519 947	1 412.526/251 995		
		5	主桥主孔斜拉桥边墩	m^3/座	1 174.000/2	1 461 407	1 244.810/730 704		
		6	索塔	m^3/座	8 610.000/3	18 247 935	2 119.389/6 082 645		
		7	航空障碍灯体系	个	2.000	100 000	5 000.000		
四			上部构造	桥长米	5 783.500	195 226 825	33 755.827	38.61	
	1		行车道系	m^3/m	57 773.0/5 780	179 351 781	3 104.422/31 029		
		1	引桥 24×20m 连续梁	m^3/m	3 880.000/480	7 728 256	1 991.819/16 101		
		2	主桥副孔 114×30mT 梁	m^3/m	28 363.0/3 420	64 745 423	2 282.742/18 931		
		3	主桥副孔 10×50mT 梁	m^3/m	4 898.000/500	12 690 290	2 590.913/25 381		
		4	主桥副孔 10×50m 顶推梁	m^3/m	6 540.000/500	18 066 671	2 762.488/36 133		
		5	主桥主孔斜拉桥	m^3/m	14 092.00/880	72 951 141	5 176.777/82 899		
		6	斜拉索镀锌费	t	1 585.000	3 170 000	2000.000		
	2		桥面铺装	m^3/m	8 793.00/5 784	8 551 437	639.725/973		
	3		人行道系	桥长米	5 783.500	4 982 356	861.478		
	4		桥头塔板	m^3/m	128.00/16	103 516	808.719/6 470		
	5		防撞护栏	m	11 567.0 000	2 237 735	193.459		
五			沿线设施	桥长米	5 783.500	3 861 297	709.138	0.76	
	1		螺旋楼梯	处	2.000	600 000	300 000.000		
	2		观光台	处	1.000	800 000	800 000.000		
	3		灯柱	根	386.000	1 544 000	4 000.000		
	4		桥头标牌	处	10.000	410 304	41 030.430		
	5		管理房屋	m^2	600.000	480 000	800.000		
		1	收费站	m^2	600.000	480 000	800.000		
	6		路面标线	m	5 783.500	26 993	4.667		
六			调治及其他工程	桥长米	5 783.500	6 949 016	1 201.524	1.37	
	1		河床整治	桥长米	5 783.500	6 449 016	1 115.071		
		1	两岸护堤	m^3/m	8 000.000/600	1 449 016	181.127/2 415		
		2	水利整治	桥长米	5 783.500	2 000 000	345.811		

续上表

项	目	节	工程或费用名称	单位	数量	概算金额（元）	技术经济指标	各项费用比重	备注
		3	航监、航道保安	桥长米	5 783.500	3 000 000	518.717		
	2		环境保护工程	处	1.000	500 000	500 000.000		
七			临时工程	桥长米	5 783.500	5 264 672	910.292	1.04	
	1		便道	km	6.000	383 725	63 954.167		
	2		便桥	m/座	3 000.000/2	3 371 299	1 123.766/1 685 650		
	3		临时码头	m/座	400.000/4	944 582	2 361.455/236 146		
	4		临时轨道铺设	km	3.000	238 470	79 490.000		
	5		临时电力线路	km	6.000	309 617	51 527.833		
	6		临时电信线路	km	6.000	17 429	2 904.833		
八			施工技术装备费	桥长米	5 783.500	7 998 115	1 382.920	1.59	
九			计划利润	桥长米	5 783.500	10 664 156	1 843.893	2.12	
十			税金	桥长米	5 783.500	12 464 746	2 155.225	2.46	
			第二部分 设备及工器具购置	**桥长米**	5 783.500	9 800	1.694		
一			设备购置	桥长米	5 783.500				
二			工、器具购置	桥长米	5 783.500				
三			办公及生活用家具购置	桥长米	5 783.500	9 800	1.694		
			第三部分 其他建设费用	**桥长米**	5 783.500	34 081 294	5 892.849	6.74	
一			土地、青苗等补偿费	桥长米	5 783.500	2 941 972	508.684		
二			建设单位管理费	桥长米	5 783.500	8 099 322	1 400.053		
	1		建设单位管理费	桥长米	5 783.500	2 234 024	386.184		
	2		工程质量监督费	桥长米	5 783.500	446 596	77.198		
	3		工程监理费	桥长米	5 783.500	4 763 694	823.447		
	4		定额站管理费	桥长米	5 783.500	506 143	87.491		
	5		设计文件审查费	桥长米	5 783.500	148 865	25.733		
三			研究试验费	桥长米	5 783.500	4 300 000	743.494		
四			勘察设计费	桥长米	5 783.500	17 510 000	3 027.578		
五			供电贴费	桥长米	5 783.500	1 230 000	212.674		
			第一、二、三部分费用合计	**桥长米**	5 783.500	418 980 306	76 703.484	82.86	
			预留费用	元		60 400 159		11.94	
			1. 工程造价增涨预留费	元		39 451 144		7.80	
			2. 预备费	元		20 949 015		4.14	
			建设期贷款利息	元		26 280 000		5.23	
			概算总金额	**元**		505 660 465		100.00	
			桥梁基本造价	桥长米	5 783.500	505 660 465	87 431.567		

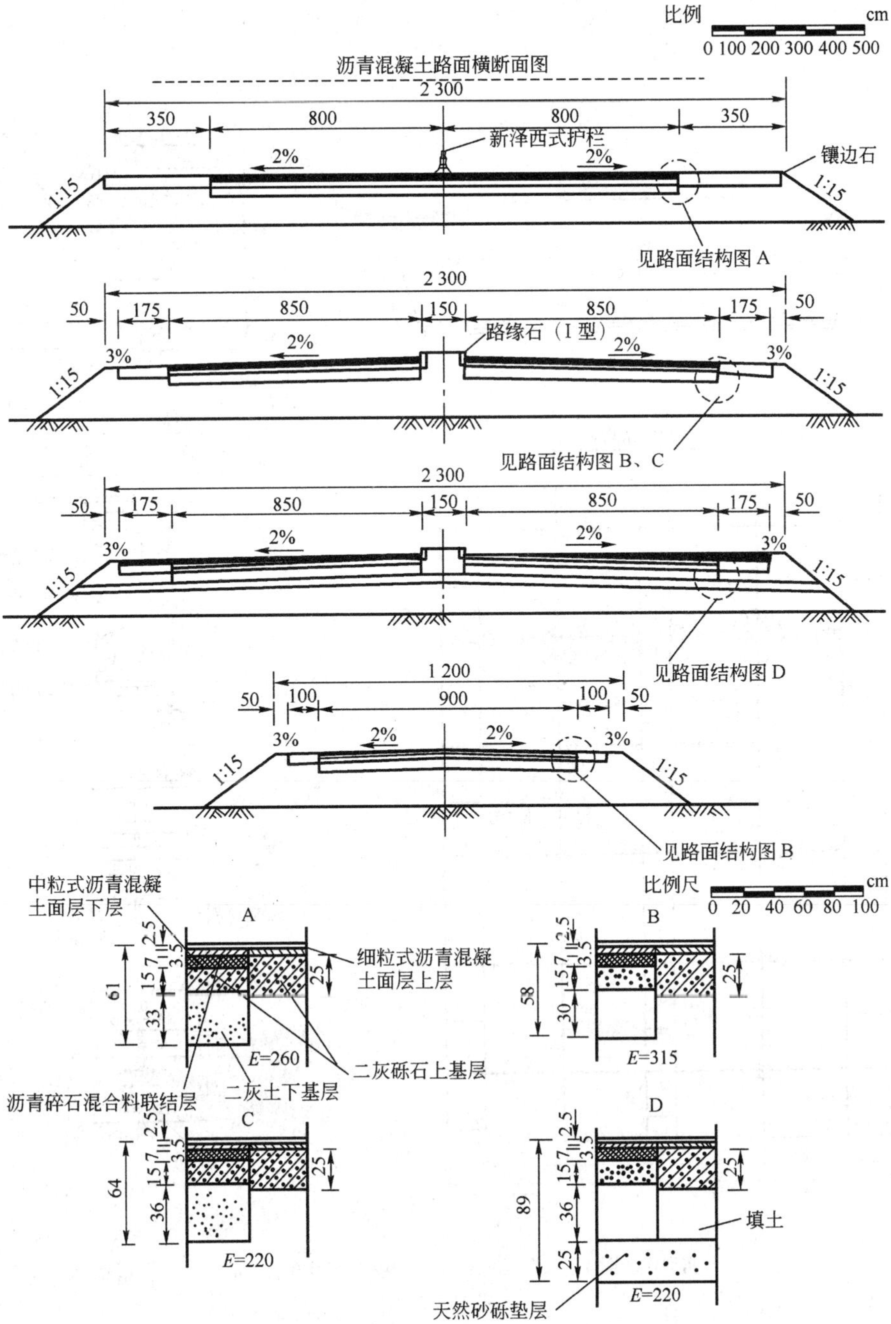

实训作业图 3　沥青混凝土路面结构(尺寸单位:cm)

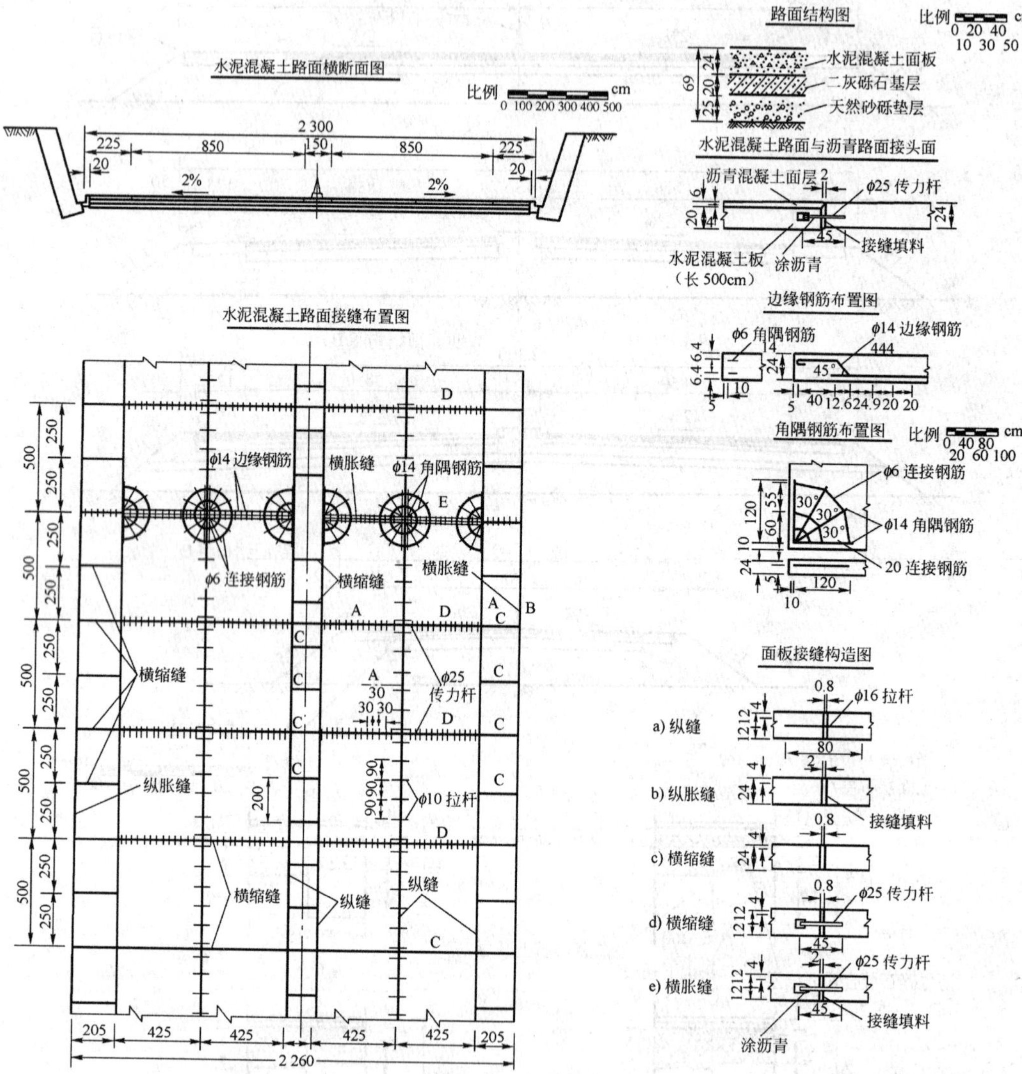

实训作业图 4　水泥混凝土路面结构图（尺寸单位：cm）

（六）说明

上述设计资料中，对路面工程，在布置作业中采用时，亦可改为采用实训作业图3的沥青混凝土路面结构或实训作业图4的水泥混凝土路面结构。

三、作 业 任 务

根据上述资料，或加上由教师或学生补充的资料（最好在教师指导下由学生补充相应的资料）。然后由学生完成下述作业之一：

1. 编制大桥的施工招标文件；
2. 编制大桥的监理招标文件；
3. 编制大桥的施工投标文件；
4. 编制大桥的监理投标文件；
5. 编制引道路面（路基）工程招标文件；
6. 编制引道路面（路基）工程监理招标文件；
7. 编制引道路面（路基）工程施工投标文件；
8. 编制引道路面（路基）工程监理投标文件。

四、实 施 方 式

根据情况，可由学生分部分组合完成，亦可由学生单个独立完成。

教学参考大纲

一、课程性质、作用

性质:《公路工程建设招标与投标》是三年制(含二年制)高职高专道路桥梁工程技术专业、工程监理专业、工程造价专业等相关专业实践性较强的一门主干专业技术课程。

作用:本课程的作用是通过理论实训性学习和实训训练,使学生掌握一线技术人员参与公路工程建设招标与投标工作相关知识与实施运作的能力。

二、课程教学的目的及与其他课程的关系

本课程的教学目标是使学生了解掌握招标投标的相关法律法规的规定与要求及招标、投标工作具体操作步骤与要求、招标投标文件编制的相关规定、要求及编制的内容与规范化格式和具体编制方法和编制要点,并为学生提高可持续学习、发展能力打下坚实的基础。

本课程应在专业课全部(或大部分)授课结束后开始学习。

三、课程的章节内容、重点、广度、深度、难点及教学方法,手段

第一章　总论

重点:1. 市场的运行规则要点,公路建设各方及相互关系以及各方的资质(资格)与资信管理要点;

2. 招标投标工作的实施与法律规范要求要点;

3. 公路工程项目基本建设程序与招标投标的关系;

4. 招标投标中应高度关注的内容项目;确保工程施工质量、施工生产安全和环境保护达到规范要求。

教学方法:课堂教学,自学,实训作业。

第二章　施工监理招标

重点:1. 施工监理招标应具备的条件、运作程序、准备工作与标底编制要点。

2. 招标文件编制的相关规定、内容、格式。

3. 资格审查的方式与运作,预审文件的编制要求及资格评审的程序、内容、评审办法及规定要求与相关格式。

4. 招标的实施内容与规定要求及相关格式。

广度:本章主要讲述施工监理招标的实施过程,内容及相关规定。

深度:施工监理招标的全过程与各环节的规定内容、要求与实施要点。

难点:招标文件的编制、资格评审。

教学方法、手段:课堂教学、示例实训作业(含习题)、自学、讨论。

第三章　施工监理投标

重点:1. 投标基本程序及参与投标的准备工作内容。

2. 投标文件的编制。

3. 投标的运作。

广度:施工监理投标运作的全过程及相关内容与要求。

深度:施工监理投标的全过程与各环节的规定、内容、要求与实施要点。

难点:投标文件的编制:技术建议书、财务建议书的编制内容、要点与相关规定要求。

教学方法、手段:课堂教学、示例实训作业(含习题)、自学、讨论。

第四章　施工招标

重点:1. 施工招标应具备的条件,招标基本程序及招标组织机构。

2. 标底编制的作用、方法。

3. 施工招标资格预审文件的编制的规定、格式与要求。

4. 资格评审的内容、规定要求及评审方法。

5. 施工招标文件的编制的内容、规定、格式、编制的步骤与方法。

6. 开标、评标与定标的实施过程及规定要求。

7. 签订合同协议与合同授予及其规定要求。

广度:施工招标的实施过程、内容、格式及相关规定要求。

深度:施工招标的全过程与各环节的规定、内容、要求与实施要点。

难点:招标文件的编制。

教学方法、手段:课堂教学、示例实训作业(含习题)、自学、讨论。

第五章　施工投标

重点:1. 施工投标的准备工作。

2. 投标策略与报价技巧。

3. 投标程序及工作内容。

4. 投标书的编制。

广度:施工投标的实施过程、内容及相关规定。

深度:施工投标的全过程。

难点:投标文件的编制。

教学方法、手段:课堂教学、示例实训作业(含习题)、自学、讨论。

四、课程的课时分配

本课程教学总时数为70课时。课时具体分配见下表。

序号	课　题	学　时　分　配			
		小计	课时	训练	机动
1	第一章　总论	8	8		
2	第二章　施工监理招标	12	12		
3	第三章　施工监理投标	12	12		
4	第四章　施工招标	16	16		
5	第五章　施工投标	12	12		
6	实训作业　招标投标文件编制	8		8	2

课时分配说明:

1. 课时分配以章为单位分配,以利于授课教师在编制授课计划时有更大的灵活具体分配课时空间。

2. 理解应用实训思考题可由教师选择作为实训习题作业布置由学生在课外完成。

3. 实训作业 8 课时不一定能完成，老师可根据课程讲授过程分阶段布置作业，主要由学生在课外完成，老师可利用课堂 8 课时的部分时间对学生进行集体指导和解答学生作业中所提出的问题，或进行启发式的集体交流讨论。（如果作为毕业设计，则应按计划增加毕业设计的时间）

理解应用实训思考题参考答案

第一章

二、单项选择题

1. A　2. B　3. C　4. B　5. C　6. C　7. B　8. A　9. D　10. A
11. D　12. A　13. B　14. D　15. A

三、多项选择题

1. ABC　2. AB　3. ABC　4. BC　5. ABC　6. ABCE　7. AC

四、判断题

1. √　2. ×　3. ×　4. √　5. √　6. √　7. ×　8. ×　9. ×　10. ×
11. √　12. √　13. √

（问答题答案由学生通过复习教材内容回答，在此未列出答案，其目的在于督促学生认真学习和复习所学教材内容。以下各章同此。）

第二章

二、单项选择题

1. A　2. C　3. B　4. C　5. C　6. C　7. B　8. B　9. C　10. C
11. C　12. A　13. C　14. B　15. B　16. B　17. A　18. C　19. A　20. B
21. B　22. A　23. B　24. B　25. B　26. B　27. B　28. C

三、多项选择题

1. AE　2. BCE　3. ACDE　4. ACD　5. AC
6. ABCD　7. ACDEFG　8. ABCDEF　9. AB　10. ABCD
11. AE　12. ABD　13. ABC　14. AB　15. AB
16. ABC　17. ABCD　18. ABC　19. ABF　20. BE
21. AE　22. AAC

四、判断题

1. √　2. ×　3. ×　4. ×　5. ×　6. ×　7. √　8. √　9. ×　10. ×
11. √　12. √　13. √　14. ×　15. ×　16. √　17. √　18. √　19. √　20. ×
21. √　22. √　23. √　24. √　25. ×　26. √　27. √　28. √　29. √　30√

第三章

二、单项选择题

1. D　2. D　3. B　4. B　5. A　6. C　7. A　8. A　9. C　10. B

11. A　12. C　13. A　14. B　15. A　16. C　17. D　18. B　19. A　20. A
21. B　22. C　23. B　24. A　25. D

三、多项选择题

1. ABCD　2. ABD　3. ABCD　4. ABC　5. BC
6. ABC　7. BC　8. BD　9. ACD　10. AC
11. ABCD　12. BCD　13. ABCD　14. ABCD　15. ACD
16. ABCD　17. BCD　18. ABC　19. ACD　20. BC
21. ABCD　22. ABCD　23. AD　24. ABCD　25. BD

四、判断题

1. ✓　2. ×　3. ✓　4. ✓　5. ✓　6. ×　7. ×　8. ✓　9. ✓　10. ×
11. ×　12. ✓　13. ✓　14. ✓　15. ✓　16. ×　17. ×　18. ×　19. ×　20. ×
21. ×　22. ✓　23. ×　24. ✓　25. ✓

五、综合分析题

1. 解：$4\,000 \times 1.6\% = 64$（万元）

2. 解：

（1）所需人员数：监理工程师：$0.35 \times 10 = 3.5 = 4$ 人

监理员：$1.10 \times 10 = 11$ 人

行政、文秘人员：$0.25 \times 10 = 2.5 = 3$ 人

（2）工资总额：$(4 \times 5\,000 + 3\,000 \times 11 + 2\,500 \times 3) \times 22 = 1\,331\,000$ 元 $= 13.31$ 万元

第四章

二、单项选择题

1. B　2. D　3. C　4. C　5. A　6. B　7. A　8. B　9. A　10. A
11. C　12. D　13. D　14. A　15. D　16. D　17. D　18. C　19. C　20. B
21. D　22. C　23. E

三、多项选择题

1. CD　2. AC　3. ACE　4. AC　5. ABCEF
6. ABC　7. ABCD　8. AC　9. BC　10. ABD
11. CD　12. BC　13. ACD　14. ABD　15. ABC
16. AB　17. AE　18. ACD　19. CE　20. ACD
21. BD　22. ABC　23. ABD　24. BC　25. ABCDEFG

四、判断题

1. ×　2. ✓　3. ×　4. ×　5. ×　6. ×　7. ×　8. ×　9. ×　10. ×
11. ×　12. ✓　13. ✓

第五章

一、问答题

10. 简要叙述报价编制的程序与步骤。

答:(1)标价计算前的数据准备,包括核实工程量、确定主要施工方案、基础价格计算和分摊费用及各种计算参数的确定。

(2)单价分析

对工程量清单中每一个单项均需作单价分析。影响此单价最主要的因素是采用正确的定额资料。在缺乏国外工程经验数据的条件下,可利用国内的定额资料稍加修正。

(3)总标价的计算:包括工程价格、可供选择的项目报价和暂定备用金的汇总计算。

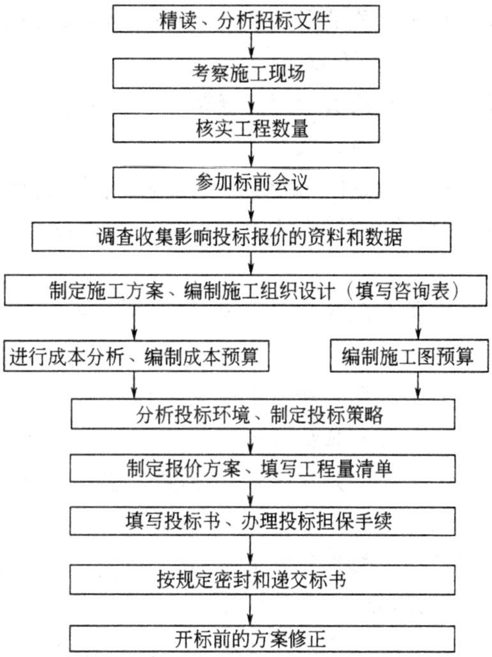

二、单项选择题

1. A　2. B　3. D　4. C　5. D　6. B　7. B　8. C　9. D　10. C　11. C　12. B　13. B　14. C　15. D　16. D　17. A　18. C　19. B　20. A

三、多项选择题

1. ABCD　2. BD　3. ABCD　4. ABC　5. ABD
6. BCD　7. ACD　8. ABCD　9. ABCD　10. BC
11. ABCD　12. ABCD　13. ABD　14. BCD　15. ACD
16. BC　17. ABD　18. AC　19. ABCD　20. ACD

四、判断题

1. √　2. √　3. √　4. √　5. √　6. ×　7. √　8. ×　9. ×　10. ×　11. ×　12. ×　13. ×　14. ×　15. ×

五、综合分析题

应该投标。因为投标了,虽然是亏损,但解决了企业窝工的现状,只亏损一百万;如果不投标,企业在窝工的情况下将亏损五百万,相比之下,应该投一亏损标。

参考文献

[1] 中华人民共和国交通运输部.公路工程标准施工招标文件(2009 年版).北京:人民交通出版社,2009.

[2] 中华人民共和国交通运输部.公路工程标准施工招标资格预审文件(2009 年版).北京:人民交通出版社,2009.

[3]《标准文件》编制组.标准施工招标文件(2007 年版).北京:中国计划出版社,2007.

[4]《标准文件》编制组.标准施工招标资格预审文件(2007 年版).北京:中国计划出版社,2007.

[5] 中华人民共和国交通运输部.公路工程施工监理招标文件范本.北京:人民交通出版社,2009.

[6] 中华人民共和国交通运输部公路司.公路建设管理法规文件汇编(2009 年版).北京:人民交通出版社,2009.

[7] 中华人民共和国行业标准. JTG B03—2006 公路建设项目环境影响评价规范.北京:人民交通出版社,2006.

[8] 中华人民共和国交通部.工程建设标准强制性条文(公路工程部分).北京:人民交通出版社,2002.

[9] 王清池,秦骧远.公路工程招标与投标指南.北京:人民交通出版社,2003.

[10] 李治平.监理概论.第 2 版.北京:人民交通出版社,2007.

[11] 文德云.公路工程施工招标投标文件编制示例.北京:编人民交通出版社,2004.

[12] 文德云.公路工程施工监理质量控制技术手册.北京:人民交通出版社,2006.

[13] 雒应.合同管理.第 2 版.北京:人民交通出版社,2007.